CHEFS-D'ŒUVRE

DES

ARTS INDUSTRIELS

PAR

PHILIPPE BURTY

CÉRAMIQUE — VERRERIE ET VITRAUX
ÉMAUX — MÉTAUX — ORFÉVRERIE ET BIJOUTERIE
TAPISSERIE

DEUX CENTS GRAVURES SUR BOIS

PARIS
PAUL DUCROCQ, LIBRAIRE-ÉDITEUR
55, RUE DE SEINE, 55

PARIS. — IMP. SIMON RAÇON ET COMP., RUE D'ERFURTH, 1.

CHEFS-D'ŒUVRE

DES

ARTS INDUSTRIELS

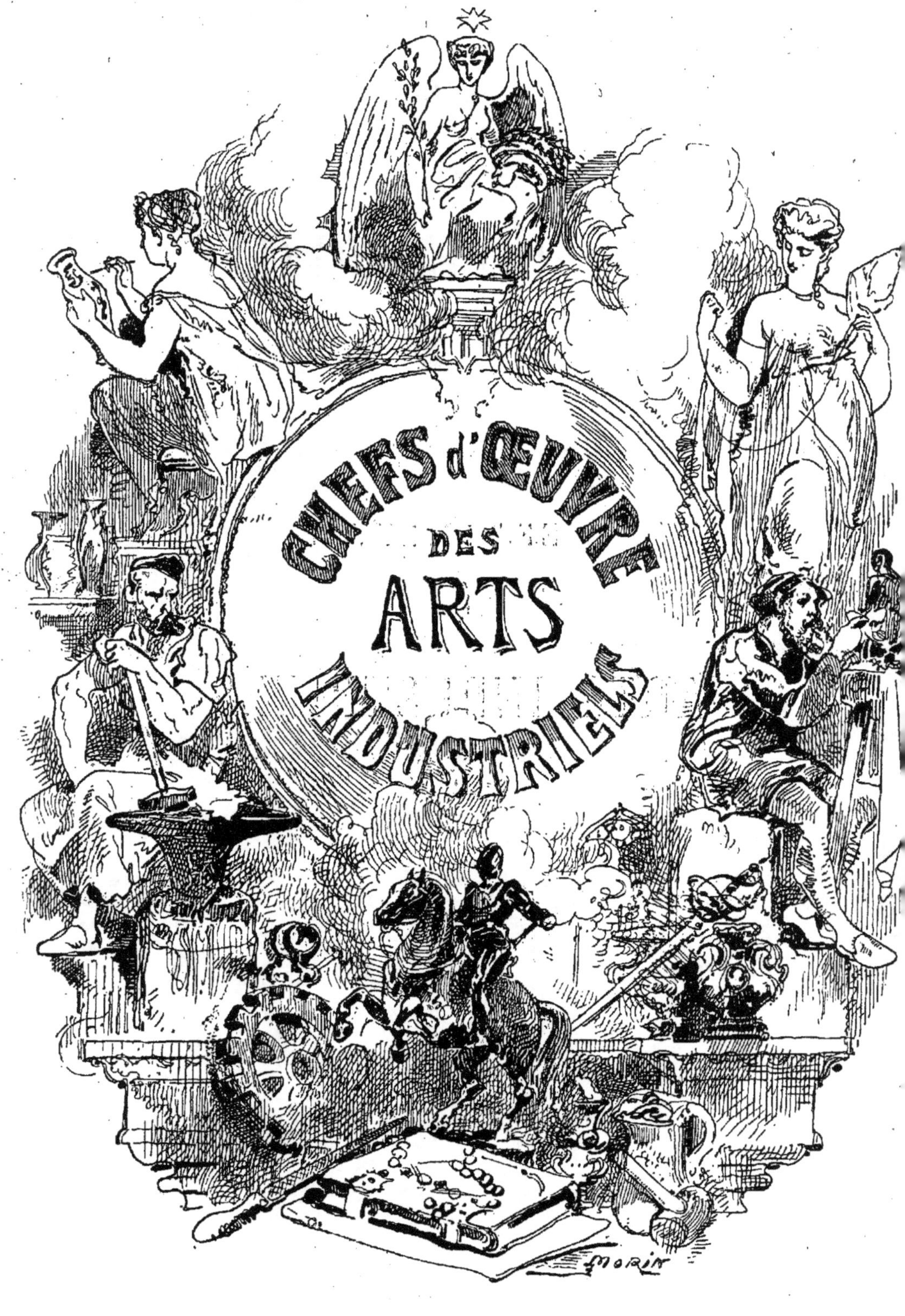
CHEFS d'ŒUVRE
DES
ARTS
INDUSTRIELS
MORIN

A M. CHARLES BLANC

C'est à vous, mon cher maître et ami, que revient de droit la dédicace de ce livre, si imparfait que je le regarde malgré les soins qu'il m'a coûté.

En m'appelant, le jour même où vous fondiez définitivement la GAZETTE DES BEAUX-ARTS, *à en devenir un des collaborateurs assidus, vous me mettiez en rapports constants et directs avec les artistes, les amateurs, les conservateurs de collections publiques de la France et de l'Europe entières. C'est donc à votre bienveillance que je reporte les précieuses relations que j'ai nouées à Paris, en province et à l'étranger.*

Votre belle confiance en ma plume, qui n'avait à peu près point encore écrit un mot, m'ouvrait tout grand le cénacle de ces gens de goût et d'érudition qui s'étaient groupés autour de votre œuvre naissante. C'est là que j'ai connu Jules Renouvier et Paul Mantz, Émile Galichon et Léon Lagrange, Alfred Darcel et Albert Jacquemart, W. Bürger et Champfleury, pour ne citer que ceux dont le nom revient le plus souvent dans les pages de ce recueil unique. C'est en compagnie de ces esprits de tendances si diverses que j'ai appris à interroger avec impartialité tous ces travaux d'érudition et de critique qui sont la gloire de notre grande et chère époque.

Enfin, c'est en lisant cette HISTOIRE DES PEINTRES DE TOUTES LES ÉCOLES, *qui depuis quinze ans sans interruption tient le public attentif et charmé; c'est en étudiant cette* GRAMMAIRE DES ARTS DU DESSIN *qui forme le cours d'esthétique le plus ingénieux et le plus brillant qu'on ait professé depuis Winckelmann; c'est en suivant ces grands travaux où l'art et la critique ont une part égale, que j'ai entrepris ce livre.*

Ce que ce livre contient, son titre vous le dit: le signalement de chefs-d'œuvre de l'art multiplié par l'industrie ou de l'industrie ennoblie par l'art, et qui sont l'honneur des collections privées, des musées publics ou des ateliers contemporains. Ce qu'il aurait voulu mieux exprimer, c'est l'ardente sympathie que m'inspirent les arts dans leur fonction décorative, dans leurs manifestations les plus personnelles ou les plus générales, les plus glorieuses ou les plus humbles, chez tous les peuples, à travers toutes les époques, mais à la condition que ces arts restent vivants et que les artistes soient sincères.

Votre autorité vous permet de formuler des préceptes et votre éloquence de défendre la tradition. Mon rôle était plus modeste et ma donnée moins exclusive. Mais notre but est le même : poursuivre cette Beauté qui est éternelle, supérieure et variée comme le Génie humain.

Acceptez donc, mon cher maître, l'hommage que je vous fais de mon premier livre et conservez-moi votre précieuse amitié.

PHILIPPE BURTY

Paris, novembre 1866.

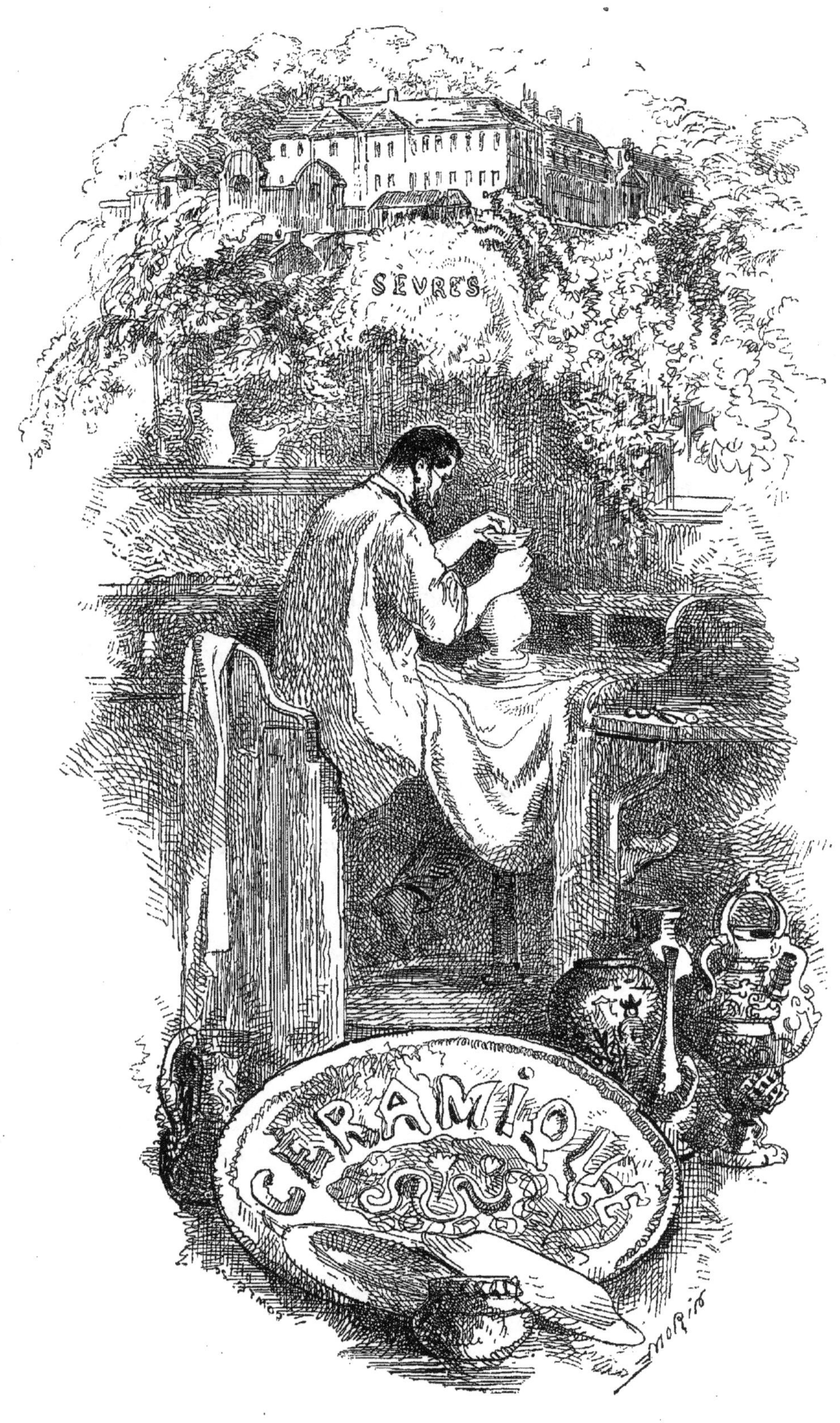
SÈVRES
CÉRAMIQUE
MORIN

CÉRAMIQUE

TERRE CUITE — FAÏENCE — PORCELAINE

La céramique est contemporaine des premiers hommes. — De nos jours elle devient un document historique. — Les artistes découvrent les assiettes à coqs, les amateurs la majolique et Sèvres. — La faïençomanie. — Espoir d'une renaissance de la céramique décorative.

CÉRAMIQUE

La céramique est, de toutes les industries qu'ont ennoblies les arts décoratifs, celle que l'homme a le plus étroitement liée à son existence. Les renseignements qu'elle fournit à l'historien ou au critique sont donc de l'ordre à la fois le plus général et le plus intime. Le numismate polonais Lelewel écrivait, du fond de son exil, à un ami qui lui soumettait un plan d'études historiques sur les vases de terre : « Les lumières de l'art appliquées à la moindre poterie aideraient, comme les langues, à la connaissance de l'origine des peuples, de leurs expéditions militaires, de leurs relations de commerce. » Cette donnée est parfaitement exacte. Elle est d'autant plus intéressante que les matériaux abondent et que la terre est un musée dont toutes les caisses sont loin d'avoir été déclouées et fouillées. Que de surprises nous attendent ! Nous avons eu sous les yeux, nous avons tenu dans notre main, nous avons interrogé avec cette curiosité qui s'attache à tout ce qui a vécu dans les premiers jours de l'humanité, un fragment de poterie postérieure de bien peu au dernier diluvium. C'est un petit pot en terre grisâtre revêtue d'un épiderme noir; ses parois, verticales, ont été relevées à la main et non au tour, car elles portent les traces des stries du doigt humain. Ce pot a été cuit au feu, et non simplement à la chaleur du soleil, car il a été trouvé, non pas seul du reste, dans une tourbière du département de l'Aisne, à Saint-Simon, et s'il n'avait pas subi, si rapide qu'il fut, ce passage au feu qui rend la terre indétrempable, il se serait fondu, dans ce terrain humide, comme une pâte molle. Il était au milieu de restes d'animaux, dont un, le castor fiber, a disparu de notre sol; les autres os appartenaient au cerf, à la loutre, au cochon, au chevreuil, au brochet, à un oiseau appelé courlis. On peut conclure, de la présence simultanée de ces os et de ces poteries, à l'établissement d'une peuplade sédentaire de chasseurs et de pêcheurs.

On a déjà découvert une mâchoire humaine antédiluvienne, on trouvera probablement aussi des vases antédiluviens. L'invention de la céramique est un fait si évidemment né avec l'aurore de la civilisation, que l'homme n'a pas pris même soin de le noter dans ses annales. Caïn édifia une cité, et lui donna le nom de son fils aîné, Énoch. Or, comme les restes de ces villes antéhistoriques qui jonchent le sol de la Syrie, de la Mésopotamie, sont en grande partie d'énormes amas de briques séchées au soleil, il est plus que probable qu'Énoch fut bâtie avec des matériaux semblables. Voilà donc, à la rigueur, au point de vue de la Bible, des exemples de céramique antédiluvienne.

Le besoin de conserver l'eau pure et fraîche dut toucher plus vivement que tous les autres les peuples pasteurs. L'homme qui vivait sur le bord des fleuves n'avait qu'à s'agenouiller, à arrondir le creux de sa main et à la reporter ruisselante à ses lèvres. L'homme qui chassait dans les forêts rencontrait des sources et des ruisseaux, des fleurs pleines des rosées du matin et des arbres dont la blessure laisse couler une séve aromatique. Mais aux peuples nomades il fallut des vases de terre, soit pour aller puiser au puits, soit pour emménager l'eau sous la tente, soit pour les provisions des caravanes dévorées par le soleil.

Une trace de pied imprimée dans l'argile, durcie par le soleil, remplie par un orage et transformée en coupe où les petits oiseaux allaient tremper leur bec, n'est-ce pas ce qui dut faire naître l'idée du vase et créer le premier potier?

L'histoire générale de la céramique est toute nouvelle, mais les esprits étaient si bien préparés et à la traiter et à l'accueillir, qu'en moins de dix ans elle a fait les progrès les plus rapides, et que c'est aujourd'hui l'abondance des documents qui effraye.

C'est en France surtout que le mouvement s'est le plus nettement dessiné. La réaction de la fin du dix-huitième siècle, poussée plus tard au comble par l'école classique de David, avait mis à la mode les vases soi-disant étrusques; les savants les confisquèrent. La terre cuite classique fit oublier la faïence naïve. La description d'une scène sacrée, la lecture d'une inscription, l'attribution d'un nom l'emportèrent sur tout le reste. On collectionna des vases antiques, non plus pour le plaisir des yeux ou la gaieté du mobilier, mais pour la satisfaction de l'érudition.

La porcelaine blanche avait aussi placé, sous le premier empire, toutes les ménagères de son côté.

Dans ces dernières années, les artistes qui s'étaient mis hors de tutelle et qui partaient volontiers pour la Normandie ou la forêt de Fontainebleau, achetèrent dans les campagnes, chez les paysans leurs hôtes, des plats de Rouen à décor rayonnant, des assiettes de Nevers à devises cocasses, et en ornèrent les murs de leurs ateliers. On rit d'abord de ce goût vulgaire, puis on les imita si bien, qu'une assiette à coq, de six sous, vaut aujourd'hui soixante francs ! Pendant ce temps des amateurs et des marchands de haut goût avaient rapporté d'Italie des plats auxquels les potiers de Majorque ou d'Urbino avaient imprimé la grande tournure décorative des arts de l'Orient ou des belles périodes de l'art italien. On admira les reflets changeants des lustres métalliques et la fierté des attitudes des personnages, et l'on s'enthousiasma si bien, que l'on mit au pillage jusqu'à la boutique des apothicaires. Des rapports plus étroits avec la Chine, le Japon, la Perse apportèrent sur le marché de nouveaux aliments à la curiosité de plus en plus aiguisée du public. Le succès de ces cornets à la silhouette expressive, de ces vases sur le flanc desquels se tordent des dragons onglés, de ces plats profonds dans lesquels s'épanouissent des œillets, vint jeter le trouble dans l'âme des classiques, et l'on peut dire que c'est de ce retour vers la céramique orientale que datent les sérieuses discussions sur les lois de la décoration. Enfin, le dix-huitième siècle ayant reconquis le terrain qu'il avait perdu, les figurines de la Saxe, les services de Sèvres, furent prisés dans leurs élégances raffinées et galantes.

On voulut alors savoir l'histoire de tout ce qui était venu apporter aux étagères du cabinet de travail, aux vitrines du salon, tant de couleur et tant d'harmonie. De toutes parts on fouilla les archives, on interrogea les voyageurs, on excita les potiers à redevenir des céramistes, et l'on commence enfin, au milieu d'un déluge de monographies inspirées par la revendication très-légitime des anciens centres provinciaux, au milieu des classements par pays, par époques et par genres des collections publiques ou privées, au milieu des imitations tentées de tous côtés et conduites souvent à la perfection, on commence... à ne plus s'y reconnaître du tout.

Mais, que notre lecteur ne croie pas que nous allons l'abandonner à la lisière de la forêt. Nous avons lu, parcouru, interrogé pour lui tout ce qui a été écrit, tout ce qui a été classé, tout ce qui a été exposé, à propos de céramique, dans ces dernières années, et nous allons chercher, non pas à faire son éducation définitive, mais à lui signaler certains points qu'il peut facilement étudier, et qui lui donneront la clef de tout le reste. Car s'il est bon que les musées recueillent, au double point de vue de l'art et de la fabrication, des spécimens de toutes les poteries ; s'il est excellent que les amateurs se disputent ardemment les plus parfaits produits de la Perse ou de l'Italie, de Rouen ou de Nevers, de Moustiers ou de Delft, il ne faut pourtant pas que la faïençomanie triomphante l'emporte, sous prétexte de tessons et de marques de fabrique.

Nous consacrerons trois chapitres à cette mention des œuvres les plus importantes ou les mieux connues de la céramique. L'un sera consacré à la terre cuite, et parlera plus spécialement de l'usage qu'en ont fait les sculpteurs ; le second traitera de la faïence émaillée, et racontera l'histoire intime du plus grand artisan dont la France puisse s'honorer, Bernard Palissy; enfin nous passerons rapidement en revue les chefs-d'œuvre de la porcelaine orientale et de la porcelaine européenne.

La faveur du public pour les céramiques orientales, de la Renaissance et du dix-huitième siècle, n'est pas de sa part un pur engouement : c'est un enthousiasme très-légitime pour une matière brillante et saine, dont l'emploi, dans la décoration extérieure, relèverait justement l'importance et dont l'usage journalier impose, à des sociétés aussi polies que les nôtres, des obligations de recherche dans le décor ou la forme, qui sont, en quelque sorte, d'utilité générale. On peut conclure du goût d'un peuple pour tous les arts à l'étude seule des vases ou des plats qu'il emploie journellement. Nous ne manquerons donc pas de signaler les tentatives si dignes d'intérêt qui se sont faites de nos jours, en France et en Angleterre, pour rendre à la céramique décorative son ancien éclat. La brève mention de centres aussi importants dans le passé que Rouen, Nevers, Marseille, Moustiers, Strasbourg, suffit à rappeler combien cette industrie est profondément nationale.

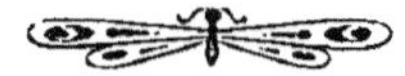

TERRE CUITE

L'art du bas-relief inventé à Sicyone par un père sensible. — Le prince indien Sâviatan. — Un potier grec invente le procédé du moulage. — Les tombes, les antéfixes, les frises de la collection Campana. — Les statuettes de la Cyrénaïque. — Les bustes de la Renaissance. — Chanteuse florentine — Le philosophe et poëte Beniveni. — Les médaillons du château Windsor et de l'hôtel de Scipion Sardini. — Les jardiniers galants du dix-huitième siècle. — Les Bacchanales de Clodion — L'emploi que nos sculpteurs peuvent faire de la terre cuite. — La fabrique de Faenza. — Le livre de Cyprian Piccolpasso, potier du seizième siècle. — Fabrication, décor, nomenclature. — Le livre de Giambattista Passeri, archéologue du dix-huitième siècle. — Les carreaux émaillés. — Exemple moderne à l'école des Beaux-Arts. — Renseignements sur la destination et le décor des majoliques — Notice historique de quelques fabriques célèbres. — Les fabriques de Pesaro et Castel-Durante. — Frà Xanto de Rovigo. — Orazio Fontana. — Maestro Giorgio Andreoli. — Les fabriques de Deruta, Venise, etc. — La faïence vaincue par la porcelaine. — De nos jours elle renaît. — Il faut encourager les céramistes contemporains et ne pas s'engouer pour le passé. — Les fausses majoliques et les faux amateurs. — Naissance de Bernard Palissy. — Son premier livre, *la Recepte véritable*... — Il le compose en prison. — La marque de ses livres, *Pauvreté empêche les bons esprits de parvenir*. — Palissy géologue. — Son second livre, *Discours admirables*...

TERRE CUITE

Partout où l'homme a rencontré de l'argile plastique *, c'est-à-dire une terre grasse, facile à délayer, et qui une fois desséchée soit par l'évaporation à l'ombre, soit par les rayons du soleil, soit par une cuisson dans un foyer ne s'effrite pas sous les doigts, partout il s'en est servi pour modeler ou des vases, ou des idoles, ou des matériaux de toiture ou de construction. Partout aussi il traça à peu près le même décor, des oves, des raies, des zigzags.

Les Grecs, qui mêlaient avec tant de charme la fable à l'histoire, racontaient ainsi l'invention de la céramique appliquée à la représentation de la figure humaine, c'est-à-dire du bas-relief, du

* La composition de l'argile plastique est généralement : silice 60 parties; alumine, 30 parties; fer, 7 parties; et chaux, 2 parties. Nous négligeons, bien entendu, tous les cas particuliers.

buste, de la statue, . « On dit que Debutades, pottier de terre de Sycion, fut le premier qui se mist à former image de la terre même dont il faisoit ses pots, et ce, par le moyen d'une fille qu'il avoit : laquelle étant amoureuse d'un jeune homme, charbonna à l'ombre de la chandelle, sur la muraille, le pourfil du visage de son amou-

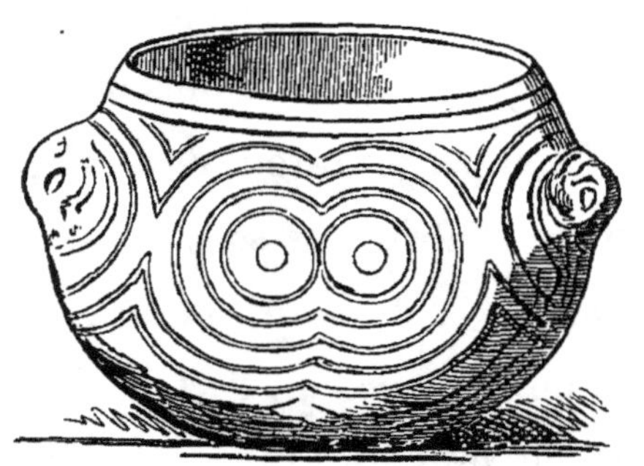

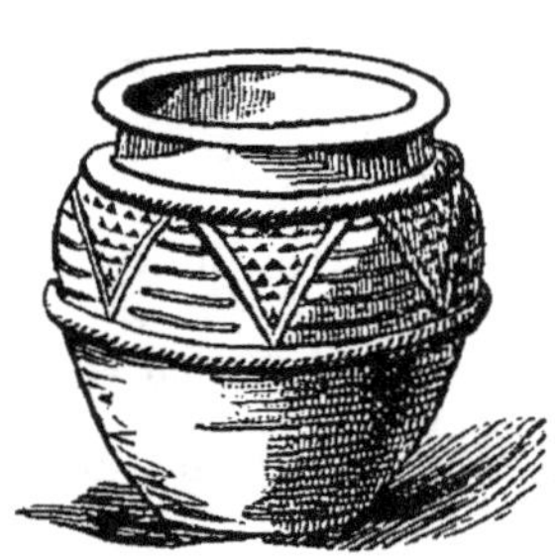

POTERIES PRIMITIVES GAULOISES,
trouvées en Vendée.

reux, pour le contempler toujours en son absence. Quoy voyant, son père suivit les dicts traits, emplâtrant d'argile la muraille selon le pourfil des traits que dessus, et voyant ainsi qu'il y avoit quelque forme en sa besogne, il le mit cuire avec la fournée des pots. » Ce n'est certainement pas chez les Grecs que les premières tentatives de modelage ou de moulage eurent lieu, car les statuettes de divinités ou de manitous en terre séchée ou cuite, peinte ou émaillée, que l'on trouve sur tout le globe, chez les peuples les plus sauvages comme dans les plus antiques cercueils égyptiens prouve un fait bien plus général et dont personne ne peut revendiquer l'invention. Veut-on la mention d'un artiste en terre bien antérieur à Debutades? Nous la trouvons dans le *Mahâbhârata*, poëme sanskrit, si abondant, si fleuri, si solennel, qu'on croit en le lisant errer dans les forêts qu'il décrit, pleines de hauts arbres, couvertes de fleurs, sillonnées par des vols de paons, habitées par des anachorètes, baignées par des fleuves rapides. Sâvitrì, — c'est le nom de l'héroïne qui sert de titre à ce chaste et attendrissant épisode, — Sâvitrî s'éprend d'amour pour le fils d'un roi dépossédé : « Il possède encore d'excellents chevaux; il les aime tant qu'il en façonne avec de l'argile; il en dessine aussi de plusieurs couleurs. » Cet artiste, qui vivait sans doute bien avant le temps où bataillaient les héros de l'Iliade, s'appelait Sâtiavan.

Mais sous cette fable de Debutades, les Grecs avaient enveloppé une affirmation critique d'une éclatante vérité : c'est que le véritable inventeur, c'est celui qui a bien fait, l'artiste. L'histoire de Debutades est donc vraie : il avait fait acte d'artiste alors que jusqu'à lui on n'avait fait acte que d'enfant ou de barbare. Son haut-relief, car c'est sans doute ce qu'il faut entendre dans le texte, frappa tellement ses contemporains qu'il fut déposé avec les statues en bronze de Corinthe et y demeura jusqu'au jour où le consul Mummius rasa la ville.

Un autre potier grec, un praticien celui-là, inventa l'art du moulage, c'est-à-dire, à l'aide de la terre molle poussée et tassée dans un bon creux, d'obtenir un nombre presque illimité d'épreuves d'un original. C'est à cette invention, qui rentre strictement dans notre programme d'art appliqué à l'industrie, que nous devons de savoir tout ce que l'antiquité mettait de charme et de force, d'abondance et de raffinement dans ses statuettes et dans la décoration extérieure de ses monuments. Le musée Napoléon III, au Louvre, aussi bien qu'un voyage en Grèce ou en Italie, fournira à chacun de nos lecteurs un vaste champ d'explorations.

L'objet le plus important est un tombeau, dit lydien, qui a été trouvé intact en Étrurie : deux personnages, le mari et la femme, sont étendus dessus, côte à côte et accoudés ; leur menton en sabot, leurs pommettes saillantes, leurs yeux à la chinoise, leur coiffure, leurs babouches à pointe recourbée affirment une origine asiatique que les érudits n'ont pu encore expliquer clairement. Sur d'autres sarcophages d'une date très-postérieure, on voit également des couples ou des figures isolées, reposant, non pas dans le calme de nos seigneurs du moyen âge, endormis, les mains jointes et les jambes allongées, mais sur le coude, comme si la mort était l'invitation à un repas funèbre ou à une conversation philosophique. La plupart sont d'un travail trivial : le col complétement détaché indique que les potiers avaient des corps tout prêts, et que les parents inconsolables couraient au dernier moment à la boutique commander une tête ressemblant, de près ou de loin, à l'être chéri qu'ils venaient de perdre.

Ce qui est bien autrement intéressant que ces objets de cimetière, ce sont ces antéfixes, ces bas-reliefs qui se plaquaient en frises sur la façade des maisons romaines. On remarquera que le même sujet se répétait souvent : les Curètes frappant leurs boucliers pour couvrir les vagissements de Bacchus enfant ; des vendangeurs nus et nerveux foulant en mesure le raisin dans la cuve ; deux jeunes satyres se tendant sur l'extrémité de l'orteil pour amener leurs lèvres jusqu'à la vasque trop élevée d'une fontaine de marbre ; ou bien encore la lutte d'Apollon et d'Hercule qui se disputent le trépied prophétique de Delphes ; Hercule découvrant dans une grotte ombragée d'un arbre Télèphe enfant qu'une biche allaite ; plus loin, portant un bœuf sur son épaule, suivi de l'Automne, ou domptant le taureau de Marathon ; le mariage de Thétis et de Pélée, scène d'une chasteté et d'une grandeur tou-

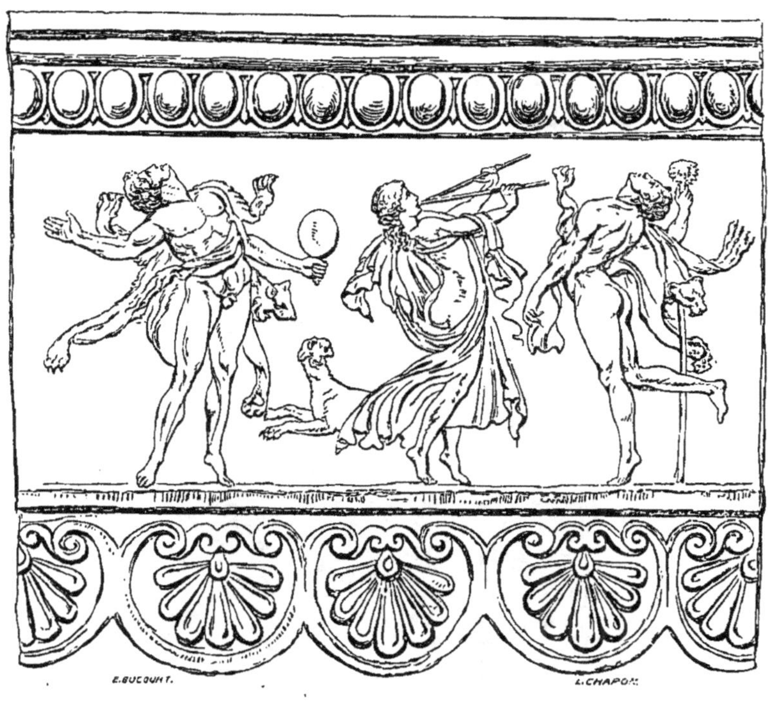

BACCHANALE.

Frise en terre cuite. — Collection Campana.

chantes ; Thésée retrouvant sous une pierre les armes de son père. Parfois le sujet s'élève à la plus haute émotion, et la figure d'Hélène conduisant elle-même le char qui la ramène avec Ménélas à son palais, exprime un abattement profond ; une Penthésilée qui tombe mourante dans les bras d'Achille tout plein de compassion, est aussi un des sujets des plus émouvants. Nous avons fait remarquer que les sujets se répétaient souvent. C'est dans ces répétitions qu'éclate le génie des artistes qui modelaient ces bas-reliefs d'une destination si modeste! Toujours la scène est légèrement modifiée, le détail des muscles est changé, le geste plus accentué ou adouci, l'expression voulue plus tendre ou plus fière. Ce sont autant d'éditions d'un même texte, revues et corrigées par d'ingénieux éditeurs.

Nous n'insisterons pas sur les bas-reliefs qui représentent des rinceaux ou des figures chimériques; les Grecs en cela sont supé-

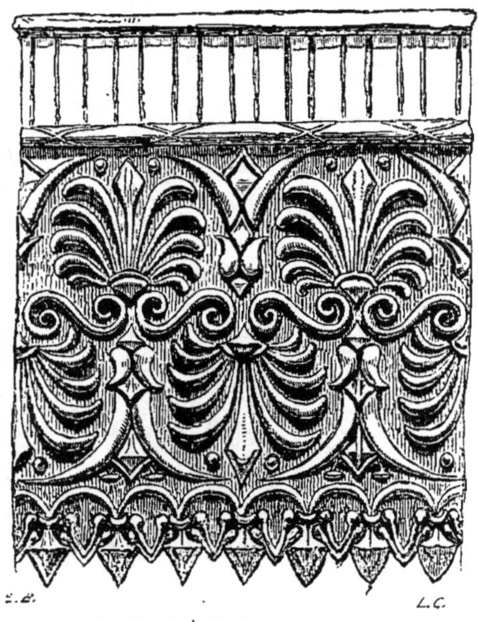

ORNEMENT D'UNE MAISON ROMAINE.

Terre cuite en relief. — Collection Campana.

rieurs comme dans la science anatomique et dans l'arrangement de la draperie. La Renaissance a vainement tenté de surprendre les secrets de cette grâce souveraine, de cette amabilité dans le sérieux; elle les a trop souvent fait dégénérer en maniérisme.

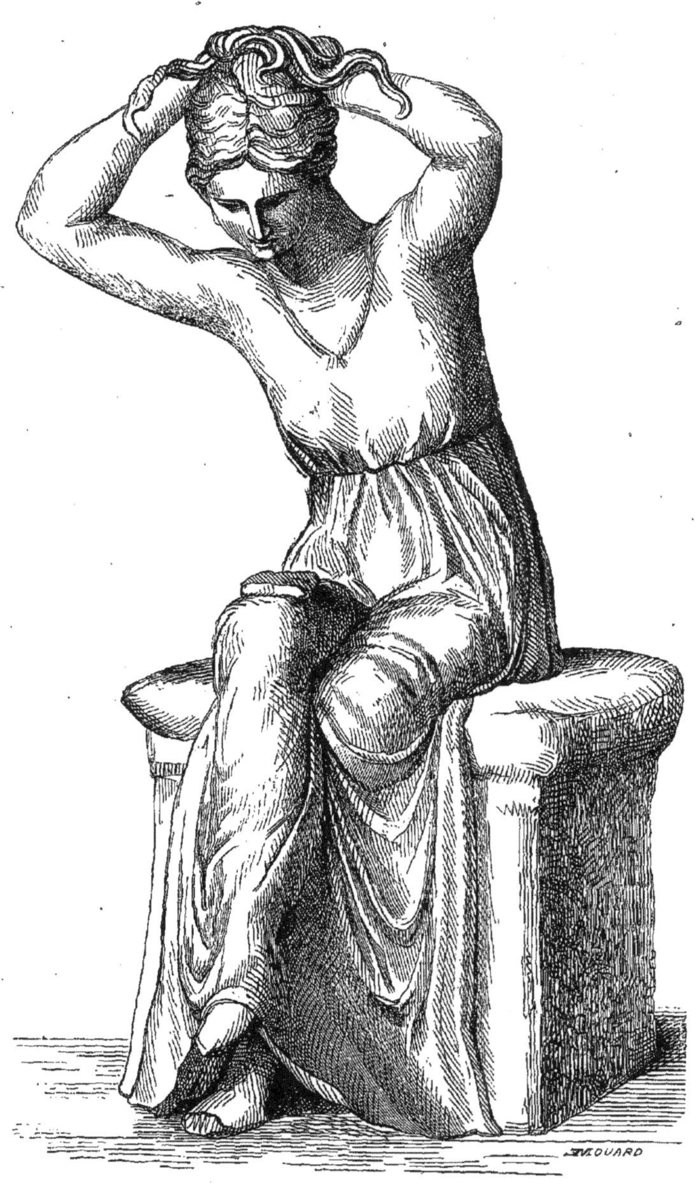

JEUNE FEMME A SA TOILETTE.

Terre cuite grecque. — Collection Pourtalès.

Les ornements de nos cathédrales gothiques sont, pour la franchise et l'originalité, les seules séries qui se puissent, dans les arts décoratifs de l'Occident, placer à côté de ces bas-reliefs qui étaient coloriés, ou dont tout au moins les figures s'enlevaient sur un fond bleu ou rouge. Cicéron les appelle types « typi, » lorsqu'il écrit à son ami Atticus de lui en envoyer d'Athènes pour orner son atrium. Les plus beaux ont été trouvés à Ardée, ancienne capitale des Rutules, qui était située non loin de Rome et de Tusculum. On y a aussi découvert un moule.

Mais ce qui dépasse encore ces bas-reliefs en jeunesse, en familiarité, en séduction naïve, ce sont les petites statuettes antiques, et surtout celles dites de la Cyrénaïque. La plupart portent aussi encore des traces de couleur. Longtemps on a hésité sur leur destination, car on les trouve en grand nombre — les moins belles malheureusement. — On pense maintenant que lorsqu'elles n'étaient pas des figures votives telles que les petites figures de cire que la piété des fidèles consacre encore de nos jours dans les chapelles de la Vierge, elles étaient de simples objets d'art que l'on posait dans les maisons pour charmer au passage l'œil distrait. La jeune femme à sa toilette, qui faisait partie de la collection Pourtalès, est aussi précieuse qu'un antique de marbre ou de bronze. M. Mercuri a cherché, un jour, avec son burin le plus fin à rendre la souplesse du col de tourterelle, la simplicité du geste et de la pose de ce jeune corps penché sur son miroir.

Telle encore une tête de jeune Grec, quelque berger de Théocrite : cette belle bouche mutine n'est-elle pas faite pour souffler dans les roseaux assemblés avec la cire, et ne sent-on pas que ce petit chapeau de paille couvrant à peine le front n'est là que pour être jeté alors que l'on s'étend à plat sous l'ombre fraîche du hêtre !

Un mouvement a conquis les artistes qui modelaient ces figurines : c'est celui de la danseuse qui s'élance, le buste légèrement renversé, la jambe en avant et faisant siffler les plis de sa robe; ou bien encore celui de la femme qui sort du bain et s'enveloppe frileusement d'une longue et fine couverture de laine. Ces petites statuettes étaient placées dans les tombeaux auprès des personnes mortes. On en a trouvé de bien familières dans des tombes d'enfants : des poupées dont les bras étaient articulés, des polichinelles au nez de perroquet, des chiens, des chats, des coqs, des poissons, des noix... C'est la mort qui vient raconter la vie. Ces objets que la petite main d'un enfant ou d'une jeune fille avait touchés ou parés sont ceux qui amusent encore aujourd'hui les nôtres. Au contraire, les statues, les débris des temples ne nous enseignent qu'une vie politique ou sociale dont presque tous les traits intimes nous échappent.

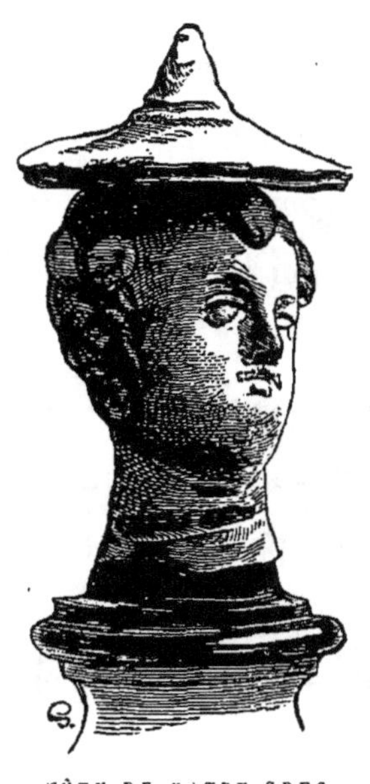

TÊTE DE PATRE GREC.
Cabinet de M. Thiers.

On a rencontré, dans les stations thermales qui étaient suivies avec tant de confiance par les riches malades romains et notamment près de Vichy, des fabriques complétement organisées pour le moulage de ces statuettes. Mais celles-ci sont souvent presque informes et, si on trouve par hasard un moule qui donne de belles empreintes, il est évident qu'il a été pris sur quelque objet grec ou romain apporté dans ses bagages par quelque noble amateur.

Pline cite des statues entières en terre cuite. Il ne nous en est pas parvenu. Mais les collections possèdent des empreintes de médailles, sans doute destinées à la toilette des femmes, très-bien venues et souvent dorées pour imiter plus complétement les originaux.

La Renaissance italienne se passionna à son tour pour les bustes et les statuettes en terre cuite. Si nous prononçons, à cette place, le nom des Della Robbia, c'est seulement pour dire que nous reviendrons ci-après tout particulièrement sur ces artistes qui, en appliquant à la terre cuite l'émail de la faïence, en firent un élément particulièrement décoratif. En ce moment constatons qu'après avoir été longtemps livrés à l'indifférence la plus injuste, les bustes en terre cuite du quinzième siècle italien sont enfin recherchés avec passion. A l'Exposition rétrospective organisée, en 1865, dans le palais des Champs-Élysées, par les soins de l'Union centrale des beaux-arts appliqués à l'industrie, les amateurs se pressèrent autour d'une adorable statuette de jeune femme florentine : elle est debout, les hanches emprisonnées dans une robe de damas broché qui porte des traces de dorure ; elle chante à pleine voix la musique dont elle tient la partition dans les mains. C'est l'œuvre d'un artiste de génie dont on ignore le nom et l'école, et c'est très-probablement le portrait de quelque princesse de cette cour des ducs d'Urbin, si polie et si galante, si lettrée et si artiste. — L'autre morceau, qui partagea les suffrages, était le buste d'un poëte italien, Beniveni. Ce buste est entré, par les soins de M. de Nieuwerkerke au Louvre, qui, malheureusement, n'a point assez tôt assemblé les précieux et rares spécimens de cet art : « Jérôme Beniveni que l'on dit être mort en 1542, à quatre-vingt-neuf ans, a écrit M. Paul Mantz, Jérôme Beniveni était frère d'un des plus ardents défenseurs de Savonarole; il se

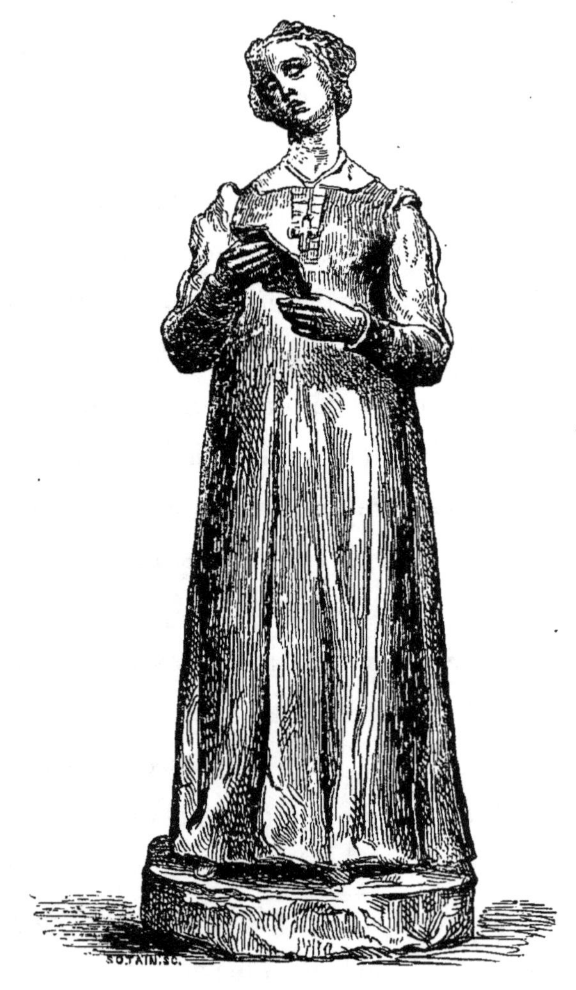

CHANTEUSE FLORENTINE.
Collection de M. E. André.

lia de la plus étroite amitié avec Pic de la Mirandole et sollicita d'être mis dans le même tombeau que le doux érudit. Il fut lié aussi avec le peintre Lorenzo di Credi. » Ce buste le représente vêtu à l'ancienne mode, et il porte sur le haut de la tête le petit bonnet du quinzième siècle dont Filippo Lippi a coiffé Boticelli dans la fresque del Carmine. « On sent que le personnage a

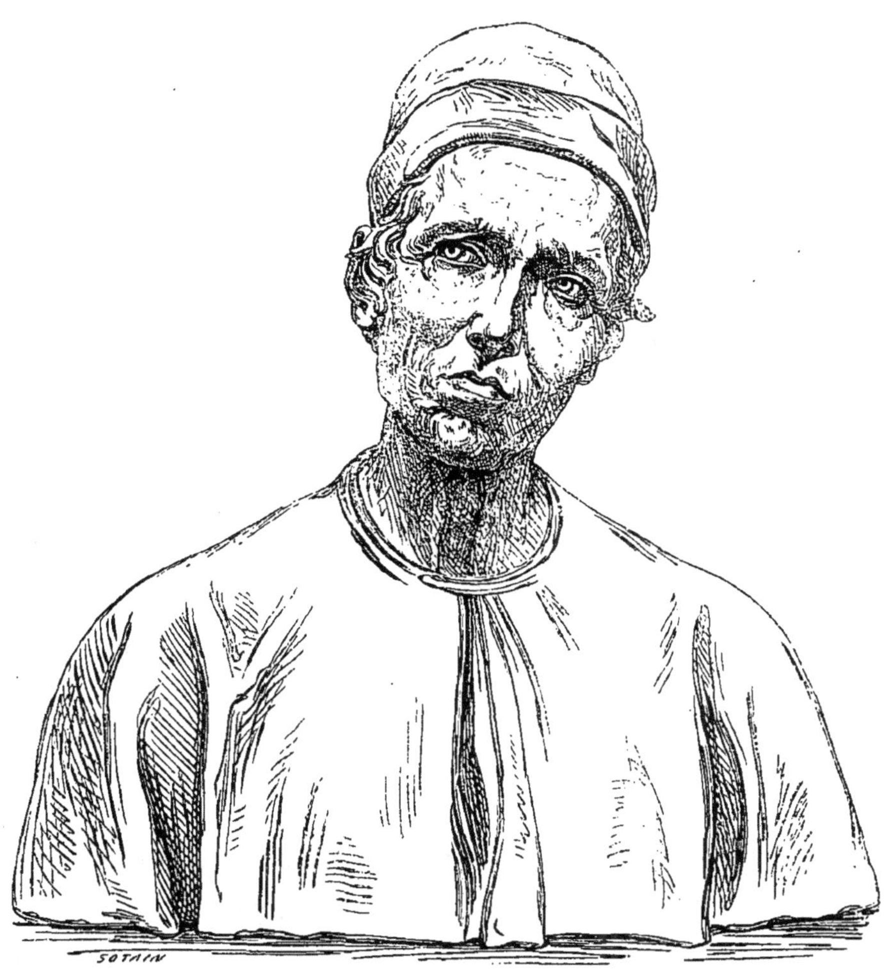

BUSTE DU POËTE BENIVENI.

Terre cuite du quinzième siècle. — Musée du Louvre.

vécu dans l'étude et dans la douce confidence de la Muse : il penche la tête comme pour écouter l'écho d'une chanson intérieure; toute la finesse italienne respire dans sa physionomie expressive; la bonhomie se mêle sur ses traits à la plus subtile expérience, et il y a dans le pli de sa lèvre, dans les rides précoces de son front, dans le feu de son regard une merveilleuse intensité de vie. » L'âge du modèle aussi bien que le caractère de l'œuvre donnent la date très-approximative de ce buste : il faut la placer dans les premières années du seizième siècle, un peu avant celle de l'exquise statuette que nous citions plus haut. On ne sait à quel sculpteur attribuer ce travail avec certitude. Pour nous, nous n'hésitons guère à le croire de Lorenzo di Credi lui-même, qui, selon Vasari, avait peint le portrait de Beniveni. Les artistes de cette grande époque étaient à la fois peintres, sculpteurs, architectes, ingénieurs. Ainsi furent Léonard de Vinci, Michel-Ange, Raphaël et bien d'autres. Ce buste rappelle par la vivacité de l'expression et le rendu des détails du visage, l'imprévu de la pose, l'absence de composition, une main bien plus habituée à tenir le crayon ou le pinceau que l'ébauchoir ou que le ciseau. Ce qui importe surtout, c'est que c'est un chef-d'œuvre, et notre école, énervée par le respect pour une tradition trop étroite, pourra puiser dans l'étude de ce modèle et dans la faveur qui l'entoure le courage d'entreprendre des œuvres plus personnelles et plus viriles.

Mais le seizième siècle ne laissa pas seulement la terre cuite aux sculpteurs. Il s'en servit pour mouler des retables d'autels tout entiers. Nous reviendrons, à propos des Della Robbia, sur les figures de haut-relief qu'ils inscrivirent dans des médaillons. On voit dans la façade d'une des nombreuses cours intérieures du château de Windsor, de grands médaillons en terre cuite où une tête d'empereur romain se dresse fière et nerveuse sous une lourde couronne de lauriers. Ils furent, dit-on, envoyés par Léon X au cardinal Wolsey. — Dans l'hôtel de Scipion Sardini, qui sert aujourd'hui à la manutention générale des hôpitaux de Paris, il reste toute une galerie qu'a respectée le caprice ou l'indifférence des architectes modernes : au-dessus des arcades on voit aussi des têtes de princesses et de héros. Rien ne s'harmonise mieux avec la brique que ces tons de terre rougeâtre, et rien n'est plus judicieux que cette ornementation qui ne forme que des reliefs modelés, sollicitant les jeux de l'ombre et du soleil. Les architectes modernes ne l'appliquent guère aujourd'hui que dans les communs, dans la cour des écuries de château, par exemple. Ils ont grand tort de ne se pas montrer plus hardis.

Le dix-huitième siècle fit descendre l'art de la sculpture en terre cuite à une destination ridicule : il anima les parcs et les jardins par des groupes ou des personnages habillés et peints au naturel. Il en existait encore il y a peu d'années : sur le bord d'une pièce d'eau, on apercevait une laveuse dont le battoir ne s'abattait jamais. Un jardinier rêve le bras appuyé sur le manche de sa bêche. Un abbé galant fait semblant d'être plongé dans la lecture de son bréviaire, et lorgne une bergère qui garde des moutons qui n'ont plus qu'une oreille et trois pattes. Cette idée de transformer un bois profond, une prairie verdoyante en cabinet de figures de... faïence, est un des plus cruels méfaits qu'ait à se reprocher cette époque.

Comme nous ne voulions pas rester sous cette mauvaise impression, à propos d'un siècle que nous estimons fort, nous avons fait reproduire un de ces groupes modelés par Clodion avec une verve infatigable. Ces petits Amours bouffis, ces bacchanales enfiévrées, ces marches de satyres qui plient leur dos musculeux sous la menace d'un nourrisson au pied fourchu grisé avec deux grains de raisin écrasé, tels sont les derniers chefs-d'œuvre de la terre cuite.

On l'a souvent comparée, pour le caprice du faire et pour la vivacité du résultat, à l'eau-forte des peintres. Cette Toilette de Vénus ne pourrait-elle pas tout aussi bien être signée : « Fragonard *sculpsit?* »

Notre société, gourmée et peu indulgente à l'art qui sourit, verra-t-elle renaître ces beaux jours? Il faut le souhaiter et l'on a applaudi à un artiste qui, dans ces derniers temps, a exposé des modèles d'une composition aimable et facile et des bustes très-vivants. La terre peut se pousser dans un moule et le sculpteur peut et doit alors, tandis qu'elle est encore humide et moelleuse, la réparer et lui faire un épiderme. Chaque épreuve a donc plus de personnalité et de rareté que l'épreuve d'un bronze qui est réparée par un ciseleur de profession. Elle a moins de rigueur que le bronze, moins d'uniformité que le marbre. Son ton est plus tiède et sa surface, imperceptiblement rugueuse, n'a pas ces reflets lumineux qui n'ont leur grand effet que sur les grandes surfaces. C'est éminemment un objet d'intimité. Pajou et Houdon ont montré quel style la terre cuite pouvait atteindre. Que nos artistes gardent le bronze pour les héros, le marbre pour les statues, et qu'ils prennent plus souvent l'ébauchoir et la terre glaise pour traduire la physionomie de leurs contemporains ou modeler d'agréables fantaisies.

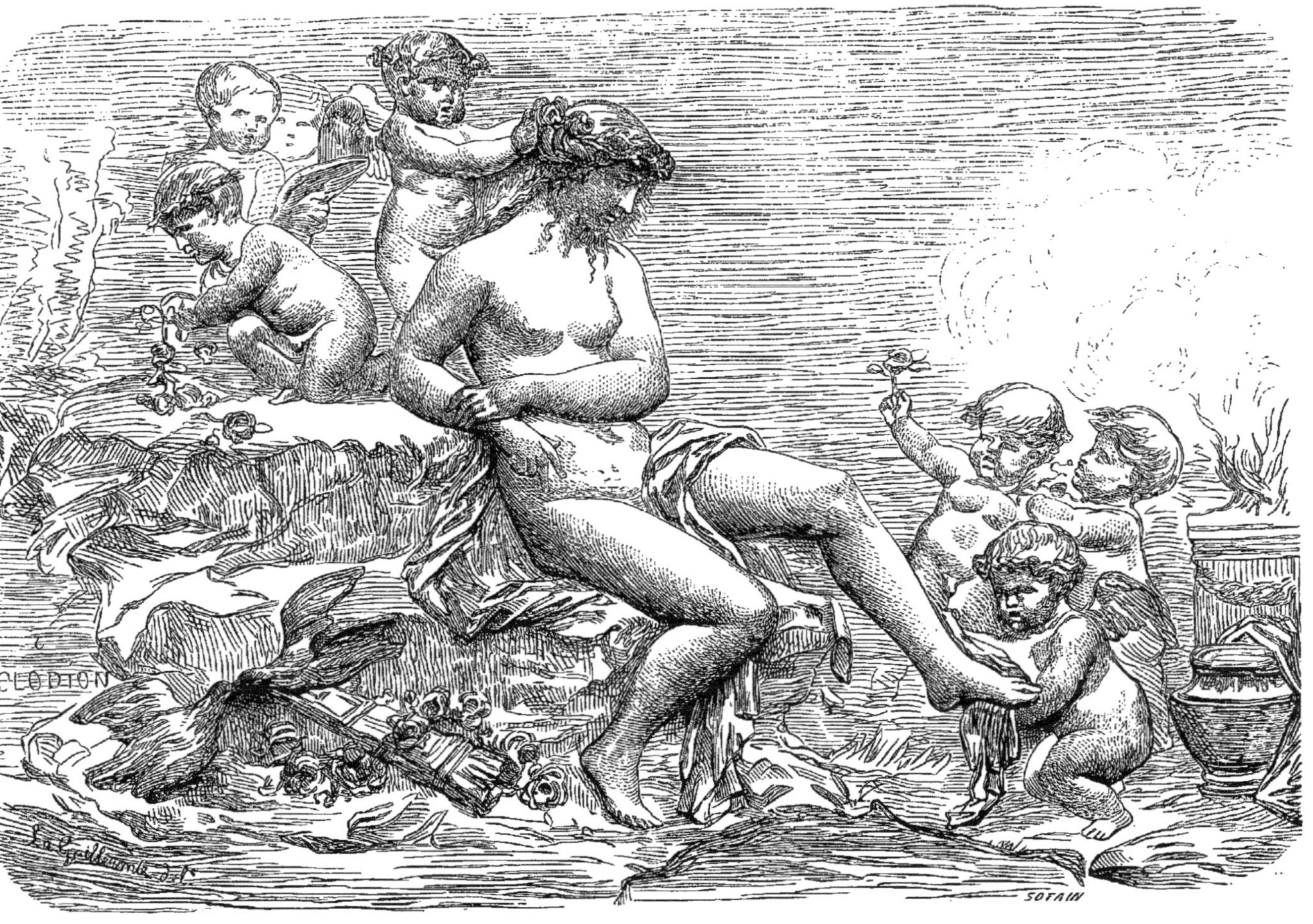

LA TOILETTE DE VÉNUS.

Bas-relief en terre cuite, par Clodion, appartenant à M. Carrier-Belleuse.

FAÏENCE ÉMAILLÉE

Glaçure, émail, couverte de la faïence. — Les vases grecs. — Un souper à l'antique chez madame Lebrun. — Décor et destination des vases grecs. — La poterie romaine à Rome et dans les Gaules. — Le dallage émaillé au moyen âge et de nos jours. — Les Faïences d'Oiron dites : « Service de Henri II. » — M. Benjamin Fillon découvre le secret de leur origine aux environs de Fontenay-le-Comte. — Famille des Gouffier. Hélène d'Angest, François Cherpentier, son potier, et Jehan Bernart, son gardien de librairie. — Un musée étranger paye 30,000 francs un biberon.

La majolique vient de l'île de Majorque. — Le vase de l'Alhambra. — Fabrique de Valence. — Le secret des lustres et irisations.

Luca della Robbia, ses premiers travaux à Florence comme architecte, peintre, sculpteur, décorateur. — Andrea et Girolamo Della Robbia. — Tentatives modernes.

Naissance de la majolique italienne. — Son succès en Italie et en France. — Fabriques de Faenza. — Le Livre du potier Piccolpasso. — Le Livre de l'antiquaire Giambattista Passeri. — Fabriques de Pesaro, de Castel Durante et de Deruta. — Les lustres métalliques de Fr. Xanto et de maestro Giorgio. — Fabrique actuelle du marquis Ginori. — Les faux amateurs.

Bernard Palissy. — Sa naissance. — Son premier livre, *Récepte véritable*... — Son séjour à Paris. — Son second livre, *Discours admirables*... — Histoire de ses recherches et de ses tourments racontée par lui-même dans l'*Art de terre*. — Son portrait. — Ses grottes et ses autres ouvrages. — Sa mort tragique. — Ses imitateurs.

La faïence de Nevers depuis le duc Louis de Gonzague jusqu'à nos jours. — Notions pratiques sur l'art de la faïence. — La faïence de Rouen, son triomphe et son agonie. — Les faïences de Moustiers, de Marseille, de Rennes, etc.

Tentatives modernes. — Minton et Lessore. — La lave émaillée. — Les faïences de la Perse, de l'Inde, de l'île de Rhodes. — A. de Beaumont, les frères Deck, etc. — Les faïences décorées par impression.

Les grès de Flandre et la terre de pipe. — Ziegler.

FAÏENCE ÉMAILLÉE

Sans doute, presque aussitôt après l'invention de la céramique proprement dite c'est-à-dire de la terre cuite, un perfectionnement lui imprima une physionomie particulière : c'est l'application de la glaçure ou des émaux colorants.

La glaçure est ce léger vernis qui avive ou harmonise la surface poreuse de la terre cuite. C'est un mélange de silex et de plomb, et dans ce cas elle reste transparente, telle est celle des vases antiques; de substance vitrifiable et d'étain, on la nomme alors émail, tel est celui des majoliques ; de substance vitrifiable et terreuse, ne fondant qu'à la température requise pour la cuisson même de la pâte, c'est la couverte, et on peut la constater dans les faïences de Perse et les grès de Flandre.

Les briques rapportées des rives de l'Euphrate sont émaillées.

Les Égyptiens ont employé la couverte, et les figurines de divinités ou d'animaux bleu turquoise ou vert d'eau sont des pâtes habilement colorées remontant à la plus haute antiquité.

Les couleurs sont obtenues par des oxydes métalliques mêlés à ce fondant qui sert à les faire adhérer complétement, à la suite de la cuisson, à la surface de la terre. La palette des céramistes chinois que l'on peut prendre pour type, car elle suffit à exprimer tout ce que doit désirer un décorateur comme éclat et comme diversité de tons, est ainsi composée : l'oxyde de cuivre pour les verts et les verts bleuâtres ; l'or pour les rouges ; l'oxyde de cobalt pour les bleus ; l'oxyde d'antimoine pour les rouges ; l'acide arsénique et l'acide stannique pour les blancs. Les tons intermédiaires que se glorifient d'avoir conquis les chimistes européens ont eu pour effet de conduire Sèvres à la copie textuelle des tableaux ; ce qui ne saurait, en aucun cas, être le but de cet art.

L'antiquité, constamment en rapport avec l'Asie Mineure, n'a point dû ne pas connaître le secret des émaux ou couleurs appliquées sur la terre. Cependant sauf des fragments de vases dont l'un figure un masque comique, mais émaillé de jaune, de rouge et de noir, il ne nous est rien parvenu de la Grèce ou de l'Italie ancienne, de ce que nous appelons proprement « faïence peinte[1]. » Les Grecs possédaient un sentiment suprême de l'harmonie. Grâce à un concours de circonstances uniques, à leur origine asia-

[1] C'est sans doute dans le sens de subjectile d'une fresque qu'il faut entendre ce curieux passage de Pline : « Murena et Varron, étant édiles, firent apporter de Lacédémone tout une muraille en brique pour en parer la place le jour des élections, tant était riche la peinture qui était en ledit revêtement ; et néanmoins, encore que cette peinture fut fort excellente et admirable, si s'estonnoit-on encore plus, comme on l'avait pu enlever entière de la muraille et l'apporter entière à Rome.

tique, à leur climat, à la lumière de leur soleil, à la beauté des lignes de leur paysage, à leur philosophie, à leur constitution sociale, à leur supériorité intellectuelle sur les peuplades qui les entouraient, à l'âge même de puberté qu'atteignait l'humanité, ils eurent ce privilége sans second de jouir pendant un siècle et demi d'une sérénité d'âme qui fait créer le chef-d'œuvre comme un acte de nature. Leur céramique révèle, aussi hautement que leur sculpture, leur goût exquis et l'équilibre parfait de leur vie. Les formes simples et nobles devaient éclore sous la main des potiers comme une fleur sur un arbuste jeune et robuste. Destinés au mobilier des temples, aux repas d'une société savante et polie, à la récompense des luttes et des courses, à la parure des tombeaux, les vases se couvrirent de sujets mystiques ou bachiques, de fables sacrées, de figures d'éphèbes ou de coursiers.

La colonie grecque qui vint s'établir en Étrurie apporta avec elle les poncis qu'elle avait calqués ou découpés une première fois à Athènes ou dans la Grèce et les modifia peu. On a même découvert qu'à la fin les potiers étrusques ne comprenaient plus le sens mystérieux des allégories ou les faits historiques qu'ils répétaient depuis des siècles pour répondre à la demande des acheteurs dans le reste de l'Italie.

D'immenses travaux d'érudition ont été publiés en Allemagne, en Italie, en Angleterre, en France sur la céramique antique, ou plutôt sur les vases grecs et romains. Ce qui a surtout préoccupé les céramographes, c'était l'âge des vases, leur nationalité, la compréhension des scènes sacrées, tragiques, profanes, comiques, intimes qui les ornent, la lecture des noms de divinités, de héros, de vainqueurs, d'acteurs inscrits au-dessus des personnages.

Ils ont, de leur mieux, expliqué la destination probable des objets qu'on y voit, lits de repas, tables, chaises, tabourets, cassettes à bijoux, étoffes, armes, outils, instruments de sacrifices, autels. Ils nous ont aidé à voir revivre dans ses mœurs morales

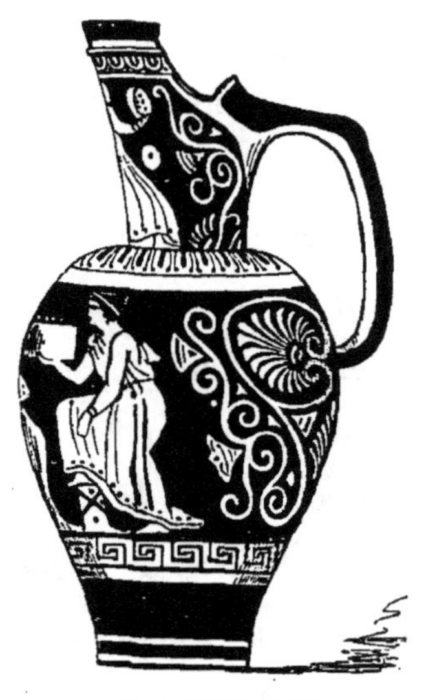

VASE A FOND NOIR.
Fabrique étrusque.

ou sociales la grande antiquité. Ils sont même arrivés par la classification des formes les plus pures, des ornements les plus nobles, des scènes les mieux comprises, à établir la chronologie des périodes de perfection ou de décadence traversées par l'art antique grec ou italien. Malheureusement tout cela est présenté avec un langage hérissé de grec et de latin dans des in-folios compacts d'un aspect morose. Il faudrait que des savants bienveillants, tels, par exemple, que le baron de Wytte, refissent à nouveau pour l'usage des cerveaux de capacité courante, ce qui a été fait pour les érudits. On ne peut aborder sans une sorte de respect superstitieux cette industrie ennoblie par la main de grands artistes et par l'usage réel qu'en a fait toute la société antique. Que de fois en face des vitrines d'un musée n'a-t-on pu se demander si cette coupe n'était point celle où Alexandre avait trempé ses lèvres pour éprouver son médecin?... si, dans ce vase de terre rouge, Platon n'avait pas baigné ses mains au moment de s'asseoir au banquet?

L'étude des vases antiques date surtout des dernières années du dix-septième siècle. Cent ans plus tard, c'était une fureur. Madame Lebrun raconte, dans ces *Mémoires* qui lui auraient valu une réputation de femme d'esprit si son pinceau ne lui avait assuré la gloire, un festin archéologique dont l'idée lui fut suggérée par la lecture des *Voyages en Grèce du jeune Anacharsis*, par l'abbé Barthélemy. « Quand j'arrivai à l'endroit où, en décrivant un dîner grec, on explique la manière de faire plusieurs sauces, je fis aussitôt monter ma cusinière ; je la mis bien vite au fait. Comme j'attendais de fort jolies femmes, j'imaginai de nous costumer toutes à la grecque. Mon atelier, plein de tout ce qui me servait à draper mes modèles, devait me fournir assez de vêtements, et le comte de Parois, qui logeait dans ma maison, rue de Cléry, avait une superbe collection de vases étrusques. Je lui fis part de mon projet, en sorte qu'il m'apporta une quantité de coupes, de vases, parmi lesquels je choisis, et je les plaçai sur une table de bois d'acajou, dressée sans nappe... » Les convives arrivent, madame Chalgrin, la fille de Joseph Vernet, Lebrun-Pindare, que l'on couronne de lauriers, M. de Parois qui se grime en Anacréon... « Ma fille, ajoute-t-elle, qui était charmante (son portrait au Louvre le prouve bien), et mademoiselle de Bonneuil (qui devint sous l'Empire la belle madame Régnault de Saint-Jean-d'Angely), étaient ravissantes à voir, portant un vase antique très-léger, et s'apprêtant à nous servir à boire. » Le dix-huitième siècle seul avait assez d'esprit pour rire avec cette grâce de la manie de l'antique.

Sous l'Empire, on voulut en réalité rééditer, pour s'en servir, toute cette sévère vaisselle et ce décor austère. Mais on ne songea point qu'ils ne s'appropriaient plus ni aux mœurs, ni aux costumes, ni aux usages. Dans un pays lumineux, dans des intérieurs peints de tons fermes et soutenus, au milieu de personnages qui marchaient vêtus de tuniques claires ou de manteaux de pourpre, ce décor à fond rouge ou noir formait comme un repos pour l'œil. Chez nous, sous la main de nos fabricants habitués à la porcelaine, il parut terne et dur; sous le pinceau des décorateurs qui ne comprenaient pas l'élégance suprême d'un contour exprimé par un trait franc, net et pur, les têtes devinrent grimaçantes et les attitudes anguleuses comme celles des mannequins d'atelier. D'ailleurs on raffina sur le style et sur la sobriété des tons. On oublia surtout, habitué que l'on était à copier quand même des statues ou des bas-reliefs, les exemples de polychromie céramique que nous avaient révélés les amphores d'Athènes et de l'Italie méridionale.

Celles-ci, en effet, sont couvertes d'ornements dorés, souvent en relief, qui rompent la monotonie de la silhouette. On cite certaines coupes au fond desquelles, tandis que la terre était encore molle, le potier a adroitement appliqué un moulage du médaillon de Syracuse, qui est le plus suave modèle de la numismatique antique.

Le plus célèbre des vases à reliefs est le vase de Cumes, une hydrie qui a failli appartenir à la France; la Russie l'a choisie dans la collection Campana avant que l'acquisition n'ait été décidée par nous, et elle orne aujourd'hui le musée de l'Hermitage, à Saint-Pétersbourg. La partie inférieure est cannelée, et au-dessus se détache un bas-relief, colorié et doré, composé de dix figures, dont les principales sont Triptolème et Cérès; dans une seconde frise, sur la partie la plus renflée de la panse, marchent des panthères, des lions, des chiens, des griffons; une guirlande de feuilles de myrte dorées s'enroule autour du col. Les habits des personnages sont peints de couleurs vives, de bleu, de rouge, de vert. Quelques têtes dont la dorure s'est détachée laissent voir un travail aussi doux que celui du plus fin camée. On l'appelle le vase de Cumes, par ce qu'il a été trouvé dans la nécropole de cette ville. Loin de professer l'horreur de nos modernes professeurs pour la polychromie, les anciens au contraire la faisaient contribuer à l'embellissement de l'intérieur aussi bien que de l'extérieur de leur habitation; on a aujourd'hui la preuve certaine que les Grecs coloriaient leurs statues de marbre et les Romains les bustes de bronze.

Les mémorables découvertes des tombeaux de Vulci, en 1828 et 1829, modifièrent beaucoup la direction des études sur la céramique antique. Le *rapport* qu'en fit, en 1831, le professeur Édouard Gerhard de Berlin, agita tout le monde savant. De nos jours, les fouilles de Ninive exécutées à diverses reprises par MM. Botta, Flandin, Layard, Place, montrèrent les rapports étroits de l'art des assyriens avec celui des potiers grecs. En 1844, Charles Lenormant évaluait à cinquante mille le nombre des vases peints découverts depuis deux siècles. Depuis ce moment on n'en a guère plus recueilli de deux à trois mille. La Renaissance ne semble pas s'en être préoccupée beaucoup, excepté pour imiter quelques formes de rhitons ou d'aiguières, en les assouplissant; du moins on n'en distingue point sur les dressoirs, dans les représentations d'intérieurs riches.

Silence bizarre! sauf ces amphores panathénaïques que l'on offrait aux vainqueurs des jeux, pleines de l'huile des oliviers sacrés de Minerve, on n'a presque aucune donnée sur la destina-

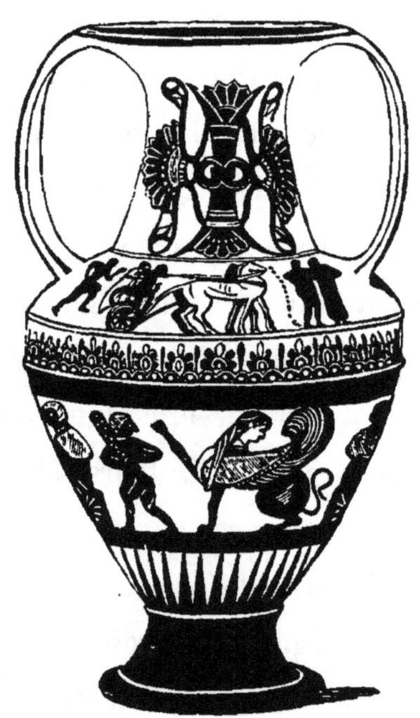

LE VASE DE NICOSTHÈNE.

Musée Napoléon III.

tion d'objets qui nous sont parvenus en si grand nombre, et qui, à en juger par la perfection devaient coûter souvent fort cher. Les vases noirs servaient sans doute aux usages domestiques; les autres de purs objets d'ornements. On les enfouissait auprès des morts qui les avait possédés et aimés. Rarement ils contiennent des cendres.

Les vases antiques portent quelques signatures. On a relevé moins d'une centaine de noms d'artistes. Mais un potier d'un goût suprême, fabricant ou décorateur, a signé toute une série dont les figures s'enlèvent en noir sur fond blanc. Il s'appelait Nicosthène. Le vase que possédait M. de Blacas a été trouvé à Agrigente. Celui que nous reproduisons, ainsi que tous ceux de la collection Campana, viennent de Coire.

Les peintures représentent le plus souvent des sujets bachiques : c'était pour exciter l'ardeur des convives. Puis les divinités de l'Olympe, les travaux d'Hercule, la guerre de Troie. Et aussi, avec quelques compositions empruntées au théâtre, les mille épisodes de la vie civile, le bain, la chasse, la danse, la toilette, le repas, et les jeux funèbres qui appartiennent à la dernière période de l'art de peindre les vases. Les inscriptions, écrites avec une singulière négligence, et comme si l'artiste avait prétendu faire sentir que le sujet parlait de soi, offrent des noms de personnages mythologiques, des sentences, des exclamations amicales ou admiratives : « Oh! bel enfant! » ou « Oh! le beau cheval.» La Renaissance imita plus tard ces inscriptions dans les majoliques offertes à l'occasion des fiançailles. L'hydrie ci-après date de la dernière moitié du septième siècle avant Jésus-Christ, et a été modelée par les potiers corinthiens de Démarate. Elle est remarquable par les méandres, les flots, les godrons de style archaïque, et par la zone quadrillée qui forme cadre à la composition : celle-ci dont les inscriptions, en partie effacées, sont peu lisibles, représente les adieux d'Hector et d'Andromaque.

La Grèce, ses colons ou ses artistes nomades, fournit donc pendant plusieurs siècles de poterie de luxe le monde romain tout entier. Ce fut à un certain moment un luxe suprême, et, qui le

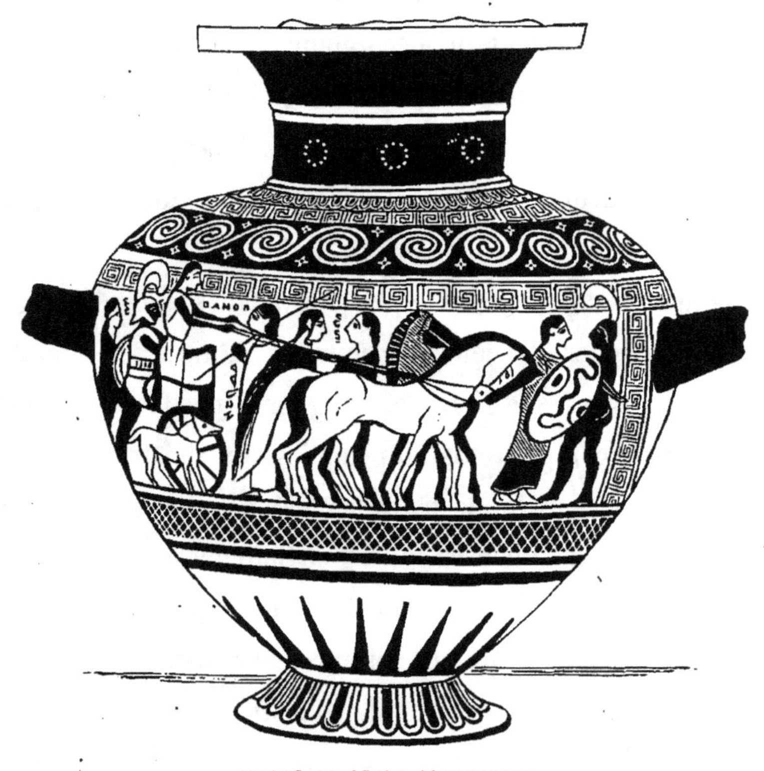

HYDRIE DE STYLE CORINTHIEN.
Musée Napoléon III.

croirait, un moyen de corruption électorale : Quintus Aponius fut condamné à l'amende « comme subornateur » pour avoir fait présent d'une amphore de terre à quelqu'un de qui il voulait acheter la voix. Un acteur tragique, nommé Ésopus, paya un plat soixante sexterces. Le Romain, plus pratique qu'artiste, imprima à sa poterie usuelle, un caractère de force et de commodité. Toutes nos provinces du Midi ont conservé, vierges de formes, les jarres à mettre le vin et l'huile. Dans un voyage aux

Pyrénées, nous regardions, à Bagnères de Bigorre, les femmes aller à la fontaine en portant en équilibre sur la tête des amphores semblables à celles des esclaves d'Atticus ou de Cicéron.

L'histoire de la céramique gauloise offrira de curieux rapprochements avec celles de tous les peuples au berceau, lorsque, selon la grande idée émise par Lelewel, on aura organisé quel-

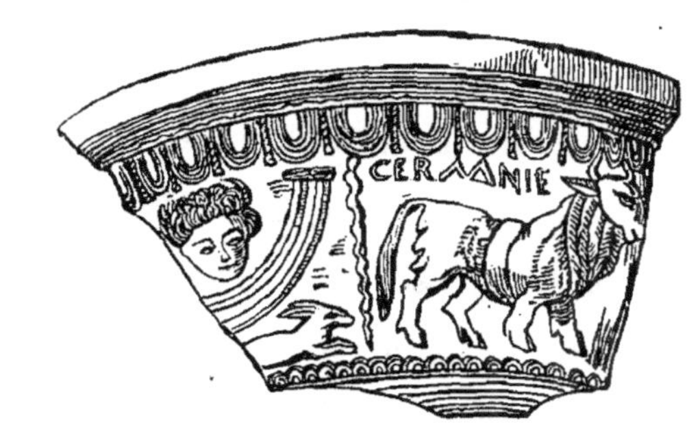

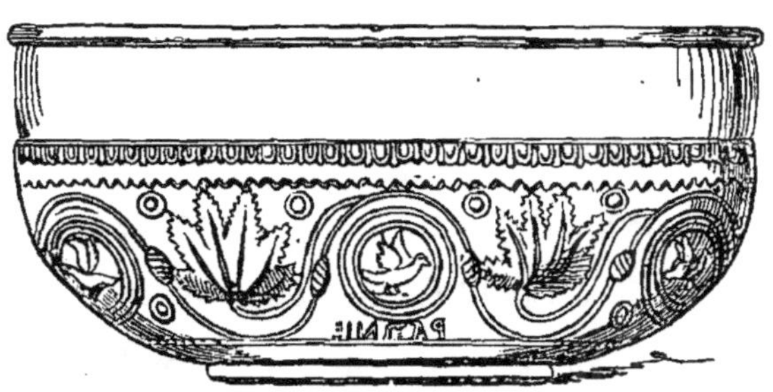

FRAGMENTS DE POTERIE ROMAINE,
découverts en Vendée.

que musée qui juxtaposera les produits de toutes les civilisations. La coupe ci-contre est un type de la plupart des poteries romano-gauloises trouvées à Paris et dans toutes les provinces lorsque l'on exécute des fouilles; elle sort d'un tombeau de la première moitié du troisième siècle découvert à Jart (Vendée). Elle porte en relief la signature du potier *Paterni*. Les figurines étaient souvent moulées à part et rapportées. La terre, très-fine, légèrement cendrée, est ordinairement rouge, quelquefois noire. Quelques-unes des poteries trouvées en Poitou révèlent l'emploi d'un procédé d'ornementation fort curieux. Des feuilles naturelles de plantes ou d'arbres étaient posées sur la glaçure encore liquide et y laissaient la trace de leur contour et de leurs nervures.

Le moyen âge vécut longtemps de formes bâtardes ou dégénérées; l'histoire de ses poteries serait toute locale. L'application la plus frappante qu'il fit de la terre cuite, émaillée ou non, et des terres colorées rapportées et juxtaposées comme les laines dans une tapisserie, ce fut dans les carrelages et les dallages. Le pavage émaillé est un des derniers témoignages du sentiment de la polychromie chez les anciens : ils avaient eu la mosaïque et l'aimaient tellement, qu'il n'est guère de station romaine où l'on n'en découvre des vestiges. Ils avaient horreur des grandes parties froides pour l'œil que forment nos planchers. Ils voulaient que la sandale se posât sur un sol décoré comme un jardin, et dès le seuil une formule de politesse ou de prudence vous accueillait : « Salut ! » ou « Prenez garde au chien ! » Eux-mêmes devaient cet emprunt à l'Orient, ainsi que le prouvent les vastes parties de dallages émaillés retrouvés dans les ruines de Babylone, couverts de figures d'hommes et d'animaux, ou d'inscriptions dont les motifs se détachent en émail blanc sur fond d'azur. Ainsi pour l'Égypte. Ainsi pour l'Espagne et l'Italie. On sait la devise qu'on lit sur les carreaux qui restent de l'Alhambra. « Il n'y a pas de fort si ce n'est Dieu. »

C'est dans l'Église, dans ce douzième siècle qui fut l'aurore de notre renaissance nationale, que le carrelage émaillé remplaça la mosaïque coûteuse et peu solide. Il répondit merveilleusement aux couleurs éclatantes qui revêtaient la voûte, les piliers et les murs,

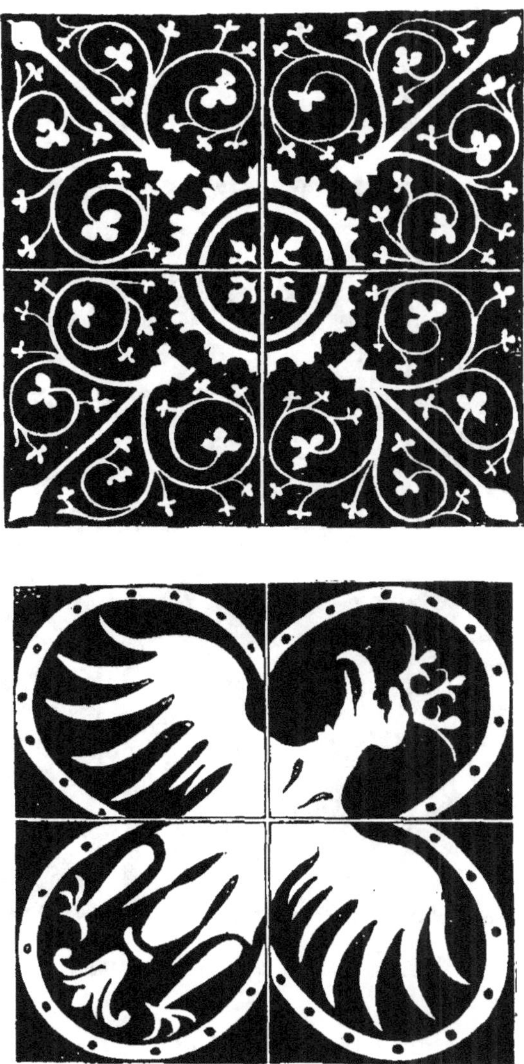

DALLAGES ANCIENS.

qui tombaient en larges ondées des verrières et des roses, qui éclataient en or et en pierres précieuses sur les autels. Ce fut le vaste tapis que pouvaient fouler sans le déchirer le pied et le genou des pauvres. La féodalité s'en empara bientôt, et lorsque les varlets et les hommes de guerre portaient sur la poitrine ou sur la manche la livrée du seigneur, lorsque les armes se lisaient peintes, sculptées, tissées, sur la porte du château, sur les meubles, sur la tapisserie, il était logique que le plancher les

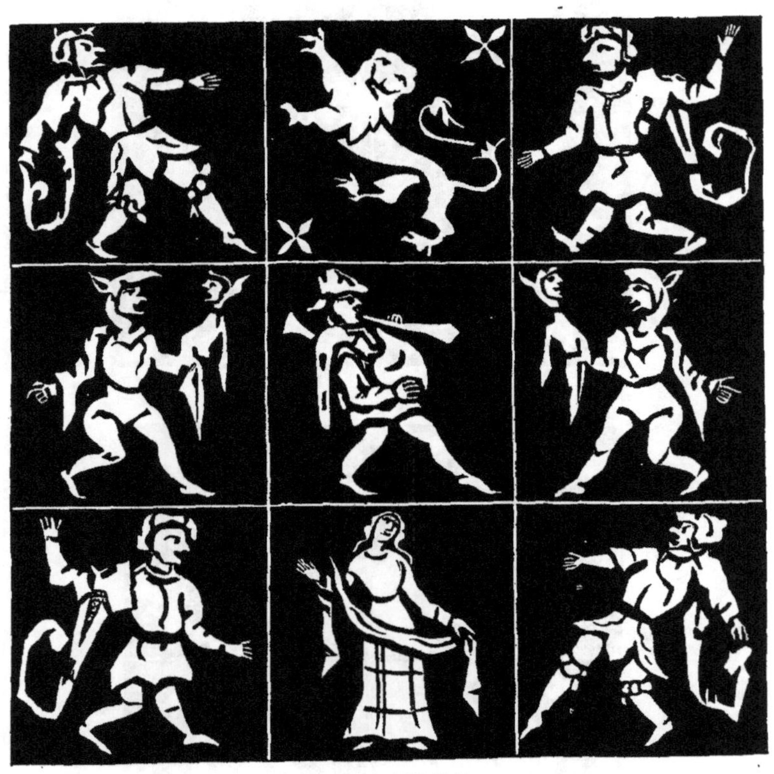

DALLAGES ANCIENS,
découverts dans le département de l'Aisne.

répétât à son tour. Le pavage devint donc un cours de blason : la fleur de lis y arrondit ses trois pétales, le chevron s'y brise, l'aigle y crispe ses serres et y éploie ses ailes; le lion y passe, cambré et la langue pendante, et le dauphin s'y arque, couronne en tête. Puis la fantaisie s'en mêle et mille méandres s'y enchevêtrent, s'y croisent et s'y rompent ; ce sont des cerfs qui courent, des griffons qui ouvrent le bec, des chasseurs qui poussent l'épieu, des chevaliers qui combattent ou des fols qui mènent le branle, des joueuses de viole ou des bohémiennes dansant le pas de l'écharpe.

Jusqu'au quinzième siècle, le noir, le blanc, le jaune, le rouge et le vert firent tout le fonds de cette décoration. C'était assez pour des artistes qui avaient le sentiment de l'harmonie. Plus tard, on tomba dans le maniérisme en voulant être trop fin. Nos lecteurs en comparant les dallages que nous empruntons à un travail de M. Ed. Fleury, avec d'autres exemples d'objets d'art décoratif du moyen âge français qu'ils trouveront plus loin, vitraux, grilles, etc., sentiront quels liens étroits les réunissent tous; combien les architectes, les peintres, les sculpteurs de ce moment éprouvaient le besoin d'unir leurs génies pour réaliser l'unité d'aspect et d'impression dans tout monument religieux, civil ou militaire; combien cette période de notre histoire est profondément nationale et quels beaux exemples elle nous eût légués si ces monuments nous avaient été aussi soigneusement conservés que ceux de la Renaissance italienne!

Les potiers de la province du Laonnais où se trouvent de très-intéressants débris de carreaux, employaient la terre ordinaire à briques et à tuiles, dite argile figuline brune. Brute et passée au grand feu, elle est infusible et devient brun rouge; lavée et dégourdie, elle passe au jaune clair; lavée et passée au grand feu, elle tourne au rouge vif. Pour la teindre de noir, on chauffe le four avec du bois d'aulne qui a plongé dans l'eau pendant plusieurs mois et qui jette une fumée abondante. Le blanc est de la terre de pipe. L'émail est du verni de plomb. La terre étant convenablement battue et carrément taillée, pour creuser, sur le pavé réduit aux mesures et à l'épaisseur voulues, le lit qui doit recevoir la terre colorée qui forme l'image, on posait d'aplomb le moule en relief, estampille ou emporte-pièce en bois ou en métal, et l'on soumettait le tout à l'action forte et égale d'une presse : la dépression obtenue était alors remplie de terre colorée, bien tassée elle-même pour obtenir une adhérence parfaite, et la cuisson s'opérait. Parfois aussi, mais postérieurement au quinzième siècle, on appliquait sur le pavé à décorer et frais, une feuille mince de bois ou de métal découpée à jour et en promenant une pointe dans les vides on dessinait ainsi un sillon qui était rempli à son tour. Enfin, mais ce n'est plus alors un procédé d'incrustation, au lieu de passer une pointe à travers ce vide, c'était un pinceau chargé de couleur vitrifiable. On remarquera d'après les exemples que nous donnons que les côtés des carreaux, qui étaient toujours carrés, se raccordent entre eux et qu'en les juxtaposant par quatre, ou par neuf, ou par seize, on pouvait obtenir de vastes compositions décoratives, multipliant avec beaucoup de grâce les enlacements des ornements et des tiges de fleurs, les scènes et les devises.

Grâce à la réaction en faveur de notre moyen âge français provoquée par l'école romantique de 1825, par les travaux de Lassus et de M. Viollet le Duc, par les courageuses polémiques de publications spéciales telles que les *Annales archéologiques*, on a tourné les yeux vers les arts décoratifs de ce temps. On a demandé à des artistes de grand mérite de présider et de participer à la restauration des monuments que l'on voulait faire revivre. C'est ainsi que M. Steinheil a dessiné pour la Sainte-Chapelle le dallage qui accompagne ces pages. Il est impossible de rester plus libre de sa main, plus maître de sa fantaisie, en

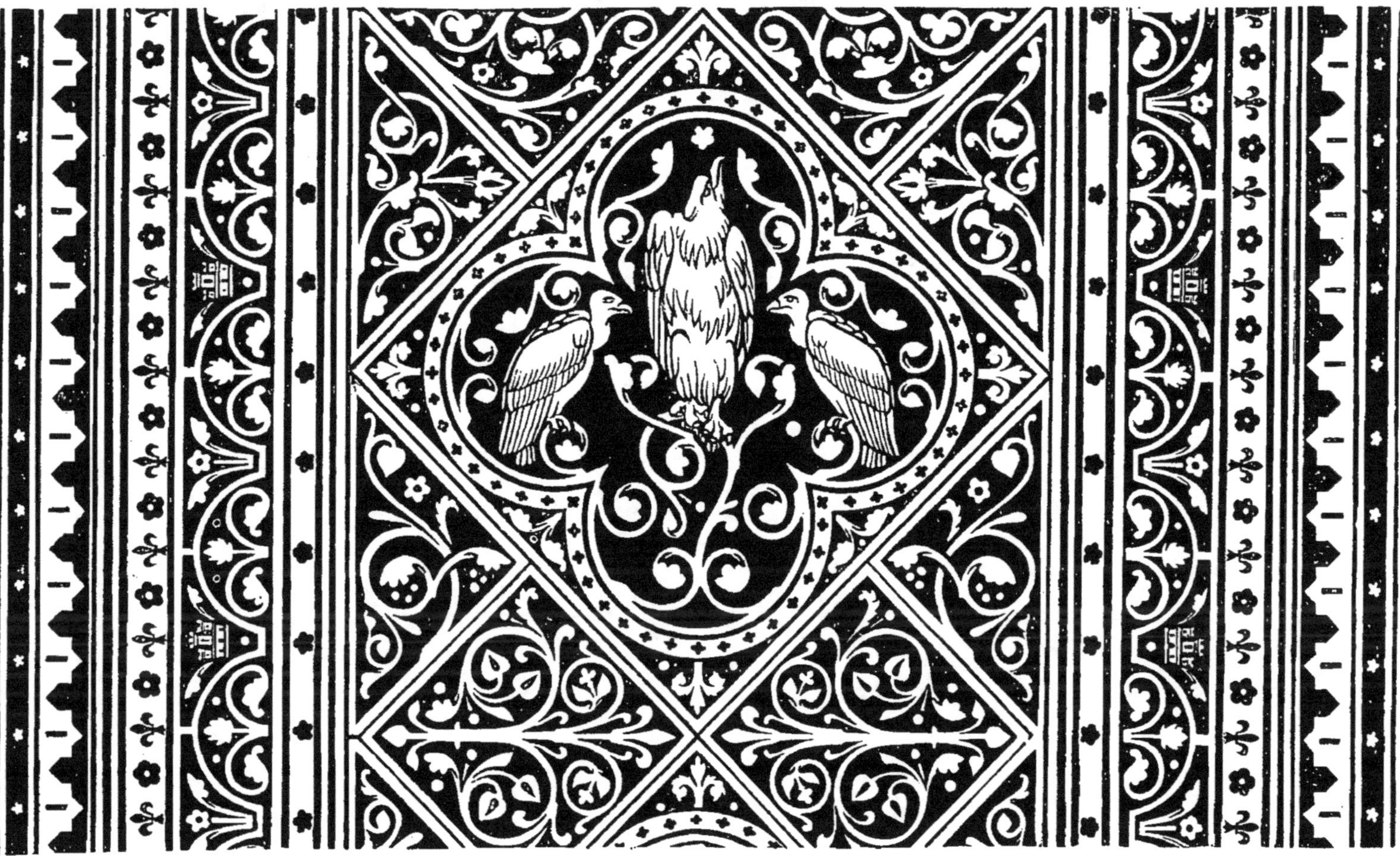

DALLAGE DE LA SAINTE-CHAPELLE,
exécuté d'après les dessins de M. Steinheil.

s'inspirant plus intimement des données décoratives d'un siècle passé. Mais l'exemple était bon et il a été imité. Le pavage incrusté est d'usage dans toutes les constructions modernes de quelque luxe : il offre à l'œil plus de calme que la faïence vernissée et plus de variété que le marbre. Le musée céramique de Sèvres met à la disposition des chercheurs des matériaux sans nombre recueillis de toutes parts.

Ce procédé de terres incrustées et couvertes d'une glaçure légère, fut pratiqué dans toutes les provinces avec plus ou moins de succès et de persistance, donna naissance à une série d'objets dont le lieu de provenance a été, jusqu'à ces derniers temps, un impénétrable mystère et dont certains attributs, autant que la rareté, avaient allumé au dernier point la curiosité et le désir des amateurs : je veux parler des faïences dites de Henri II que l'on avait spirituellement qualifiées « le sphinx et le phénix de la curiosité. »

M. André Pottier, dans les *Monuments français inédits* de Willemin, signala le premier à l'attention des amateurs une superbe aiguière qui faisait alors partie de la collection du baron de Monville. C'était en 1839. En étudiant ce genre tout particulier de pâte et de décor, on compta vingt-quatre pièces de la même famille et, à cause du chiffre de Henri II qu'on lisait sur certaines — des C et des H adossés et enlacés — on baptisa le tout, « pièces du service de Henri II. » Bientôt après, M. du Sommerard, dans son album des *Arts au moyen âge*, publia trois de ces pièces qui ornaient les cabinets Pourtalès et Préault. L'imagination des curieux, des experts et des critiques s'exalta : on fit mille romans : celui-ci voulut qu'elles sortissent de l'atelier d'un sculpteur, Ascanio, l'élève de Benvenuto Cellini; celui-là qu'elles aient été modelées par ce Girolamo della Robbia, que François Ier avait appelé d'Italie pour décorer de terres cuites monumentales le château de Madrid; ceux-ci avancèrent qu'elles venaient de Lyon ou de l'Angleterre; plus tard encore, on crut que l'imprimeur-artiste Geoffroy Tory, qui avait pour enseigne « Au Pot cassé,» avait imprimé sur les flancs des buires ses ornements typographiques qui ressemblent à des nielles; puis que quelque prince florentin les avait envoyées en présent à l'époux de Catherine de Médicis.

Pendant ce temps, le nombre s'augmentait peu. Aujourd'hui même il n'a atteint que cinquante-quatre, et il faut renoncer à l'espoir de le voir s'augmenter, car les prix énormes que ces pièces ont atteints dans les dernières ventes, ont été connus de tout le monde, amateurs, marchands et pauvres hères. L'une des plus jolies pièces connues, la coupe que Sauvageot a léguée au Louvre avait été achetée par lui 200 francs. En 1835, l'aiguière de Monville était payée 2,500 francs, ce qui paraissait considérable. A la vente Rattier (1859) une salière atteignait 12,500 francs. A la vente Le Sayette (1862) un flambeau restauré et du décor le plus ingrat était retiré à 16,000 francs et il est parti plus tard pour l'Angleterre, au prix de 18,000 francs. Enfin, à la vente Pourtalès — la mèche était cependant alors éventée — un biberon était acquis au prix de 27,500 francs pour le musée de South-Kensington, à Londres.

M. Brongniart les avait analysées et les avait assimilées à ce que l'on appelle vulgairement des terres de pipe. Il décrivait ainsi les procédés de fabrication, dans son *Traité des Arts céramiques*. A l'examen approfondi d'un fragment que possède le musée de Sèvres, le lit de la pièce a d'abord été fait sans aucun relief ni ornement. Il n'a point été tourné, mais moulé mince, raffermi et uni à égale épaisseur par tamponnage régulier. Cette première couche a été recouverte, comme par engobage, d'une croûte très-mince de même pâte, sur laquelle on a placé les ornements, les têtes et le vernis. Il en fit même imiter une par les patients et habiles potiers de la manufacture. C'est, en petit, en fin, en soigné, le procédé décrit plus haut pour les carreaux. Il suffit pour remplir les rubans et les fils creusés de manier la pâte colorante avec délicatesse.

On catalogua toutes les pièces connues en France et à l'étranger, dans des collections publiques ou privées. Puis, ce qui était plus utile ou au moins plus pratique pour le public, on reproduisit en chromolithographie la suite complète de ces énigmes en terre de pipe. Mais le mystère régnait toujours. La seule remarque singulière, c'était que tous ces flambeaux, coupes, aiguières, biberons, salières, pots à cire, avaient été trouvés en France, même, pour la plupart, en Touraine. On jouait à ce jeu des enfants où l'on crie : «Tu brûles!» au patient qui, les yeux bandés s'approche du but, ou «Tu gèles!» lorsqu'il s'en éloigne. On brûlait... Le but était dans le Poitou, au château d'Oiron, et voici comment M. Benjamin Fillon le toucha, par un de ces hasards dont savent seuls profiter les gens d'esprit et d'érudition.

Un antiquaire lui fit voir un jour deux feuillets de parchemin ornés de belles miniatures, provenant du calendrier d'un livre d'heures, exécuté pour Claude Gouffier, grand écuyer de France, ami personnel de Henri II. L'une de ces miniatures encadrée de termes élégants, emblème adopté par Gouffier avec cette devise, qui fut aussi celle d'Érasme, *Hic terminus hæret*, représentait un repas rustique pendant la moisson, en juillet : une jeune femme arrête du geste un homme qui veut vider jusqu'au fond une gourde de terre. Cette gourde pour tout le monde n'eût été qu'un détail de bien mince importance, mais M. Fillon fut frappé du ton jaunâtre du fond, des entrelacs noirs qui s'y nouaient et du blason des Gouffier qui la timbrait. De retour dans sa province, il fit un voyage à Oiron, aux restes de la résidence du grand écuyer de France. A chaque pas il rencontra des détails d'architecture ou d'ornementation qui se rapportaient et à la gourde de sa miniature et à plus d'une des pièces de la mystérieuse suite. L'étude précise qu'il fit des origines et de l'histoire de la famille des Gouffier vint enfin lui fournir un faisceau de preuves assez fort pour qu'il se décidât à publier sa découverte.

Guillaume Gouffier reçut en 1450, par la protection d'Agnès Sorel, divers domaines entre autres celui d'Oiron. Un de ses fils, Artus, fut emmené en Italie par Louis XII et fut nommé par lui gouverneur de ce jeune duc de Valois qui devait être bientôt François Ier. C'était un homme de goût et de lecture. Sa femme, Hélène de Hangest, était aussi une femme remarquablement intelligente, et l'on doit croire que leur royal élève leur dut son respect pour les artistes et les savants. Hélène devint veuve en 1519, et cette année même François Ier lui confia l'éducation du second de ses fils, qui fut Henri II. A partir de 1524, sans renoncer complétement à fréquenter la cour, Hélène résida souvent dans son château d'Oiron qu'elle avait réédifié avec le concours de l'aîné de ses enfants, Claude Gouffier. Elle mourut en 1567.

C'est dans ce château qu'Hélène, pour distraire ses dix-huit années de veuvage, avait dirigé ou présidé les travaux de

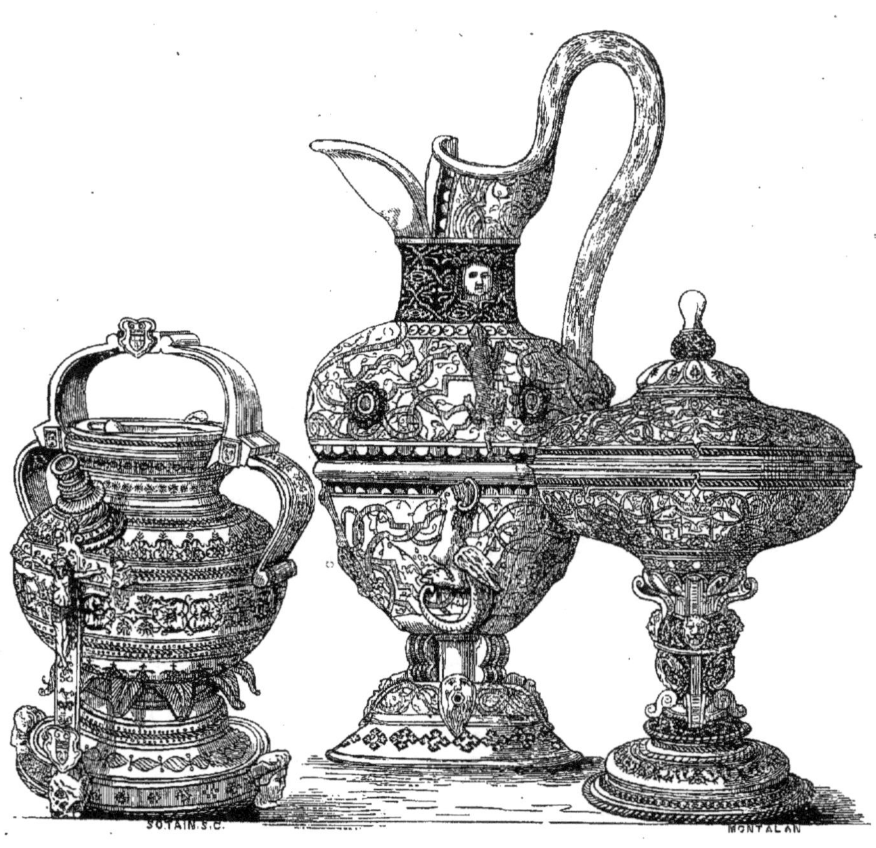

FAÏENCES D'OIRON.

VASE A EAU BÉNITE. Musée Sauvageot. — AIGUIÈRE. Collection Hope, à Londres. — COUPE A COUVERCLE. Musée Sauvageot.

céramique « de son potyer François Cherpentier et de son segretaire et gardyen de librairie Jehan Bernart. » Des documents irrécusables mettent hors de doute cette triple collaboration, et les pièces du soi-disant service de Henri II s'appellent aujourd'hui plus modestement « Faïences d'Oiron. »

On peut aujourd'hui diviser en trois groupes la série des cinquante-quatre pièces connues de la faïencerie d'Oiron qui eut peut-être pour premier objectif l'imitation d'une coupe de porcelaine orientale. Dans la première période, les ornements incrustés sont d'une seule couleur ou tout au plus colorés en brun noir, en brun plus clair, en rouge d'œillet. Les pièces sont aux armes des seigneurs de Bressuire, de Gilles de Laval, des la Trémouille. Elles avaient très-évidemment été faites en vue de cadeaux et non d'une fabrication courante, et c'est encore là un argument en faveur de leur rareté. « Bernart y mit son talent d'ornementiste, Cherpentier son habileté à façonner la terre ; Hélène son goût très-fin mais un peu minutieux et chargé de tristesse. »

Puis la mort vint rompre l'association de l'ouvrier, du lettré et de la noble femme, et chaque fois que l'un d'eux tomba, il y eut amoindrissement dans la valeur d'art des produits. Dans la seconde période, celle qui s'étend de 1537 à 1550 et où Bernart ne figure plus sur les états de la maison, on sent « l'intervention d'un homme aimant les livres et connaissant bien les pratiques de leur exécution matérielle. » Les pièces affectent des formes architecturales d'un goût douteux et elles ont été pour la plupart fortement restaurées de nos jours. Elles portent les armes des Montmorency, et souvent les armes de Henri II, mais il ne faut pas oublier que ces armes ont été souvent ajoutées par les restaurateurs au moment où la dénomination de « service de Henri II » était acceptée sans conteste. C'était en décupler la valeur commerciale.

Du reste, il est aujourd'hui parfaitement reconnu que les lettres qui formaient le chiffre royal, étaient deux C adossés dans un H,

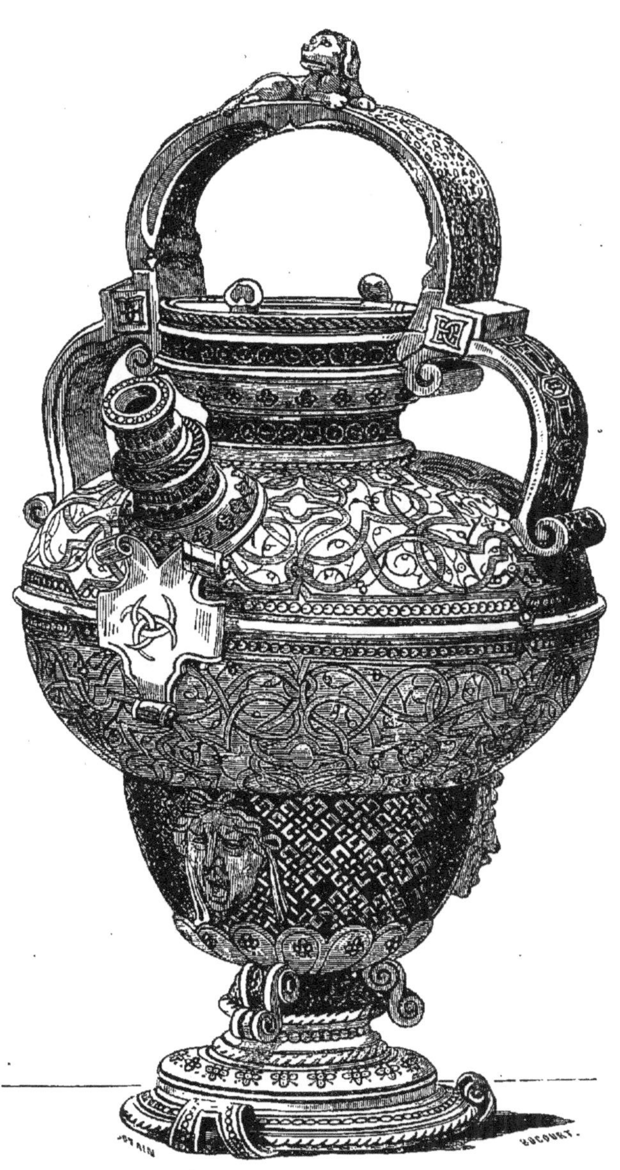

BIBERON EN FAÏENCE D'OIRON.
Musée de South-Kensington.

c'est-à-dire les initiales de Catherine et de Henri, et que si la malignité de la cour y a voulu lire le chiffre de Diane, la favorite ne faisait que bénéficier d'une royale tricherie. Catherine de Médicis le conserva après son veuvage. Diane de Poitiers avait, pour emblème propre, une flèche entourée d'une banderole, avec cette devise : *Sola vivit in illa*, ou celle-ci encore : *Consequitur quodcumque petit.* Rien ne prouverait même que celles de ces faïences sur lesquelles on lit le croissant, le chiffre ou les armes royales eussent appartenu au roi : ils y figurent comme sur les meubles, sur les murs du château d'Anet, sur des jetons ; c'est une date, un témoignage d'affection ou de reconnaissance pour la personne royale. Il en est ainsi de la Salamandre de François Ier. Si quelqu'un est encore tenté d'y voir la constatation d'une propriété réelle et personnelle, autant vaudrait prétendre que tous les objets marqués des fleurs de lis de l'ancienne famille royale ont fait partie du mobilier de la couronne.

Une fabrication aussi exceptionnelle, ayant pour but unique de meubler les dressoirs ou les pharmacies des membres d'une famille ou de ses amis ne pouvait se maintenir dans les conditions ordinaires de l'industrie. Les événements vinrent lui porter le dernier coup. Le grand écuyer fut obligé d'abandonner son château menacé par les protestants, au moment de la prise d'armes de 1562, et dévasté en 1568. C'est dans cet intervalle que M. Fillon place la fabrication des dernières pièces qui n'ont point été jusqu'à présent cataloguées et sont naturellement d'un prix beaucoup moindre. Elles ont probablement été faites par quelques industriels à qui on aura abandonné le matériel de la fabrique, puisqu'on voit, sur les pièces sorties du four, des estampages tirés des anciens moules et qu'on y a maintenu la tradition des formes. Ce sont des plats, des fontaines de table, des salières, des mortiers à cire ou réchauds, des barils.

Nous avons dû nous arrêter quelque temps pour donner la solution toute récente d'un des problèmes qui avaient le plus vivement piqué la curiosité des amateurs. A vrai dire les faïences d'Oiron ne méritent pas, dans leur ensemble au moins, la vogue dont elles jouiront sans doute encore longtemps. La coupe avec couvercle que nous avons fait reproduire et qui a été léguée par Sauvageot au musée du Louvre lui avait coûté 200 francs. A la bonne heure. Ajoutez si vous voulez un zéro pour suivre le cours de la bourse de l'hôtel Drouot et pour constater la rareté. Mais s'il est juste que la valeur vénale tienne compte du mérite relatif des diverses séries, il y a mille objets orientaux, italiens ou français, en faïence, en porcelaine, en bronze, en or, en émail qui sont bien supérieurs à ceux-ci dont les formes sont d'une très-pauvre invention. Les buires sont imitées des vaillants spécimens en bronze, en or, en étain qui venaient d'Italie ou que dessinait Étienne Delaulne. Mais dans la seconde période on y a ajouté, en guise d'anses, des torses de satyres ou de chimères ridicules; les figurines d'enfants qui soutiennent les flambeaux sont sans force et sans esprit; les salières sont de petits édifices trapus et inélégants; enfin la décoration, agréable dans certaines pièces, est empruntée aux têtes de chapitre et aux culs-de-lampe des livres charmants de cette époque, mais dans la traduction en terre cuite elle a beaucoup perdu.

C'est avec une vive surprise que l'on a vu le musée de South-Kensington poursuivre jusqu'à 30,000 francs un objet dont la fabrication n'offre point d'intérêt pratique, alors qu'il en possédait déjà des spécimens. D'autant que cette somme offerte à un céramiste éminent lui permettrait de donner le libre essor à sa fantaisie et lui ferait sans doute créer de vrais chefs-d'œuvre. L'imitation de ces poteries d'Oiron est facile. Qui sait si telle de celles que l'on offre à notre admiration ne date pas d'hier? Rien n'est plus banal à fac-similer que les objets auxquels le génie n'a pas donné son coup de pouce souverain... M. Avisseau fils, de Tours, que nous retrouverons bientôt à propos de Bernard Palissy, a montré que c'était un jeu d'imiter ces inscrustations de pâtes colorées.

Il nous faut faire un retour en arrière, et nous embarquant sur la Méditerranée, ce lac d'azur si bien fait pour inspirer aux artistes de nobles décors, il nous faut toucher aux côtes d'Espagne et aux îles Baléares. C'est là, dans l'île de Majorque, à n'en plus douter, après les recherches qu'ont provoquées les revendications d'origine, que s'installèrent les potiers maures. Aussi qualifie-t-on aujourd'hui « hispano-moresque » toute une série de poteries triées parmi ce que l'on appelait autrefois en gros, majoliques, faïences de Majorque ou plus tard siculo-arabes. C'est, avec la porcelaine de Perse, ce que l'on peut recueillir de plus richement décoratif pour le dressoir d'une salle à manger ou pour les murs d'un atelier. Ces bassins, de dimensions puissantes, que les oxydes métalliques sillonnent d'éclairs comme le gaz incandescent dans un foyer, où les animaux de blason foulent les devises et les cris de guerre comme les ronces d'une forêt héraldique, ces témoignages rudes et délicats de la foi et de la guerre, de l'art et de l'industrie du quinzième siècle espagnol, ouvrent avec une grâce et une force sans égales, l'étude des plats et des assiettes en faïence émaillée. L'Italie elle-même, dans ses périodes de grand goût, en assouplissant la

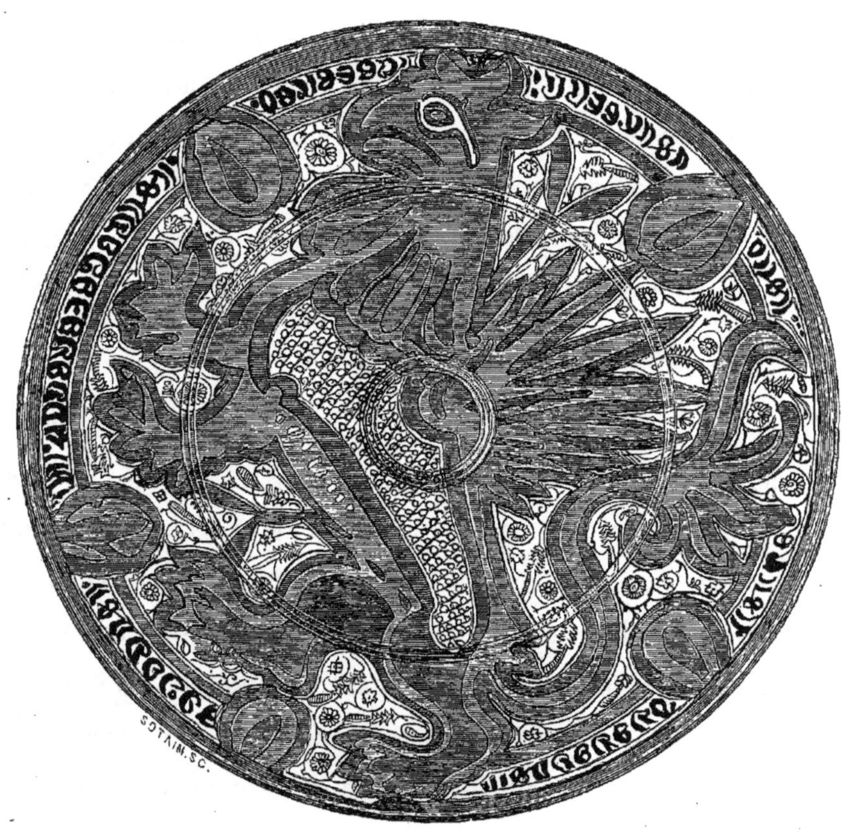

PLAT HISPANO-MORESQUE.
Collection Soltikoff.

fierté de la donnée de la majolique, le maniéra, et, par la substitution de scènes exactes à des indications sommaires et suffisantes de créatures à demi-chimériques, commença la décadence. Ici l'artiste et l'artisan, l'esprit qui invente et la main qui crée, étaient si intimement unis, qu'on ne songe même point à chercher s'ils ne sont pas une seule et même personnalité. C'est une des plus belles fleurs que l'art moresque ait fait épanouir sur le sol de l'Espagne.

C'est à Malaga que l'on place le plus ancien établissement de poterie hispano-moresque. Les secrets y avaient été certainement importés, soit par les Arabes, soit par leurs vainqueurs les Mores. Peut-être aussi venaient-ils de la Perse. Le secret des tuiles vernissées et à lustres métalliques que l'on a trouvées dans les ruines de la Mésopotamie, notamment à Khorsabad, ne dut jamais être complétement perdu au milieu de ces populations douées d'un sens si fin de la décoration. Vers 1350, un voyageur originaire de Tanger, qui avait parcouru une partie de l'Orient, Ibn-Batoutah, citait comme un produit de grande exportation «la belle poterie ou faïence dorée que l'on fabrique à Malaga.» Les Italiens les trouvèrent si éclatantes qu'ils les incrustèrent dans la façade de leurs églises ou de leurs campaniles, à Pise, à Pavie, à Santa Francesca de Rome.

Les briques qui revêtaient les murs en Espagne s'appelaient des azulejos, et ce fut toujours un luxe assez recherché, car Sancho Pança, parlant à son maître d'un pauvre diable, dit : «Celui-là n'aura jamais une maison à azulejos ! » La *Torre del vino* dans l'Alhambra, qui en renferme de superbes, date de 1345. Toutes les cours de ce palais construit contre l'ennemi implacable de l'Espagne, la chaleur du midi, en étaient pavées. C'est là qu'on voit encore ce célèbre vase de l'Alhambra, dont un érudit voyageur, M. Davillier, a rapporté des calques assez fidèles pour que les frères Deck aient pu l'imiter, au moins dans les entrelacs et les nœuds de sa splendide ornementation. Il est en faïence à fond blanc, sur lequel se détachent des ornements en bleu de deux teintes ou des lustres cuivreux ou auréo-cuivreux. Des caractères arabes, ornements eux-mêmes, courent au milieu des entrelacs : au-dessus d'une inscription élégante qui fait tout le tour et qui renferme une excla-

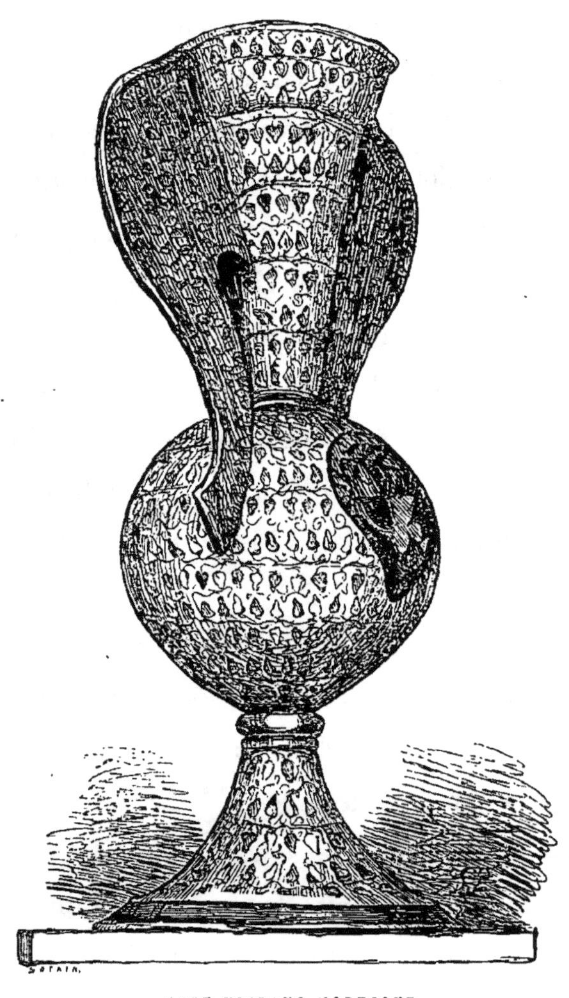

VASE HISPANO-MORESQUE
Musée de l'hôtel Cluny.

mation à la gloire de Dieu, dans un médaillon taillé en pointe comme une arcade moresque, deux grandes antilopes marchent l'une vers l'autre. Nulle orfévrerie ne pourrait vaincre l'éclat, la fraîcheur d'un tel morceau. Il fut trouvé, plein de pièces d'or, dit la légende, au seizième siècle, avec plusieurs autres qui ont été brisés ou volés. M. Théophile Gautier dans son *Tra los Montes* signale l'état tout à fait misérable dans lequel gisait encore récemment « à la honte des Grenadins, le magnifique vase de l'Alhambra, haut de près de quatre pieds, monument d'une rareté inestimable, qui ferait à lui seul la gloire d'un musée, et que l'incurie espagnole laisse se dégrader dans un recoin ignoble. »

Les produits des fabriques de Valence, qui n'avaient point éteint leurs fours depuis l'occupation romaine, sont caractérisés par une aigle, semi-héraldique et appartenant à cette famille d'oiseaux sacrés que les naturalistes n'ont pas mission de classer : elle occupe souvent tout le fond du plat et parfois aussi le revers ; de son bec à ses ailes se déploie parfois une banderole portant ces mots : *In principio erat Verbum*. Les persécutions du milieu du seizième siècle contre les Moresques, leur défendaient de parler, de lire, d'écrire l'arabe, soit dans leurs maisons, soit au dehors ; de conserver des livres écrits en langue arabe, et même de travailler « à la morisque. » Qui sait si à cet instant, quelques familles traquées par l'inquisition ne s'expatrièrent pas en Italie.

La classification des produits hispano-moresques est encore, malgré d'excellents travaux publiés, assez compliquée et obscure. Nous avons dû, pour ne pas sortir des divisions générales, passer sous silence les fabriques dont on avait signalé la présence en Sicile et dont les produits sont à peu près en tout semblables à ceux dont nous venons de parler. Luca della Robbia ne fit sans doute qu'appliquer à sa façon les procédés courants. Mais on conçoit combien ces premiers produits, nés sur le sol italien doivent être difficiles à discerner. Nous nous retrouverons plus d'une fois en face de cette difficulté : à Nevers, à Rouen et en d'autres endroits encore. L'art de la majolique fut arabe, jusqu'au jour où le génie italien l'eut peu à peu modifié dans son dessin, dans son effet, et c'est à ce moment que nous le reprendrons.

Nos potiers modernes se sont appliqués à reproduire, soit des majoliques italiennes, parce que les faux eux-mêmes atteignent un certain prix, soit des faïences persanes, parce qu'elles se composent de peu de tons et que la recherche du rouge d'œillet et du vert émeraude avait été un problème particulièrement piquant. Il serait excellent encore de remonter aux majoliques hispano-moresques. Sans les copier littéralement, on peut, on doit s'inspirer de l'esprit qui les façonnait. Nos architectes trouveraient là toute une mine de matériaux d'une richesse et d'une solidité merveilleuses. Ne semble-t-il pas que les palais des contes des *Mille et une nuits* étaient revêtus de ces plaques qui passent par le rouge feu, le vert de paillon, le jaune argentin, le vermeil usé ? La composition des lustres n'est pas tout à fait perdue ; on la voit entre autres répandue avec une abondance seulement maladroite sur des produits modernes : quelques-uns, qu'on a pu voir exposés au Palais de l'Industrie, offrent le chatoiement multicolore de la nacre.

M. Louis Carron a fait des expériences très-concluantes sur les lustres hispano-moresques : « le cuivre et l'argent n'étaient pas toujours employés simultanément ; ainsi les faïences à lustre de cuivre rouge foncé ne contiennent que du cuivre ; l'argent était ajouté au cuivre pour diminuer l'intensité de la couleur, lui donner un reflet plus doux. » Le tour de main, l'étude de l'action du feu entrent aussi pour beaucoup et ne se peuvent décrire. Autrefois ils se transmettaient jalousement parmi les membres d'une corporation. Il paraît du reste que le musée de South-Kensington possède avec le manuscrit original de Piccolpasso, potier durantinois, un chapitre qui est demeuré inédit sur les lustres métalliques et les irisations. On s'explique mal qu'un musée aussi libéral n'ait point encore transcrit et publié un document aussi curieux.

L'Italie, après s'être passionnée pour la faïence émaillée et l'avoir tentée, se l'assimila tout à coup si brusquement et avec un tel éclat, que l'on crut longtemps — et aucun texte positif n'a jusqu'à présent réduit à néant l'assertion de Vasari, — que Luca della Robbia avait inventé de toutes pièces l'émail stannifère blanc, c'est-à-dire composé d'étain et opaque.

Luca della Robbia, le chef de cette famille dont le nom ne cessa point d'être populaire, est né en 1399 ou 1400, à Florence. Il fut, à l'instar de presque tous les grands sculpteurs du quatorzième siècle italien, d'abord orfévre. Puis il sculpta le marbre, et c'est parmi les chefs-d'œuvre de tous les temps, qu'il faut placer les « Dix chœurs de la musique » destinés à la tribune de l'orgue de Sainte-Marie de la Fleur, à Florence, et qui sont aujourd'hui dans la galerie royale des Offices. « L'on voit, écrivait Vasari, on voit le mouvement des lèvres de ceux qui chantent, l'agitation des mains de ceux qui règlent la mesure par-dessus les épaules des plus petits, et toute sorte de jeux, de chants, de danses, d'actes agréables qu'entraîne le plaisir de la musique. »

En 1446, les comptes de l'église, d'accord avec Vasari, mentionnent pour la première fois une terre cuite émaillée de Luca della

Robbia : l'Ascension. Qui l'avait conduit à tenter ce procédé ? Est-ce parce qu'il trouvait trop long le travail du ciseau et de la râpe sur le marbre? Était-ce un essai pour donner la perpétuité à une esquisse qu'il aurait modelée en terre? Est-ce une tentative purement industrielle et que les potiers de Caffagiolo pratiquaient déjà pour obtenir par un moyen factice la blancheur du marbre?

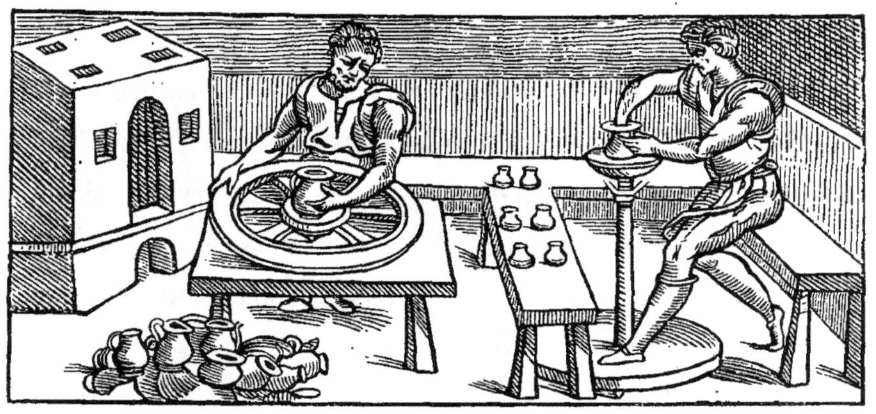

TOURS DE POTIERS VÉNITIENS, VERS 1540.
D'après une estampe, la *Pirotechnie*, de V. Biringuccio.

Nous pensons qu'il y fut conduit par une visée plus haute. Il avait fondu et ciselé la porte de la sacristie de Santa Maria del Fiore, avec Michelozzo et Mazo di Bartolommeo; il voulut sans doute éviter toute collaboration, et, à l'aide d'un procédé rapide qui donnait à la fois le relief et la couleur, édifier et décorer lui-même toute une portion de monument en se subordonnant seulement à l'ensemble. «Ce ne fut pas sans raison, a écrit avec une sûreté de jugement remarquable M. H. Barbet de Jouy, que Luca anima par quelques couleurs, mais il n'en fut jamais prodigue, les sculptures émaillées : les masses toujours grandes de l'architecture florentine sont particulièrement sévères, et les assises de pierres, alternativement blanches et noires, produiraient souvent l'effet d'une tenture de deuil, si les mosaïques n'avaient animé les monuments du moyen âge d'un éclat tempéré par les règles du goût. Au quinzième siècle, l'art des mosaïstes allait s'éteindre ; aux places même qu'un architecte habile lui eût livrées, Luca apposa ses bas-reliefs coloriés. A San Miniato, c'est le soffite d'un autel, c'est la voûte d'une élégante chapelle dont les reliefs et les fonds colorés se fondent avec les marbres d'un tombeau, les incrustations des murs et les mosaïques du sol. Sur les grandes façades d'Or san Michele, ce sont des médaillons qui brillent d'un doux éclat au centre des murailles sans moulures ni refends, et causent à l'âme le même plaisir que, sur de vastes pans de ruines ou des roches dénudées, une touffe de fleurs. A Prato, dans l'église des Archers, l'appareil est de deux couleurs, noir et blanc; l'ornement qui relie les deux tons est une belle frise en terre cuite émaillée, à reliefs blancs sur un fond bleu céleste, qui règne en l'ordre entier et suit tous les ressauts du plan ; une couronne de fleurs règne au droit de chacun des pilastres, et un nombre calculé de candélabres, auxquels sont rattachées des guirlandes, remplit les intervalles d'une couronne à l'autre ; pas une pièce ne peut être déposée sans laisser un vide. Puis, lorsque les regards s'élèvent des parois vers la voûte, ils rencontrent quatre grands médaillons circulaires où les Évangélistes sont représentés sur des fonds azurés, étoilés d'or, dans une heureuse proportion de relief et de coloration.»

Voilà de grands exemples, pris à des moments ou l'art italien était dans toute la fleur de la jeunesse. La polychromie n'était point encore déclarée un cas pendable. Aujourd'hui qu'elle en appelle de ce jugement ridicule, il serait bon que nos architectes fussent encouragés à la tenter sur de vastes proportions. Il y a quelques années, lorsque la Ville fit édifier les deux théâtres qui se regardent sur la place du Châtelet, l'architecte tenta d'encastrer dans le mur de vastes médaillons ronds en faïence, représentant la Musique et la Poésie. Mais comme aucune autre partie de la façade ne répétait en écho ces colorations, ces figures semblaient des personnes réelles vues à mi-corps à travers un œil de bœuf, et l'on fut forcé de les retirer.

Sur les boulevards, le pignon de la maison d'un photographe fameux à tous les titres, est surmonté au sommet et aux deux angles du triangle de bustes émaillés qui sont d'un excellent effet sur le ciel. Cet exemple pris presque au hasard prouve à tous les promeneurs que ce système de décor n'aurait rien chez nous que de fort agréable.

Le succès de Luca fut complet, parce, que comme tous les inventeurs de génie, il était allé du premier coup jusqu'au bout. Les attitudes de ses personnages sont toujours faciles; les détails sobres ; les cadres qui circonscrivent ses compositions composés d'oves, de perles, de grecques ou de quelques fleurs simples ou semi-doubles. L'émail qu'il étendait sur les figures les couvrait sans les empâter et sans nuire aux délicatesses du modelé. Il ne se sert guère pour les vêtements, les accessoires et le paysage que du bleu, du blanc, du vert; puis comme rehauts d'un peu d'or, de jaune ou de violet de manganèse. C'est trop encore lorsque l'on voit ces chefs-d'œuvre de chasteté, de piété douce, dans les musées ou dans les cabinets, c'est-à-dire isolés de leur centre et figés sous ce barbouillage blanc, si transparent qu'il soit; l'esprit ne sait point se faire assez vite impartial et penser que c'est dans le milieu même pour lequel ils ont été conçus et dont nous les avons détachés en dépit de toute logique, qu'il faut nécessairement les juger.

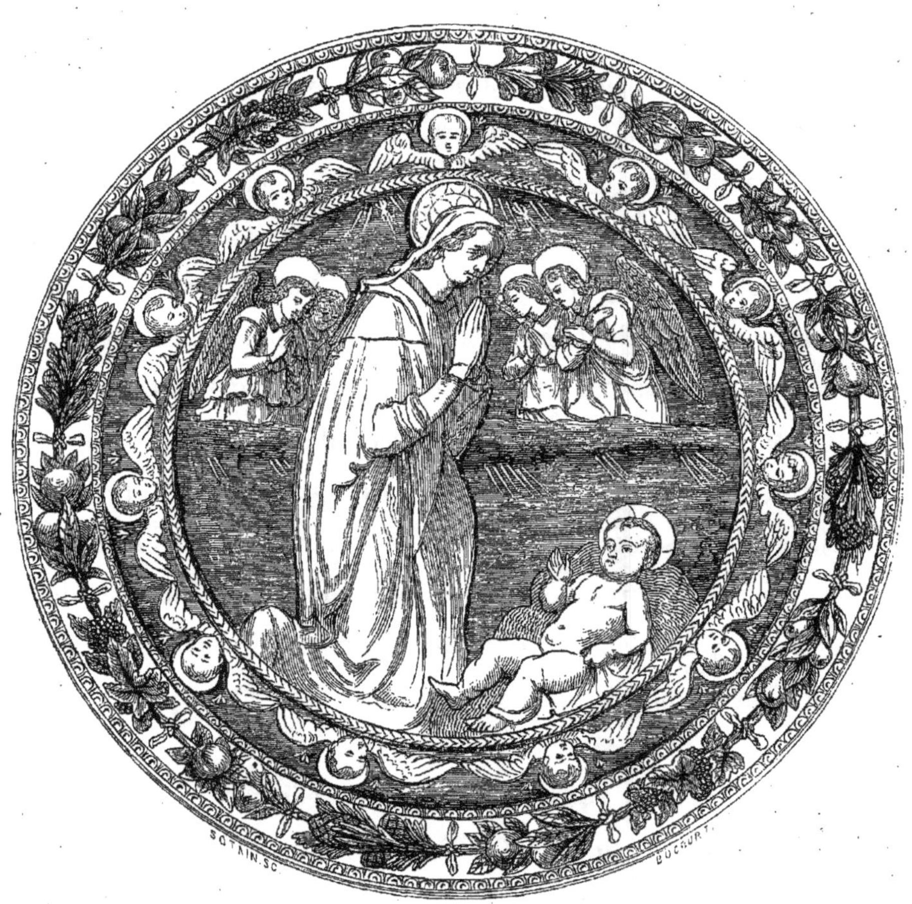

LA SAINTE FAMILLE. — MÉDAILLON DE LUCCA DELLA ROBBIA.
Musée de l'hôtel Cluny.

Le Louvre n'a qu'un Luca della Robbia : la Vierge et saint Jean-Baptiste adorant l'Enfant Jésus dans l'étable ; deux têtes de chérubins voltigent et une bordure de neuf têtes de chérubins est circonscrite par une seconde bordure de bouquets de lis et d'églantiers. Le musée de Cluny en possède au moins trois, une Sainte Famille, la Tempérance et la Foi, figures de grandes dimensions et de l'art le plus délicat.

On remarquera le ton tout particulier de l'émail qui, laissant presque transparaître la terre rouge, ressemble presque à de l'ivoire jauni. C'est la marque irrécusable, dit-on, des œuvres authentiques du maître, qui sont fort rares. De nos jours, certains groupes ont été habilement moulés dans une faïencerie qui fonctionne en Toscane, retouchés, émaillés, et ils cherchent à se faufiler dans le commerce interlope pour des originaux. Mais le moulage atténue toujours la vie de l'épiderme. A part la question de sentiment qui doit toujours dominer dans l'appréciation des œuvres d'art, il y aurait un moyen pratique assez curieux de reconnaître les faux : la terre, molle au moment où elle va être émaillée, se retire au séchage et à la cuisson d'une quantité qui n'est jamais inférieure à un dixième et peut être beaucoup plus forte. On peut donc mesurer la pièce douteuse et la comparer aux pièces dont les catalogues ont donné les dimensions précises.

Luca mourut en 1481. Il laissait pour héritier son élève et neveu, Andrea della Robbia. Chez celui-ci l'artisan commence à se deviner. Il s'adonne surtout, en dehors des travaux dans lesquels il aide évidemment son oncle, aux médaillons, aux tabernacles, aux retables d'autels. Doué d'un goût bien moins fin, il manière les expressions ; il alourdit la guirlande circulaire de ses cadres en substituant aux fleurs des fruits. Il y eut encore un Giovanni et un Girolamo et aussi un Luca qui alla s'établir à Rome : ils exécutèrent la plupart de ces œuvres médiocres qui pullulent dans les cabinets sous le nom du grand Luca et qui sont sans intérêt absolu d'art puisqu'ils ne répondent à aucun ensemble décoratif.

Girolamo vint en France, commença pour François Ier, en 1528, le château de Madrid, fut forcé de l'abandonner par la jalousie de Philibert de l'Orme, regagna l'Italie, puis revint en France pour achever sous la direction du Primatice la décoration émaillée du château. Peu s'en fallut que ce curieux exemple d'un art dont les applications convenaient si bien au climat de la France n'arrivât presque intact jusqu'à nous. En 1792 le château de Madrid, quoique délaissé et mocqué, était encore debout. A ce moment on le démolit et les terres cuites, triées avec soin par un paveur, furent mises au pilon pour faire du ciment !

Un artiste en France, de nos jours, a essayé de reprendre l'œuvre ou le dessein des Della Robbia, c'est M. Joseph Devers. M. Devers est un artiste piémontais qui, venu fort jeune à Paris, a étudié la peinture chez Ary Scheffer, la sculpture chez Rude, la décoration émaillée chez M. Jollivet. C'est assurément à sa courageuse persistance qu'il faut attribuer de nos jours le mouvement des esprits en faveur de la faïence décorative. D'autres, meilleurs praticiens, en ont profité et ont fait fortune, mais c'est lui qui a allumé le foyer. En 1853, il exposa au Salon une vaste composition « Les Anges gardiens ». Depuis, outre une quantité de travaux isolés pour des demeures particulières en France, en Italie, en Angleterre, il convient de citer quatre hauts-reliefs pour l'église Saint-Eustache et un buste de Della Robbia pour le Musée de Kensington. M. Devers est un chercheur digne de toute sympathie.

La vogue des faïences émaillées suivit la fortune de la famille des della Robbia. Mais pendant ce temps l'art de la majolique italienne était éclos de l'imitation des faïences hispano-moresques et en avait profondément modifié l'aspect. C'était l'heure où la société italienne, énamourée de l'art antique, cherchait à s'en assimiler l'esprit. Riche, pompeuse, galante, capricieuse et douée d'un goût pénétrant quoique bien moins pur que ne l'avait été celui de la société grecque, elle sentit vivement le charme de ces buires élancées, de ces seaux à rafraîchir, de ces vases qui se substituaient sans l'imiter de trop près à l'orfévrerie féodale. Les fiancés firent écrire dans le fond des coupes le nom de leur belle avec quelque épithète louangeuse. Les couvents commandèrent des pharmacies tout entières à la figure de leur saint ou aux armes de leur protecteur. Les dressoirs plièrent sous les gourdes dont les anses étaient formées par des sirènes renversées ou par des nœuds de serpents tordus. On fit peindre au fond de ses assiettes la guerre de Troie, au fond de ses plats les Métamorphoses d'Ovide. Les maîtres et Raphaël lui-même ne dédaignèrent pas de tracer des dessins ou de colorier des cartons pour les ouvriers céramistes. L'invention, ou au moins la vulgarisation de la gravure sur métal, vint répandre dans les ateliers des potiers tout l'œuvre de Marc-Antoine d'après Raphaël. Tout conspira au triomphe de la majolique : le bon marché de la matière, l'habileté des artistes, les relations avec la France où la renaissance italienne étouffait la renaissance nationale. On peut juger par ce qui reste de ce qui a dû être fait pendant le quinzième et le seizième siècle. Quant à ce qui en fut consommé, usé, brisé, mis au grenier, cela dépasse toute imagination. Les fins de repas devaient ressembler à des sacs de ville. Le chroniqueur Pierre de l'Estoile raconte qu'à la suite d'une collation offerte, en 1580, à Henri III par le cardinal de Birague, « y eust deux larges tables couvertes d'onze à douze cents pièces de vaisselle de faenze, pleines de confitures sèches et dragées de toutes sortes, ascommodées en chasteaux, pyramides, plates-

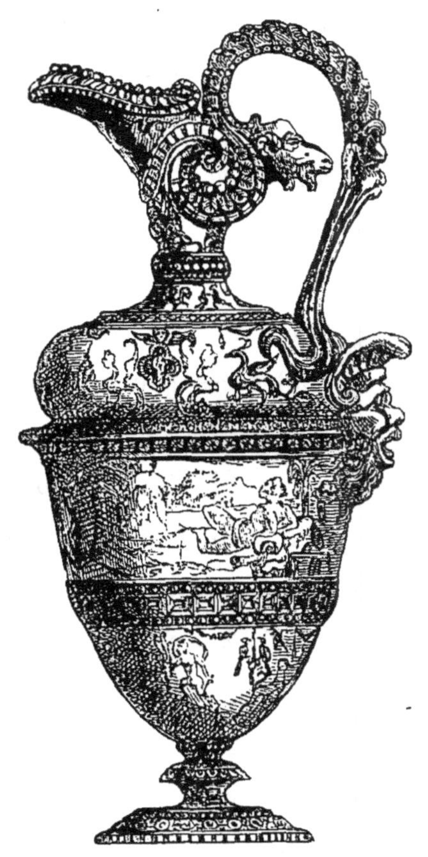

AIGUIÈRE A GROTESQUES.

Fabrique d'Urbino. — Collection du baron James de Rothschild.

formes et autres façons magnifiques. La plupart de laquelle vaisselle fut rompue et mise en pièces par les pages et les laquais de la cour, qui sont d'insolente nature. Et ce fut une grande perte, car toute la vaisselle était excellemment belle. »

Ce sont les provinces du haut de l'Italie, surtout ce qui avait formé l'Etrurie, qui par un mystérieux privilége de transmission furent les centres les plus actifs de production. Plus on fouille les documents, et plus la liste des lieux de fabrication s'allonge. Voici à peu près où elle en est aujourd'hui.

Fabriques de la Marche : Faenza, Forli, Rimini : — de la Toscane, Caffagiolo, Sienne, Pise; — du duché d'Urbino, Pesaro, Castel Durante, Urbino, Gubbio et Gualdo ; — des États pontificaux, Deruta; des duchés du nord, Ferrare; de la Vénétie, Venise, Padoue, Bassano; de l'État de Gênes, Savone; du royaume de Naples, Castelli.

Quiconque fréquente les grands cabinets doit aujourd'hui savoir sur le bout du doigt outre ces noms de villes ou de villages les types et la signature des artistes ou des fabricants. Il faut passer son baccalauréat ès faïence. Si elle ne se bornait pas à l'étude de la glaçure ou à la constatation de la marque du revers, ce serait après tout une science aussi intéressante que bien d'autres : mais malheureusement, plus on avance, plus les détails se multiplient et paralysent le goût naturel. Les musées eux-mêmes sont entrés dans cette voie dangereuse et font dans leurs vitrines une part trop large à l'érudition. Ce serait excusable dans un musée d'étude d'art appliqué à l'industrie, tel que le musée de South-Kensington, mais le Louvre devrait-il offrir à la curiosité de la foule autre chose que des spécimens d'une beauté reconnue? Les objets d'art purement décoratif devraient y être, à l'exemple du musée de Cluny, dispersés dans les salles, sur des tables, aux angles des armoires, entre les fenêtres. Les aligner sur une tablette, les juxtaposer comme des échantillons de minéralogie, c'est les détourner de leur destination réelle et c'est inspirer à la foule le féchitisme du bibelot rare.

La fabrique de Faenza est curieuse en ce que les Français baptisèrent de son nom toutes les terres cuites et émaillées qu'ils rencontrèrent. Le génie français excelle dans ces tyrannies qui sont si agréablement impertinentes, qu'après s'en être un peu indigné, le monde entier finit toujours par les adopter. Les produits de Faenza ont une tournure archaïque très-particulière; ils sont le plus souvent décorés de grotesques qui s'enlèvent en clair sur un fond bleu ou jaune, et sont filés avec une adresse et une finesse de pinceau surprenantes. Le Louvre possède, entre autres, un joli chauffe-mains en forme de livre à fermoir : on introduisait l'eau bouillante par le milieu, et pendant les offices on ne quittait point les précieuses heures ; deux trous passés près des tranche-fils — car la reliure simule parfaitement une reliure véritable — étaient destinés à recevoir un cordon pour porter en bandouillère l'hypocrite chaufferette.

Mais avant de citer, même sommairement, les principales fabriques, puisque nous venons de dire l'origine du mot « faïence, » feuilletons le livre d'un potier de Castel Durante qui nous promènera pour un instant au milieu même des ateliers où on la pétrissait, la décorait, la cuisait et même où on la vendait : ce livre, que M. Claudius Popelin, peintre et émailleur d'un réel mérite a traduit en imitation du vieux langage, c'est l'*Art du potier*, de Cyprian Piccolpasso. Il l'écrivait en 1548, dix ans après l'avénement de Guidobaldo II, Feltro della Rovere. Ce seigneur de

Pesaro et de Sinigaglia, de Montefeltre et de Castel Durante, comte et préfet de Rome, quatrième duc d'Urbin, protégea avec des vues supérieures cet art de la décoration des majoliques qu'Alphonse d'Este avait tenu en si grande importance qu'il avait mis, ainsi que l'on pourrait dire, la main à la pâte et « couru la fortune des beaux secrets » en découvrant le fameux blanc des ducs de Ferrare ; il réunit tout ce qu'il put des dessins originaux de Raphaël ou des gravures d'après son œuvre, excita les savants qu'il entretenait à composer d'ingénieuses sentences et fixa chez lui le vénitien Battista Franco dont le dessin redondant fut si bien traduit par les céramistes. C'est de ses fabriques que sortit cette pharmacie de Lorette qui forme une des suites de curiosités d'art décoratif les plus complètes que nous ait léguées la Renaissance.

Le livre de Piccolpasso est divisé en trois parties : il nous apprend comment les dépôts terreux recueillis en été dans le lit des torrents qui descendent des Apennins étaient mis en tas, délavés par les pluies, nettoyés, pétris et conservés en pains. Les terres les plus anciennes devenaient les meilleures. Les pains étaient façonnés sur des tours assez semblables à ceux que nous reproduisons page 68 et dont l'un est mis en mouvement par le pied et l'autre par la main. Les coupes gaufrées et les vases de profil irrégulier sont moulés sur des formes en plâtre, en deux parties que l'on réunit et que l'on colle à l'aide d'une terre très-liquide appelée barbotine. Les pièces préalablement séchées à l'air reçoivent une première cuisson et deviennent des biscuits : elles prennent l'émail en étant plongées dans un baquet plein d'émail liquide qui desséché ressemble à une grosse farine. C'est sur cet émail cru que le céramiste applique ses couleurs, mélangées avec ce qu'on appelle un fondant, à l'aide d'un pinceau long et souple, du premier coup et sans qu'il y ait guère de retouche possible. L'émail était alors composé d'étain de Flandre. Piccolpasso, dans le dessin que nous avons fait reproduire d'après ceux qui

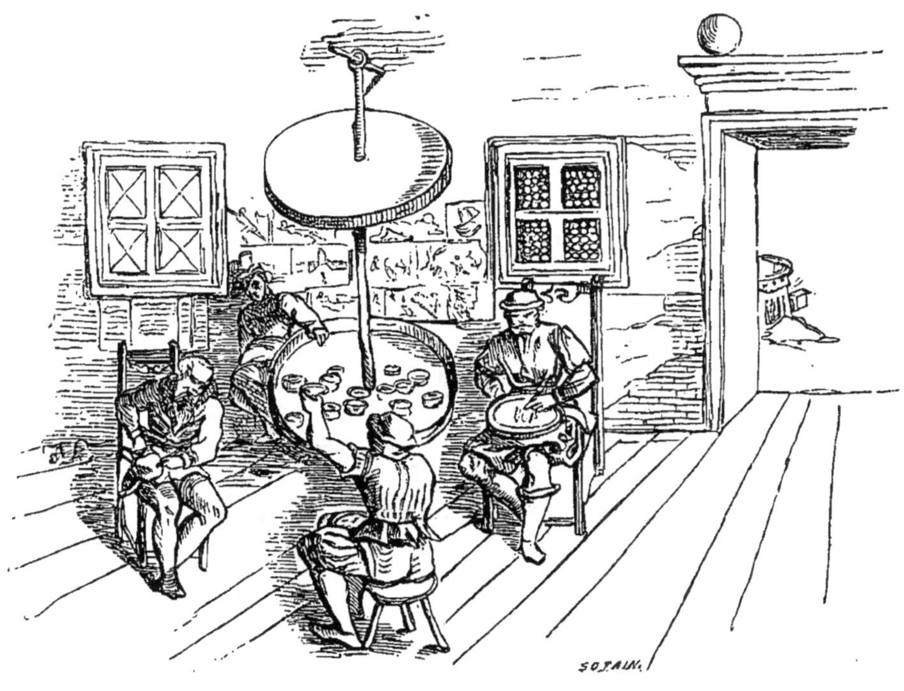

ATELIER DE PICCOLPASSO,
potier durantinois du seizième siècle.

accompagnent la traduction française de son traité et que nous ne connaissons malheureusement que de seconde main, nous montre l'attitude même des décorateurs, les modèles dont ils se servaient, la liste des prix auxquels ils vendaient la douzaine d'assiettes ou de plats. Les pièces peintes étaient plongées dans la couverte, dite alors marzocotto, enfermées dans des cassettes et portées au four. Dans ces cassettes, caisses cylindriques en terre percées de trous latéraux, les pièces sont placées la peinture en bas pour que les cendres ou les charbons ne puissent s'y déposer ; comme une cassette peut contenir plusieurs plats ou assiettes, on les isole en les superposant au moyen de petits cônes de terre que l'on appelle des tassettes et dont on reconnaît facilement les traces après que la cuisson a été obtenue. Les rehauts métalliques, les lustres n'étaient posés qu'à une troisième cuisson ; peut-être étaient-ils

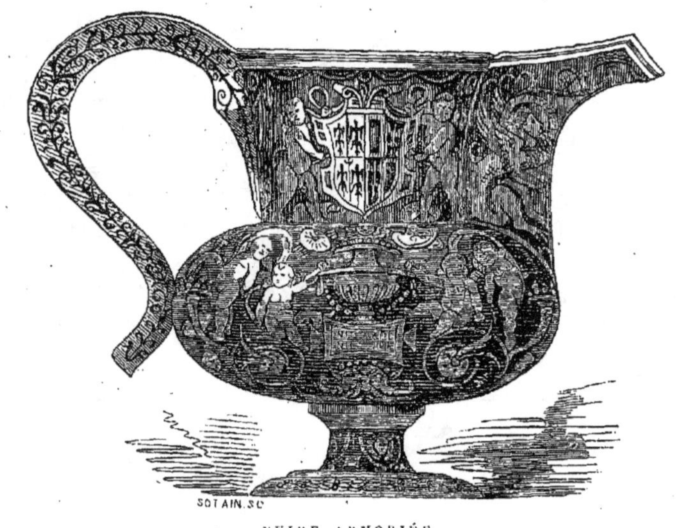

BUIRE ARMORIÉE.

Fabrique de Ferrare. — Collection du baron Alphonse de Rothschild.

des secrets jalousement gardés par les ouvriers qui les avaient découverts ou se les étaient transmis à de certaines conditions.

Le livre de Piccolpasso nous donne aussi la nomenclature des termes employés pour désigner les décors et les prix auquels le fabricant pouvait les livrer : les « trophées » se composaient d'attributs de guerre ou de musique ; on les faisait surtout à Urbino ; les « arabesques, » généralement sur fond blanc, venaient de Venise et de Gênes ; les « chesnaies, » branches de chênes chargées de glands, en usage chez nous pour la vénération et obligation qu'avons à delle Rovere à l'ombre duquel nous vivons heureusement » ; les « grotesques » figures enlacées et grimaçantes qui n'étaient déjà plus guère de mode ; « les feuilles, fleurs, fruits » ; les « feuilles à la douzaine » décor rapide et bon marché qui tenait

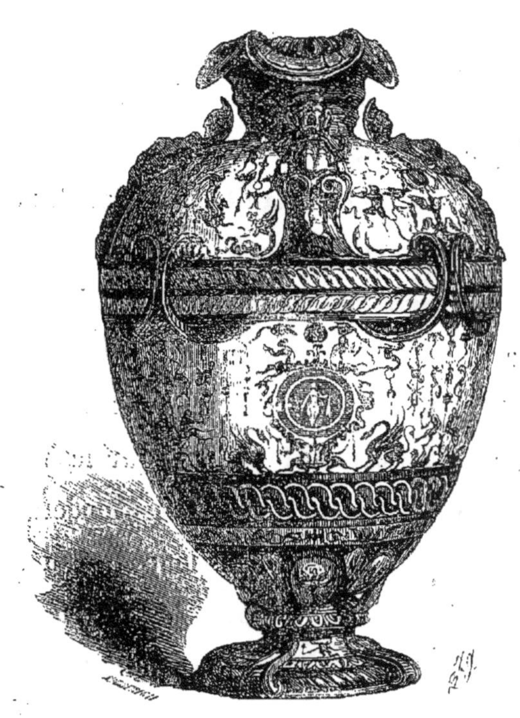

VASE A GROTESQUES ET ARABESQUES.
Fabrique de Ferrare.

toute la surface du plat ; les « paysages » de Venise, de Gênes et de Castel Durante et qui valaient 6 livres le cent ; les « porcelaines » et les « traits, » décors légers et fins qui rappellent les nielles et les marges des manuscrits persans ; les « blanc-sur-blancs » qui font l'effet d'une guipure emprisonnée dans la pâte et transparaissant sous la couverte ; les « quartiers » qui divisaient le décor en portions tranchées; les « groupes avec ou sans fonds » et enfin les « candélabres, » décor à figures grotesques, qui, sur des plaques, peut-être s'attachaient au mur, derrière la circ, pour en renvoyer la lumière, comme on fit plus tard avec des glaces de Venise gravées.

Un potier vient de nous introduire dans ses faïenceries, un antiquaire va nous parler à son tour à un point de vue moins spécial : c'est Giambattista Passeri, de Pesaro. Il écrivait dans la seconde moitié du dix-huitième siècle. Il avait réuni des notes considérables sur les vases étrusques et des dessins, lorsqu'en visitant les cabinets des curieux et en recueillant lui-même des majoliques, il s'éprit d'un bel amour pour un art et une industrie qui avaient illustré sa province. Il entreprit d'en écrire l'histoire avec une ardeur patriotique, qui parfois le rendit injuste pour les autres centres, mais c'est dans son travail que les écrivains modernes ont allumé le flambeau qui devait les guider dans leurs travaux. Il s'est servi lui-même du travail de Piccolpasso, mais son livre est celui d'un homme du monde qui égaye volontiers l'aridité de son programme par d'ingénieuses excursions.

Giambattista Passeri fait remonter aux premières années du quinzième siècle la floraison de l'art de la majolique à Pesaro, et avance qu'il se perfectionna cinquante ans plus tard sous le gouvernement des Sforza. On y faisait alors ce qu'il nomme de « l'investriatura » ou demi-majolique. Dans le seizième siècle, l'invention de la majolique fine en porta le succès à son apogée.

Passeri parle ensuite d'un procédé qui a produit des merveilles : c'est celui du pavage émaillé, absolument différent du pavage incrusté dont nous avons parlé plus haut à propos du moyen âge français. Le pavage de la cathédrale de Sienne en est un des plus célèbres exemples. C'était une série de carreaux sur lesquels on peignait par fragments une composition, si compliquée et si vaste qu'elle fût, et qui juxtaposés formaient tableau. De nos jours on a repris ce procédé non sans succès. Nos lecteurs peuvent voir, appliquée au mur, dans la cour de l'École des Beaux-Arts, une grande majolique faite de carreaux rapportés : elle a été peinte et cuite par un des frères Balze à qui l'on doit de belles copies d'après les fresques de Raphaël. Quel que soit le mérite de cette reproduction, il eût été beaucoup plus logique d'en faire le pavage de la salle d'une chapelle ou d'une salle d'études que le revêtement d'un mur dans une cour.

Après avoir cité les mérites des artistes dont les ducs Guidobaldi s'étaient institués les protecteurs, tel que Battista Franco, ou dont ils avaient fait reproduire les œuvres, tels que Timoteo Viti, Raphaël et ses élèves, Passeri énumère les sujets choisis dans l'histoire, dans la Bible et dans la poésie grecque ou latine. « De cette connaissance je déduis deux choses, ajoute-t-il : la première que des hommes savants présidaient aux travaux ; l'autre que les peintures ne se faisaient pas seulement par pure décoration et comme chose belle ; mais pour instruire les personnes dans toutes les choses qu'un homme cultivé ne peut ni ne doit ignorer, et qui peuvent concourir aux bonnes mœurs par l'exemple de faits vertueux. »

Plus loin il nous indique la destination de toute cette belle faïencerie que nous alignons uniformément dans nos vitrines et la raison de ses décors : « Anciennement, on avait coutume, chez notre nation, de faire des présents de vaisselle, et particulièrement de plats avec quelque galanterie dessus, et ces plats devaient être peints en rapport avec la circonstance pour laquelle on les donnait et la personne qui devait les recevoir. Il y avait surtout une espèce de petits bassins qu'on pourrait appeler « amatorii, » sur lesquels

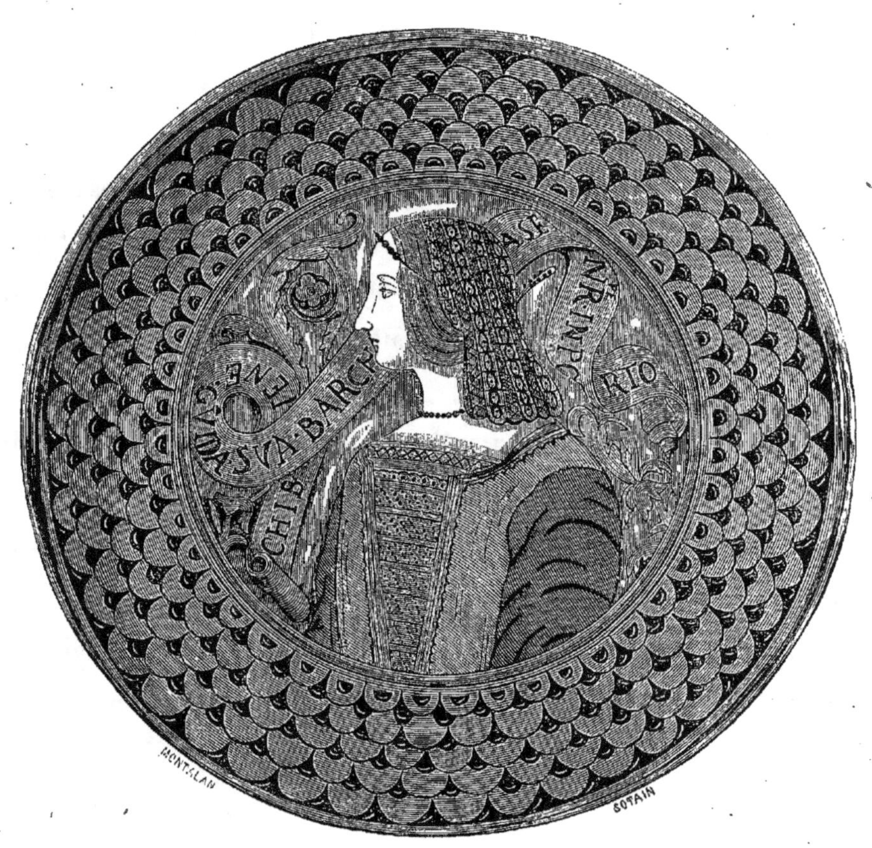

PLAT DE FIANÇAILLES.

Fabrique de Pesaro.

les jeunes fiancés faisaient faire au naturel le portrait de leurs maîtresses et qu'ils leur envoyaient en présent avec quelques friandises comme fruits, bonbons, ou quelque autre chose. Et l'on prenait cela en grande faveur et comme gage de constance. »

Gage fragile, faveur ironique! Après avoir cité des plats à fruits qui trahissaient le portrait, le nom et les qualités de la bien-aimée: *Camilla bella! Lucia diva!*... Passeri ajoute naïvement: « On lit le nom de Philomèle sur un autre, malheureusement troué au milieu par quelque déplaisir de la donzella et converti en trappe à souris. »

On envoyait aussi aux jeunes filles, pendant les cérémonies et les bals, des confitures sur de petits plats ronds au fond desquels un Cupidon danse et frappe des cymbales. Les municipalités commandaient pour leurs crédences des services à leurs armes. Pour les noces, on exigeait du potier de choisir parmi les fables de la mythologie quelqu'un des mille déguisements de Jupiter. Pour les accouchées, on modelait aussi tout exprès de grands vases d'un beau dessin qu'on leur présentait dans leur lit; « ils se démontaient en sept ou huit pièces, de forme, de dimension et d'usage divers: une écuelle à soupe, une tasse à bouillon, un petit plat pour les œufs, etc., qui après avoir servi se replaçaient dans la forme première du vase. » Ces pièces peintes à l'extérieur et à l'intérieur avec un soin particulier, représentaient la naissance des dieux et des héros, ou des choses faisant allusion à cet événement. Sur les bassins à se laver, on plaçait toujours des nymphes au bain ou des triomphes des divinités marines. « Le très-éminent seigneur cardinal Linti envoya en présent au très-éminent seigneur cardinal Corsini, une conque à laver sur laquelle on voyait représentée d'une manière symbolique la venue à Pesaro de madame Vittoria, épouse du duc Guid'Ubaldo, sous la forme d'une déesse marine, accompagnée de nymphes et de tritons, choses dont on ne pouvait voir de plus belles et de mieux entendues. »

L'histoire des centres importants de la céramique italienne a fait dans ces dernières années de grands pas. Les documents originaux sont venus corroborer certaines attributions. Une marque bien lue, bien établie a permis de grouper autour de la pièce sous le re-

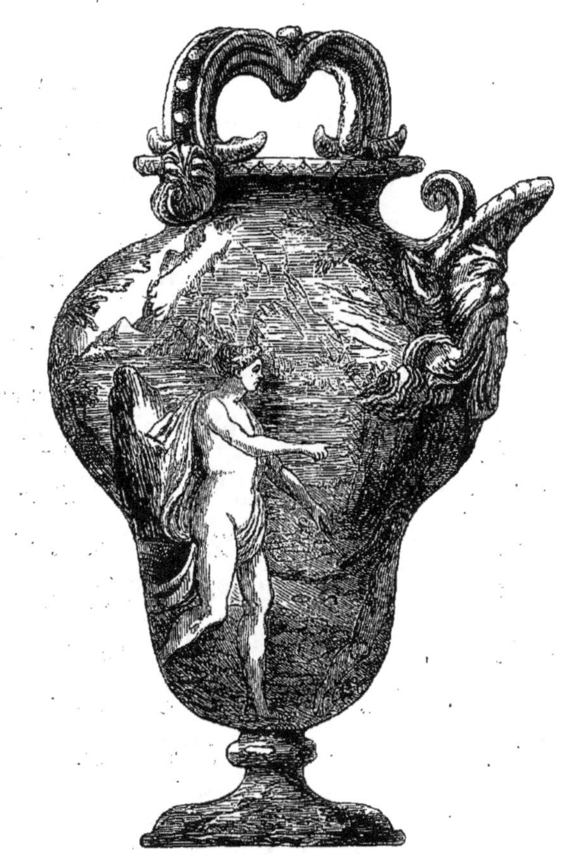

VASE DE DRESSOIR.

Fabrique d'Urbino. — Collection de M. Dutuit.

vers de laquelle on la déchiffrait toute une série de produits qui avaient entre eux par l'aspect, le dessin, le ton, des airs de parenté. Certaines fabriques, presque inconnues, ont surgi tout à coup et ont brusquement fait prime sur ce terrain qu'on ne saurait comparer plus justement qu'à celui de la Bourse. Telle est celle de Caffagiolo dont le sigle très-caractéristique est composé d'un P, d'un S et d'une lettre transversale qui varie.

Pesaro et Castel Durante mirent sur les majoliques à lustres métalliques du jaune ou rouge rubis; mais c'est à Urbino

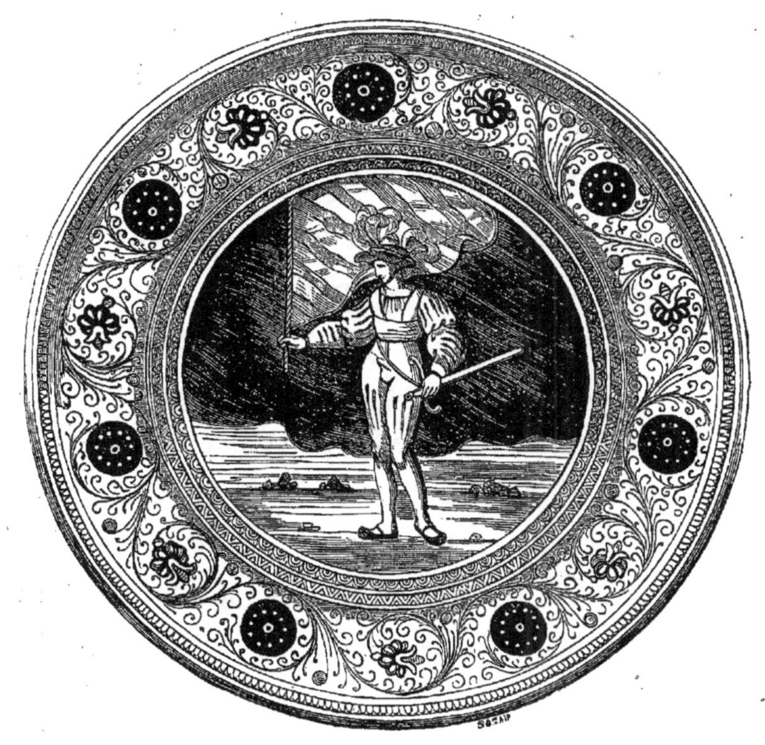

PLAT DE CAFFAGIOLO.
Collection du baron Alphonse de Rothschild.

qu'on les fit flamboyer avec le plus de goût et de science. En 1535, le connétable de Montmorency y faisait commander à ses armes tout un service dont six assiettes ont survécu. L'un des artistes fabricants qui illustrèrent Urbino se nomme Francesco Xanto Avelli da

Rovigo. Il signait parfois d'un alpha A et d'un oméga Ω, coupés par une barre transversale, avec un sigma, Σ et un upsilon, Υ. Il a presque toujours peint d'après les compositions de Raphaël, en les modifiant parfois par l'adjonction de personnages appartenant à d'autres sujets. Sa couleur est appliquée par larges teintes unies; les carnations sont refroidies par un bistre brun. Le ton général de sa peinture, qui est claire, est relevé par des touches hardies d'un noir très-velouté; le trait caractéristique est l'éclat du vert dans les feuillages et dans les draperies. C'était un bel esprit, et l'on lit souvent au revers de ses plats des citations amplifiées de Virgile, d'Ovide, de l'Arioste, ou des allusions aux faits contemporains, le sac de Rome par le cardinal de Bourbon, la défaite de François Ier à Pavie.

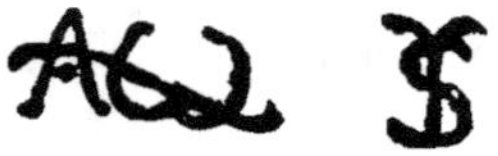

La plus riche, la mieux composée, la plus noble de toutes les majoliques que nous ayons vues, a passé du cabinet de M. Rattier après la mort de cet amateur regrettable, dans celui du marquis de Saint-Seine. Le Louvre n'en possède qu'une répétition inférieure comme éclat de ton et comme nerf de dessin; ce qui semble prouver que le maître, Fr. Xanto da Rovigo, livrait à ses praticiens un modèle qu'ils reproduisaient de leur mieux. C'est « Florence accablée de douleurs, pleurant ses enfants morts. » La figure principale, les cheveux épars, le sein nu, une draperie sur les jambes, est agenouillée et regarde le cadavre de l'être chéri frappé par la peste; elle est empruntée au Massacre des Innocents de Baccio Bandinelli qu'a gravé Marco Dente. Au-dessus d'elle voltigent deux génies, l'un portant un glaive, l'autre agitant deux torches. Cette coupe magnifique est un de ces objets qui se placent au niveau des créations de l'art décoratif le plus noble.

Xanto cesse de travailler après 1540. Orazio Fontana paraît lui avoir succédé. Mais ce n'est plus la même vigueur de pinceau, la même science de palette. Un de ses chefs-d'œuvre est au Louvre: il représente un festin antique sur une place publique. Ce qui est

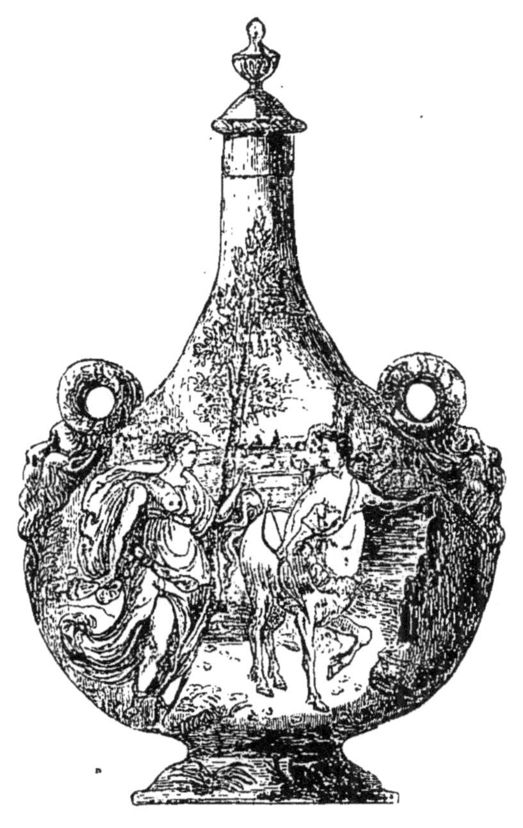

GOURDE EN FAÏENCE D'URBINO.

Collection de M. Jarvez.

admirable dans les Urbino de la belle période, c'est moins le détail de la scène que la fierté de l'ensemble. Ces majoliques offrent à un égal degré cette unité si complexe des arts de l'Orient: elles peuvent lutter avec un manuscrit persan, un châle de l'Inde, un plat du Japon, c'est-à-dire avec ce que l'Orient nous offre de plus délicat, de plus doux, de plus franc pour le regard.

Un des caractères les plus frappants de ces produits, ce sont ces larges rehauts de rouge qui, lorsque vous les regardez sous un angle d'incidence, rutilent avec plus d'intensité qu'un émail de paillon. C'est maestro Giorgio Andreoli, sculpteur faïencier de la fabrique de Gubbio, qui a signé le revers des plats sous lesquels miroitent les plus beaux lustres, et comme ces plats appartiennent parfois à des centres différents, on en a conclu, un peu à l'encontre des mœurs du temps, que maestro Giorgio possédait là un secret et qu'il allait d'ateliers en ateliers. Il était fils d'un gentilhomme de Pavie, Pietro Andreoli. En 1498, il obtint à Gubbio, bourg du duché d'Urbin, situé sur le versant oriental des Apennins, le droit de cité, et devint un personnage. Il était statuaire et exécuta, dans les églises de sa ville d'adoption, plusieurs autels qui ne sont point parvenus jusqu'à nous. Ses monogrammes, au moins ceux qu'on lui attribue, sont trop nombreux et trop peu clairs pour que nous osions, dans ce livre qui n'est point un livre de critique, les offrir au lecteur. Le meilleur monogramme du reste, c'est une exécution sans reproches, et telle est celle des pièces de maestro Giorgio Andreoli, vraiment dignes d'être recueillies. La buire ci-contre en forme de rhiton antique est orné de reliefs qui ajoutent encore à sa tournure patricienne. En 1552, un acte prouve que maestro Giorgio était encore de ce monde. Des lettres initiales ajoutées à son monogramme, indiquent qu'à partir de 1537, il s'était associé ses trois fils.

La fabrique de Deruta, fondée croit-on par un élève de Luca della Robbia, Antonio di Duccio, a fourni des majoliques que les rehauts jaune tendre aident à reconnaître, et de jolis vases en forme de pomme de pin, allusion à laquelle Bacchus devait se montrer très-sensible. C'est là que fut le mieux compris l'enseignement des faïences hispano-moresques, si simples et si riches. Les

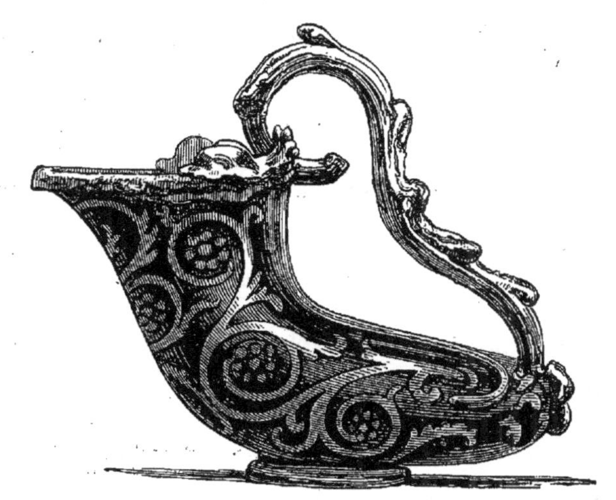

BUIRE EN FORME DE RHITON, PAR LE MAESTRO GIORGIO ANDREOLI.
Collection du baron G. de Rothschild.

premières figures de saints ou de guerriers qu'on y peignit sont d'une fierté et d'une force qui n'ont point été dépassées par les autres fabriques. Mantegne lui-même fournit des dessins.

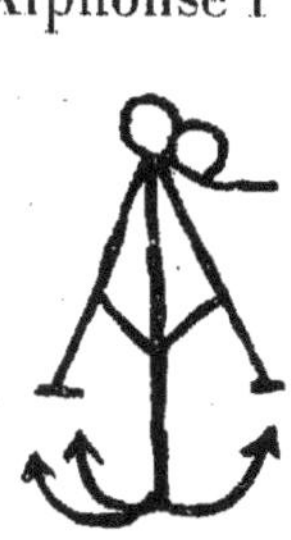

Ferrare était célèbre dès le quinzième siècle par la beauté de ses blancs, qu'avait expérimenté lui-même le duc d'Este, Alphonse Ier, dans un four établi sous les fenêtres mêmes de son palais. — Venise fabriqua ces faïences gros bleu, marquées, tachées, marbrées de blanc ou de jaune que les potiers de Nevers imitèrent et égalèrent. Les pièces étaient généralement estampées dans des moules. La marque de Venise, au milieu du dix-huitième siècle, se composait d'un A et d'un F accolés et couronnés au-dessus de deux palmes, soit des deux mêmes lettres accolées à une ancre à trois pattes.

Cette digression s'arrête d'elle-même, car l'art de la majolique après avoir brillé pendant un siècle et demi en Italie d'un vif éclat, s'éteignit peu à peu et disparut presque, au moins au point de vue qui nous intéresse ; c'est-à-dire que si les fours continuèrent à chauffer, ils n'enfournèrent guère plus que des pièces d'un profil extravagant, bossuées et découpées, comme celles de Gênes ou de Savone, et décorées de figures sans style ou de paysages sans charme. La porcelaine orientale était venue faire une grande concurrence. Passeri, que nous avons cité avec complaisance parce qu'il exprime à merveille la moyenne de critique d'un homme d'esprit à une époque donnée, constate les préoccupations nouvelles des amateurs.

Si l'introduction de la porcelaine orientale fut un fait économique considérable, elle eut, sur l'art de la décoration, une influence fâcheuse. En cherchant à l'imiter, comme matière, on se borna la plupart du temps à de petites pièces et le sentiment du grand décor s'en ressentit aussitôt. La comparaison de l'épiderme des deux matières montre toute la différence qui les sépare : celui de la porcelaine est vitreux, dur, froid, il ne s'incorpore pas le ton et il anéantit la touche. La faïence, au contraire semble accepter avidement cette couleur qu'on lui sert plus abondante et la réchauffer sur son sein. Autant l'une est décorative, autant l'autre l'est peu, la porcelaine européenne du moins, car nous verrons bientôt combien, en faisant vibrer les plans en apparence tout unis de rouge, de bleu, de vert, les Persans, les Japonais, les Chinois ont su lui imprimer de saveur et de franchise.

De nos jours la majolique italienne a été reprise, non sans succès mais sans originalité, à Londres par Minton et surtout dans la fabrique du marquis Ginori, à Doccia, près de Florence. Quelques-uns des produits sont signés Ginori ou d'un G enserrant un F ; les autres ne le sont pas, et à peine sont-ils sortis de chez le fabricant, dont la bonne foi est sauvegardée par ses factures, qu'ils deviennent la proie du brocanteur et de ce que l'on nomme proprement « le truqueur. » Celui-ci les met rouir dans le fumier, il les expose au grand soleil, il les fait bouillir dans des eaux grasses pour leur donner une odeur de vieillerie, il frotte l'émail à l'émeri, lui ôte son vernis compromettant, le fendille. Souvent encore ces forbans de la curiosité brisent la pièce, la raccommodent gauchement, ou font seulement sauter quelques écailles du bord. Il est rare qu'à l'aide de toutes ces fraudes — et nous n'en révélons que les plus ordinaires, — ils n'arrivent point à tromper les amateurs novices et crédules. Un faux ne peut guère résister à la double analyse du goût naturel et de l'expérience, à la critique des experts honorables ou des amateurs érudits. La comparaison surtout avec un original suffit pour montrer qu'ils sont borgnes, boiteux et bossus.

En revanche rien n'est plus facile à surprendre que les personnes dont la naïveté proverbiale ne se décourage d'aucun échec, les amateurs improvisés qui se lancent dans la bataille sans armes ou sans munitions. Il n'y a point de tribunal pour ces fraudes ; quel juge d'ailleurs peut tenir son sérieux lorsqu'une victime vient se plaindre d'avoir acquis un Luca della Robbia pour trente francs...

vulgaire moulage moderne, aux arêtes émoussées et qui déshonorerait la mémoire des maîtres ?

Ce sont ces faux amateurs qui ont fait le plus grand mal aux arts décoratifs contemporains. Ils simulent l'enthousiasme pour des objets dont ils ne comprennent ni la grâce ni la force réelles. Ils s'échauffent à froid pour des sociétés qui n'ont avec la nôtre que les lignes constitutives de l'humanité, mais qui diffèrent de nos temps, dans tous les détails, par des traits aussi tranchés que ceux du Français et du Noukahivien ; ils demandent à nos artistes de penser, de sentir, d'agir comme les artistes du moyen âge ou de la renaissance. Ils brouillent les temps, les pays, les races, les moments, dans leur cervelle comme dans leurs vitrines, et loin d'en dégager un éclectisme qui serait au moins un temps d'arrêt dans le médiocre, ils s'enferment dans cette chapelle baroque où tous les dieux ont un autel et ils montent en chaire pour réciter des jérémiades sur la décadence des temps. Ah ! s'ils ne s'agenouillaient que devant ces étoiles qui constellent le ciel de tous les pays et de toutes les belles époques ! Mais, poussés par un instinct brouillon, ils préfèrent acheter les bibelots les plus ébréchés plutôt que de choisir les plus fins objets dans les expositions ou de commander aux artistes des pièces originales. Il n'est plus, aujourd'hui que les greniers d'abondance ont été vidés par les voyageurs et les émissaires des grands marchands, il n'est plus d'assiettes à six livres le cent, de vases où le barbier de village enfermait ses onguents, de pots de jardin gercés par les gelées, de moules à pâtés de lièvre et de poisson, plus de ramier, en terre glaise, sentinelle immobile du pigeonnier, plus de lion-caniche à crinière jaune, qui ne passe en vente et ne trouve acquéreur. L'artiste contemporain, dédaigné par ces Mécènes au petit pied, s'indigne et, découragé, cherche dans l'industrie pure le pain que pouvait lui donner l'action des facultés les plus libres et les plus fières de son génie. Ne laisserons-nous à nos descendants que des musées de vieilleries et des catalogues?

L'art de la majolique, ou, pour élargir la question, l'art de la faïence émaillée et peinte, ne saurait se cantonner plus longtemps dans la reproduction des pièces, même les plus belles de l'art italien. Ce serait demander à nos poëtes de ne nous faire que des tragédies. Nos dressoirs taillés dans des bois alors inconnus, avec des profils différents et répondant à des besoins tout nouveaux, ne peuvent se charger d'imitations qui pâlissent et s'éteignent lorsqu'un original, même contemporain, entre dans la maison. Son vrai rôle est de se transformer comme l'ont fait tous les arts modernes. Pour nous, sauf un bien petit nombre de pièces immobilisées dans les collections nationales du Louvre, de Cluny, de Sèvres, de South-Kensington, et chez quelques amateurs, nous ne connaissons guère de faïences qui surpassent en intérêt les plaques ou les plats décorés dans les ateliers des frères Deck par MM. Bracquemond, Ranvier, Hamon, Gluck, Ehrmann, etc. Un jour, M. Français, le paysagiste, s'est amusé à peindre sur le large marly d'un plat une épaisse couronne de lierre; puis, dans le centre, il a posé un hibou qui vous regarde avec des yeux effarés. Croit-on que ce plat, unique comme un tableau, touché comme une esquisse, n'est pas plus désirable qu'un tesson sans vigueur qui portera au revers une marque de fabrique inconnue?

Cette revendication que nous faisons est d'autant plus logique que le génie français, qui sait si mal se plier aux données étrangères, inventa pour ainsi dire de pied en cap la faïence émaillée et lui imprima un cachet de personnalité surprenant. Si l'Italie a Luca della Robbia, la France a Bernard Palissy, et c'est de ce génie si gaulois, de quelque part qu'on l'observe, que nous allons raconter les souffrances et les travaux.

Bien des nuages entourent encore pour nous le berceau de Bernard Palissy ? Où le placer ? Dans le Périgord ou dans l'Agenois ? Un Poitevin qui a l'érudition heureuse en ces matières, M. Benjamin Fillon, tient pour la Saintonge, en raison du langage de Palissy qui est essentiellement celui des bords de la Charente : « les expressions populaires du terroir sont trop profondément incrustées dans sa chair pour ne pas y être entrées avec le sang de ses pères. » Buffon avait dit : « le style c'est l'homme ; » ici le style c'est l'endroit de naissance.

Quelle est la date de la naissance de Palissy ? 1510, s'il faut en croire Pierre de l'Estoile, qui fut pendant plusieurs années en rapports intimes avec lui. Mais on en est encore à attendre un document positif.

A quelle classe appartint sa famille ? à la petite bourgeoisie, sans doute, car dans un acte de 1558, il est qualifié de « honorable homme maistre Bernard Palissy, peintre, demeurant en la ville de Saintes. »

Au plus haut que remontent les documents certains, on le voit, au retour de voyages dans le midi de la France et dans l'Allemagne, qui rappellent le tour de France de nos compagnons, exerçant en Saintonge le double métier de peintre verrier et d'arpenteur ; marié, père de famille, et rongé par la misère. Il touche alors la trentaine. Il est protestant et se lie avec le seigneur Antoine de Pons, qui arrivait de Ferrare où il avait épousé Anne de Parthenay. Le hasard lui fait tomber sous les yeux quelqu'une des coupes émaillées de ce blanc laiteux et brillant dont nous parlions il y a quelques pages, et dont les ducs de Ferrare passaient pour avoir le secret. C'est le commencement de ses angoisses, de ses luttes, de sa misère ; c'est aussi son premier pas vers la gloire.

Nous allons laisser parler Bernard Palissy lui-même; mais auparavant il faut dire auquel de ses livres nous empruntons ces pages, sortes de mémoires fiévreux et âpres, discrètement sincères et souvent satiriques.

En 1562, Bernard Palissy publie à la Rochelle un ouvrage dont voici le titre : « Recepté véritable par laquelle tous les hommes de la France pourront apprendre à multiplier et à augmenter leurs trésors. — Item, ceux qui n'ont jamais eu connaissance des lettres, pourront apprendre une philosophie nécessaire à tous les habitants de la terre. — Item, en ce livre est contenu le dessein d'un iardin autant délectable et d'utile invention, qu'il en fut oncques veu. — Item, le dessein et ordonnance d'une ville de forteresse, la plus imprenable qu'homme ouyt jamais parler, — composé par maistre Bernard Palissy, ouvrier de terre, et inventeur des rustiques figulines du Roy et de monseigneur le duc de Montmorency, pair et connestable de France, demeurant en la ville de Xaintes. » Ce titre suffit déjà à nous montrer l'esprit agité, actif, ingénieux de maistre Bernard. On a tout lieu de croire que cette « Recepte » fut, sinon composée, au moins mise en ordre pendant le temps qu'il passa en prison. Calviniste exalté, orateur ardent, il avait formé à Saintes une église dans laquelle il prêchait la foi nouvelle. L'édit de 1559, qui punissait de mort le crime d'hérésie, ne l'ébranla pas. En 1562, le Parlement ordonna l'exécution de l'édit dans son ressort; Palissy prit la défense de ses coreligionnaires. Mais en vain son atelier fut déclaré lieu de franchise par le comte de la Rochefoucauld, général de l'armée royale, Palissy fut enlevé la nuit par les officiers de justice et conduit dans les prisons de Bordeaux. Il eût inévitablement péri sans l'intervention du connétable de Montmorency, pour lequel, quelques années auparavant, il avait exécuté des travaux importants. Il fut arraché à ses juges mêmes par le brevet que Catherine de Médicis lui octroya « d'inventeur des rustiques figulines du Roy, » et qui l'isolait de la juridiction sévère de Bordeaux.

Cette Recepte est une sorte d'Apocalypse, un livre exalté, dans lequel, il faut voir le plus souvent des allusions au sort de ses amis et de la religion réformée, sous un langage d'autant plus difficile à percer qu'il semble décrire des œuvres matérielles. Il est rédigé par demandes et réponses : « Quelques jours après que les émotions et guerres civiles furent appaisées, et qu'il eut pleu à Dieu nous envoyer sa paix, j'étois un jour me pourmenant le long de la prairie de cette ville de Xaintes, près du fleuve de Charante : et ainsi que je contemplois les horribles dangers, desquels Dieu m'avoit garanti au temps des tumultes et horribles troubles passés, j'ouy la voix de certaines vierges, qui estoient assises sous certaines aubarics (arbustes, aubrayes) et chantoient le psaume cent-quatrième. Et parce que leur voix étoit douce et bien accordante, cela me fit oublier mes premières pensées... »

Dès lors il médite de figurer en quelque grand tableau les beaux paysages que le Prophète nous enseigne en ce psaume, ou mieux, d'édifier un jardin, un palais, un amphithéâtre, pour recevoir les chrétiens exilés en temps de persécution.

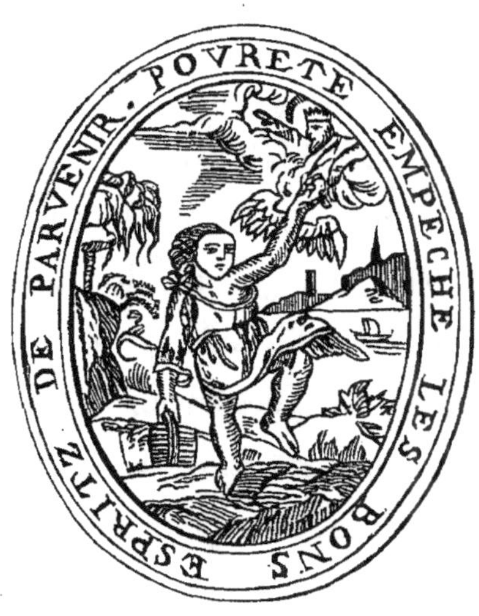

MARQUE DU LIVRE DE PALISSY. — LA RECEPTE VÉRITABLE.

C'est sur le titre de ce volume qu'est imprimée cette marque avec la devise : « Povreté empêche les bons esprits de parvenir. » D'autres libraires ou imprimeurs l'avaient déjà prise, mais elle concorde si bien avec l'histoire de la vie, des pensées, des déboires de Palissy, qu'on ne peut voir dans ce choix qu'une intention parfaitement arrêtée. C'était une épigramme dessinée, un apologue pour les faibles d'esprit autant que pour les pauvres ; et c'est aux pauvres gens que le livre entier s'adresse, bien plus encore qu'aux savants ou aux puissants. L'agriculture, les engrais, la composition chimique des terres, l'aménagement des forêts, la formation des pierres, le rôle salutaire des sels, et cent autres points curieux sont abordés dans une conversation satirique et sensée, avec une abondance qui en font la lecture facile pour tous. Il y a plus d'une erreur populaire admise sans critique, plus d'un conte de nourrice donné pour vrai, mais on pressent déjà en maints endroits le physicien qui va se révéler dans son second livre, et qui méritera de Cuvier le titre de Père de la géologie moderne.

Peu de temps après, Palissy part pour Paris, où nous le retrouverons, après lui avoir laissé la parole à lui-même. Les pages qu'on va lire sont extraites du livre qu'il publia en 1580, sous ce titre : « Discours admirables de la nature des eaux et fontaines tant naturelles qu'artificielles, des métaux, des sels et salines, des pierres, des terres, du fer et des émaux. — Avec plusieurs autres excellents secrets de choses naturelles. — Plus, un traité de la marne, fort utile et nécessaire pour tous ceux qui se mellent de l'agriculture. — Le tout dressé par dialogues, esquels sont introduits la théorique et la practique, par M. Bernard Palissy, inventeur des rustiques figulines du Roy et de la Royne sa mère. » Il est le résumé de leçons que Palissy avait ouvertes depuis le carême de 1575 et qu'il poursuivit jusqu'en l'année 1584, car, parmi toutes les choses contemporaines qu'il pressentit, il fut le promoteur des conférences. Avec un bon sens suprême, s'indignant à son tour contre ceux que Rabelais avait appelés les « abstracteurs de quintessence, » il avertit le lecteur « qu'il se donne garde de croire les opinions de ceux qui disent et soutiennent que Théorique a engendré Practique. » Et il l'invite à venir le voir en sa petite académie.

Onze principaux points sont traités en ce livre : des eaux des fleuves, fontaines, etc. ; de l'alchimie ; de l'or potable ; du mithridat; des glaces; des diverses sortes de sels végétatifs et génératifs; du sel commun; des pierres tant communes que précieuses; des diverses terres d'argile; de l'art de terre et de son utilité; des émaux et du feu; de la marne et de son utilité. C'est une sorte d'encyclopédie fort curieuse. Palissy s'y montre infiniment plus instruit, plus avare d'hypothèses, plus perspicace que dans son premier livre. La théorie des eaux thermales, des fontaines jaillissantes, des fossiles, de la lumière, de l'attraction des corps, y est indiquée, ébauchée même par des traits de génie. Des études de fond sur la philosophie de cet œuvre si français et si peu répandu seraient des sujets autrement intéressants, nationaux et populaires que ces programmes proposés chaque année par nos Académies sur les points les plus baroques de l'archéologie.

L'*Art de terre* est un long dialogue entre Théorique et Practique : « Tu m'as promis cy-devant de m'apprendre l'art de terre, — dit ce personnage qui parle toujours au masculin, — et lorsque tu me fis un si long discours des terres argileuses[1], je fus fort réjouy, pensant que tu me voulusses montrer le total

[1] Le traité des *Terres d'argile* vient naturellement avant celui-ci. Il explique la nature, l'emploi, le traitement de l'argile des potiers et des fabricants de tuiles et de briques. Palissy y raconte les mésaventures « d'aucuns tailleurs d'images, instruits en l'art de terre par ouy dire seulement, » et qui venaient apporter au four leurs statues ou leurs bustes mal séchés ou mal préparés. « Quand ils commençaient à mettre le grand feu, c'était chose assez plaisante (combien qu'il n'y eut pas à rire pour tous) d'entendre ces images péter et faire une batterie entr'eux, comme un grand nombre d'arquebusades et coups de canon. »

Notons une fois pour toutes que nous ne nous sommes pas astreints dans nos citations à l'orthographe d'ailleurs très-capricieuse du temps. Nous avons notamment remplacé au besoin les V et les I par le U moderne et le J.

dudit art. Mais je fus tout ébahy qu'au lieu de poursuivre tu me remis à une autre fois. »

« Cuides-tu, lui répond Practique, qu'un homme de jugement veuille ainsi donner les secrets d'un art qui aura beaucoup coûté à celui qui l'aura inventé. Il n'est pas de mon art, ny des secrets d'iceluy comme de plusieurs autres. Je sçay bien qu'un bon remède contre une peste ou autre maladie ne doit estre celé... Mais de mon art de terre et plusieurs autres arts, il n'en est pas ainsi. Il y a plusieurs gentilles inventions, lesquelles sont contaminées et méprisées pour être trop communes aux hommes. » Puis s'animant, Palissy passe en revue le sort de certaines de ces professions qui, par leurs rapports aussi étroits avec l'industrie qu'avec l'art, sont particulièrement froissées par les inventions nouvelles et par la concurrence : l'art des verriers ou fabricants de vitraux, des émailleurs, des « peintres et pourtrayeurs sçavants, » des sculpteurs.

On s'est beaucoup servi de ce passage pour chercher à donner à Palissy un esprit mesquin et étroit. C'est tenir peu compte de la nature humaine, toujours si jalouse de ce qu'elle a péniblement conquis dans l'ordre des faits matériels ou intellectuels. Les parents n'aiment-ils pas plus que les autres ceux de leurs enfants qui leur ont coûté le plus de soins? C'est surtout ne point avoir étudié l'esprit et les mœurs du temps où vivait Palissy. Chaque corporation formait un royaume à part, dont les frontières étaient aussi soigneusement délimitées que possible, et où l'on n'entrait qu'après un temps souvent fort long d'initiation, d'apprentissage. Mais le compagnonnage lui-même, l'acceptation dans le groupe, n'entraînait pas la communication sans réserve des secrets :

ceux-ci étaient la propriété du maître, qui ne les transmettait qu'à ses fils aînés ou qu'à ses associés. On écrivait le moins possible les recettes, dans la crainte des voleurs, des employés infidèles ; elles se transmettaient de l'oreille à l'oreille, de la main à la main. C'est pour cela qu'il nous en est si peu arrivé, et qu'alors même que la chimie nous révèle les éléments constitutifs d'un objet, et que le raisonnement conduit à deviner la série des opérations qu'il a subies pour revêtir cette forme, il y a encore une foule de tours de main qui nous échappent et qui plongent les praticiens dans un embarras cruel. A chaque moment la théorie se trouve impuissante en présence de la pratique, parce que cette pratique est un fait, et que cette théorie, créée par le cerveau de l'homme, est toujours relativement incomplète : une foule de détails inexplicables ou de combinaisons rapides doivent nécessairement échapper au creuset ou à l'alambic du chimiste, au microscope du naturaliste.

En tant qu'ouvrier du seizième siècle, Palissy devait donc se montrer avare de ses recettes. En tant qu'homme, il faut songer qu'il était isolé, pauvre, sans instruction ; nous allons voir qu'il s'est en quelque sorte créé lui-même de toutes pièces. En tant que citoyen et qu'artiste enfin, il devait particulièrement souffrir de cette secousse profonde donnée à la société d'alors par l'invasion des idées modernes. Protestant et persécuté, il était plus porté qu'aucun autre à sentir les atteintes du trouble dans lequel la société s'engageait, et dont elle n'entrevoit qu'à peine aujourd'hui le lointain apaisement. « Les secrets de l'agriculture, dit-il gravement, les hazards et dangers de navigation, la parole de Dieu, les sciences qui servent communément à toute la république ne doivent estre celés. » Voilà déjà bien des réserves, et des plus nobles. Elles nous rendent plein d'indulgence pour sa mauvaise humeur « contre la moulerie qui a fait dommage à plusieurs sculpteurs sçavants qui auront demeuré long temps à faire quelque figure de prince et de princesse ; » plein de sympathie contre son regret « d'avoir veu les histoyres de Nostre-Dame imprimées de gros traits, d'après l'invention d'un Alemand nommé Albert[1], lesquelles histoyres vinrent une fois à tel mépris, à cause de l'abondance qui en fut faite, qu'on donnait pour deux liars chacune des dites histoyres, combien que la pourtraiture fut d'une belle invention. »

Mais ces réticences de Palissy soulèvent des questions plus sérieuses encore, et qui sont plus que jamais à l'ordre du jour. « Tu peux aisément connoître par ces exemples et par un millier d'autres semblables, qu'il vaut mieux qu'un homme ou un petit nombre facent leur proufit de quelque art en vivant honestement, que non pas si grand nombre d'hommes, lesquels s'endommageront si fort les uns les autres, qu'ils n'auront pas moyen de vivre, sinon en profanant les arts ; laissant les choses à demi faites, comme l'on voit communément de tous les arts desquels le nombre est trop grand. » Palissy prévoit ici et marque en traits saisissants les inconvénients de ce que l'on appelle de nos jours « la concurrence. » Cette concurrence est utile jusqu'à une limite rationnelle dans l'ordre des faits économiques, parce que plus l'humanité vieillit, plus ses besoins matériels augmentent et plus

[1] Albert Dürer, peintre et graveur, né à Nuremberg en 1471. C'est l'un des plus grands génies de l'art allemand, une des plus hautes figures de la Renaissance et des plus dignes d'être appréciées par Palissy.

elle s'applique à augmenter la production des objets naturels ou manufacturés. Mais s'il s'agit d'art, de cet art supérieur aux préoccupations industrielles, ne cherchant que la perfection absolue et n'espérant qu'un public digne de le comprendre, Palissy a raison, il n'y faut laisser pénétrer aucune préoccupation d'inachèvement, d'à peu près. Ce sont « ces choses à demi faites » qui sont de nos jours la honte des arts appliqués à l'industrie! elles corrompent le goût du public; elles l'habituent à se montrer tolérant pour toutes les médiocrités, à se contenter, dans la peinture et dans la sculpture, du croquis et de l'ébauche, dans l'architecture des façades simulées, des fausses fenêtres et des colonnes qui ne portent rien; elles éternisent cette adoration perpétuelle de la tradition, qui fait que l'objet n'est estimé et recueilli que pour cause d'ancienneté ou de rareté. La faiblesse de ces choses « à demi faites » n'est bien, comme l'avait prévu le penseur saintongeois, que le résultat des efforts « d'un trop grand nombre d'hommes, lesquels s'endommagent fort les uns les autres. » Ils produisent vite et éblouissent la foule par leur fausse fécondité, alors que les hommes de génie se recueillent et appliquent longuement leurs forces à parachever le beau idéal qu'ils poursuivent dans leur solitude.

Tout est grave dans ce prologue de l'*Art de terre*. Au moment de commencer son récit, Palissy se ressouvient cruellement de ses peines passées. Il insiste une dernière fois auprès de son interlocuteur pour qu'il ne le pousse pas davantage. Il formule la loi du travail dans cet admirable précepte que l'on devrait écrire sur le mur de toutes les écoles, de toutes les usines, de tous les ateliers : « La première chose est qu'il faut que tu sois veuillant, agile, actif et laborieux. » Puis en homme qui sait la vie et les terribles rochers qu'ont à soulever sur leur chemin les chercheurs et les inventeurs, il ajoute : « Secondement, il te faut avoir du bien. »

La narration s'engage : « Je n'avois pas beaucoup de bien, raconte-t-il, mais j'avois la pourtraiture. L'on pensoit en nostre pays que je fusse plus sçavant en l'art de peinture que je n'étois, qui causoit que j'étois souvent appelé pour faire des figures pour les procès [1]. Or, quand j'estois en telles commissions j'estois très-bien payé, aussi ai-je entretenu longtemps la vitrerie jusqu'à ce que j'aie esté asseuré pouvoir vivre de l'art de terre. » Il était alors chargé de femme et d'enfants.

« Suyvant ta requeste, saches qu'il y a vingt et cinq ans passés qu'il me fut monstré une coupe de terre tournée et esmaillée, d'une telle beauté, que dès lors j'entroy en dispute avec ma propre pensée, en me remémorant plusieurs propos, qu'aucuns m'avoient tenus en se mocquant de moy, lorsque je peindois les images. Or voyant que l'on commençoit à les délaisser au pays de mon habitation, aussi que la vitrerie n'avoit pas grande requeste, je vay penser que si j'avois trouvé l'invention de faire des esmaux, je

[1] Il faut entendre par ces mots « figures pour les procès » des levées de plans d'arpentage.

Par « la vitrerie, » il faut entendre l'art de composer des cartons pour vitraux et de les peindre. Quant à les cuire et à les assembler, cela est plus obscur, le premier point surtout, car, à moins que Palissy n'ait composé un véritable roman, comment expliquer des tentatives presque enfantines qu'il va nous raconter à l'instant pour la cuisson de ses émaux? La vitrification du verre est absolument analogue. Les mêmes séries de cuisson plus ou moins forte, suivant la nature des oxydes colorants ou des fondants, s'observent. Est-il donc supposable qu'il ne mettait pas les pieds dans la manufacture de verre pour laquelle il travaillait?

Quant aux vitraux exécutés par Palissy, on n'en connait à vrai dire point d'authentiques.

pourrois faire des esmaux de terre et autre chose de belle ordonnance, par ce que Dieu m'avoit donné d'entendre quelque chose de la pourtraiture. Et dès lors, sans avoir esgard que je n'avois nulle connoissance des terres argileuses, je me mis à chercher les esmaux, comme un homme qui taste en tenesbres. Sans avoir entendu de quelles matières se faisoient les dits émaux, je pilois en ces jours-là toutes les matières que je pouvois penser qui pourroient faire quelque chose, et les ayant pilées et broyées, j'achetois une quantité de pots de terre, et après les avoir mis en pièces, je mettois des matières que j'avois broyées dessus icelles, et les ayant marquées, je mettois en escrit à part les drogues que j'avois mises sur chacune d'icelles, pour mémoire; puis ayant fait un fourneau à ma fantaisie, je mettois cuire les dites pièces pour voir si mes drogues pourroient faire quelques couleurs de blanc : car je ne cherchois autre esmail que le blanc, par ce que j'ai ouy dire que le blanc étoit le fondement de tous les autres esmaux. Or par ce que je n'avois jamais veu cuire terre, je ne savois à quel degré de feu le dit esmail se devoit fondre, il m'estoit impossible de pouvoir rien faire par ce moyen, ores que mes drogues eussent été bonnes, par ce qu'aucunes fois la chose avoit trop chauffé et autre fois trop peu; et quand les dites matières estoient trop peu cuites ou bruslées, je ne pouvois rien juger de la cause pourquoy je ne faisois rien de bon, mais en donnois le blasme aux matières. Mais encore, en ce faisant, je commettois une faute plus lourde que la susdite : car en mettant les pièces de mes épreuves dedans le fourneau, je les arrangeois sans considération. Or m'estant ainsi abuzé plusieurs fois, avec grands frais et labeurs, j'estois tous les jours à piler et broyer nouvelles matières et construire nouveaux fourneaux, avec grande despense d'argent et consommation de bois et de temps.

« Quand j'eus bastelé plusieurs années ainsi imprudemment, avec tristesse et soupirs, à cause que je ne pouvois parvenir à rien de mon intention, et me souvenant de la despense perdue, je m'avisay, pour obvier à si grande despense, d'envoyer les drogues que je vouloys approuver à quelque fourneau de potier; et ayant conclud en mon esprit telle chose, j'achetai de rechef plusieurs vaisseaux de terre, et les ayant rompus en pièces comme de coustume, j'en couvray trois ou quatre cents pièces d'esmail, et les envoyai en une poterie distante d'une lieue et demie de ma demeurance, avec requeste envers les potiers qu'il leur pleust permettre cuire les dites espreuves dedans aucuns de leurs vaisseaux; ce qu'ils faisoient volontiers. Mais quand ils avoient cuit leur fournée et qu'ils venoient à tirer mes espreuves, je n'en recevois que honte et perte, par ce qu'il ne se trouvoit rien de bon, à cause que le feu des dits potiers n'estoit assez chaut, aussi que mes dites espreuves n'estoient enfournées au devoir requis et selon la science. De rechef je faisois nombre de compositions nouvelles, toujours avec grands frais, perte de temps, confusion et tristesse.

« Quand je vis que je ne pouvois par ce moyen rien faire de mon intention, je pris relasche quelque temps, m'occupant de mon art de peinture et de vitrerie, et me mis comme en nonchaloir de plus chercher les secrets des esmaux. Quelques jours après [1] survindrent certains commissaires, deputez par le Roy, pour ériger la gabelle au pays de Xaintonge, lesquels m'appellèrent pour figurer les isles

[1] Vers l'année 1543.

et pays circonvoisins de tous les marais salans du dit pays. Or après que la dite commission fut parachevée, et que je me trouvay muny d'un peu d'argent, je reprins encore l'affection de poursuivre à la suite des dits esmaux. Je rompis environ trois douzaines de pots de terre tout neufs, et ayant broyé grande quantité de diverses matières, je couvray tous les lopins des dits pots des dites drogues couchées avec le pinceau. Mais il te faut entendre que de deux ou trois cents pièces, il n'y avoit que trois de chacune composition. Ayant ce fait, je prins toutes ces pièces, et les portay à une verrerie, afin de voir si mes matières et compositions se pourroient trouver bonnes aux fours des dites verreries. Or, d'autant que leurs fournaux sont plus forts que ceux des potiers, ayant mis toutes mes épreuves dans les dits fourneaux, le lendemain que je les fis tirer, j'aperçus partie de mes compositions qui avoient commencé à fondre, qui fust cause que je fus encore encouragé à chercher l'esmail blanc pour lequel j'avois tant travaillé.

« Touchant des autres couleurs, je ne m'en mettois nullement en peine : ce peu d'apparence que je trouvois lors, me fist travailler pour chercher le dit blanc deux ans outre le temps sus dit, durant lesquels deux ans je ne faisois qu'aller aux verreries prochaines. Dieu voulut qu'ainsi que je commençois à perdre courage, et que pour le dernier coup je m'estois transporté à une verrerie, ayant avec moy un homme chargé de plus de trois cents sortes d'espreuves, il se trouva une des dites espreuves qui fut fondue dedans quatre heures après avoir été mise au fourneau, laquelle espreuve se trouva blanche et polie, de sorte qu'elle me causa une joye telle que je croyois estre devenu nouvelle créature. Et pensois dès lors avoir une perfection entière de l'esmail blanc. Mais je fus fort esloigné de ma pensée : ceste espreuve estoit fort heureuse d'une part, mais bien malheureuse de l'autre ; heureuse en ce qu'elle me donna entrée à ce que je suis parvenu, et malheureuse en ce qu'elle n'estoit mise en doze ou mesure requise.

« Je fus si grand beste en ces jours-là, que soudain que j'eus fait le dit blanc qui estoit singulièrement beau, je me mis à faire des vaisseaux de terre, combien que jamais je n'eusse connu terre ; et ayant employé l'espace de sept ou huit mois à faire les dits vaisseaux, je me prins à ériger un fourneau semblable à ceux des verriers, lequel je bastis avec un labeur indicible : car il falloit que je maçonnasse tout seul, que je détrempasse mon mortier, que je tirasse l'eau pour la détrempe d'iceluy ; aussi me falloit moi-même aller querir la brique sur mon dos, à cause que je n'avois nul moyen d'entretenir un seul homme pour m'ayder en ceste affaire. Je fis cuire mes vaisseaux en première cuisson ; mais quand ce fust à la seconde cuisson, je reçus des tristesses et des labeurs tels que nul homme ne les voudroit croire. Car au lieu de me reposer de mes labeurs passés, il me fallut travailler l'espace de plus d'un mois, nuit et jour, pour broyer les matières desquelles j'avois fait ce beau blanc au fourneau des verriers : et quand j'eus broyé les dites matières, j'en couvris les vaisseaux que j'avois faits. Ce fait, je mis le feu dans mon fourneau par deux gueules, ainsi que j'avois veu faire aux dits verriers. Mais combien que je fusse six jours et six nuits devant le dit fourneau, sans cesser de brusler bois par les deux gueules, il me fut possible de pouvoir fondre le dit esmail, et estois comme un homme désespéré. Et combien que je fusse tout estourdi de travail, je me vay adviser que dans mon esmail il y avoit trop peu de la matière qui devoit faire fondre les autres ; ce que voyant, je me mis à piler et broyer la dite matière, sans toutefois laisser refroidir mon fourneau ; par ainsi j'avois double peine : piler, broyer et chauffer le dit fourneau.

« Quand j'eus ainsi composé mon esmail, je fus contraint d'aller encore acheter des pots afin de l'esprouver, d'autant que j'avois perdu tous les vaisseaux que j'avois faits. Et ayant couvert les dites pièces du dit esmail, je les mis dans le fourneau, continuant toujours le feu en sa grandeur : mais sur cela il me survint un autre malheur, lequel me donna grande fascherie, qui est que le bois m'ayant failli, je fus contraint de brusler les estapes qui soutenoient les tailles de mon jardin, lesquelles estant bruslées, je fus contraint brusler les tables et planches de la maison, afin de faire fondre la seconde composition. J'étois dans une telle angoisse que je ne saurois dire ; car j'étois tout tari et desseché, à cause du labeur et de la chaleur du fourneau. Il y avoit plus d'un mois que ma chemise n'avoit seiché sur moy ; encore pour me consoler on se mocquoit de moy, et mesme ceux qui me devoient secourir alloient crier par la ville que je faisois brusler les planches. Et par tel moyen on me faisoit perdre mon crédit, et m'estimait-on estre fol.

« Les autres disoient que je chérchois à faire la fausse monnoye, qui estoit un mal qui me faisoit sécher sur les pieds : et m'en allois par les rues tout baissé, comme un homme honteux. J'estois endetté en plusieurs lieux, et avois ordinairement deux enfants aux nourrices, ne pouvant payer leurs salaires ; personne ne me secouroit ; mais, au contraire, ils se mocquoient de moy en disant : — Il lui appartient bien de mourir de faim, par ce qu'il délaisse son mestier. — Toutes ces nouvelles venoient à mes oreilles lorsque je passois par la rue. Toutefois il me resta encore quelque espérance, qui m'encourageoit et soutenoit, d'autant que les dernières espreuves s'estoient assez bien portées, et dès lors en pensois sçavoir assez pour pouvoir gaigner ma vie, combien que j'en fusse fort éloigné, comme tu entendras ci-après. »

Il existe dans la collection de M. le baron Anthony de Rothschild à Londres, un médaillon en terre cuite émaillée que l'on croit être non-seulement l'œuvre de maître Bernard, mais encore son propre portrait. Cette dernière supposition est toute gratuite. Rien ne prouve que ce soit plutôt Bernard que n'importe lequel des gens illustres ou obscurs qui l'entouraient. Au contraire, il y a les plus fortes présomptions pour que le portrait que nous avons fait reproduire soit authentique : c'est une gouache sur vélin, achetée l'an dernier par M. E. du Sommerard pour le Musée des Thermes et de l'hôtel de Cluny. L'exécution est visiblement de l'époque même où vivait Palissy. Le nom écrit en lettres d'or au-dessus de sa tête indique l'intention arrêtée de désigner à l'attention de la postérité l'effigie d'une personnalité importante et à la ressemblance de laquelle l'artiste semble s'être complu. Le costume est simple et cependant assez orné de passementeries d'or pour avoir été celui de quelqu'un qui avait le titre officiel « d'inventeur des rustiques figulines du Roy et de la Reine sa mère. » Le visage est fatigué; l'expression est grave et méditative, le front excessivement haut est bien celui d'un chercheur et d'un entêté de génie ; l'expression générale révèle une extrême distinction d'esprit ; la bouche est légèrement sardonique. Enfin, détail puéril pour quelques-uns, mais à nos yeux mystérieusement significatif, on voit

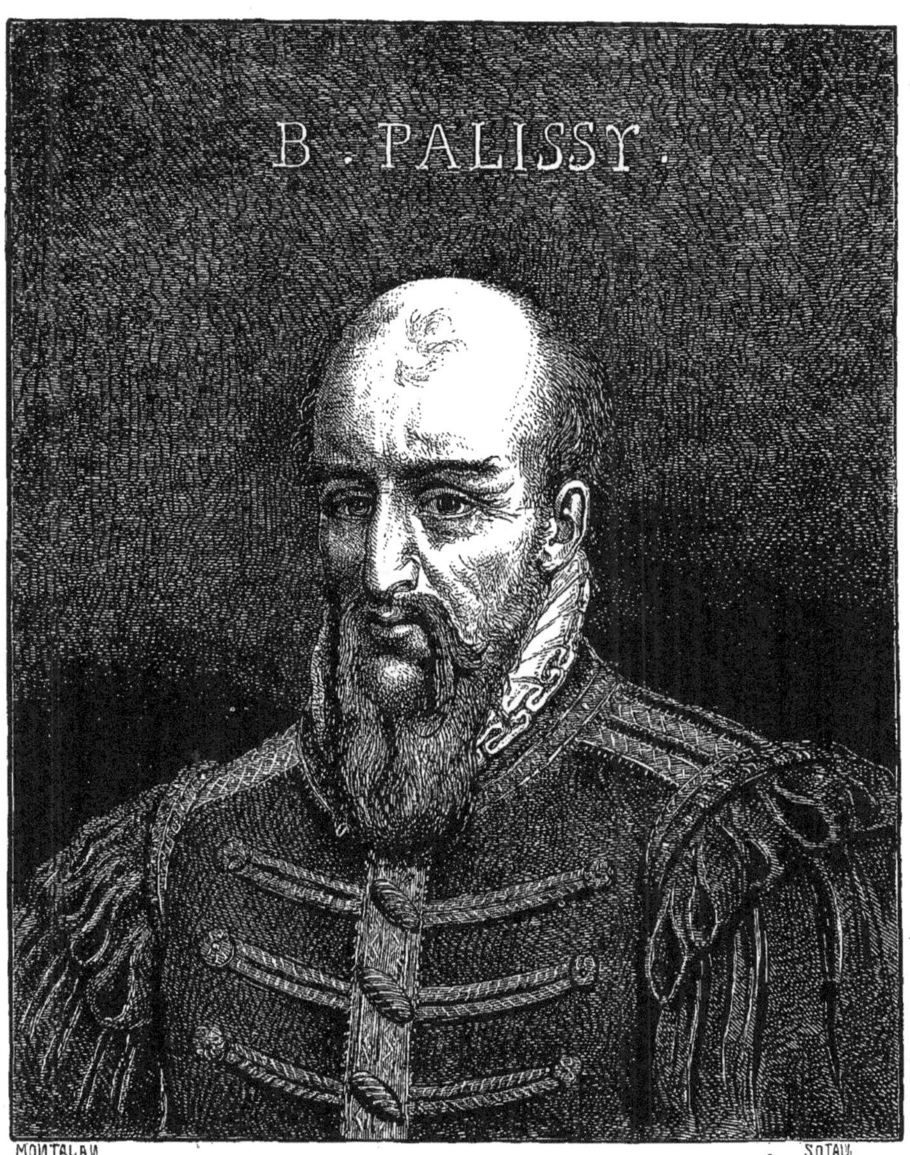

BERNARD PALISSY.

D'après une peinture du temps, au Musée de Cluny.

dans le sourcil gauche la cicatrice d'une blessure assez large. Nous ne voulons point entrer dans le romanesque, mais qui sait si cette blessure ne fut pas faite par quelque éclat de ces cailloux qui petaient comme tonnerre et coupaient comme rasoirs ?

« Quand je me fus reposé un peu de temps avec regrets de ce que nul n'avoit pitié de moy, je dis à mon âme : « Qu'est-ce qui « t'attriste, puisque tu as trouvé ce que tu cherchois ? Travaille à « présent et tu rendras honteux tes détracteurs. » Mais mon esprit disoit d'autre part : « Tu n'as rien de quoy poursuyvre ton affaire ; « comment pourras-tu nourrir ta famille et acheter les choses « requises pour passer le temps de quatre ou cinq mois qu'il faut « auparavant que tu puisses jouir de ton labeur ? » Or, ainsi que j'estois en telle tristesse et débat d'esprit, l'espérance me donna un peu de courage, et ayant considéré que je serois beaucoup long pour faire une fournée toute de ma main, pour abréger et gagner le temps, et pour plus soudain faire apparoir le secret que j'avois trouvé du dit esmail blanc, je prins un potier commun et lui donnay certains pourtraits, afin qu'il me fist des vaisseaux selon mon ordonnance, et tandis qu'il faisoit ces choses; je m'occupois à quelques médailles [1]. Mais c'estoit une chose pitoyable, car j'estois contraint de nourrir le dit potier en une taverne à crédit, parce que je n'avois nul moyen en ma maison.

« Quand nous eusmes travaillé l'espace de six mois, et qu'il falloit cuire la besogne faite, il fallut faire un fourneau et donner congé au potier, auquel par faute d'argent je fus contraint de

[1] Il faut entendre par « médailles » quelques grands médaillons décoratifs, profils de héros ou de divinités que Palissy modelait en terre pour les émailler plus tard. Il y en existe dans plusieurs collections. Ils devaient orner les grottes dont nous parlerons plus loin.

donner de mes vêtements pour son salaire. Or, par ce que je n'avois point d'estoffes[1] pour ériger mon fourneau, je me prins à deffaire celuy que j'avois fait à la mode des verriers, afin de me servir des estoffes de la despouille d'iceluy. Or, par ce que le dit four avoit si fort chauffé l'espace de six jours et nuits, le mortier et la brique du dit four s'estoient liquifiés et vitrifiés de telle sorte, qu'en desmassonnant j'eus les doigts coupez et incizez en tant d'endroits que je fus contraint manger mon potage ayant les doigts enveloppez de drapeau. Quand j'eus deffait ledit fourneau, il fallut ériger l'autre qui ne fut pas sans grand'peine : d'autant qu'il me fallait aller querir l'eau, le mortier et la pierre, sans aucun ayde et sans aucun repos.

« Ce fait, je fis cuire l'œuvre susdite en première cuisson, et puis, par emprunt ou autrement, je trouvay moyen d'avoir des estoffes pour faire des esmaux, la dite besogne s'estant bien portée en première cuisson. Mais quand j'eus acheté les dites estoffes, il me survint un labeur qui me cuyda faire rendre l'esprit. Car après que par plusieurs jours je me fus lassé à piler et calciner mes matières, il me les convint broyer sans aucun ayde, à un moulin à bras, auquel il falloit ordinairement deux puissans hommes pour le virer. Le désir que j'avois de parvenir à mon entreprinse me faisoit faire des choses que j'eusse estimées impossibles. Quand les dites couleurs furent broyées, je couvris tous mes vaisseaux et médailles du dit esmail, puis ayant le tout mis et arrangé dedans le fourneau, je commençay à faire du feu, pensant retirer de ma fournée trois ou quatre cents livres, et continuay le dit feu jusques à ce que

[1] « Estoffes, » matériaux. — Plus loin : « drapeau, » lambeau de linge.

j'eus quelque indice et espérance que mes émaux fussent fondus et que ma fournée se portoit bien. Le lendemain, quand je vins à tirer mon œuvre, ayant premièrement osté le feu, mes tristesses et douleurs furent augmentées si abondamment que je perdis toute contenance. Car combien que mes esmaux fussent bons et ma besongne bonne, néantmoins deux accidents estoient survenus à la dite fournée, lesquels avoient tout gasté ; et afin que tu t'en donnes de garde je te diray quels ils sont. C'est parce que le mortier de quoy j'avois massonné mon four estoit plein de cailloux, lesquels sentant la vehemence du feu, lors que mes esmaux se commençoient à liquifier, se crevèrent en plusieurs pièces faisant plusieurs pets et tonnerres dans le dit four. Or, ainsi que les esclats des dits cailloux sautoient contre ma besongne, l'esmail qui estoit déjà liquifié et rendu en matière glueuse, print les dits cailloux et se les attacha par toutes les parties de mes vaisseaux et médailles, qui sans cela se fussent trouvez beaux.

« Ainsi connoissant que mon fourneau estoit assez chaut, je le laissay refroidir jusques au lendemain ; lors je fus si marri que je ne sçaurois te dire et non sans cause : car ma fournée me coustoit plus de six vingt escus. J'avois emprunté le bois et les estoffes, et si avois emprunté une partie de ma nourriture en faisant la dite besongne. J'avois tenu en espérance mes créditeurs qu'ils seroient payez de l'argent qui proviendroit des pièces de la dite fournée ; ce qui fut cause que plusieurs accoururent dès le matin quand je commençois à désenfourner. Donc par ce moyen furent redoublées mes tristesses ; d'autant qu'en tirant la dite besongne je ne recevois que honte et confusion. Car toutes mes pièces estoient semées de petits morceaux de cailloux, qui estoyent si bien attachez autour des dits vaisseaux et liez avec l'esmail, que, quand on passoit les mains par dessus, les dits cailloux coupoyent comme rasoirs; et combien que la besongne fut par ce moyen perdue, toutefois d'aucuns en vouloient acheter à vil prix : mais par ce que ce eut esté un descriement et rebaissement de mon honneur, je mis en pièces entièrement le total de la dite fournée et me couchay de mélancholie, non sans cause, car je n'avois plus de moyen de subvenir à ma famille. Je n'avois en ma maison que reproches : au lieu de me consoler l'on me donnoit des malédictions; mes voisins qui avoient entendu ceste affaire disoient que je n'estois qu'un fol et que j'eusse eu plus de huit francs de la besongne que j'avois rompue et estoyent toutes ces nouvelles jointes avec mes douleurs. »

Quelle âme indomptable! Rien ne l'abat, ni les déconvenues du métier, ni la misère, ni les insultes, ni les reproches, — les plus cuisants de tous, — que l'on recueille au coin du foyer de ceux même pour qui l'on travaille! Reproches qui vous navrent et sont l'éponge ruisselante de vinaigre que le soldat ironique approcha des lèvres de Jésus. Quelle foi invincible en soi, en son triomphe assuré, pour résister à tous ces chocs! Il semble que ces martyrs aient perçu la vision réelle et sensible de l'idéal qu'ils ont conçu dans leur cerveau! Palissy marchait vers la conquête de ses émaux d'un pas aussi ferme que Colomb vers le nouveau monde. L'un voyait miroiter dans son four ses médaillons, ses plats à reptiles, ses bustes, aussi nettement que l'autre voyait se balancer les cocotiers et bleuir les horizons des terres qu'il poursuivait, calme au milieu des négations et des révoltes. Telle encore fut Jeanne Darc jusqu'au jour où fut accomplie son héroïque mission.

« Quand j'eus demeuré quelque temps au lit, continue Palissy, et que j'eus considéré en moy-mesme qu'un homme qui seroit tombé en un fossé, son devoir seroit de tascher à se relever, en cas pareil je me mis à faire quelques peintures et par plusieurs moyens je prins peine de recouvrer un peu d'argent. Mais en cuisant une autre fournée il survint un accident duquel je ne me doutois pas : la véhémence de la flambe avoit porté quantité de cendres contre mes pièces, de sorte que par tous les endroits où la dite cendre avait touché, mes vaisseaux estoient rudes et mal polis à cause que l'esmail estant liquifié s'estoit joint avec les dites cendres. Nonobstant toutes ces pertes je demeuray en espérance de me remonter par le moyen du dit art : car je fis faire grand nombre de lanternes de terre[1] à certains potiers pour enfermer mes vaisseaux quand je les mettrois au four, afin que par le moyen des dites lanternes mes vaisseaux fussent garantis de la cendre. L'invention se trouva bonne et m'a servi jusques au jourd'huy. »

Il continue ainsi à raconter ses mésaventures, et l'on ne peut guère trouver d'autre explication à la persistance de ses tentatives isolées et malheureuses que dans le soin jaloux qu'il prenait à ne point consulter ses confrères pour ne pas laisser surprendre des secrets qu'il payait si chèrement. Les verriers ou les potiers lui eussent certainement évité les mécomptes sur lesquels il revient, avec peut-être cette ostentation familière à ceux qui ont beaucoup souffert et ne doivent qu'à eux-mêmes leur propre salut.

« Bref, dit-il encore, j'ay ainsi bastelé l'espace de quinze ou

[1] Aujourd'hui encore, on se sert des « lanternes » dont notre courageux potier s'attribue l'invention. On les appelle en français « cazettes, » et en anglais « seggars. » Ces cazettes, qui sont de véritables caisses renversées renfermant les pièces fines de porcelaine ou de faïence décorée, sont empilées dans le four jusqu'à ce qu'elles l'emplissent.

seize ans : quand j'avois appris à me donner garde d'un danger, il m'en survenoit un autre auquel je n'eusse jamais pensé. Enfin, je trouvay moyen de faire quelques vaisseaux de divers esmaux entremeslez en manière de jaspe, cela m'a nourri quelques ans, mais en me nourrissant de ces choses je cherchois toujours à passer plus outre. Quand j'eus inventé le moyen de faire des pièces rustiques je fus en plus grande peine et en plus d'ennuy qu'auparavant, car ayant fait un certain nombre de bassins rustiques et les ayant fait cuire, mes esmaux se trouvoient les uns beaux et bien fonduz, d'autres mal fonduz, d'autres estoient brulez à cause qu'ils estoient composez de diverses matières qui estoient fusibles à divers degrez : le verd des lezards estoit brùslé premier que le couleur des serpens fut fonduë, aussi la couleur des serpens, écrevisses, tortues et cancres estoit fondue auparavant que le blanc eut reçeu aucune beauté. »

Enfin avec les déboires, avec les scènes d'un intérieur troublé et hostile, avec la fatigue des défaites incessantes vint l'épuisement des organes : «Toutes ces fautes, dit-il à cet instant, m'ont causé un tel labeur et tristesse d'esprit, qu'auparavant que j'aye eu rendu mes esmaux fusibles à un mesme degré de feu, j'ay cuidé entrer jusques à la porte du sépulchre. Je me suis trouvé l'espace de dix ans si fort escoulé en ma personne, qu'il n'y avoit aucune forme ny apparence de bosse aux bras ny aux jambes : ainsi estoyent mes dites jambes toutes d'une venue; de sorte que les liens de quoy j'attachois mes bas de chausse estoyent soudain que je cheminoys sur mes talons avec le résidu de mes chausses. Je m'allois souvent pourmener dans la prairie de Xaintes[1], en con-

[1] Saintes, capitale de la Saintonge, aujourd'hui sous-préfecture de la Charente-

sidérant mes misères et mes ennuys : sur toutes choses de ce qu'en ma maison mesme je ne pouvois avoir nulle patience, ny faire rien qui fut trouvé bon. J'estoys méprisé et mocqué de tous. Toutefois je faisois toujours quelques vaisseaux de couleurs diverses qui me nourrissoient tellement quellement... Toutefois l'espérance que j'avois me faisoit procéder en mon affaire si virilement que plusieurs fois, pour entretenir les personnes qui me venoyent voir, je faisois mes efforts de rire, combien que intérieurement je fusse bien triste.

« Je poursuivis mon affaire de telle sorte que je recevois beaucoup d'argent d'une partie de ma besongne qui se trouvoit bien : mais il me survint une autre affliction qui est que la chaleur, la gelée, les vents, pluyes et gouttières me gastoyent la plus grande part de mon œuvre, auparavant qu'elle fut cuitte : tellement qu'il me fallut emprunter charpenteries, lattes, tuiles et cloux pour m'accommoder. Or bien souvent n'ayant pas de quoy bastir, j'estois contraint m'accommoder de lierres et autres verdures. Or ainsi que ma puissance augmentoit, je défaisois ce que j'avois fait et le bastissois un peu mieux ; ce qui faisoit qu'aucuns artisans, comme chaussetiers, cordonniers, sergens et notaires, un tas de vieilles, tous ceux-cy sans avoir esgard que mon art ne se pouvoit exercer sans grand logis, disoyent que je ne faisois que faire et défaire et me blasmoyent de ce qui les devoit inciter à pitié, attendu que j'estois contraint d'employer les choses nécessaires à ma nourriture pour ériger les commodités requises à mon art. Et qui pis est, le motif des dites mocqueries et persécutions sortoit de ma maison,

Inférieure, siége assez actif de calvinisme. C'est une ville fort pittoresque où l'on rencontre des vestiges de la domination romaine : amphithéâtre, arc de triomphe, etc.

lesquels estoyent si esloignez de raison, qu'ils vouloient que je fisse la besongne sans outils, chose plus que déraisonnable. Or d'autant plus que la chose estoit déraisonnable, de tant plus l'affliction estoit extrême. J'ay esté plusieurs années que n'ayant rien de quoy couvrir mes fourneaux, j'estois toujours les nuits à la merci des pluyes et des vents, sans avoir aucun secours, ayde ni consolation, sinon des chats huants qui chantoyent d'un costé et les chiens qui hurloyent de l'autre. Parfois il se levoit des vents et tempestes qui souffloyent de telle sorte le dessus et le dessous de mes fourneaux que j'estois contraint quitter là tout, avec perte de mon labeur. Et je me suis trouvé plusieurs fois qu'ayant tout quitté et n'ayant rien de sec sur moy, à cause des pluyes qui estoyent tombées, je m'en allois coucher à la minuit ou au point du jour, accoustré de telle sorte comme un homme que l'on auroit traisné par tous les bourbiers de la ville ; et en m'en allant ainsi retirer, j'allois bricollant sans chandelle et tombant d'un costé et d'autre comme un homme qui seroit yvre de vin, rempli de grandes tristesses, d'autant qu'après avoir longuement travaillé, je voyois mon labeur perdu. Or, en me retirant ainsi souillé et trempé, je trouvois dans ma chambre une seconde persécution pire que la première, qui me fait à présent émerveiller que je ne suis consumé de tristesse. »

Ici s'arrête cette narration si pittoresque et si dramatique. L'homme s'y dévoile tout entier. L'artiste et le chercheur ne disent rien. Dame Théorique, qui a écouté « ceste longue chanson » avec plus de patience que d'intérêt, parce que la Science a le cerveau à la place du cœur, ne s'y trompe pas et lui en fait l'observation. « Tu m'as fait cy-dessus de beaux discours touchant les fautes qui surviennent en l'art de terre, mais cela ne me sert que d'espouvantement : car des esmaux tu ne m'en as encores rien dit. »

« Les esmaux de quoy je fais ma besongne sont faits d'estaing, de plomb, de fer, d'acier, d'antimoine, de saphre, de cuivre, d'arene, de salicort, de cendre gravelée, de litarge, de pierre de Périgord, répond Practique. » C'est comme si elle ne répondait rien du tout. Mais elle ajoute : « Les fautes que j'ay faites en mettant mes esmaux en doze, m'ont plus apprins que non pas les choses qui se sont bien trouvées : par quoy je suis d'avis que tu travailles pour trouver la ditte doze, aussi bien que j'ay fait, autrement tu aurois trop bon marché de la science, et peut-être que ce seroit la cause de te la faire mépriser. » Mot profond sous son apparente ironie, formule du bon sens le plus large, qui renferme la consolation de toutes les épreuves et le secret de toutes les réussites de la vie.

L'*Art de terre* s'arrête après une virulente sortie de dame Practique contre dame Théorique qui avait eu l'impertinence de qualifier « d'art méchanique dont on peut se passer aisément » le noble art de terre. Elle énumère toutes les professions qui s'y rattachent par la théorie ou la pratique, en fait l'histoire à grands traits, et finit par cette touche de maître : « Les historiens nous certifient que quand l'art de terre fut inventé, les vaisseaux de marbre, d'alebastre, cassidoine et jaspe furent mis en mépris! »

Nous avons dit plus haut que c'était à Paris, en 1580, que Palissy avait publié ses *Discours admirables* et qu'il y avait ouvert, de 1575 à 1584, ce que nous nommons aujourd'hui des conférences, en s'excusant avec une modestie, d'une ironie toute gauloise, de n'avoir que du bon sens et de l'expérience et de ne savoir ni le grec, ni l'hébreu, ni le latin. Il avait réuni dans une salle tout ce qui devait servir à ses démonstrations de chimie, d'histoire naturelle, de géologie, de minéralogie et surtout, sans doute, ces

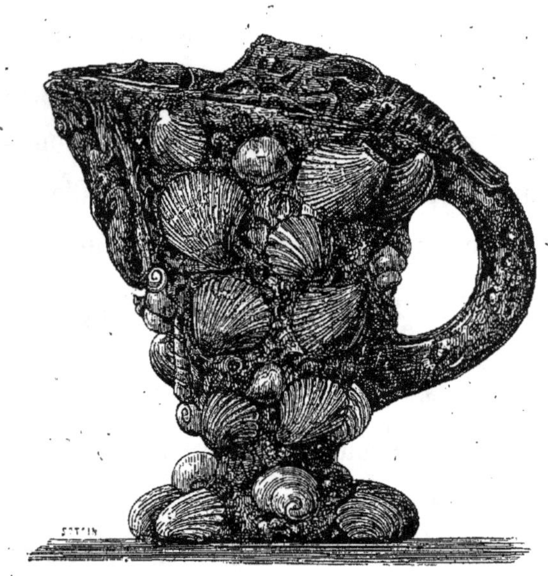

HANAP FORMÉ DE COQUILLAGES FOSSILES.

Musée du Louvre.

coquilles pétrifiées qu'il sema abondamment sur ses faïences, et qui appartiennent en grande partie au bassin de Paris, ainsi du reste que ses reptiles, ses plantes et ses poissons. Il nous a complaisamment laissé la liste des illustrations de l'époque, médecins ou artistes, Ambroise Paré ou Berthélemy Prieur par exemple, qui suivirent ses conférences et ne l'interrompirent ni ne contredirent en aucune occasion. Palissy avait fait « mettre des affiches par les carrefours de Paris » et le prix d'entrée était d'un écu, somme assez forte pour l'époque.

Nous ne connaissons probablement que la partie secondaire ou tout au moins commerciale de son œuvre. Si ces bassins rustiques, ces plats à reptiles, ces aiguières et ces hanaps surmoulés, ces assiettes évidées, ces flambeaux, ces plaques émaillées de sujets mythologiques ou bibliques, ces statuettes même dont la paternité est contestable, ne suffisaient pas à composer pour nous une figure assez originale ou assez élevée, il nous resterait pour la parfaire l'écrivain, le savant, le lutteur surtout. Mais pour être juste, autant que pour expliquer la faveur dont il jouit parmi ses contemporains, il faut dire qu'il dut son brevet « d'inventeur des rustiques figulines du Roy et de la Reine sa mère » à des grottes rustiques, ouvrages qui par leur ensemble décoratif répondaient précisément à ce qui avait aussi passionné della Robbia. Un roman italien, mystique et amoureux, qui eut à ce moment une vogue immense en France, le *Songe de Polyphile*, peut, ainsi qu'on l'a récemment remarqué, lui en avoir suggéré l'idée, mais quant à l'exécution, Palissy avait pu s'inspirer plus directement encore des ornements en stuc, guirlandes de fleurs et de fruits, termes et grotesques, qui à Fontainebleau notamment encadraient les compositions du Rosso et du Primatice.

Dans ses premières années de lutte, vers 1562, on sait qu'il avait déjà exécuté au château d'Écouen, pour son protecteur, le connétable Anne de Montmorency, un de ces ouvrages de nouvelle et merveilleuse invention. On sait encore qu'il en orna les parcs des châteaux de Reux, en Normandie, de Chaunes et de Nesles, en Picardie. Un dessin du temps, qu'a recueilli un architecte et amateur distingué, M. Destailleurs, permettra au lecteur de se former une idée assez nette de l'intérieur de ces grottes, lieu de délassement bien digne d'être goûté par cette Renaissance qui se montra si enfantine et si raffinée.

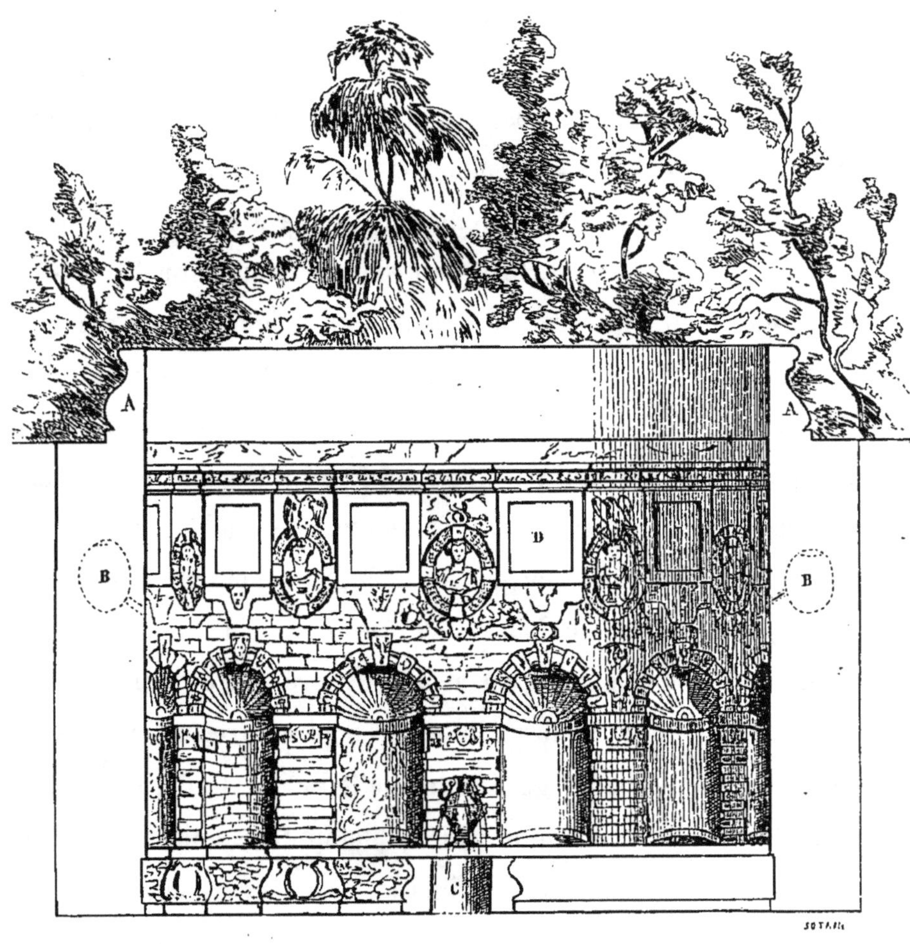

DESSIN D'UNE GROTTE DE BERNARD PALISSY.

Collection de M. Destailleurs

A. La margelle ou accostoir. — B. Les réservoirs pour l'eau. — C. La fontaine. — D. Places pour des médaillons.

C'était tout une décoration creusée dans le sol : on y pouvait descendre pour s'y promener et s'y rafraîchir. Mais j'imagine surtout que c'est, les coudes appuyés sur la balustrade du haut, que l'on aimait à jouir de ce brillant et capricieux spectacle : les parois simulaient un rocher creusé à grands coups de pic; des colonnes et des termes soutenaient la voute; des médaillons faisaient saillie et des bustes de héros étaient posés sur des socles. Au milieu, l'eau jaillissait d'un vase, donnant la vie à tout un monde de bestioles que l'œil n'apercevait qu'après s'être habitué à la demi-obscurité : sur le gravier laissé à sec par le flot bruyant, la carpe et le brochet se pâmaient haletants; au bord la couleuvre poursuivait la grenouille; la tortue portait allégrement sa maison d'écaille; le lézard guettait un papillon; l'écrevisse et le crabe glissaient dans le lit du ruisseau au milieu des mousses et des herbes courbées par le courant. Palissy, cette âme si tendre et si amoureuse de la nature, n'avait rien oublié : dans la grotte dont il nous a laissé le projet écrit, il y a toute une suite de cabinets avec siéges de repos; « sur la voûte, ajoute-t-il, je feray planter plusieurs arbrisseaux portant fruits, bons pour la nourriture des oiseaux et aussi certaines herbes de la graine desquelles ils sont amateurs, afin de les accoustumer à venir se reposer et dire leur chansonnettes sur les dits arbrisseaux pour donner plaisir à ceux qui seront au dedans du dit cabinet et jardin. » A un autre passage, il veut que les bestioles qu'il aura sculptées et émaillées soient si près de la nature que les autres lézards naturels et serpents les viendront souvent admirer.

On savait que Palissy — et sans doute est-ce de là que lui vint cette épithète de Bernard des Tuileries — avait exécuté une grotte semblable à celle-ci, au moins dans la donnée générale, pour Catherine de Médicis. Un chercheur des plus heureux parce qu'il est des plus érudits, M. A. de Montaiglon, avait retrouvé les comptes pour la dépense des quatre ponts qui devaient y aboutir, ce qui laisse à supposer qu'elle était installée au milieu d'un bassin ou d'un cours d'eau. Ces mêmes comptes, datés du 22 février 1570, donnent au maître potier deux aides, ses fils peut-être, ses parents à coup sûr, Nicolas et Mathurin Palissis. En 1855, en ouvrant une tranchée pour réparer les tuyaux des jets d'eau du jardin, on

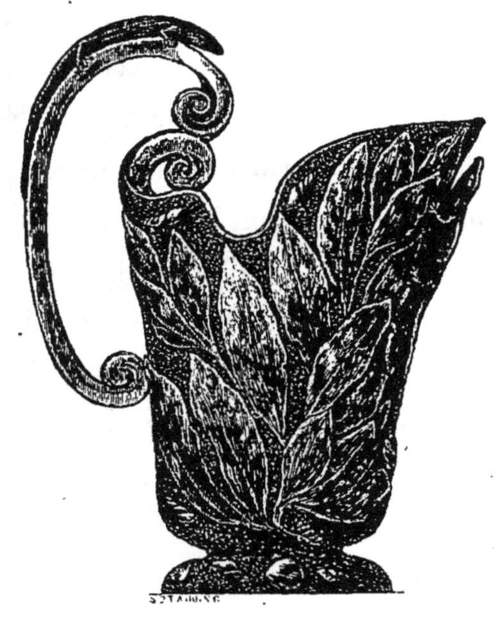

HANAP A FEUILLES NATURELLES.
Collection du baron Samuel de Rothschild.

retrouva quelques débris de cette grotte. Ils furent transportés au musée céramique de Sèvres qui possédait déjà un chapiteau de colonne.

Dix ans plus tard, en août 1865, le hasard mit à nu, selon toute probabilité, le four même et les moules qui ont servi à maistre Bernard. En fouillant dans la cour d'honneur, à l'endroit où s'arrêtaient les travaux de réédification de la galerie du Louvre et où se jetaient les fondations de la nouvelle salle des États, la pioche des terrassiers rencontra une construction en briques dont quelques-unes étaient vitrifiées ; puis des cazettes, et enfin, lorsqu'on arriva aux deux foyers, dans celui de gauche de grands fragments de moules. Ces moules, pris sur des figures humaines, sur des plantes et sur divers objets, ne laissaient guère de doute sur leur origine. Un de ces moules donne le relief d'un buste tout formé de coquillages; les autres, des membres, des costumes, des lambeaux d'étoffes rayées. Or, dans le mémoire manuscrit qui appartient à M. B. Fillon, Palissy offre à la Reine, au milieu des choses fantasques qui composeront le rochier des Fontaines « un Terme qui serait tout formé de diverses coquilles maritimes, le nez, bouche, menton, front, joues, voire tout le résidu du corps ; item, trois ou quatre, vestus et coiffés de modes estranges, » etc. Ces moules ont été soigneusement conservés. Qui sait si quelque jour des fouilles conduites avec soin dans le jardin des Tuileries, ne nous rendront pas une partie de la grotte elle-même qui, lorsque la mode en fut passée, a peut-être simplement été comblée ?

Cette préoccupation d'atteindre au trompe-l'œil, « imitant de si près la nature jusqu'au petit poil des barbes et des sourcils, » prouve que Palissy fut moins un artiste inquiet de l'interprétation de la forme qu'un praticien ingénieux. Sa longue recherche des émaux avait surtout pour but, outre la possession de cet émail blanc qui l'avait tant frappé, le moyen d'exprimer toutes les colorations des objets naturels. On n'aperçoit guère dans ses livres ou dans ses œuvres d'autre désir : à un endroit de ses œuvres, il cite avec complaisance la statue d'un chien contre lequel, dans son atelier, les autres chiens venaient gronder.

Palissy, — je ne prétends qu'indiquer ici cette question délicate, — aurait tout à gagner, à ce que l'on épurât son œuvre de tous les produits parfois grotesques de ses imitateurs ou des fabricants qui avaient conservé ses moules. Il n'en sera pas moins lui si on élimine aussi tout ce qui est proprement sculpture et non moulage. Il nous paraît avoir été particulièrement dessinateur et émailleur; il n'y aurait en tous cas rien d'invraisemblable à ce qu'il n'eût fait qu'émailler, avec les tons dont il avait si péniblement conquis le secret, des figurines ou des reliefs qui auraient été modelés par d'autres artistes et dans son propre atelier.

Ce qui lui restera incontestablement, ce sont les bassins à reptiles, à coquilles et à plantes naturelles. Il montre là un goût très-pur et très-franc. L'un des plus beaux et des mieux composés de ces bassins appartient au musée industriel de la ville de Lyon. Il provient du mobilier du maréchal de Richelieu, qui fut vendu, à Paris, en 1788. Il est à peu près en forme de nacelle, à bords évasés et contournés. Les bords sont semés de coquilles de diverses espèces; au milieu desquelles s'allongent, comme pour humer le soleil ou l'air frais, des grenouilles, des lézards, des écrevisses, des crabes, des tortues. Le centre figure un îlot sur lequel dorment trois couleuvres lovées en rond. Il faut bien l'avouer, si l'effet général est frappant, non-seulement pour la réussite des émaux, mais encore par la naïveté de l'arrangement qui rappelle bien un coin de nature, le détail laisse à désirer : Palissy moulait tout simplement ces bestioles et ne se donnait pas toujours la peine de les réparer avec l'ébauchoir, de sorte que les vipères ont le dos rond comme des vipères bourrées de coton et que ces fines pattes des grenouilles qui ressemblent presque à des mains humaines, sont allongées molle-

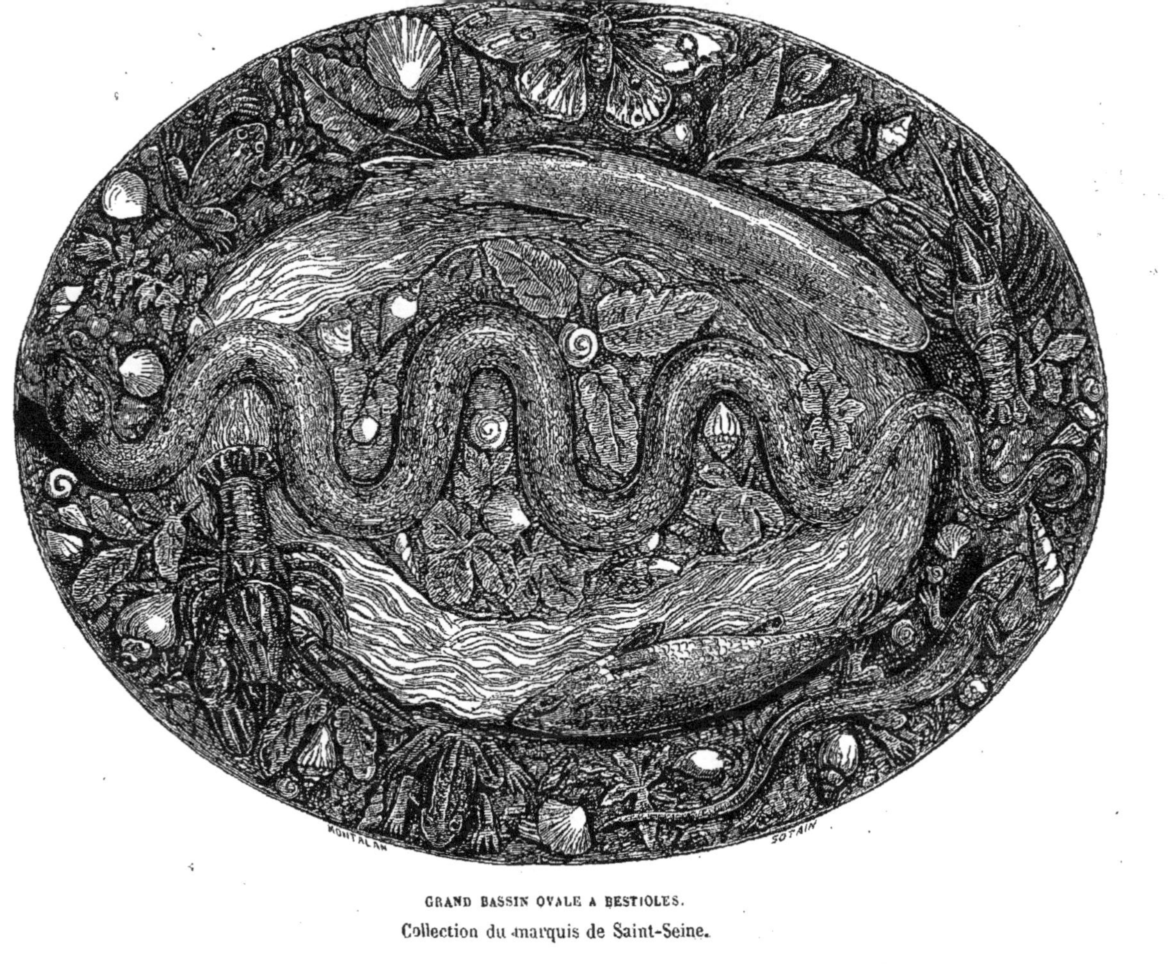

GRAND BASSIN OVALE A BESTIOLES.

Collection du marquis de Saint-Seine.

ment et sans nerf. Avisseau le père et son fils, qui émaillent aussi bien que Palissy, se sont montrés plus inquiets de leur œuvre d'artistes : nous avons vu à Tours, dans un jardin envahi par les modèles vivants et rampants, M. Avisseau fils modeler patiemment et d'après la nature, un héron avalant un poisson, qui est aujourd'hui au musée de South-Kensington. Cette œuvre d'art, parfaitement émaillée, exécutée par main d'artiste et unique, et plusieurs autres que nous avons vues dans des cabinets d'amateurs difficiles, nous semblent bien autrement désirables que tel plat dont on connaît dix répliques[1].

Peut-être après tout est-ce nous qui sommes les coupables en regardant d'aussi près ce qui n'avait besoin que d'un effet général. Il est possible que ces bassins aient été non pas posés sur champ sur les dressoirs, mais mis à plat sur une table et remplis d'eau. Ce délassement tout à fait dans le goût du temps répondrait à un passage du *Songe de Polyphile*, qui a peut-être préoccupé Palissy : dans la fontaine où Polyphile se baigne en compagnie des cinq nymphes, et qui était toute décorée de mosaïques « l'eau estoit si claire et si nette qu'en regardant dedans vous eussiez jugé ces

[1] M. André Pottier, de Rouen, dans ses *Monuments français inédits*, rapporte un procédé de moulage qu'il a trouvé dans un recueil sans titre de la fin du seizième siècle : On se servait, pour préparer le motif de la composition, d'un plat d'étain sur la surface duquel on collait, à l'aide de térébenthine de Venise, le lit de feuilles à nervures apparentes, de galets de rivière, de pétrifications, etc.; sur ce champ on arrangeait les reptiles, poissons ou insectes qui devaient le décorer, et on les fixait au moyen de fils très-fins qu'on faisait passer de l'autre côté du plat, en le perforant avec une alène; puis on moulait avec du plâtre fin.

Les reliefs de Bernard Palissy sont toujours de peu d'épaisseur. M. Avisseau fils, car Avisseau père, dont la biographie est si touchante et si peu connue, est mort depuis plusieurs années, M. Avisseau fils, pour exécuter ses véritables chefs-d'œuvre, ne se sert point de moulage. Il modèle directement ses animaux. Sa sœur modèle les fleurs et les feuilles avec une grâce charmante.

poissons se mouvoir et frayer tout au long des siéges où ils estoient pourtraits au vif : c'estoient carpes, lamproyes, aloses, perches, truites, escrevisses et infinis aultres. »

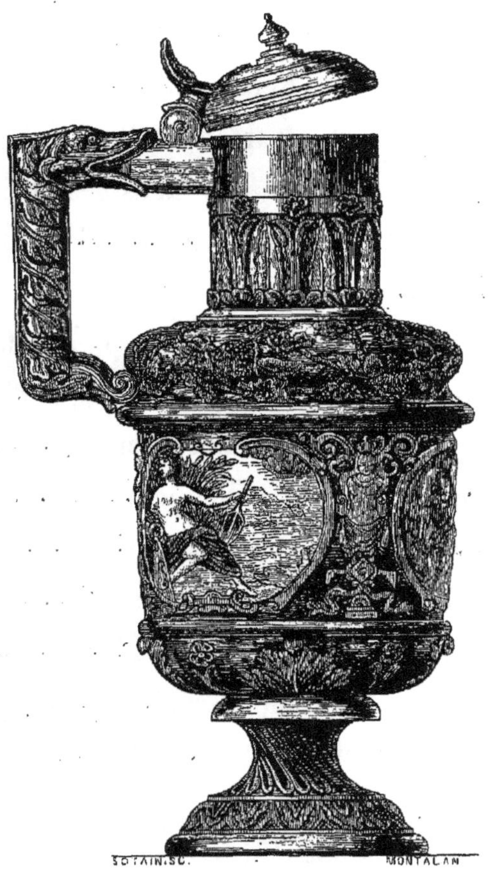

CANETTE, imitée de F. Briot.

Collection du baron Alphonse de Rothschild

Palissy, ou quelqu'un de ses imitateurs, a moulé, sur l'étain, l'aiguière de Briot et son plat rond dit « des Quatre éléments. » Je les verrais donc sans grand regret sortir de son œuvre, mais non pas ses plats ou ses assiettes à fruits, plus ou moins évidés sur les bords, et où l'on voit au fond la Charité ou la Jardinière, ou

Vertumne et Pomone. Il lui restera, avec ses bassins rustiques, ses grands médaillons décoratifs, comme le Galba, les bassins qui appartiennent à M. Andrew Fontaine et les fragments de Sèvres, et aussi ces charmantes assiettes à fruits dans le modèle desquelles

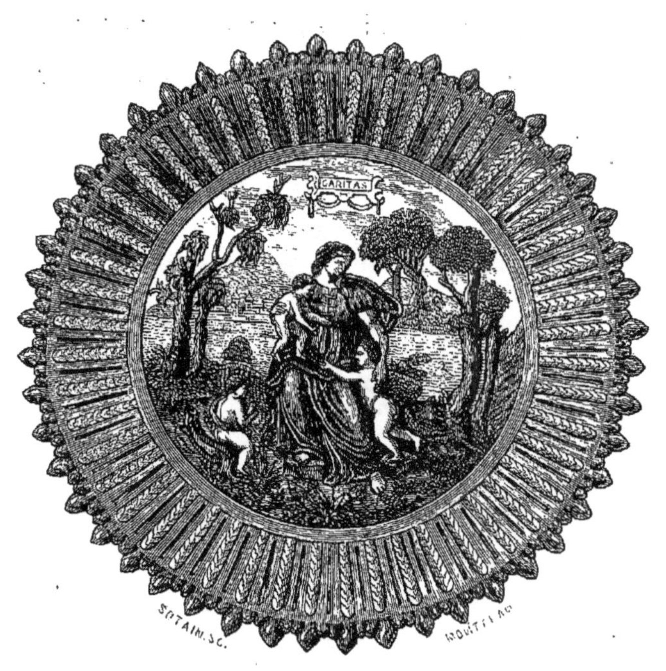

PLAT DIT « A LA CHARITÉ. »
Musée du Louvre.

les mascarons grotesques alternent avec des fleurettes et où règne parfois une torsade qui ressemble à une cordelière de veuve. Restreindre cet œuvre à des morceaux d'un goût sobre, ce n'est point le diminuer, et le respect que lui portent les esprits sérieux n'en sera que confirmé.

Dans ce classement, qu'exige impérieusement la mémoire de notre grand inventeur de rustiques figulines, on s'aidera sans doute de cette marque d'une fleur de lys, B, que le premier,

M. A. Tainturier a remarquée imprimée sous le revers de certaines pièces, mais il faudra surtout s'aider de la critique lorsque les documents précis feront faute. Ainsi, il est peu probable qu'un calviniste déterminé ait volontiers reproduit des images de saints. Cette répugnance est facile à constater dans l'œuvre d'un artiste orfévre, dessinateur et graveur du plus haut mérite qui vivait à ce moment à Paris, et que Palissy a pu connaître : il se nommait Etienne Delaulne.

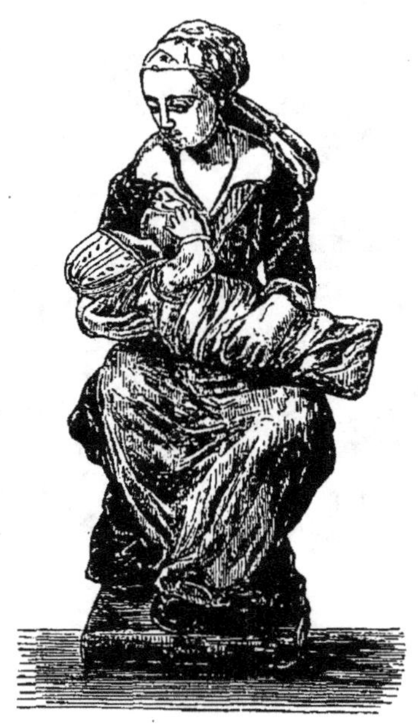

LA NOURRICE.
Musée du Louvre.

On a cité un passage du *Journal* du premier médecin de Louis XIII enfant, d'Heroard. S'il n'indique pas que Palissy soit l'auteur de cette Nourrice qui est la seule statuette vraiment exquise par le sentiment et par le faire parmi celles qui lui sont attribuées, telles que l'Enfant aux chiens, le Joueur de vielle, etc., il prouverait du moins que les moules pouvaient encore exister alors en 1604, et qu'un potier de Fontainebleau en tirait des épreuves. D'ailleurs les costumes de ces figurines ou de ces groupes, qui n'ont d'autre intérêt que la rareté, semblent postérieurs au temps de Palissy.

Ce qu'il faut lui retirer sans retard, c'est ce plat où se trouvent groupés d'une main grossière et malhabile Henri IV et sa famille.

A ce moment de la vie du Béarnais, Bernard Palissy était mort depuis longtemps. Où et comment? A la Bastille et dans un cachot, comme si la Destinée avait prémédité la palme du martyre pour récompense suprême à cette laborieuse existence. En 1589, croit-on, car la date de la mort du grand artisan n'est guère plus certaine que celle de sa naissance, le prisonnier pour cause de religion, alors octogénaire, rendit cette âme que n'avaient pu plier ni la misère, ni les insuccès, ni la prison, ni les menaces d'un roi. L'année d'avant, Henri III le visitait dans son cachot et, à ce que raconte le sire d'Aubigné, s'excusait d'être contraint de le laisser entre les mains de ses ennemis. — « Sire, répond Bernard, je suis prêt à donner ma vie pour la gloire de Dieu. Vous m'avez dit plusieurs fois que vous aviez pitié de moi, et moi j'ai pitié de vous qui avez prononcé ces paroles : *je suis contraint!* ce n'est pas parler en roi, sire, et c'est ce que vous mesme, ceux qui vous contraignent, les Guisards et tout votre peuple, ne pourrez jamais sur moi, car je sais mourir! » Ne sont-ce pas là de belles paroles enveloppant une noble pensée, et ne ferait-on pas bien de laisser un peu en paix celles des Grecs et des Romains pour les apprendre dans les écoles françaises aux enfants de la France?

L'œuvre de Palissy eut, en tant qu'application sur faïence des émaux colorés, et de son temps même dans presque toutes les provinces, des imitateurs et des continuateurs. De nos jours, un potier fort chercheur a reproduit une partie de son œuvre. Plus d'une fois des faussaires ont usé à la roue le timbre-sec qui reproduit son nom, PULL, et qu'il imprime dans la pâte, au revers de ses produits. M. Pull n'en est donc pas responsable. Il est tel de ces Palissy d'hier, qui fac-simile l'original si complétement qu'on ne reconnaît l'épreuve moderne qu'à sa légèreté spécifique

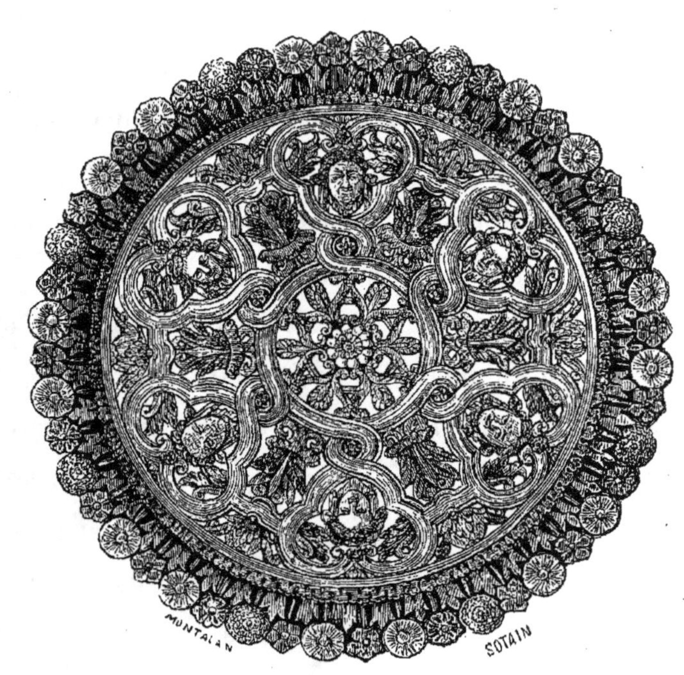

ASSIETTE A FRUITS.
Collection de M. Dutuit.

beaucoup plus sensible. Il faut dire aussi que les détails tels que les fleurettes, les cordelières de veuve, les mascarons, sont plus empâtés et moins délicats, au moins dans les exemplaires courants et que sauf dans les jaspés, les émaux ont moins d'harmonie, les tons verts surtout.

Les travaux de Palissy répondaient à un goût, à une mode. Ils n'avaient pas ce caractère général qui indique une voie nouvelle d'art à toute une époque. Ils étaient personnels; ils finirent presque avec « l'ouvrier de terre » qui les avait pratiqués, avec le siècle qui les avait vus éclore. Ce qui répondait à un besoin réel, c'était la décoration appliquée à la faïence courante et usuelle. Importée en France par des ouvriers italiens, elle s'y transforma rapidement et devint une chose toute nationale, et dont l'historique, même succinct, a le droit de nous arrêter.

Il est bien évident que de tout temps on se servit, pour les besoins usuels, de faïence ou glacée ou émaillée soit avec des vernis de plomb, soit avec des vernis d'étain; il est clair aussi que le plat de la domesticité des seigneurs ne devait point ressembler à celui dans lequel Jacques Bonhomme mangeait ses galettes de blé noir. Vers 1580, on fabriquait à Lyon de la vaisselle « façon de Venise. » Mais c'est seulement dans les dernières années du seizième siècle, que la faïence de luxe, fabriquée en France, parvint à lutter avec avantage contre l'orfévrerie, ainsi qu'elle l'avait fait en Italie. Louis de Gonzague, en s'installant dans le duché de Nevers, dot de sa femme, Henriette de Clèves, l'une des trois Grâces de la cour de Charles IX, appela près de lui des potiers italiens, qui, trouvant des matières premières excellentes, produisirent des majoliques qu'on ne sait guère comment distinguer des majoliques inférieures d'Urbino. Le fondateur de cette dynastie de céramistes italiano-français s'appelait Dominique de Conrade. Les plus remarquables spécimens de cette époque, qui n'offrent qu'un intérêt purement historique, sont à l'hôtel de Cluny, surtout une immense cuvette de fontaine, dont les anses sont formées de serpents enroulés, des dieux marins s'ébattent sur les ondes. — Plus tard, Nevers imita ces faïences que Venise avait elle-même empruntées à l'Orient et dont le fond bleu de lapis est violemment rompu par des marbrures blanches ou des grotesques jaunes. Le charmant carreau que voici est ainsi décoré ; il provient du petit château des ducs

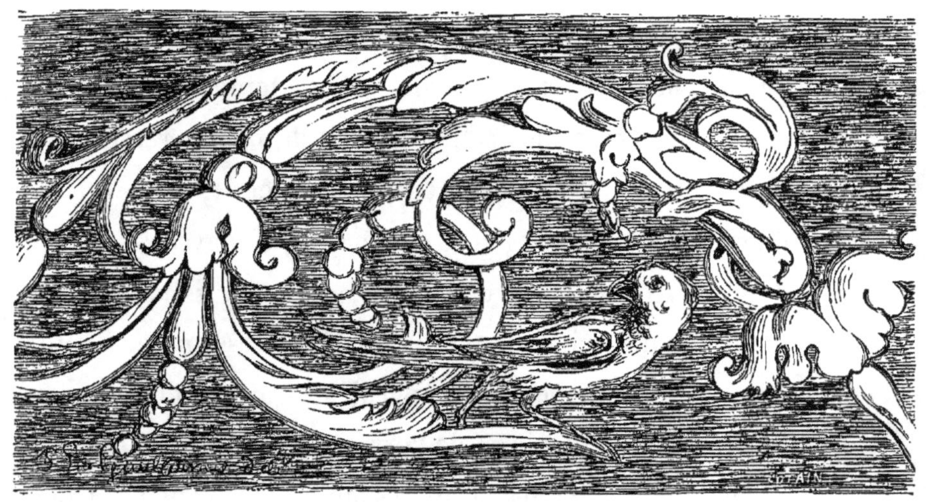

CARREAU ÉMAILLÉ PROVENANT DU CHATEAU DES DUCS DE NEVERS.

de Nevers, aujourd'hui démoli. — Plus tard encore des Chinois risibles, tracés en violet de manganèse, ouvrirent leurs parasols ou leurs éventails au milieu de paysages invraisemblables. Aux Consade avaient succédé les Custode. Tout cela, à peu d'exceptions près, est peu digne d'arrêter un amateur délicat. Les statuettes des saints ou des saintes du terroir sont grossières, et le décor en est rude et lâché.

Le vrai caractère de la faïence nivernaise a été mis en relief avec beaucoup de sens par M. Champfleury : c'est essentiellement une faïence bourgeoise et populaire, et c'est dans ses devises qu'elle triomphe. Pendant le dix-huitième siècle, elle accepta les gaillardises ou les bouts-rimés qui de nos jours se sont réfugiés sur le tube sonore des mirlitons. On faisait peindre en entrant en ménage des services avec le nom de son saint ou de la sainte de sa femme. On offrait à M. le curé l'image des sept sacrements, où, pour continuer la tradition, le mariage n'était jamais réussi. C'est sur le socle d'un Bacchus à cheval, jambe de ci jambe de là, sur un tonneau, que Victor Hugo écrivit au crayon ces deux vers :

Je suis fort triste, quoiqu'assis sur un tonneau,
D'être de sac à vin devenu pot à l'eau.

M. Champfleury a réuni toute une série d'assiettes et de saladiers à l'aide desquels on peut suivre, mois par mois, le mouvement des esprits, depuis les premiers éclairs qui signalèrent l'approche de la révolution de 1789 jusqu'aux plus violents coups de tonnerre de 1793. Un détail assez curieux, c'est que la palette du faïencier nivernais ne possédant pas le rouge, au moment où le drapeau tricolore vint flotter au milieu des légendes patriotiques, on dut transformer sa glorieuse trinité de tons en bleu, blanc... et jaune. Toute cette série, qui a mérité l'appellation de « faïence parlante », est, en effet, plus éloquente que la prose de bien des écrivains qui passent dédaigneux sans savoir déchiffrer ces naïfs et robustes feuillets de l'histoire de France.

Nevers vit une partie de ses fours s'éteindre successivement depuis les premières années de ce siècle. La porcelaine pour les classes riches et moyennes, la terre de pipe pour les classes pauvres, vint faire oublier la faïence. Celle de Nevers est composée d'une argile plastique que l'on peut prendre pour type, parce que c'est la plus légère, la plus sonore, celle qui supporte le mieux la haute cuisson, et dont la pâte alors paraît le plus homogène. Elle est formée du mélange de deux terres, composées presque entièrement de cilice et d'alumine, avec une petite quantité de carbonate de chaux : l'une est d'un blanc gris verdâtre, l'autre d'un brun jaune mêlé de grumeaux gris foncé, et conte-

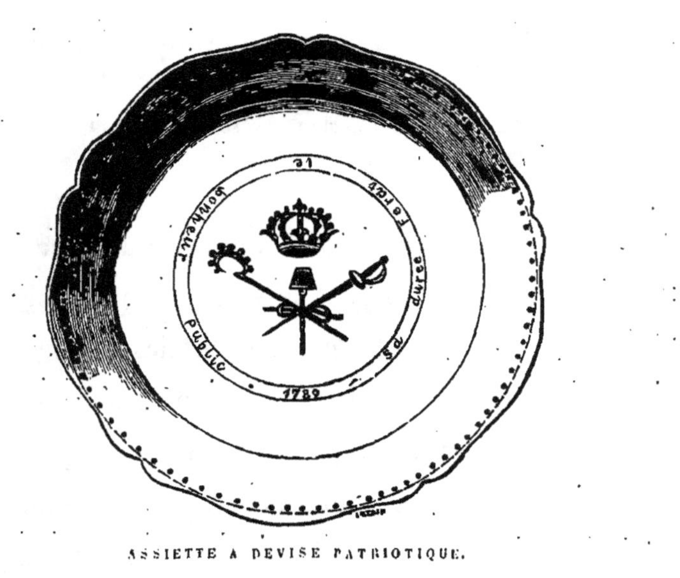

ASSIETTE A DEVISE PATRIOTIQUE.

nant une petite quantité de carbonate de chaux. La proportion de celle-ci à l'autre est de deux cinquièmes à trois cinquièmes. On les jette par à peu près dans une hotte que l'on vide dans une grande caisse carrée, alimentée d'eau par un réservoir supérieur, et elles sont malaxées par les palettes d'un manége mis en mouvement par un cheval ou un cours d'eau. C'est ce qu'on appelle « le patouillage. »

L'émail de Nevers, qui est fort résistant, est composé de plomb, d'étain, de sel marin, et d'un sable de grès qui se trouve dans les environs, à Decize; il est pulvérisé par un moulin. L'émaillage se

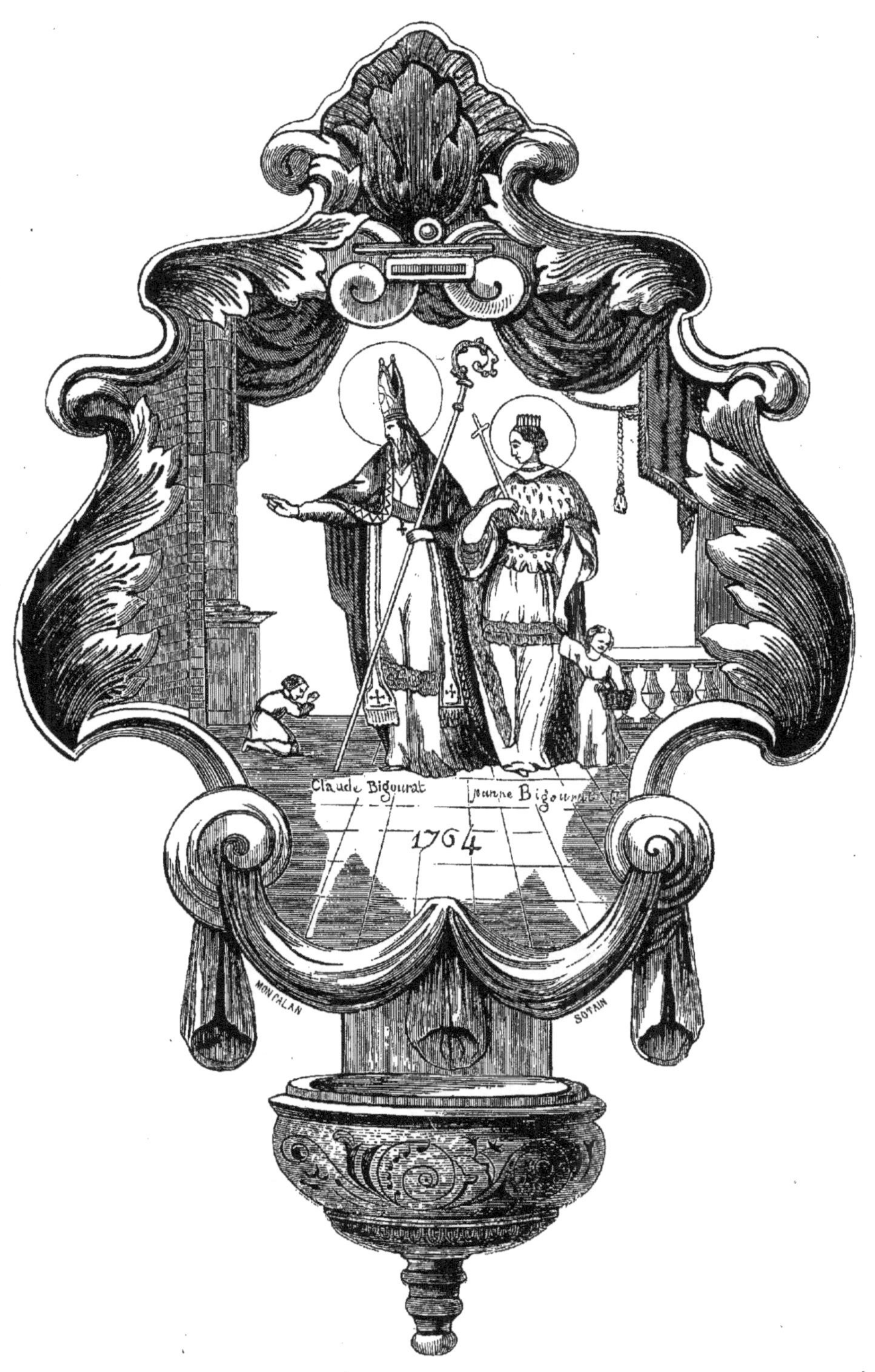

BÉNITIER DE FAMILLE.

Faïence de Nevers.

fait en plongeant rapidement la pièce, préalablement transformée en biscuit par une première cuisson, dans un liquide légèrement épaissi par la poussière qui résulte du concassement du mélange des éléments que nous venons d'indiquer et qui sont loin d'être les mêmes pour l'émail de la porcelaine ; ce biscuit, poreux, happe avidement ce dépôt humide, qui, séché, devient pulvérulent comme de la grosse farine. La pièce est alors portée dans l'atelier du décorateur.

Presque tous les décors, sauf les devises commerciales et certains procédés de report lithographique ou chromo-lithographique, s'exécutent à main levée, à l'aide de gros, longs et souples pinceaux, terminés par une pointe fine, et composés des poils qui débordent l'intérieur de l'oreille de la vache. Outre la connaissance de la modification des tons, qui varient souvent du foncé au clair et du brun au rose en séchant et en passant plus tard au four, il faut au décorateur une grande souplesse de main : cette surface poreuse, avide d'humidité, ne supporte pas la retouche. Il faut peindre par des touches franches, par de larges à-plats.

C'est là l'incontestable supériorité de la faïence de grand feu sur la porcelaine et sur la faïence à feu de réverbère, telle que celles de Marseille ou de Strasbourg ; sur ces dernières, le décor reste en quelque sorte à la surface, il est pris entre deux verres ; dans l'autre, au contraire, il a pénétré si profondément qu'il s'est incorporé dans la masse. Telles sont les faïences et les porcelaines orientales, les faïences de Nevers, de Moustiers et de Rouen. Elles ont encore cet avantage pratique de résister au frottement, parce que tous les tons qui les décorent ont fondu complétement en passant par une haute température, et sont absolument glacés à la surface.

De nos jours, une fabrique a repris à Nevers une grande importance commerciale : c'est celle de M. Signoret. Quoi qu'on n'y cuise le décor qu'avec une certaine prudence, — malgré les encouragements venus de toutes parts, les architectes n'osant s'en servir que bien modérément, — c'est de cette usine, qui emploie un nombre considérable d'ouvriers, qu'était sortie toute l'ornementation d'une maison élevée à Bernay, en Normandie, dans ces dernières années. Nous l'avons visitée, et nous pouvons affirmer que rien n'était plus gai pour l'œil que ces pavages qui répétaient le chiffre du maître du logis, les plaques incrustées dans la façade, les balustres des balcons qui donnaient sur la cour et sur les jardins. C'est de la fabrique Signoret encore que sortent ces vases, style dix-huitième siècle, décorés de paysages primitifs, qui ornent si heureusement l'angle des terrasses ou qui s'alignent symétriquement en face des serres : le pétunia lilas, le pélargonium rouge, l'aloès et l'yucca aux feuilles rigides, prennent un accent plus vif en s'élançant de ces porte-bouquets à large panse, blancs et décorés touchés de gros bleu. C'est une gaieté nullement paysanesque, qui sied surtout aux jardins dessinés à la française. La marque de la fabrique Signoret, de Nevers, est celle-ci : 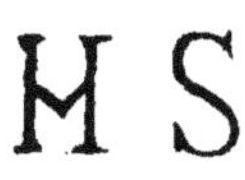 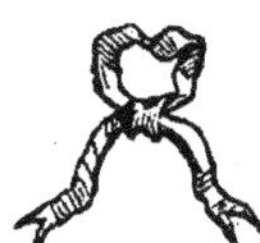

Il ne manque à la ville de Nevers, pour reprendre son ancien éclat, que de fonder des écoles dans lesquelles on enseignerait aux enfants des potiers actuels à être, en même temps que de bons ouvriers, des artistes raisonnant leur métier. La division du travail, loi fatale qui s'accentue de jour en jour plus tyranniquement, arrivera à supprimer tout travail de l'esprit. On ne peut vaincre l'obstacle, il faut le tourner. Ici, il faut, par des cours pratiques dans lesquels on ferait passer sous les yeux des spécimens de céramique choisis parmi les meilleures séries de tous les pays et de tous les temps, habituer ces intelligences qui sommeillent à saisir par la comparaison les lois générales du beau. Il ne faut pas demander aux potiers nivernais de nous faire plutôt du persan ou du japonais que de l'étrusque ou de l'italien ; il faut les amener à comprendre ce que c'est que l'harmonie dans la forme et dans le décor, et mettre au concours aussi bien des vases pour les galeries extérieures d'un palais que des assiettes pour les pauvres gens. Un artiste de Nevers, M. Chantrier, aurait pu, sans doute, donner la plus heureuse impulsion, mais il s'est éteint après n'avoir guère laissé qu'un chef-d'œuvre, un plat décoré pour un amateur de la ville qui a écrit une excellente histoire de l'art nivernais, M. du Broc de Segange.

La vraie faïence française, celle dont le succès est surtout légitime, c'est celle de Rouen. C'est celle-là seule qui, à l'instar des produits de l'Orient, joint à un émail brillant et harmonieux un décor vraiment original, fin et varié, souple et franc. Et cependant c'est précisément celle-là que les céramistes contemporains, poussés si malheureusement au pastiche par le caprice du public, c'est celle-là qu'ils ont négligé de refaire. Je crois, du reste, que Rouen ne compte plus aujourd'hui un seul four. C'est là un fait très-singulier, car si altérées qu'elles soient, les traditions de la fabrication se retrouvent toujours dans quelque coin dans les pays où une industrie a été longtemps florissante. C'est ainsi que M. Davillier a retrouvé récemment en Espagne, à Manisès, un dernier descendant des fabricants de poteries hispano-moresques. « Après avoir traversé pendant une heure, raconte-t-il, la fertile Huerta, j'aperçus, au milieu de la verdure, la coupole de l'église de Manisès, dont un soleil ardent faisait briller du plus vif éclat les tuiles à reflets de cuivre. Peu de temps après, j'étais chez le fabricant « d'ouvrage doré, » comme on dit à Valence. Ce fabricant est un simple posadero du nom de Jayme Casseus, qui fait de la faïence à moments perdus, quand sa modeste auberge manque de voyageurs. Sa femme est spécialement chargée de la décoration des pièces qui sont, pour la plupart, des tasses, des assiettes et quelques vases de fantaisie ; ils se vendent quelques sous, sauf les tasses dont les reflets cuivreux sont les mieux réussis et on emploie à juger la qualité du vin qui, plus ou moins limpide, laisse plus ou moins voir le fond miroitant. » *Sic transit gloria...*

La faïence de Rouen n'a pas eu moins de succès au dix-septième et jusqu'au milieu du dix-huitième siècle, au moins en France, que n'en avaient eu en Italie, un siècle avant, les vases hispano-moresques à lustres métalliques. « Le roi délibéra de se mettre en faïence, » écrit Saint-Simon, au moment où le roi-soleil envoya aux creusets de la Monnaie son argenterie et ses meubles massifs. On pourrait presque écrire l'histoire du blason français dans une salle qui réunirait tous les plats, toutes les assiettes, tous les hanaps en forme de casque, toutes les pièces de service de Rouen qui portent des armoiries. Ce dut être, à ces moments où la royauté jalouse et impérieuse avait pressuré et épuisé cette noblesse dont Richelieu avait abattu les dernières têtes hautaines et grondeuses, ce dut être une vraie vaisselle de luxe remplaçant, au moins pour la vie courante, la vaisselle de métal. M. André Pottier, de Rouen, descendant lui-même d'une famille de céramistes et conservateur du musée de cette ville, nous dira peut-être quelque

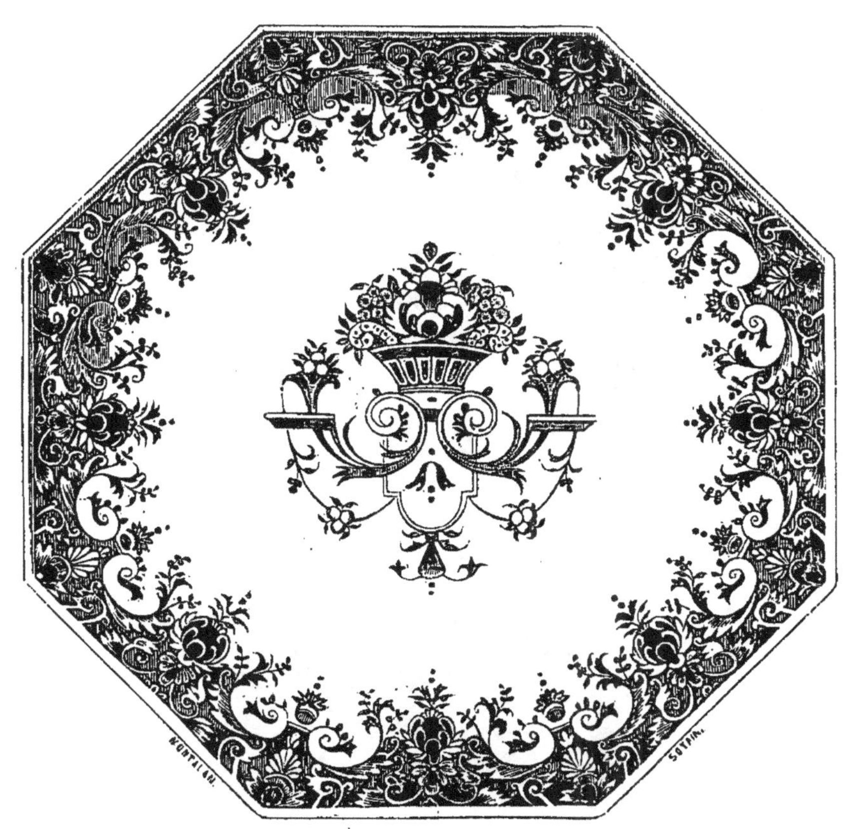

PLAT DE ROUEN, DIX-SEPTIÈME SIÈCLE.
Collection de M. Mathieu Meusnier.

jour à quel prix on la payait. Mais il est évident à la dimension des pièces, à la belle réussite du pinceau, que ce prix devait être élevé, et l'influence de la protection de l'aristocratie s'y fait sentir visiblement.

On a la preuve qu'au milieu du seizième siècle, Rouen avait déjà des fours allumés, et que de là vinrent à Écouen les pavages émaillés qui racontaient les histoires de Curtius et de Scævola.

Juste un siècle après, en 1647, des plats et des pots y sont signés par des potiers venus, à n'en pas douter, de Nevers, et dont l'un s'appelle précisément Custode. Quelques années avant, un huissier

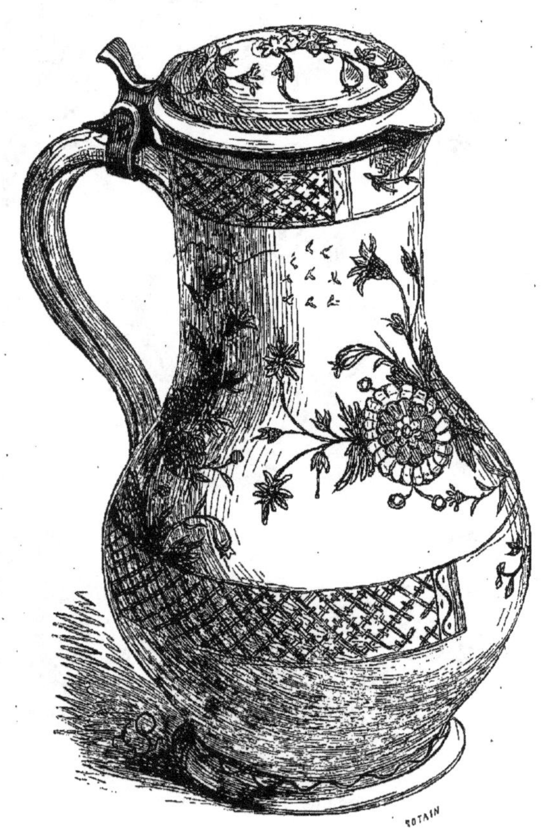

PICHET A CIDRE, DIX-SEPTIÈME SIÈCLE.

Faïence de Rouen.

de la Chambre de la Reine, Nicolas Poirel, sieur de Granval, avait obtenu la concession de la fabrication dans la province pour cinquante années. Rouen imita aussi la Hollande et Delft surtout ; mais ce n'est pas dans ce Delft qui parodiait la porcelaine orientale avec une lourde patience, ni dans quelques imitations maladroites de la majolique italienne que Rouen puisa l'idée de ce décor rayonnant, à fleuron central, qui, composé simplement de bleu, de noir ou de rouge, emplit avec tant de charme et de logique tout l'orbe intérieur d'un plat. Cela se sent seulement alors qu'on est en face d'un bel original, et l'on s'explique facilement que tel de ces plats qui constellent comme des étoiles de diverses grandeurs le dressoir de M. Loysel, de Bernay, ou à la salle de la collection Leveel, au musée de Cluny, ait pu dépasser mille francs en vente publique.

Le duc de Hamilton avait prêté au musée de South-Kensington, en 1862, les quatre Saisons, bustes décoratifs dans le style de la fin du siècle de Louis XIV, posés sur des consoles de l'aspect le plus riche. Les fleurettes qui jouent et s'enlacent entre les rinceaux ressemblent à celles du joli pichet à cidre en regard de ces lignes et qui fut acheté à Bayeux par nous, en 1854, au grand étonnement de nos compagnons de voyage qui ne pensaient guère au succès qui attendait ces pièces de dressoir populaire.

Le décor dit « à la corne » succèda au décor chinois, qui n'était pas très-plaisant, et il précèda de peu la décadence totale. L'assiette que nous avons fait reproduire et dont la finesse est remarquable et rare, est dite « au cornet, » c'est-à-dire que la corne d'où s'échappent les fleurs est de forme carrée. Cette corne d'abondance s'exécutait en réalité en faïence et s'accrochait au mur pour servir de vase à fleurs ; on en rencontre encore en Angleterre, mais en fer blanc peint. Il y en a au musée de Rouen, avec des aiguières en forme de casque, des souliers de Noël, des encriers, des consoles, des poudrières pour le sucre, des têtes à poser la perruque, et enfin ce fameux violon de faïence dont l'histoire, très-véridique au fond, a fourni à M. Champfleury le prétexte d'une si amusante nouvelle. Ce violon, véritable chef-d'œuvre de céramique, exécuté en Hollande, à Delft peut-être, avait été découvert par Sauvageot,

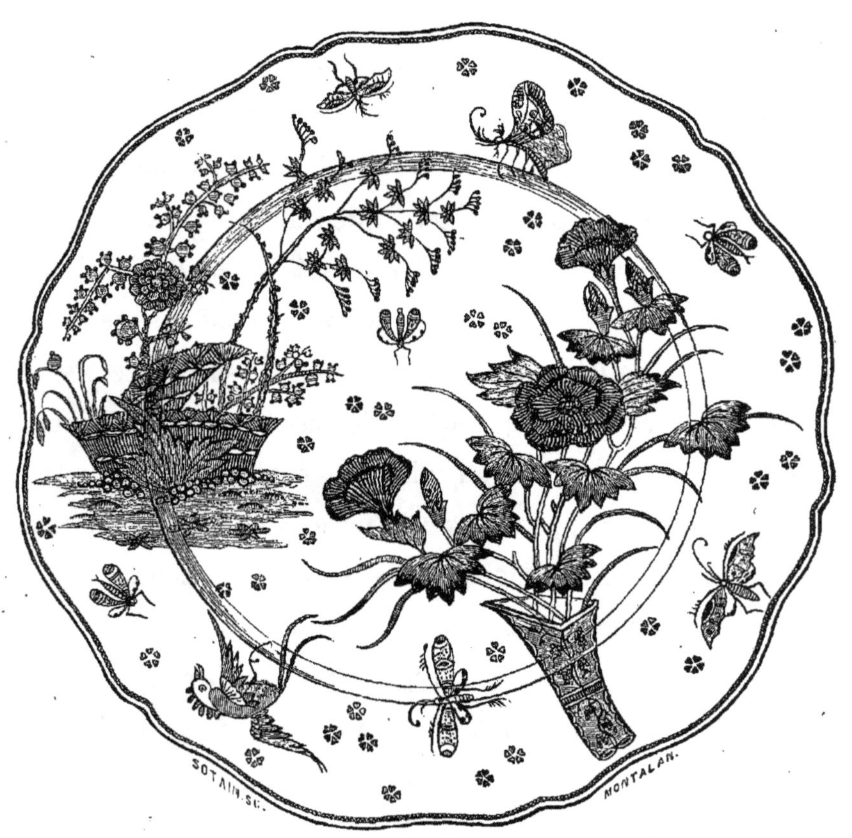

ASSIETTE A LA CORNE, DIX-HUITIÈME SIÈCLE.

Faïence de Rouen.

à Rouen même, à la barbe des chercheurs les plus infatigables. Sauvageot le légua par testament à son ami et collègue en curiosité, M. A. Pottier.

Un autre centre a, dans ces derniers temps où la faïence ancienne a failli être écrasée en mille morceaux sous le poids des documents, sollicité à son tour l'attention des curieux; c'est

Moustiers, petite ville du midi de la France, qui s'empara spécialement du blanc et du bleu, et qui s'en servit avec un goût très-fin : l'émail de Moustiers est de la plus rare qualité : il est d'un blanc

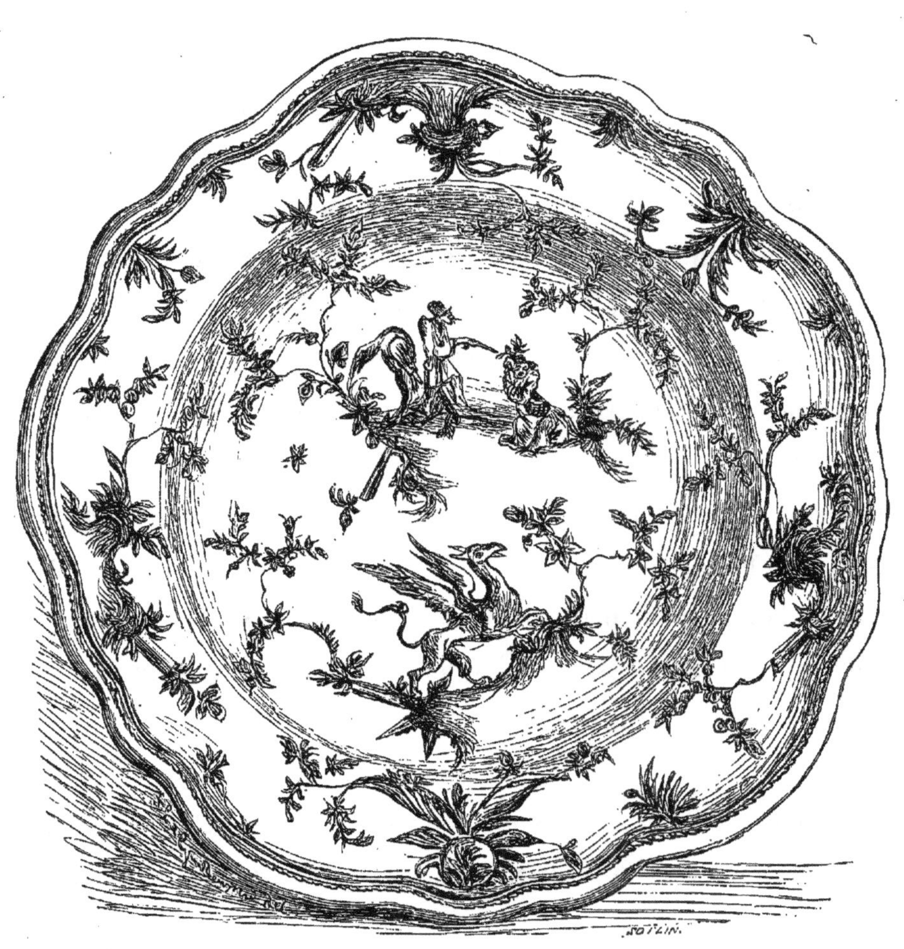

PLAT A DÉCOR BLEU.

Faïence de Moustiers.

laiteux et, par sa finesse et sa cohésion, peut seul lutter contre le blanc bleuâtre de Rouen. M. Davillier, qui, dans le langage du moment, a « inventé » le Moustiers, possède un plat superbe décoré d'une de ces chasses à l'ours où Tempesta mettait du fracas et du soleil : il est signé « G. Viry, chez Clerissy » lequel Pierre Clerissy était, en 1747, secrétaire du Roy en chancellerie, près le parlement de Provence. La bordure de cette chasse est faite de mascarons et de griffons ailés, ancêtres de celui qui grimpe ci-derrière au milieu de rochers fantastiques. La manufacture de Moustiers, comme on le peut voir encore dans cette élégante poudrière à sucre s'adonna presque uniquement à rendre d'un pinceau preste et menu ces constructions aériennes, aux piliers grêles comme un fil d'acier, qui supportent des bustes de femmes au col long et penché et auxquels se suspendent des grotesques ou des singes grimaçants : c'est toute la troupe et toute la mise en scène des fantaisies de Claude Gillot, le maître de Watteau, et de Bérain, le dessinateur-fournisseur des artistes industriels de son temps. Cela tombe vite dans le maniérisme, et le dressoir s'augmente de pièces plus précieuses que variées. L'effet en est monotone. C'est un peu de la faïence de petite-maîtresse. De nos jours, des céramistes habiles, notamment MM. Genlis et Rhudart ont imité, presque à s'y méprendre, les pièces de service de Moustiers.

Nous ne voulons pas prolonger plus longtemps cette revue des anciens centres de production. Nous avons signalé quelques-uns des plus intéressants, au moins en France. La faïence hollandaise, de Delft surtout, quoique ayant eu de bien maladroits amis, n'a point succombé, dans l'estime des gens impartiaux, sous les pavés qu'elle avait reçus. Elle a compté, parmi les artistes qui décoraient de paysages ou de scènes les plaques qu'on accrochait aux murs comme des tableaux, des maîtres d'un incontestable habileté ; mais là n'était point le but, et cela doit être compté pour des curiosités

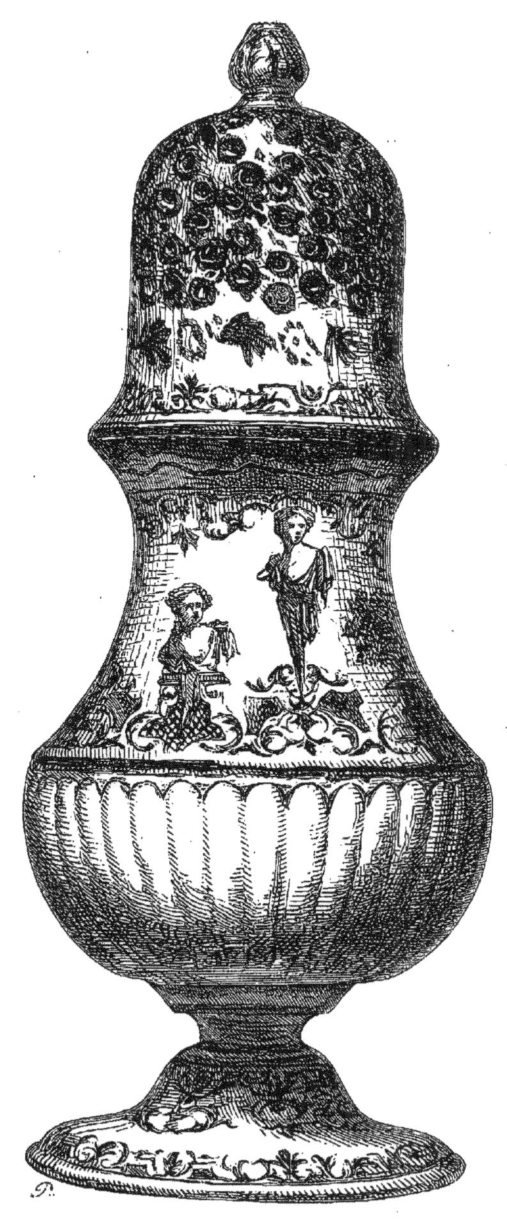

VASE POUR LE SUCRE EN POUDRE.

Fabrique de Moustiers. — Collection de M. A. Jacquemard.

isolées. De nos jours, M. Pinart, qui s'exerce à vaincre la plus haute difficulté pratique en peignant les sujets les plus terminés sur l'émail cru, et M. Bouquet, qui peint en couleur de grand feu des paysages qu'envient bien des paysagistes de profession, ont atteint sinon dépassé ces chefs-d'œuvre des Hollandais que l'on n'a pas craint d'attribuer à des maîtres tels que Téniers, Karel Dujardin ou Berghem.

La peinture à touche vive et à palette presque libre a été pratiquée couramment à Marseille. Il y a tel bouquet de roses, de giroflées et de marguerites qui pourrait être signé Baptiste Monnoyer. Honoré Savy, qui avait obtenu le privilége de fabriquer de la porcelaine, recevait, en 1777, la visite du comte de Provence qui, enjambant sur notre siècle, fut Louis XVIII : « Monsieur fut introduit ensuite dans la grande galerie, où il vit un immensité d'ouvrages de faïence de toute espèce et dont il eut la bonté de louer la perfection. Le prince parut si satisfait qu'il permit au sieur Savy de mettre sa manufacture sous sa protection, d'y placer ses armes et d'élever au milieu de la galerie la statue du prince qu'il se propose de fabriquer. » Joli motif à une épigramme pour le prince qui plus tard aimait à traduire Horace que cette statue en faïence! La fleur de lis qu'on trouve en brun sous de jolies pièces de Marseille, s'applique vraisemblablement à la manufacture de Savy. On doit encore à Marseille des oiseaux ou des légumes en relief, poule avec ses poussins, choux verts, dindons gloussants ou bottes d'asperges, faisans dorés ou plats de noix. C'est le dîner et le dessert d'une princesse métamorphosée en Belle au bois dormant par la Fée de la faïence! Ces animaux, ces fruits ou

ces légumes ont aussi été cuits dans les fours de l'Allemagne. On en voit notamment un service complet dans l'office du château de la Favorite, auprès de Bade.

La recherche des documents dans les archives ou des mentions dans les almanachs du temps a fait surgir autant de revendications

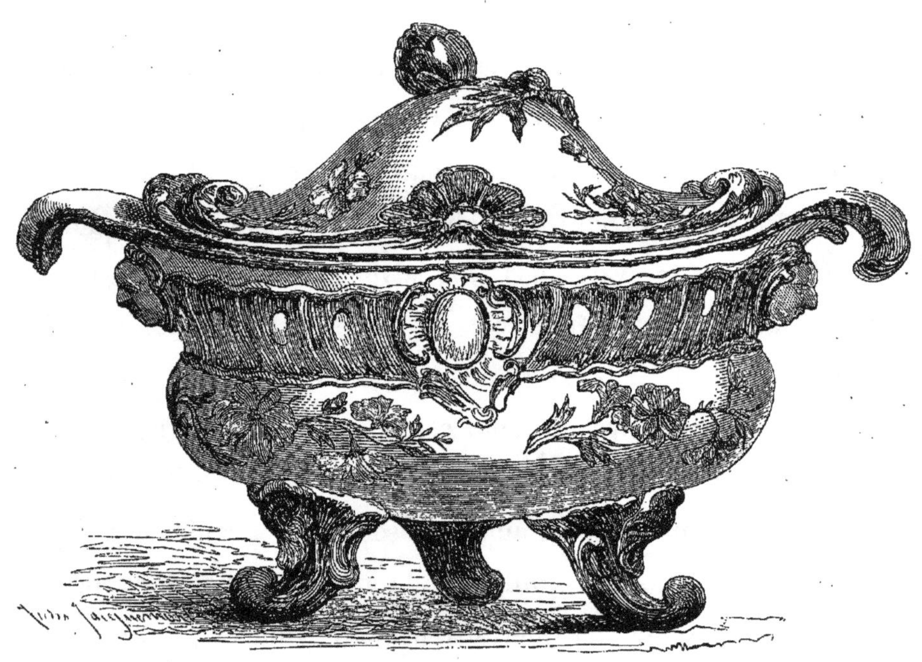

SOUPIÈRE A FORME D'ARGENTERIE. FAÏENCE DE BRETAGNE. DIX-SEPTIÈME SIÈCLE.

qu'il y avait de centres importants dans les provinces ayant à proximité de l'argile plastique. Et de là est née une effroyable complication dans le classement des soupières et des fontaines d'appliques, des écuelles ou des carreaux de revêtement. Comment en sortir sans blesser personne ? Si nous mentionnons Rennes qui surmoulait des pièces d'argenterie, il nous faudra parler de Sinceny qui a singé les chinoiseries de Rouen avec une saveur fort

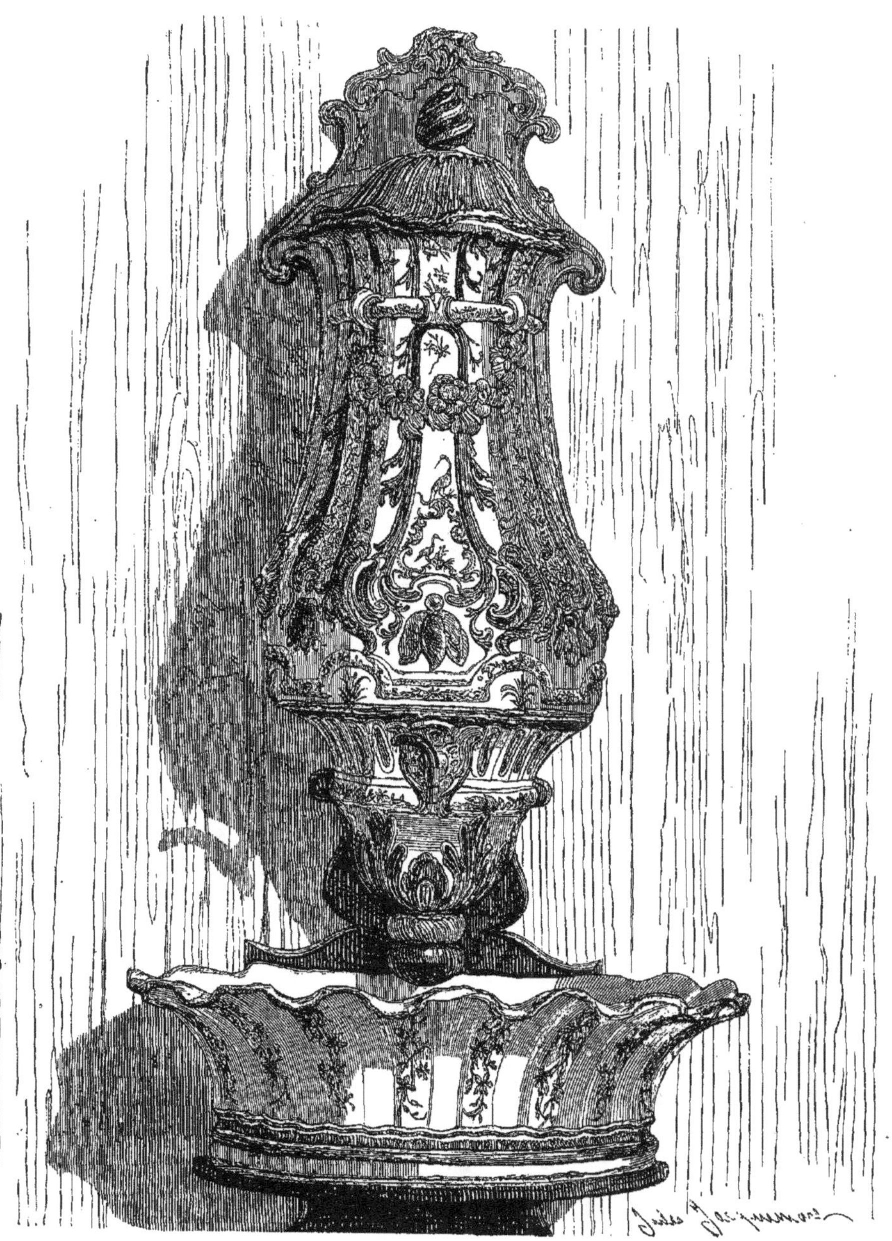

FONTAINE A LAVER LES MAINS.

Faïence de Rennes.

plaisante, Sceaux-Penthièvre qui a des personnages aussi fins que ceux des émaux de tabatières, Strasbourg, qui imita lourdement Marseille et les jolis bouquets de la Saxe semés irrégulièrement, mais qui dans la seconde moitié du dix-huitième siècle succède, comme mode, au Rouen, et Bordeaux, et bien d'autres encore... Fuyons donc et allons demander asile au shah de Perse et aux rajahs de l'Inde.

A l'exposition rétrospective de l'*Union centrale*, toutes les faïences occidentales, française ou hollandaise, avaient été disposées autour d'une même salle; seule la faïence de Rouen put soutenir le voisinage écrasant des bassins et des aiguières de la Perse et de l'Inde. Sur le Rouen seul on put constater une expression d'art tout à fait tranchée et une tonalité qui, empruntée au principe à des modèles chinois ou japonais mais profondément modifiée, n'a rien perdu en se pliant aux exigences du goût français. Les autres fabriques parurent toutes ou vulgaires, ou mesquines, ou sans originalité propre. Mais l'Orient vainquit tout.

L'origine, la date de ces faïences orientales qui remportèrent le triomphe sont obscures. Ce n'est que depuis peu de temps qu'un écrivain plein de tact et d'érudition, M. Albert Jacquemart, a démontré les différences des faïences de la Perse avec celles de l'Inde. Faut-il n'entendre par la Perse que la contrée proprement dite qui s'étend entre la mer Caspienne et le golfe Persique ? Sait-on si les royaumes qui la séparent de l'Hindoustan, de l'Afghanistan, du Beloutchistan et du Pendjâb, n'ont pas donné des produits participant du génie des deux peuples? Disons seulement que l'on attribue à l'Inde des plats dont le dessin montre particulièrement des oiseaux brillants au milieu de tiges de fleurs qui s'enlacent. Quant à la porcelaine appelée des Indes par une appropriation malencontreuse des termes, pendant le dix-huitième siècle, c'est toute une famille que nous retrouverons plus loin.

De même que les faïences hispano-moresques à reflets irisés, certaines faïences de Perse sont aussi décorées avec des lustres métalliques. Cela indique la communauté d'origine. En effet, dès le dixième siècle on retrouve ici des traces non douteuses de l'influence des Arabes, à ce moment vainqueurs et souverains. Dès 644, le dernier roi de la dynastie sassanide avait été défait; mais si dans ses désastres ce beau royaume perdit son nom antique pour prendre celui d'Iran, il n'abjura jamais ses traditions de luxe, de poésie et de sensualisme. Aujourd'hui même qu'elle n'est plus guère qu'un vaste plateau aride, dépeuplé, les voyageurs qui traversent la Perse sont saisis par le charme de ses vallées embaumées et par la souplesse intellectuelle de ses habitants. Ce n'est pas sans raison qu'on l'a appelée l'Italie de l'Orient : elle a parlé la langue la plus sonore de toute l'Asie; elle a eu des poëtes exquis; ses arts décoratifs sont dignes d'exercer sur les nôtres, eu égard au génie des nations modernes qui diffère tant de celui de la Renaissance, une influence décisive.

Nous ne savons rien sur ses arts céramiques pendant les temps florissants de Cambyse ou de Cyrus, pendant les démembrements qui suivirent la conquête d'Alexandre ; à peine quelque chose sur la période de la domination arabe. Ce qui me frappe, c'est que c'est dans ce pays où s'ouvrent les mines de turquoises les plus riches du monde, les mines de Nichapour, que l'on chercha et que l'on obtint ce ton bleu qui participe aussi du vert et qui passe par la gamme chromatique des gris bleutés ou verdâtres les plus délicats. Presque toujours les arts industriels décoratifs se proposèrent l'imitation plus ou moins absolue d'un produit naturel rare et séduisant. Nous le verrons en Chine pour le jade. Dans l'Occident les émaux cloisonnés prétendirent certainement imiter la mosaïque en marbre et pierres dures.

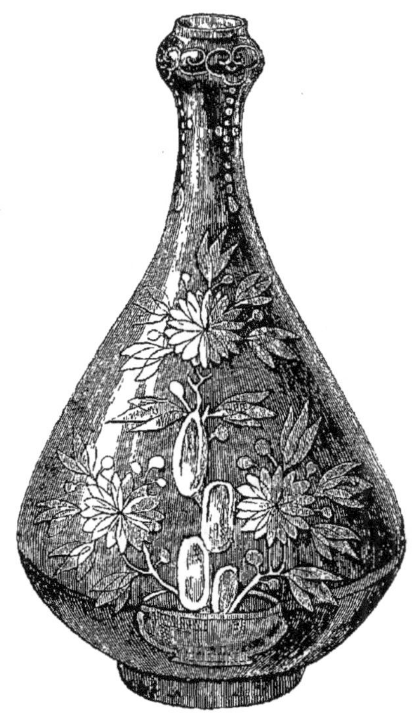

LAGÈNE EN PORCELAINE DE L'IRAN.

Les Persans ont décoré les objets de la vie courante, tuiles de revêtement, narguilhés, gourdes à vin, seaux à glace, tasses à sorbets, soucoupes à confitures, plats à viandes, à fruits ou à légumes, avec ce qu'ils aiment le mieux après l'or, les perles, les vêtements de soie, les fourrures, c'est-à-dire avec des fleurs et des scènes de chasse. La chasse au lion, au taureau sauvage, à l'antilope, au lièvre, fut le délassement favori des rois des grandes dynasties : on les voit sur les bas-reliefs de granit, perçant les animaux féroces, corps à corps, d'un coup de poignard, ou les atteignant de leurs flèches de fer. Nous aurions vu plus tard ces princes pompeux et graves chassant au faucon ou au lévrier, si le Coran avait permis, même au pinceau du céramiste, la représentation de la figure humaine. A défaut de leur image, ces anciens adorateurs du feu, convertis par le sabre à la foi de Mahomet, trouvaient encore sur les murs de leur palais ou sur leur riche vaisselle les panthères, les gazelles, qu'ils venaient de forcer dans les plaines vertes qui s'étendaient jadis du Caucase aux contre-forts de l'Himalaya. Parfois la harpie à visage de femme et à queue de paon se dessine sur la gorge de ces gargoulettes à long col, à étroite embouchure, avec lesquelles les serviteurs aspergent, sur le seuil de la maison, les vêtements de l'invité.

Après la chasse et la bonne chère, les fleurs sont la grande passions des Persans. Leurs poëtes ont célébré en strophes brûlantes et chastes les amours du rossignol et de la rose. Leurs tapis nous offrent comme un tableau de ces jardins enserrés dans les cours des maisons par des galeries à jour, rafraîchis par des jets d'eau retombant dans des bassins de marbre et où l'on va fuir les vents desséchants venus de l'Arabie. Là s'épanouit la tulipe, fleur mystique, emblème d'un cœur consumé par la passion, aux profils purs et renflés comme une colonne ionique, au tissu nacré comme celui du nelumbo, aux pointes aiguës comme une flèche et qui firent dans le cœur du flegmatique Hollandais une si profonde et si cuisante blessure. Là se cueillent et s'assemblent ces bouquets qui parlent « le langage des fleurs, » messagers muets et éloquents, dont chaque mot surprend tous les sens, hiéroglyphes faits de par-

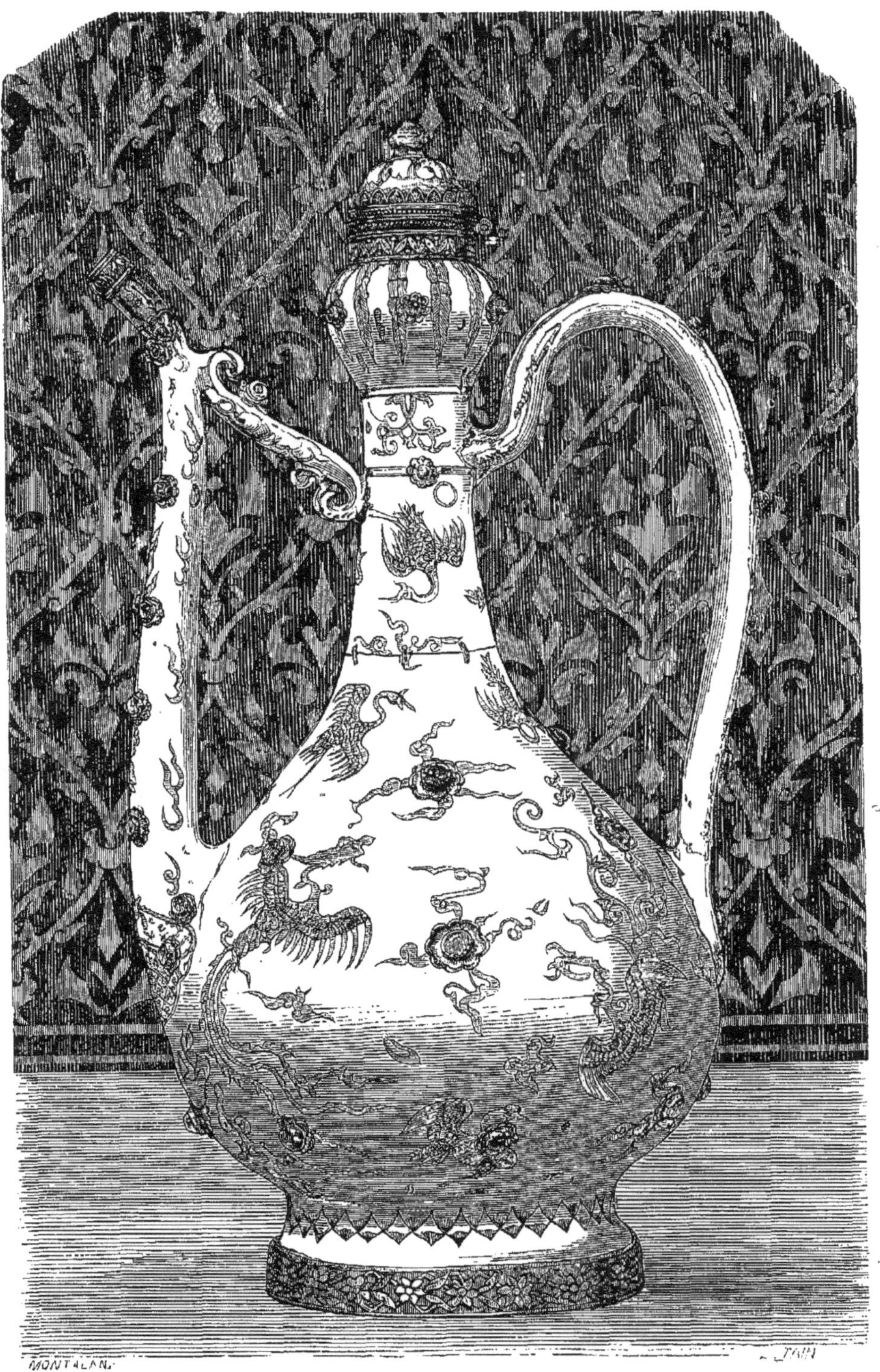

AIGUIÈRE MONTÉE EN ORFÉVRERIE.

Faïence de Perse.

fums et de couleurs qui se fanent et meurent aussitôt que déchiffrés.

Ce sont, après la tulipe qui a été à l'origine une fleur sacrée, et séparées par la palme ou rigide ou alanguie, ce sont des fleurs aux parfums capiteux qu'on rencontre le plus souvent dans les décors : la rose pourpre et la jacinthe, le chèvrefeuille, l'œillet d'Inde et l'œillet à longue tige. Elles sont ou représentées à peu près au naturel ou franchement ornemanisées, car, très-délicats dans leur poésie, dans leurs arts, dans leur existence, les Persans raffinent sur tout. Ils attribuent à chaque fleur comme à chaque parfum un sens caché.

Quoique musulmans, ils boivent avec passion le vin couleur de rubis et de flamme qu'ils récoltent sur le versant de leurs montagnes. Aussi combien leur vaisselle est plus claire et plus gaie que celle des pays où se cueille le houblon! Si ce n'est le café à l'arome pénétrant, ce sont des vins capiteux et limpides qui jaillissent en long filet de leurs aiguières au goulot orfévré d'or. C'est un rare mérite pour une femme que de verser avec grâce et il a été célébré. « L'échanson avec sa coupe, chante un de leurs poëtes bachiques, m'a doublement rendu fou! On dirait que cette jeune beauté au parfum de rose s'est entendue pour m'enivrer avec le vin qu'elle me verse! »

Ils ne sont pas seulement des décorateurs d'un goût parfait, ils sont aussi des potiers consommés. C'est dans la riche collection de M. Scheffer, interprète de l'Empereur, qu'il faudrait introduire le lecteur pour lui montrer pièces en main la différence, du reste peu sensible, entre la faïence et la porcelaine persane. Il arrive même que cette faïence, de pâte siliceuse, très-fine et très-blanche, s'est vitrifiée en subissant une très-haute température, et est devenue par places translucide. La porcelaine, généralement modelée en bols ou en compotiers, n'est pas toujours à fond blanc, mais souvent teintée en chamois, en brun ou en beau bleu. On a constaté sur certaines pièces le cyprès et le taureau symboliques, ce qui les ferait remonter aux temps où la Perse suivait encore exclusivement le culte de Zoroastre.

Nous ne savons à quelle époque les produits de la Perse pénétrèrent en Europe, mais il est un fait curieux, qui s'est plusieurs fois reproduit lorsque nous avons feuilleté des manuscrits postérieurs de peu aux premières Croisades : sur l'appui des fenêtres, des galeries, dans les oratoires, ou bien encore dans les jardins, nous avons distingué des fleurs s'épanouissant dans des vases à fond blanc et à décor bleu : ces fleurs sont le plus ordinairement des œillets ou des tulipes. Ne serait-ce point une mode qui serait à ce moment entrée d'outre-mer en France et, en apportant la fleur, les croisés n'auraient-ils point apporté le vase lui-même, qu'ils avaient trouvé charmant?

Tout récemment, le musée de l'hôtel Cluny s'est enrichi d'un lot considérable de ces buires et de ces plats, recueillis dans l'île de Rhodes. Ils y avaient été fabriqués aux quinzième et seizième siècles. Non-seulement ils renferment très-souvent des figures d'hommes et de femmes habillés à la levantine et qui durent être inspirées par les chrétiens, mais plusieurs portent, en guise de signature de l'ouvrier, des lignes entières de plaintes et de regrets d'esclaves potiers persans : ils regrettent la patrie, et en promenant leur pinceau sur le marly ou le revers du plat, ils le chargent de répéter les larmes de l'exilé.

Le point de départ de ce décor de l'Iran est toujours le jardin : les plantes partent du bas et montent comme des épis ou des lis. Ils sont parfois rehaussés de touches d'or qui, n'étant pas sous la couverte ont généralement été en parties effacées. Les tons qui reviennent le plus souvent sont le violet de manganèse, le jaune paille, le vert, le bleu turquoise et un rouge magnifique qui ressemble à de la brique pilée ou à du jaspe sanguin non poli, et que les potiers européens ne sont pas encore parvenus à imiter complétement. Le four européen qui est approché le plus près est celui des frères Deck, FD mais son rouge n'a pas encore tout l'éclat désirable et son bleu-vert, composé d'un oxyde de cuivre qui ne résiste pas à une haute cuisson, est peu stable. Cependant les progrès que les frères Deck ont réalisés dans ces derniers temps sont considérables.

Les frères Deck ont été mis sur la voie de l'imitation des produits orientaux et surtout persans, par un voyageur des plus sagaces et un esprit des plus indépendants, M. Adalbert de Beaumont. Il avait visité, le crayon et la plume à la main, l'Italie, l'Égypte, l'Asie Mineure. Il en avait rapporté d'innombrables dessins de détails ou d'ensemble, des notes précieuses et cet enthousiasme qui enflamme tout ce qu'il approche. Il dirigea les premiers essais des frères Deck, et depuis il s'est associé un chimiste praticien, M. Collinot. Dans l'avenue du Parc aux Princes il a décoré lui-même de plaques blanches où s'enlèvent en caractères bleus les versets du Coran, une maison qui est la plus singulière curiosité du nouveau Bois de Boulogne. Là il grave à l'eau-forte la série des documents qu'il a relevés d'un crayon fidèle dans les églises et les palais de Florence et de Venise, dans les mosquées et les kiosques de Constantinople et du Caire, sur la crosse du fusil du bédouin ou sur le casque damasquiné du Circassien. Du four qui fume dans un angle de la cour sont sortis non-seulement des vases, des cache-pots splendides, des plaques de revêtement pour la salle de bain d'une sultane des *Mille et une nuits*; mais aussi une invention céramique d'une fabrication toute aristocratique, qui a passé à peu près inaperçue parmi les docteurs en faïence, et qui cependant est d'un intérêt capital. On décalque un dessin quelconque sur une plaque de faïence, celui, par exemple, d'une branche chargée de feuilles ; les deux profils de la tige et de la feuille sont tracés avec un oxyde qui a la propriété de rester fixe et de provoquer le retrait des émaux colorants qui simuleront soit le ton de l'écorce ou de la feuille, soit le fond, soit les plumes de l'oiseau ; à la cuisson, cet émail, chassé par cette ligne qui reste mince comme un fil, se relève en talus et forme une sorte de petite éminence, comme la terre qu'on rejette sur le bord en creusant un fossé. On a donc, outre le ton, un relief qui accroche la lumière et précise l'intention du décor. Tout cela est très-doux, très-harmonieux, un peu éteint parfois, parce que M. A. de Beaumont a pris peut-être trop à la lettre le goût des Orientaux pour les tons intermédiaires ou rompus, et que les matières premières européennes sont peut-être d'une qualité moins fine que celles de l'Iran. Ce décor est appelé par lui « cloisonné ».

Rapprochement singulier, cet entraînement tout récent du public pour la céramique orientale marche de pair avec la passion pour les arbres d'essences rares et pour les fleurs réellement décoratives. Entre la perruque solennelle de Louis XIV et les buis de Versailles correctement taillés en pions d'échiquier, les rapports sont étroits : des parterres n'avaient le droit de se garnir que de soleils et de lis. Les charmilles qui tombaient sur les ronds-points comme les rayons au centre d'une étoile, alignaient sous la serpe leurs murailles de verdure,

> . . . deux à deux,
> Comme s'en vont les vers classiques et les bœufs.

Vers la fin du dix-huitième siècle, au parc à la française pompeusement monotone succède, avec peut-être trop encore de temples à la sibylle, de pavillons chinois et de chaumières abandonnées, le parc à l'anglaise : au moins l'arbre n'y est plus torturé, la rivière y peut mordre ses berges, et les moutons ont le droit de tondre les vertes pelouses. De nos jours, surtout depuis une trentaine d'années, les jardiniers décorateurs ont de mieux en mieux compris que les chênes pourpres, les saules argentés, les thuyas sombres, les bouleaux clairs, étaient comme les tons d'une vaste palette que l'artiste pouvait distribuer à son gré, et l'on a transformé le parc incolore en un tableau plein de vigueur, d'imprévu et d'harmonie. Les parcs, plus vivants et plus gais, ont habitué à comprendre l'adorable abandon de la vraie nature champêtre qui les entoure ; le goût des voyages alpestres ou maritimes s'est répandu ; les peintres paysagistes ont broché sur le tout, nous forçant d'accepter sur les murs de nos salons les coins de rivière les plus frais, les forêts les plus désertes, les pâturages les plus ensoleillés. La Muse classique des Champs élyséens ne sait plus où déposer son « horizon » d'outremer, ses « flots courroucés, » ses « rochers suspendus » et ses arbres en fer-blanc, l'école des Beaux-Arts elle-même lui ayant clos la porte....

Les fleurs enfin se sont faites nos compagnes de toutes les saisons et de toutes les heures. Nos rapports plus fréquents avec le Japon, qui a, en général, la même température que la France, les excursions de nos naturalistes dans les forêts de l'Amérique, nous ont enrichi de toute la famille des orchidées, aussi variée, aussi étrange que les rêves d'un mandarin en gaieté, et de cent fleurs de massifs aux tons ardents ou aux feuillages abondants : il n'est guère d'hôtel qui n'ait aujourd'hui son jardin d'hiver, et guère de cabinet de travail où ne s'épanouissent les plantes à feuilles persistantes. Tout cela est au profit de l'agrément des intérieurs et de la saine éducation des yeux. La contemplation d'un iris aux pétales violets, d'un lilium qui se crispe comme une patte de crabe japonais, en apprennent plus sur la profondeur d'un ton et l'attrait d'une silhouette découpée, que tous les professeurs des écoles. Une pivoine ne coiffe pas de bonnet carré, une chrysanthème ne porte pas de lunettes. Ni les unes ni les autres des fleurs charmantes qui s'élancent en gerbe des plates-bandes de nos squares, ou qui embaument les marchés, n'émargent au budget, et cependant c'est à la persuasion de leur doux enseignement que l'on doit d'avoir un public plus ami de la couleur. Dès que revenait l'automne, Eugène Delacroix plaçait dans son antichambre de grands pots de chrysanthèmes. Il les interrogeait, avant d'entrer dans son atelier, avec le soin que tel autre artiste met à feuilleter un carton de gravures d'après l'antique. Aussi quels immortels bouquets que ses grands tableaux et ses décorations!

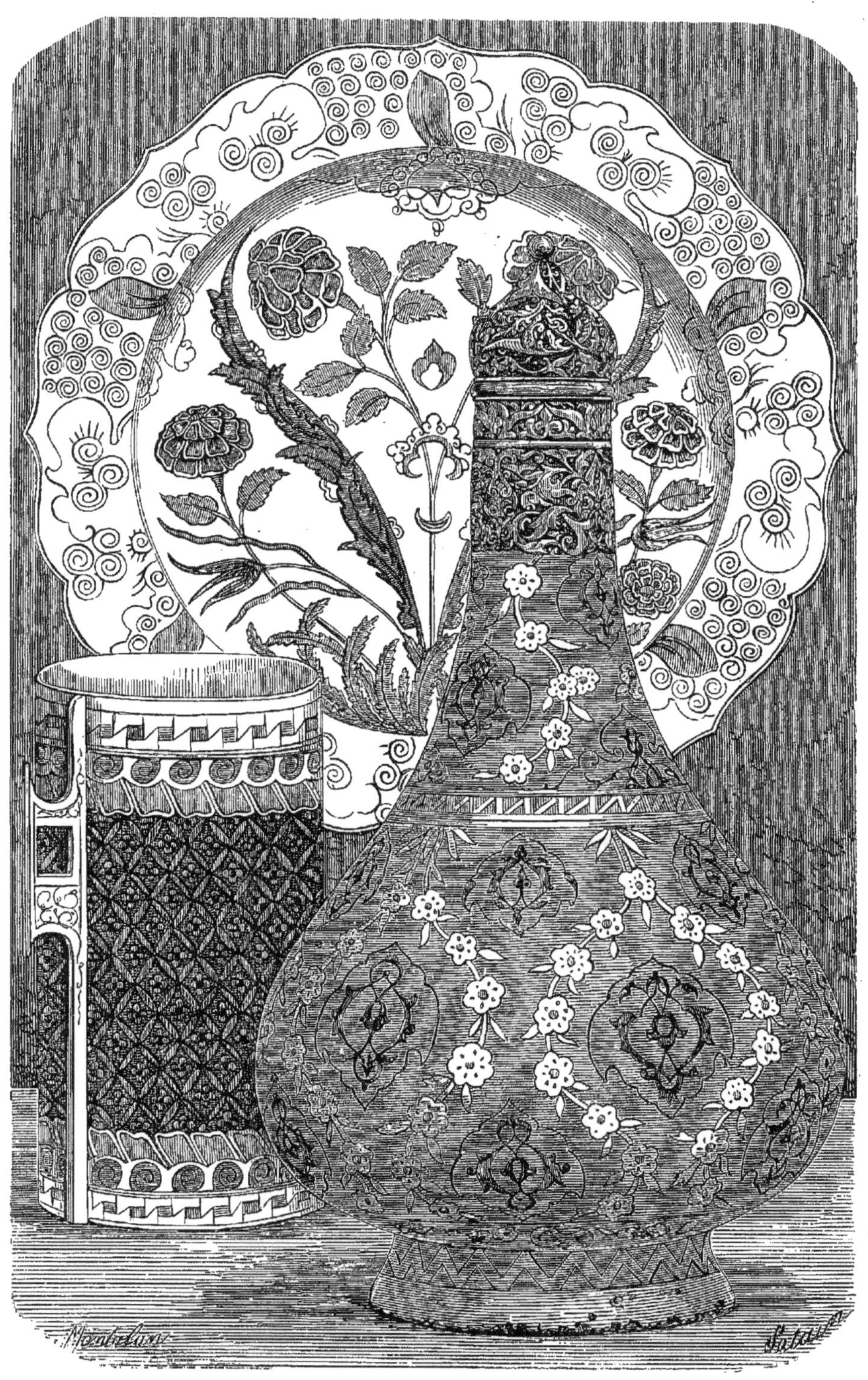

BUIRES ET PLATS PERSANS,

Musée de l'Hôtel Cluny.

C'est à l'imitation intelligente, sinon directe, des formes de la nature occidentale, que nos potiers contemporains doivent désormais s'astreindre. MM. Deck, Collinot, Laurin, Genlis et Rhudart, Barbizet, Gouvrion, et d'autres encore, ont montré jusqu'à quel degré ils pouvaient pousser l'imitation des modèles étrangers. Il faut aujourd'hui qu'ils cherchent et qu'ils exécutent des modèles originaux. Certaines des matières dont ils disposent et que leur fournit le sol sont sans rivales. Je ne rappelle que pour mémoire ces émaux bruns et verts, d'un éclat et d'une profondeur incomparables, qui couvrent les plus vulgaires poteries du Midi. Il suffirait de les appliquer sur des formes plus pures et plus neuves pour avoir des objets aussi décoratifs que tout ce que l'on peut désirer. L'émail bleu de M. Jean, obtenu par une superposition de fondant, peut, en étant moins uni et moins poussé au noir, fournir des fonds d'une unité puissante. Les lustres de M. Brianchon, qui imitent la nacre de la perle, de l'écaille de l'ablette, dans leurs débauches de rose, de gris, de bleu ou de vert, n'attendent aussi qu'un emploi plus heureux. Le fait n'en existe pas moins.

De toutes parts nous trouvons des ouvriers habiles, intelligents, souples, instruits. Ce qui leur manque, c'est un terrain qui les porte, c'est un public qui s'intéresse à leurs efforts. Qu'est devenue cette fabrique de Rubelles qui exécutait des services de table avec ce qu'on appelait des émaux ombrants? Le baron du Tremblay la patronna pendant quelques années. M. de Bourgoing avait inventé, je crois, le procédé, et avait demandé à des artistes distingués des modèles de choix ; on répétait la pratique que nous avons expliquée plus haut pour les carreaux de dallage du moyen âge : les moules en relief formant ou des marines, ou des paysages, ou des scènes, ou des guirlandes de fleurs et de fruits, ou des armoiries, — ces derniers étaient les plus réussis, — étaient appliqués sur la pâte fraîche; le vernis bleu-turquoise, vert, brun ou violet, était coulé sur cette surface, et par sa transparence plus ou moins forte formait des tons plus ou moins mats. Ce procédé peu coûteux a produit surtout d'intéressants services à dessert. Puis la fabrique de Rubelles a éteint ses fours.

La fabrique fondée par Minton, en Angleterre, jouit aujourd'hui d'une célébrité européenne. Les produits sont d'une perfection qui gêne par l'excès même de la perfection. Les tons sont si unis, les traits si bien filés, les reliefs si scrupuleusement nets que le froid gagne, et que l'on se surprend à préférer à ces suspensions glacées, à ces porte-lumière vernis comme un panneau d'équipage, les assiettes rugueuses de nos pauvres paysans. Mieux vaut alors la porcelaine. Les Anglais, qui sentent si justement le moment où leurs qualités deviennent des défauts, ont successivement fait venir en Angleterre des artistes d'élite : M. Carrier-Belleuse, qui a modelé des vases décoratifs, des statuettes en biscuit, des pots à bière; ou M. Lessore, qui avait saisi ce trait essentiel de la peinture sur faïence, qui est de faire vibrer le ton, et non de l'étaler par égales épaisseurs. Mais quand les artistes français ont passé quelques années au delà du détroit, ils deviennent purement anglais; ou bien, dès qu'ils sont rentrés en France, les élèves qu'ils ont formés oublient leur enseignement. « Qu'a produit cet industriel, écrivait à la suite de l'Exposition universelle de 1851, M. Léon de Laborde en parlant de Minton ? D'abord d'excellente faïence usuelle à bas prix; ici les formes étaient le principal, et il a su les ramener à leur destination. Il s'est mis à étudier la céramique de la Grèce, des Étrusques, du moyen âge en Angleterre et en France, des Italiens des quinzième et seizième siècles, de Bernard Palissy, des fabriques françaises de Rouen et de Nevers, et prenant à chacune d'elles des idées, des formes et des modèles, il est parvenu à composer l'ensemble de fabrication le plus séduisant, applicable à tous les usages, à la portée de toutes les fortunes. » En effet, il est telle chope à anse, en terre noire, en grès jaune ou gris, décorée d'une branche de houblon, d'une feuille de vigne, d'une tige de roseau pour rompre l'uniformité des contours, qui est un chef-d'œuvre de sobriété.

Depuis l'Exposition de 1855, depuis celle de 1862 où figurait, à Londres, ce grand vase modelé par M. Carrier-Belleuse et dont les qualités d'élégance et de liberté furent si mal comprises par la presse anglaise, nos céramistes ont bien dépassé les produits de Minton pour la liberté du décor peint, aucun ne les a égalés pour l'appropriation aux usages et le goût dans le choix des profils. Ces deux recherches ne peuvent cependant marcher l'une sans l'autre. Que l'on peigne sur émail cru, pour compliquer la difficulté, des scènes du dix-huitième siècle ou des paysages, c'est fort bien, mais ce n'est donner satisfaction qu'aux désirs de quelques curieux. Or la faïence a une destination plus large; son vrai rôle est la décoration. Il est dans mille endroits publics, dans les colléges, dans les gares, dans les halles, dans les foyers de théâtre, dans les escaliers des monuments, des places où elle servirait de revêtement aussi pompeux que sain; un coup d'éponge suffit pour rendre à son épiderme tout son lustre, et soit qu'on l'emploie par petits carreaux assemblés, soit par grandes plaques, soit même, en quelques cas, comme l'a essayé M. Rousseau, par sujets découpés et rapportés comme les divisions d'un jeu de patience, elle s'alliera toujours au ton du marbre ou de la pierre, et sera plus solide et moins coûteuse que n'est le stuc. Entre autres exemples,

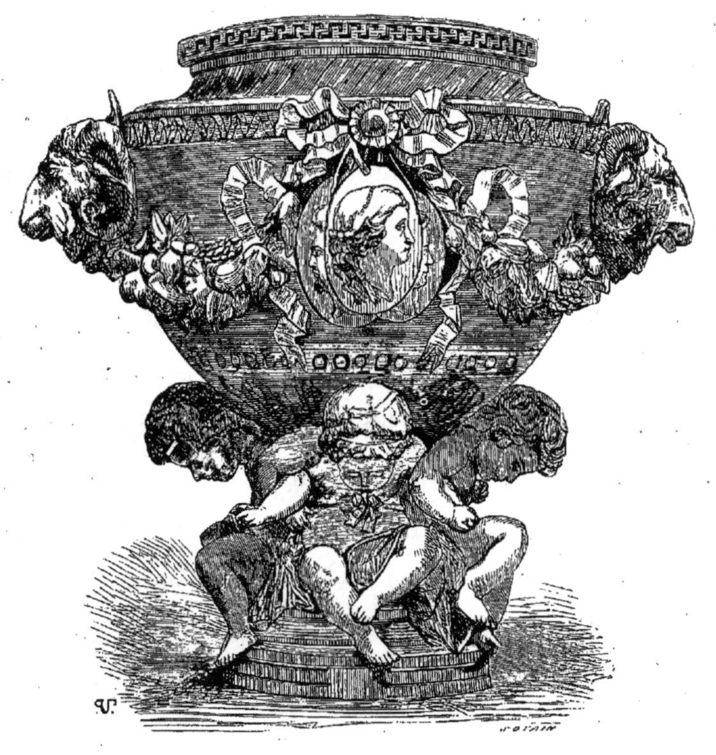

VASE DE TERRE ÉMAILLÉE,
Modelé par M. Carrier-Belleuse pour la fabrique de Minton, de Londres.

nous citerons celui d'une maison de garde dans les bois, décorée extérieurement de grandes plaques sur lesquelles, à l'exemple des Japonais, M. Bracquemond avait dispersé des vols de mésanges s'abattant sur les roseaux d'un marais, au milieu des hérons immobiles et préoccupés. Point de personnages surtout, car l'on court risque de tomber dans le précieux ou d'ébaucher de hautes caricatures.

Le procédé de peinture sur lave, que M. Jollivet pratique avec une grande facilité, pourrait servir à garantir, par d'exactes copies, de la destruction qui attend les panneaux, les toiles ou les fresques, les chefs-d'œuvre de la grande peinture. En plein air, il donne aussi bien que la faïence des surfaces inattaquables par l'eau, le soleil, la gelée et les injures des petits polissons.

Dans la pratique du ménage, la faïence, très-supérieure à la terre de pipe, qui est terne, d'un ton louche, et qui prend au nettoyage une odeur infecte, est facilement vaincue par la porcelaine blanche, qui passe pour plus hygiénique, dans le sens étroit du mot. Cependant, elle accepte si gaiement le décor, que, si l'on inventait un procédé qui lui conservât quelque apparence d'originalité, elle reconquerrait vite le terrain perdu. On a essayé l'impression, le résultat est fort triste. On a essayé une application de papier chromo-lithographié : à la cuisson le papier brûlait et s'évaporait, et le ton laissé libre adhérait, mais le résultat encore avait une régularité mathématique ennuyeuse. On vient enfin de tenter un essai qui nous semble résoudre ce problème des temps modernes qui se dresse sur le seuil de toute industrie : produire beaucoup, produire vite, produire à bon marché, produire bien. On a confié à un artiste très-intelligent le soin de dessiner un certain nombre de types, soit de fleurs, soit de feuillages, soit d'oiseaux, et de les graver fermement à l'eau-forte, en accusant bien les contours ou les divisions; ces contours seront imprimés sur l'assiette, et les intervalles seront remplis au pinceau par des ouvriers à la journée. On aura ainsi un contour d'artiste et des milieux librement appliqués.

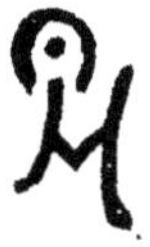

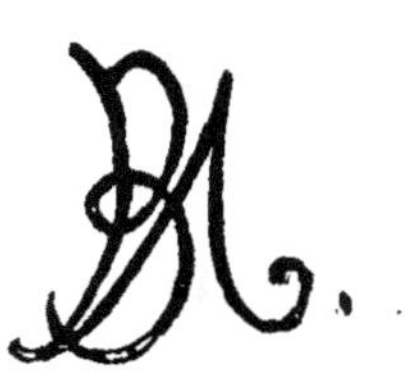

Entre les faïences, sur lesquelles nous nous sommes longuement arrêté, parce qu'elles occupent une place des plus importantes dans la classification des arts décoratifs, et les grès cérames que Ziegler a tenté, de nos jours, de remettre à la mode, se placent les terres de pipe. C'est en Alsace et en Lorraine, provinces qui renferment plusieurs variétés d'argiles plastiques, que l'on a modelé les groupes les plus recommandables. Dès 1721, Charles Hannong, dont voici la marque, avait tenté de monter à Strasbourg une fabrique de porcelaine dure. Il était fabricant de pipes. Il fit souche de céramistes à Haguenau. — La fabrique de Niderviller, qui avait été fondée vers 1760 par M. de Beyerlé, directeur de la Monnaie de Strasbourg, marqua de ses initiales les groupes si fins qu'elle moulait, à l'imitation de la Saxe. Plus tard, elle fut achetée par le général de Custine, et on lit la date 1774 à la suite de deux C renversés et accolés. Cette fabrique occupa le sculpteur Lemire, et le sculpteur Cyfflé à qui la ville de Nancy doit les grandes figures allégoriques des fontaines de la place Stanislas; celui-ci créa à Lunéville, en 1768, une manufacture qui fit oublier la manufacture royale qui fonctionnait déjà dans cette ville. Les grands biscuits de Cyfflé sont composés avec goût, exécutés avec délicatesse, modelés avec une pâte très-blanche, très-ferme et très-lisse dont il n'a point laissé le secret, et dans la composition de laquelle entraient des os broyés; ils sont estampillés dans le socle « Terre de Lorraine. » Son établissement fut détruit dans les guerres de la Révolution. Il était né à Bruges en 1724; il alla mourir en Belgique, en 1806, dans l'oubli et la misère. Ses groupes de petites dimensions représentent d'ordinaire des scènes badines, dans lesquelles les chasseurs entreprenants et les bergères naïves jouent le principal rôle. Ils sont décorés de tons roses et bleus, très-légers et très-artistes. Le musée de Cluny possède un joli exemplaire du Cordonnier travaillant dans son échoppe et causant avec un merle qui sautille dans sa cage. Les faïenceries du pays possèdent encore les moules de ces figurines ou de ces groupes, faciles à mouler, mais difficiles à réparer et à décorer au point de tromper les experts. Comme ils sont livrés au public sans marque, je laisse à penser si les brocanteurs se font faute de les présenter pour d'anciennes épreuves. On exécute encore journellement des vases, des candélabres, des jardinières, des cache-pots du règne de Louis XVI, décorés de guirlandes ou de médaillons suspendus à des rubans. Avis au public, qui peut, dans la fabrique même, se les procurer en toute connaissance de cause à un prix modique, tandis que dans les boutiques borgnes, une seule pièce atteindra le prix de la garniture complète [1].

A propos de la terre à modeler les pipes à tabac, qui est plus poreuse que celle de ces groupes et n'est pas vernie, Macpherson raconte, dans ses *Annales du commerce*, une curieuse anecdote : Une manufacture établie en Flandre portait ombrage aux Hollandais ; ils n'auraient pu réussir à la faire crouler que par une im-

[1] En 1865, on a publié, dans la *Chronique des arts et de la curiosité*, la liste des moules qui existent encore à Saint-Clément : le Bélisaire, le Savetier, les Cris de Paris, l'Agréable leçon, la Léda, Vénus et Adonis, etc.

portation considérable, mais les droits qui frappaient leurs produits à la frontière étaient si élevés qu'il fallait renoncer à cette loyale concurrence. Ils frétèrent de pipes un grand vaisseau et lui firent faire côte auprès d'Ostende. D'après les lois en vigueur, la cargaison dut être vendue de suite. Elle le fut en effet, et à de si bas prix que la fabrique rivale fut deux ans sans travailler !

Les grès cérames, fins ou communs, remontent en Allemagne et dans le nord de la France à une haute antiquité. Ils semblent particuliers aux pays qui consomment la bière. Le buveur ne tient apparemment pas à juger de la transparence du liquide ; mais il y a un certain charme à suivre la mousse qui s'élève, légèrement teintée de topaze, par-dessus les bords, et glisse en longs pleurs sur les flancs gris d'une canette de Nuremberg. Les pots flamands et anglais datent du seizième siècle. Ils sont rudes encore dans la forme et l'ornementation, et n'approchent point de ceux que produisirent plus tard les Flandres et la Hollande. C'est toute une partie des domaines de la curiosité qui n'a guère été parcourue ni étudiée par les érudits et qui mériterait de l'être. Il y a en Allemagne, en Belgique, et nous connaissons à Bade de grands amateurs de grès décorés; mais en France on ne peut guère citer comme séries importantes que celles des musées Sauvageot et de Cluny. Là, presque toutes les pièces portent des écussons de familles allemandes, des dates ou des monogrammes de potiers.

La plus célèbre collection de grès jaunes, blancs, gris, bleus, violacés, bruns, qui ait été réunie, était celle de M. Huyvetter, de Gand; à la vente qui en fut faite en 1864, certaines gourdes ou cruches dépassèrent 2,500 francs. Elles étaient destinées aux

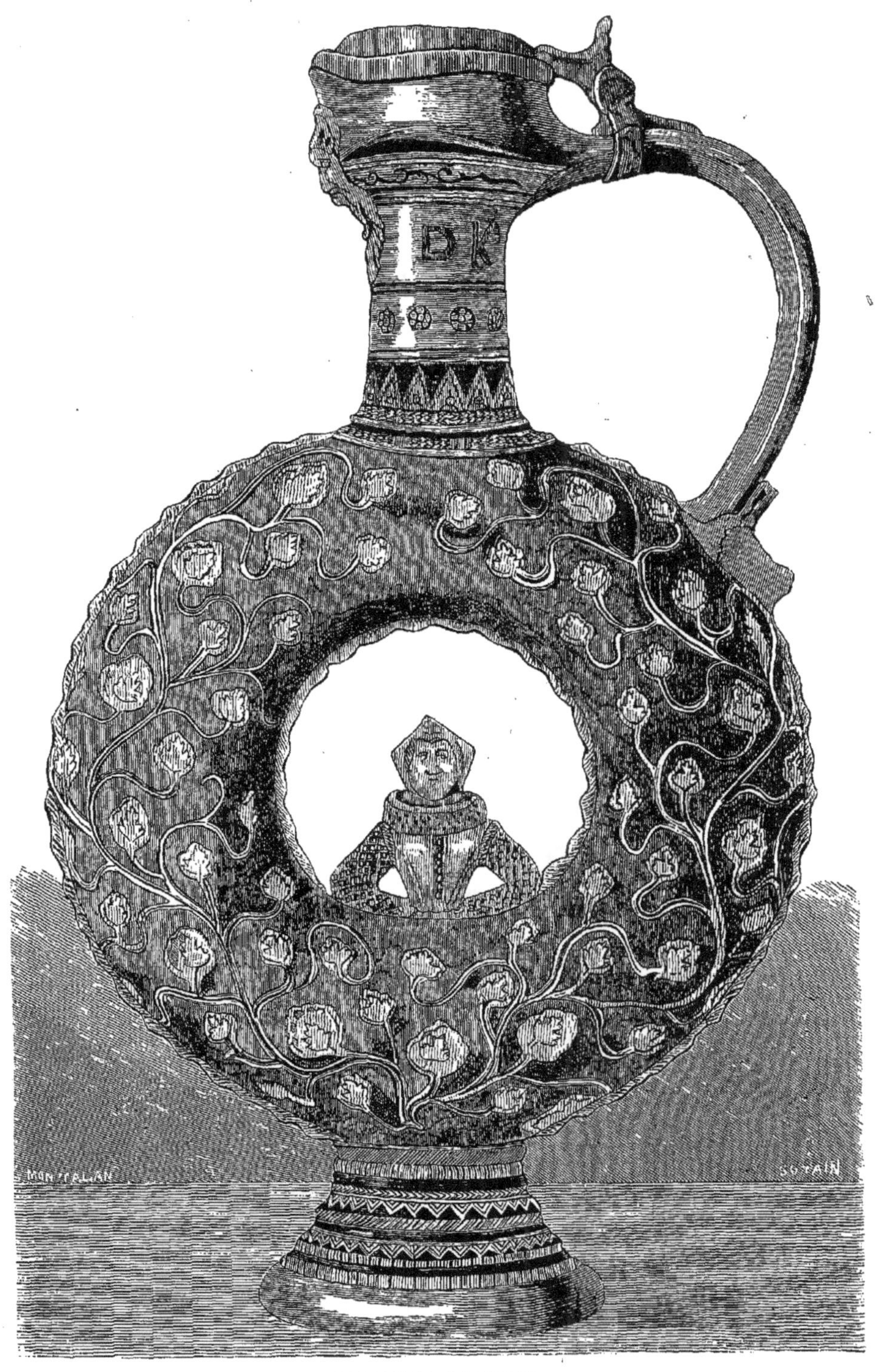

GOURDE DE DRESSOIR.

Grès de Flandres. — Collection Sauvageot.

dressoirs des burgs ou des palais; elles portaient d'ordinaire des armoiries, des devises ou des scènes de sainteté. Souvent aussi la riche bourgeoisie les commandait à propos d'un mariage, d'une naissance. Cette façon de faire entrer le mobilier dans la famille en lui confiant la mention des grands actes de la vie, et en en faisant une sorte de conservatoire respecté des archives, est bien touchante, et il est regrettable que cet usage soit tombé en désuétude.

Comme tous les objets anciens, les grès allemands ou flamands ont été l'objet de contrefaçons d'autant plus redoutables que cette matière ne comportant pas des tons bien variés, un bon moule peut donner des exemplaires tout à fait trompeurs. Les grès pseudo-anciens viennent aujourd'hui surtout de Mayence.

La France, Beauvais surtout et Savignies, ont produit des grès admirables, couverts d'un riche vernis de plomb vert ou marron. On y a surtout moulé des plats avec des sujets de la Passion et des semis de fleurs de lis. En 1515, on en présenta à François Ier à l'occasion de son arrivée au trône, et l'usage subsista jusqu'au milieu du dix-septième siècle d'en offrir aux têtes couronnées qui traversaient Beauvais. C'est une robuste et noble vaisselle. Quel parti on pourrait tirer de nos jours encore de ces magnifiques vernis verts dont on revêt en Provence les jarres à huile!

L'Angleterre importe en France des cruchons à eau, d'une forme très-simple, revêtus d'un vernis passant du ton mastic à celui du pain brûlé. C'est un ornement charmant et plein de couleur pour une table de campagne, au milieu de corbeilles pleines de fruits et de fleurs. L'eau s'y conserve plus fraîche que dans les carafes en verres.

Ziegler, à Voisin-Lieu, non loin de Beauvais, en 1839, fonda une manufacture de grès cérame. C'était un peintre de talent. Il avait, théoriquement, étudié à fond la matière. Il publia un livre d'un

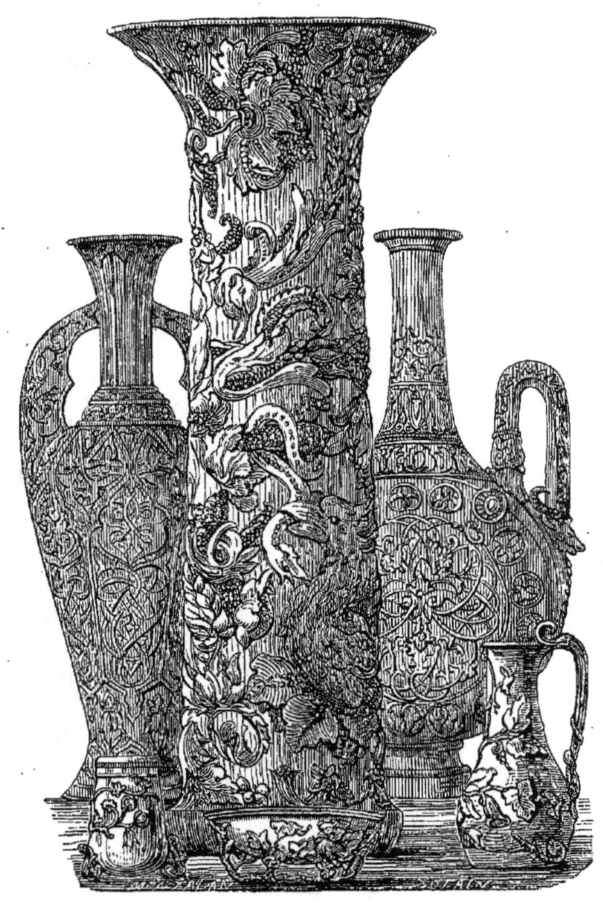

VASES ET BOUTEILLES EN GRÈS.
Fabrique de Ziegler, à Voisin-Lieu.

grand intérêt, dans lequel les classifications tiennent trop de place, mais qui renferme sur l'ensemble de la céramique des vues originales. Sa fabrication fut peu goûtée du public et cessa, je crois, en 1856. Il livra d'intéressants modèles d'un goût vraiment moderne : ils sont aujourd'hui très-recherchés. Ils sont d'un jaune chaud qui devient très-riche lorsque le vase est rempli de feuillages et de fleurs. Sur les consoles d'une galerie, sur la table d'un château, on ne peut rien choisir, parmi les objets modernes, de plus décoratif que ces cornets sur la panse desquels grimpent des branches de lierre ou des pampres. Ils sont français et contemporains, et cette franchise d'allure leur assure de ne point périr dans l'oubli qui attend tous les pastiches.

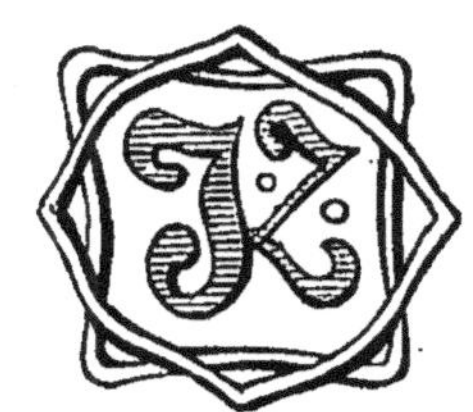

C'est par ce souvenir de sympathie pour une tentative, qui méritait un meilleur sort, que nous terminons cette première partie de notre rapide étude sur la Céramique. Ziegler, comme tant d'autres artistes, n'eut qu'un tort, — mais il est irréparable, — celui de ne point arriver à son temps.

PORCELAINE

Y a-t-il en Chine un Dieu de la Porcelaine? — date de la découverte de la porcelaine en Chine. — Éléments qui la composent. — Elle imite, sous la volonté des céramistes chinois, toutes les substances matérielles. — Mythologie, amour de la nature, jardins, poésie. — Les Chinois sont les plus habiles faussaires du monde. — Classement par familles. — Difficultés pour reconnaître les produits de la Chine de ceux du Japon.

Les Japonais. — Ils imitent les Chinois et les surpassent. — Fausses porcelaines de la Chine et du Japon fabriquées à Paris. — La porcelaine des Indes au dix-huitième siècle et de nos jours.

Introduction en Europe de la porcelaine orientale. — Les princes de Médicis parviennent à l'imiter. — Essai en Saxe de l'alchimiste Boetger. — Le hasard lui révèle un gisement de kaolin. — La fabrique de Meissen et de Dresde.

Essais en France de Claude Reverend et de Louis Poterat. — La manufacture de Saint-Cloud, Chantilly. — Marques des fabriques les plus intéressantes de l'Allemagne et de la France. — Fondation de Sèvres. — Découverte d'un gisement de kaolin à Saint-Yrieix. — Influence de Sèvres en Europe. — Les Vases de Fontenoy. — L'écritoire de Marie-Antoinette. — Prix énormes. — Décadence passagère. — Les faux. — Essais d'une Renaissance. — Les plaques sur céladon de M. Solon. — Décor par impression. — Conclusion.

PORCELAINE

Si un pays avait le droit de diviniser l'homme qui avait inventé la porcelaine, c'était bien la Chine. Longtemps on crut en Europe à l'existence de cette divinité. Le Père d'Entrecolles, un jésuite missionnaire du commencement du siècle dernier, qui nous a laissé des notes curieuses sur la Chine, raconta qu'un empereur avait voulu qu'on lui fît des porcelaines sur un certain modèle. On avait vainement représenté à Sa Majesté que la chose n'était pas possible; les officiers envoyés pour surveiller les travaux activaient inutilement à coups de rotin l'imagination et le zèle des artistes : l'un de ceux-ci enfin, pris de désespoir s'élance dans le foyer et y est consumé en un instant. O merveille! La cuisson a réussi, et la pièce de porcelaine sort du four telle que l'avait rêvée le Néron aux yeux obliques! C'était le moins qu'on fit de ce martyr un héros, un demi-dieu! Il n'en fut rien. De nos jours, les savants, qui n'ont aucune déférence pour la légende, ont reconnu dans le poussah obèse et rieur, que l'on nous donnait pour le dieu de la Porcelaine, Pou-Taï, le dieu du « Parfait contentement. »

Ce sont aussi nos sinologues modernes qui ont infiniment rapproché de nous l'invention de la porcelaine que l'on croyait se perdre dans une antiquité fabuleuse; elle ne daterait, selon M. Stanislas Julien, de guère plus d'un siècle avant l'ère chrétienne. Il est bien entendu que cette date ne s'applique strictement qu'à la pâte kaolinique, et que l'on fait toutes réserves pour le reste des produits céramiques en terre cuite ou en grès. Le boccaro, par exemple, qui est un grès cérame d'une pâte extrêmement fine et légère, brune, rouge ou chocolat, porte souvent l'empreinte de cachets très-antiques. Mais les pièces de porcelaine dont on a ingénieusement indiqué la période à l'aide des personnages ou des emblèmes formant le décor, ne remontent certainement point au delà de notre moyen âge.

Expliquons de suite la composition de la porcelaine, telle que l'ont donnée MM. Ebelmen et Salvetat, d'après l'analyse des matières premières qui leur furent envoyées directement de la Chine.

En Europe, comme dans le royaume bleu, on soumet au lavage les kaolins bruts pour en retirer la matière argileuse, que l'on mêle ensuite avec des sables quartzeux et feldspathiques, réduits en poudre impalpable par le broyage et les lavages répétés. Les kaolins chinois, de même que ceux d'Europe, proviennent évidemment de la désagrégation et de la décomposition de roches granitiques; c'est ce qui forme le corps de la pâte. Les pe-tun-tzé, qui sont la partie vitreuse, protectrice du noyau blanc qui serait rayable et comme spongieux, sont des feldspaths compacts ou des pétrosilex. La pâte et la couverte chinoises sont notablement plus fusibles que celles de nos porcelaines et se cuisent conséquemment à une température moindre. Chacun sait que ce qui différencie la porcelaine de la faïence sèche ou émaillée, c'est la translucidité, l'homogénéité parfaite de la couverte extérieure et du noyau intérieur, et une dureté telle qu'elle jette sous le briquet des étincelles. Elle subit sans éclater, dans les usages de la vie, l'action de l'eau bouillante ou du feu. Elle ne retient aucune partie graisseuse après le lavage à l'eau pure et chaude. Elle résiste à la morsure des substances chimiques les plus violentes sauf à celle de l'acide fluorhydrique.

Il est très-probable qu'elle prétendit, au principe, imiter le jade, cette sorte de pierre vitreuse qui se récolte en Chine, par petits échantillons dans le lit des rivières. Le jade est d'une dureté telle qu'il ébrèche l'acier, et si, ce que l'on est amené à soupçonner par le nombre de pièces qui en sont entrées en Europe, si les ouvriers n'ont pas quelque secret pour en attendrir la compacité, tel vase ou tel groupe a dû coûter le travail sans relâche de la vie d'un homme. Confucius le regardait comme le symbole de toutes les vertus. Il n'y a rien que de naturel à ce que les potiers, qui, dans ce pays antique et réfléchi, avaient atteint une extrême habileté, tendissent à fac-similer une gemme d'un si grand prix. Le kaolin leur permit d'y arriver. On appelle aujourd'hui dans le commerce hollandais ou français « la marque à l'F » un signe chinois qui rappelle la forme européenne de cette lettre ; il signifie *yu*, jade, et se trouve sous des pièces relativement modernes, mais d'une belle qualité. En Chine on tient pour de hautes curiosités des pièces fabriquées en l'an 600, par un potier célèbre nommé Tha-yu, pour un empereur, et qu'on appelle « vases de jade factice. » Au jade encore se rapporte l'histoire de l'hirondelle blanche, qui passe et voltige dans les romans chinois : l'empereur Han-vou-ti recevait dans son palais de Tchaoting les visites d'une fée. Un jour elle y oublia une épingle de jade qu'elle avait retirée de sa coiffure. L'empereur en fit présent à la favorite Fey-yen. Plus tard, sous le règne de son successeur, les femmes du palais découvrirent ce bijou magique, furent effrayées de son éclat, qui leur paraissait surnaturel, et après avoir passé la nuit à se consulter, elles résolurent de le briser. Mais quand elles ouvrirent la boîte dans laquelle la veille elles l'avaient enfermé, il s'en échappa une hirondelle blanche, qui disparut comme un trait dans l'azur profond.

Les céramistes chinois réussirent au delà de tout ce qu'on pouvait désirer. Ils firent de la porcelaine une substance magique qui accepta toutes les formes, tous les tons, qui se plia à tous les caprices, et l'on sait si l'imagination décorative et l'habileté imitative des artistes du Céleste-Empire connaissent des bornes : c'est le chien de Fo, barbu, moustachu, frisé comme un bichon, barbouillé de rouge et de vert, qui au seuil des temples ou des jardins ouvre la gueule, tire la langue et montre les dents ; c'est une carpe et ses carpeaux, qui se tordent, les ouies palpitantes, au milieu d'une touffe de roseaux ; c'est une pêche qu'un rat des jardins entame ; dans les racines entremêlées d'une tige de bambou rampe un crapaud au dos bombé ; là une fleur de nélumbo s'épanouit et forme une tasse dont la théière est faite de telle sorte, que non-seulement ses anneaux mobiles ont été pris dans la masse, mais que ses parties sont concentriques et tournent sur elles-mêmes, sans que l'on puisse comprendre comment à la cuisson on a obvié à l'adhérence; cette tasse a été recouverte extérieurement d'une couche de laque, et ce bol est aussi fin et aussi nacré que la coquille d'un œuf de tourterelle... Ce qui fait ici l'immense supériorité des potiers chinois sur les nôtres, c'est qu'ils partent toujours de l'imitation, plus ou moins libre, plus ou moins capricieuse, d'un produit naturel. L'objet, si singulier qu'en soit le profil, offrira toujours à l'esprit un souvenir proche ou lointain d'un objet réel : les fleurs et les fruits, les vermisseaux et les monstres, les nuages et les flots, les éclairs et la pluie, les tiges coupées et les coquilles vides, rien ne leur a semblé indigne d'attention, et ils ont gagné à cette étude incessante et naïve des caprices ou des fonctions de la vie et de la nature, des êtres et des phénomènes, de se rajeunir sans cesse par mille nuances délicates.

Certaines formes chinoises sont aussi pures que les plus pures que nous ait léguées la Grèce, celles surtout qui remontent à une haute antiquité. Si elles nous inquiétent parfois, c'est que notre éducation classique nous a mis en garde contre tout ce qui est vie, couleur et mouvement, mais il faut leur rendre cette justice que, même dans leurs expressions vulgaires, elles dépassent de beaucoup les imitations, que les nations occidentales répètent avec tant de peine, des types grecs ou latins. Cette incessante variation du vase Médicis qui dure en France depuis le triomphe de la Renaissance italienne, cette insistance de nos artistes à faire entrer la figure humaine, soit comme support, soit comme relief dans l'ornementation, sont des abus qui ne nous frappent plus parce que nous sommes blasés sur ce qui nous entoure. N'est-ce pas infiniment moins intéressant et logique que l'imitation, si indépendante et fantaisiste qu'elle puisse être, des merveilles de la nature?

Nous ne voulons pas pousser plus loin qu'il ne conviendrait notre admiration pour un peuple dont tant de points d'origine, d'antiquité, de philosophie, de climat, nous séparent. Les Chinois ont une certaine tendance vers le violent et le tortillé, dont l'esprit européen, plus froid et plus critique, s'accommoderait mal. Ce qu'ils aiment, c'est la silhouette rompue; la ligne courbe les charme; leurs portes et leurs fenêtres sont rondes; l'angle des dix toits superposés de la fameuse Tour de porcelaine, qu'ont détruite il y a quelques années les rebelles, se recourbait comme l'ongle du petit doigt d'un lettré de première classe. Leurs architectes seraient réellement capables de trouver, à Paris, froids et lourds les profils de la Madeleine....

C'est aux Chinois, bien plus justement qu'aux Japonais, que MM. de Goncourt devaient adresser ce paragraphe coloré de leur dernier livre : « Là-bas le monstre est partout. C'est le décor et presque le mobilier de la saison. Il est la jardinière et le brûle-parfum. Le potier, le bronzier, le dessinateur, le brodeur, le sèment autour de la vie de chacun. Il grimace, les ongles en colère, jusque sur la robe de chaque saison. Pour ce monde de femmes pâles aux paupières fardées, le monstre est l'image habituelle, familière, aimée, presque caressante, comme est pour nous la statuette d'art sur notre cheminée. » Ce monstre est à vrai dire presque toujours un animal sacré : le cheval merveilleux qui sortit d'un fleuve aux yeux du philosophe législateur Fou-hi, portant sur son dos les huit caractères mystiques; le Fong-hoang, oiseau immortel qui servit d'armoiries aux anciennes dynasties et auquel on a plus récemment substitué, comme symbole impérial, le dragon à cinq griffes; le Ki-lin, quadrupède au corps couvert d'écailles, à la tête rameuse, si doux qu'il se détourne dans son élan le plus rapide pour éviter de fouler un vermisseau; le Dragon, esprit de l'air et des montagnes, sur lequel fut enlevé au ciel avec soixante-dix fidèles serviteurs l'empereur Hoang-ti: plusieurs des autres courtisans cherchèrent à s'accrocher aux barbes du reptile sacré, mais les barbes s'arrachèrent et ils tombèrent lourdement à terre. Et qui sait si ces bêtes, que notre terre épuisée ne pourrait plus nourrir, n'ont point piétiné les fanges, foulé le sol, fendu les flots, traversé les éclairs du monde ancien? Qui peut affirmer que les ancêtres ont menti, et que l'imagination fortement ébranlée des peuples primitifs ne nous a pas transmis les traits généraux de monstres disparus? La science qui ressuscite d'une part ce qu'elle tue de l'autre n'a-t-elle pas reconstitué dans ces dernières années plus d'un animal fabuleux? L'épiornis passait jusqu'à ce jour pour n'avoir volé que dans le ciel des *Mille et une nuits*: si on n'avait retrouvé par hasard la coquille d'un de ses œufs gros comme un obus, un de ses fémurs solide comme un aviron, les hommes graves ne croiraient point encore au récit de l'Oiseau-Rock!

Plus on a étudié sincèrement le génie chinois, dans sa céramique ou ses bronzes, plus on a pénétré dans son pays intérieur par les relations des voyageurs, plus on a relu ce qui a été traduit de son théâtre, de son roman ou de sa poésie et plus on se sent pris d'intérêt pour cette race sénile et mélancolique qui semble, après d'interminables successions de siècles, avoir épuisé toutes les combinaisons de l'esprit, des arts et des métiers. De toutes celles qui quittèrent les plateaux de l'Inde pour coloniser l'Asie, ce fut la race la mieux douée, la plus forte, la plus patiente, la plus chercheuse. Son plus grand malheur fut peut-être d'avoir vieilli sur place sans avoir été rajeunie comme l'Europe par des immersions successives et répétées d'invasions barbares. L'esprit de la Grèce, celui de Rome et celui des races du Nord, se combattant et se remplaçant tour à tour, ont formé cet esprit européen, sonore et compliqué comme ce métal qu'on recueillit après l'incendie des palais de Byzance et qui était formé de cent métaux différents. Les Chinois ont au contraire toujours absorbé leurs conquérants.

Comme ils aiment la nature! S'ils la plient à leur fantaisie jusqu'à orner leurs appartements de chênes qui n'ont qu'un pied de haut et de pêchers dont les fruits sont gros comme une noisette, avec quelle volupté ils vont au printemps respirer dans les vallées les parfums de l'abricotier et du nélumbo en fleurs. Ceux de leurs romans qui ont été traduits en français, *les Deux cousines*, *les Deux couleuvres fées*, *les Jeunes filles lettrées*, sont pleins de ces rendez-vous que les amis se donnent au retour des beaux jours, prétextes à des défis de poésie en vidant des tasses de saki.

Un pied de variété de pivoine se paye à Pe-king au delà de deux cents francs. Leurs jardins ont servi de modèle, au dix-huitième siècle aux jardiniers anglais, et c'est de ce moment que date la défaite des parterres où le soleil nous dévorait, et des buis taillés en brosse à moustache. Un officier français qui faisait partie de l'expédition de Chine et qui en a rapporté plusieurs objets précieux, le capitaine Negroni, a décrit en ces termes les jardins de ce Palais d'été qui fut réduit en cendres par les barbares de l'Occident : « Les jardins étaient féeriques : c'étaient des collines couvertes d'arbres en fleurs, séparées par des vallons où serpentaient des rivières artificielles et des bassins aux eaux limpides; des chemins tortueux et des galeries circulaires; des bosquets touffus, des sentiers sinueux coupés par des massifs de fleurs; çà et là des kiosques, aux tuiles émaillées de différentes couleurs; des ruisseaux bordés par des rochers, traversés par des ponts embellis de balustrades sculptées, et des grands dragons, attributs de la puissance impériale; au centre on voyait un lac d'une prodigieuse étendue, où s'élevait une île formée de rochers, qui servait de base à un joli pavillon. »

C'est dans la nature, et non dans les vagues combinaisons des laboratoires, qu'ils ont puisé leurs splendides décors : ils ont le violet d'aubergine, le rouge de haricot, ils ont le blanc pur, laiteux, épais du pétale de camellia, le vert de l'émeraude et le lapis-lazuli veiné d'or. Le « bleu du ciel après la pluie, » ce ton insaisissable de l'azur voilé par quelques vapeurs attardées, leur a été proposé par un de leurs empereurs, et ils l'ont exprimé jusqu'à décourager notre grand paysagiste Corot lui-même. Il est tel vase de porcelaine que vous croiriez de bronze, et tel autre que vous prendriez pour un objet d'orfévrerie. Ouvriers attentifs aux moindres détails du métier, ils ont su aussi se servir des moindres accidents, et en tirer les effets les plus extraordinaires. Ce craquelé qui, sur certaines pièces, est espacé comme les mailles d'un filet de pêcheur, ici il est fin comme le dos d'une truite, et là régulier comme les alvéoles d'un gâteau de miel; vraisemblablement, au principe, ce dut être le résultat d'un manque d'homogénéité entre le noyau et la couverte qui revêtait les vases dits Céladons : l'intérieur se rétrécissant plus que la surface extérieure, celle-ci se trouve infiniment fendillée. Les flambés sont encore dus à ces jets de chaleur,

— car les gaz sont tellement incandescents qu'on ne saurait plus parler de flammes, — qui lèchent telle portion de la paroi d'une pièce, et, en portant la température à un degré plus élevé, modifient le ton des éléments minéraux qui la décorent : «La couverte haricot, dit à ce propos M. Jacquemart qui a le mieux parlé des arts de l'Orient pour les avoir le plus sincèrement étudiés, arrive à prendre un aspect des plus pittoresques ; des colorations veinées, changeantes, capricieuses comme la flamme du punch, diaprent sa surface : l'oxydule rouge passant au bleu pâle par le violet, et au protoxyde vert, s'évapore même complétement dans certaines saillies devenues blanches, et fournit ainsi d'heureux accidents interdits au travail du pinceau. »

Ces beaux tons unis, violet, bleu turquoise, vert, que l'inégalité calculée et habilement dissimulée de l'épaisseur du décor fait vibrer sourdement et comme palpiter, sont attribués aux plus anciennes fabrications et sont vivement recherchés. A la vente de Férol (mars 1865), une petite urne de onze centimètres de hauteur, ovoïde, à bord renflé en bourrelet, entièrement émaillée en vert feuille de camellia, à grandes craquelures, atteignait 1,205 francs : elle vaudrait le double aujourd'hui qu'elle est entrée dans la précieuse collection de M. H. Barbet de Jouy. Plus récemment, une carpe avec ses carpeaux, émaillés de violet intense, dépassait 3,000 francs. Dans le milieu du dix-huitième siècle, un magot dépareillé bleu turquoise, se vendait déjà à Paris 340 livres.

Ce n'est pas que les céramistes chinois contemporains ne soient capables de refaire, aussi bien que possible, ces merveilles du décor et de la cuisson. Le Chinois porte jusqu'au génie le sentiment de l'imitation. On sait la mésaventure d'un capitaine anglais qui, sur son pantalon de gala, avait renversé un encrier : il relâche dans un port de la Chine, appelle un tailleur et lui demande s'il peut faire fabriquer dans le pays un drap semblable et lui en exécuter un pantalon; le tailleur répond affirmativement, et quinze jours après rapporte un pantalon si semblable... que la tache d'encre avait été scrupuleusement imitée. — De tous temps, les mandarins chinois ayant prisé très-haut les porcelaines antiques, il s'est rencontré des faussaires pour les imiter. Voici un trait que raconte un de leurs auteurs à propos d'un célèbre artiste appelé Tcheoutan-tsiouen : Comme il passait à Pi-ling, il alla rendre visite à Thang, président des sacrifices, et lui demanda la permission d'examiner à loisir un ancien trépied en porcelaine de Ting qui était l'ornement de son cabinet. Avec la main il en obtint la mesure exacte; puis il prit l'empreinte des veines du trépied à l'aide d'un papier qu'il serra dans sa manche. Six mois après il revint et fit une nouvelle visite au seigneur Thang. Il sortit alors de sa poche un trépied et lui dit : « Votre Excellence possède un trépied cassolette

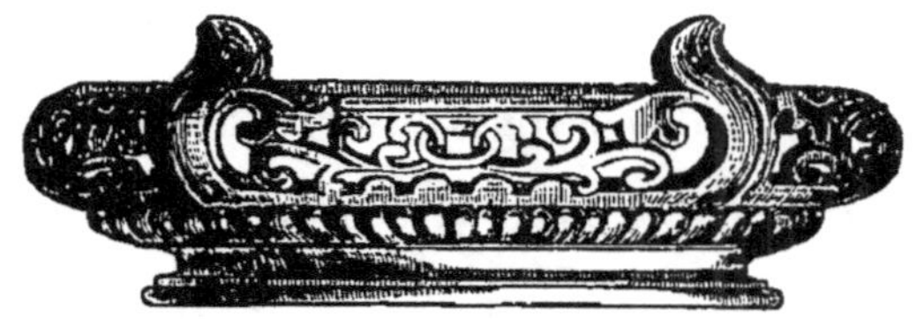

SOCLE DE POTICHE CHINOISE.
En bois de fer sculpté.

en porcelaine blanche de Ting, en voici un semblable que je possède aussi. » Thang fut rempli d'étonnement. Il le compara avec le trépied ancien, qu'il conservait précieusement, et n'y trouva pas un cheveu de différence. Il y appliqua le socle et le couvercle du sien, et reconnut qu'ils s'y adaptaient avec une admirable précision. Alors seulement Tcheou avoua sa fraude ou plutôt sa mystification. On conçoit qu'avec des faussaires aussi habiles il est bien difficile, pour les experts européens, de ne pas être induit en erreur!

Les Chinois sont très-collectionneurs, très-riches, très-patients. Le goût des collections ne semble pourtant pas être très-ancien chez eux. Au moins au dix-septième et au dix-huitième siècle, les Hollandais importèrent-ils en Europe des morceaux très-précieux, que depuis ils ont en grande partie recherchés pour les réimporter en Chine. On affirme qu'à la suite du sac du Palais d'été, qui était comme le Louvre, le Versailles et le magasin des menus plaisirs réunis des empereurs, les mandarins rachetèrent de nos soldats jusqu'aux tessons de porcelaines antiques qu'ils avaient ramassés. Il est certain qu'il est nouvellement pénétré peu de morceaux notables en France.

Ce n'est qu'une longue pratique, jointe à l'instinct naturel, qui peut faire reconnaître que les pièces de fabrication moderne sont, par exemple, moins sonores que les anciennes. Les plus anciennes pièces signalées jusqu'à ce jour ne remontent pas, du reste, plus haut que la dynastie des Ming, qui régnait dans le quatorzième siècle. Les marques que plusieurs auteurs ont publiées, notamment M. Stanislas Julien dans son *Histoire de la Porcelaine chinoise*, ne peuvent servir que comme un renseignement vague et toujours périlleux. Ces marques en bleu, telles qu'une feuille ou une sorte d'équerre nouée par des rubans, sont, non pas des marques de fabrique, mais des signes de destination religieuse ou honorifique. Mais qu'importent les marques?

Dans les pièces décorées, si les copies textuelles, absolues, littérales, restent toujours susceptibles d'embarrasser le connaisseur, le costume, les attributs, le sujet, l'exécution, le choix de certains motifs répétés, permettent du moins des classifications générales. Dans ce pays du rite par excellence, lorsque tel système de décor a été mis à la mode par des influences régnantes, la politique, la philosophie ou la littérature, il a été pendant de longues années reproduit aussi strictement que tel type hiératique adopté par l'art égyptien. On a divisé ces décors en « familles ».

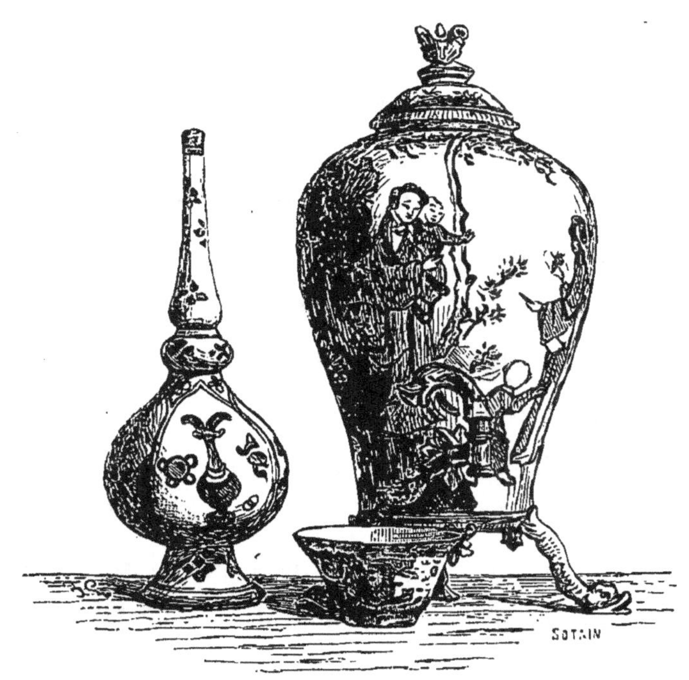

FONTAINE, TASSE ET GARGOULETTE.

Porcelaine de Chine.

La « famille verte » est facilement reconnaissable. Outre qu'elle est signalée aux yeux par un vert franc et riche, qui s'enlève chaudement sur une pâte d'un blanc un peu crémeux, les personnages qu'elle offre sont le plus souvent des lettrés récitant des vers, des philosophes méditant ou des divinités évoquées. Comme la dynastie de Ming avait adopté pour livrée le vert, — la dynastie actuelle, qui est d'origine tartare, a choisi le jaune, — on peut supposer que c'est dans le quinzième siècle que ce décor fut florissant. Si vous y distinguez un guerrier, ce sera quelque descendant de celui dont Li-taï-pé[1], le grand poëte de la dynastie des Thang (l'an 750 de notre ère), a peint le terrible portrait : « L'homme des frontières, en toute sa vie, n'ouvre pas même un livre; mais il sait courir à la chasse, il est adroit, fort et hardi. — A l'automne, son cheval est gras, l'herbe de ses prairies lui convient à merveille; quand il galope il n'a plus d'ombre. Quel air superbe et dédaigneux! Son fouet sonore frappe la neige ou résonne dans l'étui doré. — Animé par un vin généreux, il appelle son faucon et sort au loin dans la campagne. Son arc, arrondi sous un effort puissant, ne se détend jamais dans le vide; deux oiseaux tombent souvent ensemble, abattus d'un seul coup par la flèche sifflante. — Les gens au bord de la mer se rangent tous pour lui faire place... » On reconnaît encore dans la « famille verte » des scènes mythologiques, des traits d'histoire, des délassements familiers aux temps anciens, des types robustes d'hommes aux yeux bridés, aux pommettes hautes, à la barbe rare et pendante, au crâne dénudé comme celui du pélican.

Si un argument basé sur l'instinct est acceptable, mille traits secrets nous portent à croire que ce qu'on appelle « la famille

[1] Poésies de l'époque des Thang, septième, huitième et neuvième siècles de notre ère, traduites du chinois pour la première fois, par le marquis d'Hervey Saint-Denis.

rose, » est tout au moins originaire du Japon. Mais c'est ici qu'il nous faut avouer que l'on ne sait, à peu près pas du tout, reconnaître ce qui différencie la porcelaine de la Chine de la porcelaine du Japon, si ce n'est que celle-ci a toujours passé, depuis le dix-huitième siècle, pour être la plus parfaite et la mieux décorée. Tout récemment, quand les ambassadeurs japonais vinrent en France, ils parurent fort surpris qu'on leur posât cette question. Dans le musée céramique de Sèvres, ils ne surent distinguer aucune pièce et affirmèrent que dans leur pays on ne se préoccupait pas de ce triage. Naïfs Japonais ! *Sancta simplicitas*, qui ne fait point contrôler la jouissance par l'érudition !

C'est de la Corée, au printemps de l'an 27 avant Jésus-Christ, que le Japon reçut les secrets de l'art de la porcelaine. La Corée est cette presqu'île qui, terminant au sud la Mantchourie, s'avance comme un promontoire entre la mer du Japon et la mer Jaune. C'est à la Corée, qui semble destinée à servir de lien amical entre l'île de Nipon et la Chine, que l'on doit certaines porcelaines d'une apparence archaïque et robuste. Fils d'une race fine, ardente et artiste autant et plus qu'aucune autre au monde, le Japonais saisit rapidement tous les secrets de la fabrication, et imprima au décor un caractère de charme et d'éclat qui certainement n'a jamais été dépassé. Les plus anciennes porcelaines sont, dit-on, reconnaissables à la marque que laisse sur le revers l'empreinte des cinq ou six petits morceaux de pâte qui, pendant la cuisson, maintenaient l'assiette ou le plat. Ce détail existe sous ce beau plat à hérons reproduit ci-derrière ; il est encore un détail que le dessinateur n'a pu rendre : dans le marly, et sous les branches ou les feuilles dorées qui s'étalent entre les oiseaux, on distingue, en relief dans la pâte, des marguerites ou chrysanthèmes, fleur qui appartient au prince souverain de cette île féodale, comme le lis appartenait à nos anciens rois.

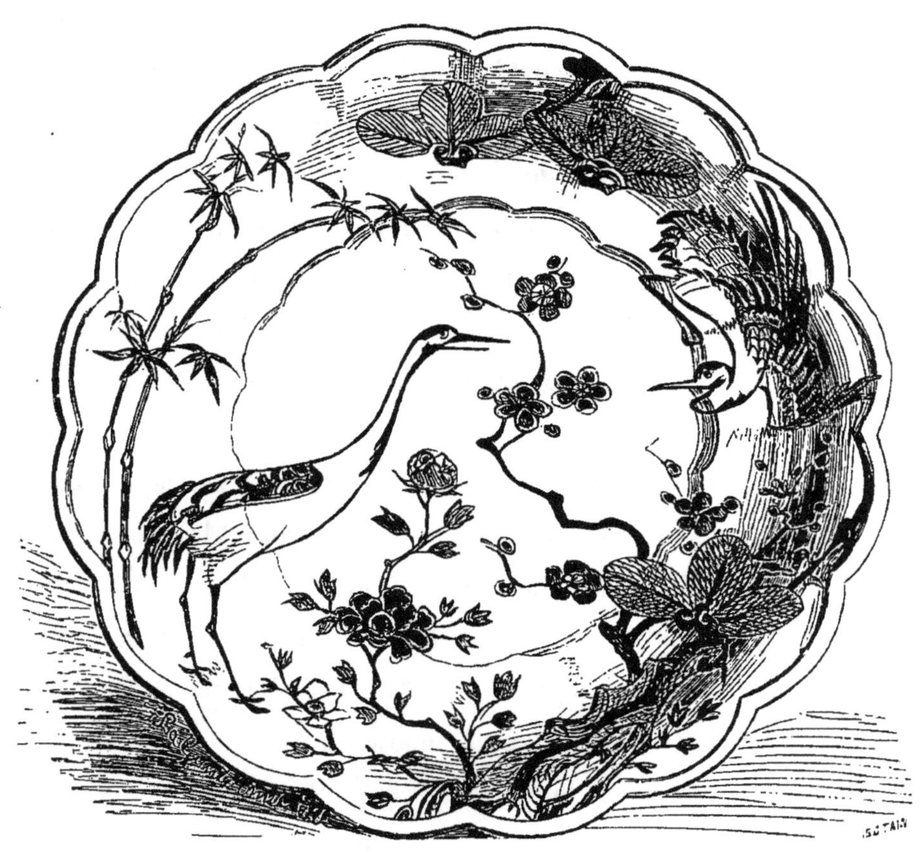

PLAT A HÉRONS.
Porcelaine antique du Japon.

C'est donc au Japon qu'il faudrait rendre, au moins comme invention première, toute cette famille où domine un ton de rose ordinairement réchampi de noir, d'une délicatesse admirable. Il suffit de feuilleter les albums, modernes il est vrai, mais peignant en traits vifs et rapides la physionomie de ce peuple spirituel et moqueur, pour y retrouver les sujets qui avaient séduit leurs pères : qui n'a vu ces tasses à thé ou à eau-de-vie, avec le présentoir et le couvercle, sur lesquels se rengorge un joli coq pattu? Et ces plats d'une porcelaine si fine et si transparente qu'on l'appelle « coquille d'œuf, » dans un coin desquels, en horreur de cette niaise symétrie qui séduit l'Européen, l'artiste a posé sur une branche de pêcher épanouie, une mésange poursuivant une chenille ou un moineau penché guettant un papillon?

Nous n'en excepterons que les scènes tirées des romans chinois et des pièces de comédies bien connues : des amazones caracolant dans la cour du palais, sur des chevaux teints en rouge ou en rose, et ces jeunes mères de famille qui rêvent, en se polissant les ongles, tandis que leurs enfants se roulent à leurs pieds ou s'embarrassent dans leur jupe.

La galanterie décente, qui joue un rôle considérable au Japon où les femmes sont moins étroitement tenues, n'eut qu'un moment en Chine, vers l'an 300 de notre ère. C'est alors qu'un de leurs poëtes peignait ce portrait exquis : «Oh! la belle personne, qu'elle a de charme et d'élégance en cueillant ainsi des feuilles de mûrier sur le bord du chemin! — Sa manche, un peu relevée, laisse apercevoir une main blanche; un bracelet d'or s'enroule autour de son poignet délicat ; l'épingle qui retient ses cheveux est surmontée d'un passereau d'or; sa ceinture est ornée de pierres bleues de forme arrondie, qui se balancent en frémissant. Un collier de perles brillantes entoure son cou, plus poli que le jade, retenu par une agrafe de corail et de pierres de couleur. — Le vent tourmente gracieusement les plis légers de sa robe de soie. On croirait voir flotter un de ces nuages qui servent de char aux immortels.

Le voyageur qui passe arrête involontairement son cheval devant elle. » ... N'est-ce pas l'image de cette jeune fille qui embellit ces décors si délicats, émaillés avec un doux relief de perles jaunes, bleues, vertes, où des traits fins se croisent et forment comme la plus fine dentelle noire?

C'est au Japon que l'on a attribué depuis le dix-huitième siècle ces plats pompeux dans lesquels s'épanouissent de face et distribuées par quartier comme sur une pièce de blason, les pivoines et les chrysanthèmes. Nous disions, il y a quelques pages, que le décor des Persans simulait un jardin vu de profil; celui des Japonais simule, au contraire, une plate-bande vue de haut et presque en raccourci : les palissades qui soutiennent les tiges, sont à peine en perspective penchée; ces grandes traînées bleues qui serpentent, ce sont des ruisseaux et quelquefois des allées sablées de sable de couleur. Le paulawnia, arbre impérial, s'y répète souvent aussi, fleur ou feuille.

Pour se former une opinion dans cette délicate question de classement et pour sentir les différences d'expression des deux peuples, il faut comparer les albums peints sur papier de riz des Chinois et les albums imprimés en couleur des Japonais. Les albums des Chinois sont d'un dessin lourd et embarrassé, d'une exécution qui ne fait que légitimer leur réputation proverbiale de patience. Au contraire, ceux des Japonais sont imprimés avec des tons d'une franchise et d'une hardiesse qui laissent bien loin derrière eux notre chromolithographie, huileuse, jaunâtre et terne. Les croquis sont d'une inépuisable variété : des guerriers coiffés du casque qui porte aux tempes des cornes de cerf, au frontal des antennes de coléoptère; des femmes fluettes, la figure peinte de blanc, avec les sourcils rehaussés de noir et la bouche de carmin, à la chevelure chargée d'épingles de bois laqué, de couronnes de chrysanthèmes et de papier doré, lisant des vers, feuilletant des albums; puis des tragédies, des débarquements de troupes, des tempêtes, des combats, des incendies, des paysages empourprés par le soleil couchant, des apparitions de divinités au milieu des nuages ou dans les vapeurs du lac, des assemblées sur la terrasse du palais au son des musiques et des voix... La série la plus curieuse est celle des vingt-huit cahiers de l'illustre Hok-Saï, modèles d'histoire naturelle, scènes familières, caricatures, cours de bâton et de sabre, pèlerinages au volcan sacré Fou-sy, croquis de tout genre qui vont de Watteau pour la grâce à Daumier pour l'énergie, de Goya pour le fantastique à Eugène Delacroix pour le mouvement.

L'incertitude qui règne sur les différences d'origine ne sera pas de longtemps dissipée, car la peinture et la dorure des vases sont, au Japon, un secret qu'il est interdit de révéler aux étrangers. Nous n'avons, pour nous guider, que des déductions générales : le Japonais serait plus artiste et le Chinois plus fabricant. Il faut remarquer aussi que parmi toutes les pièces qui sont entrées en Europe, on n'en compte qu'un petit nombre qui soient de fabrication absolument supérieure. Dans la production courante, les céramistes chinois ou japonais se montrent, ou plutôt se montraient avant les rapports commerciaux contemporains avec l'Europe qui sont détestables, se montraient des ouvriers de premier ordre. Puis en tête de chaque série, on rencontre généralement une de ces pièces types que l'on nomme « pièces d'échantillons » et qui semblent le véritable modèle fourni par l'artiste qui dirige l'atelier. Un amateur avait réuni à grand'peine une collection très-variée de ces types, dignes d'entrer dans tous les musées et qui font singulièrement pâlir les majoliques : lorsqu'il s'en est séparé l'hiver dernier, une simple assiette, pâte coquille d'œuf, à sujet de la famille rose, a dépassé 1,200 francs en vente publique.

Il ne faut pas s'y tromper, toute la valeur de ces produits est dans le sentiment du décor : les pâtes européennes, celles de Sèvres, celles de Minton, sont plus homogènes et plus blanches; on coule à Sèvres des tasses à café minces comme une feuille de papier à lettre. La plupart des pièces orientales laissent voir dans la pâte des taches et des imperfections ; mais combien cette irrégularité est plus vivante que la perfection des produits européens!

On a tenté en France d'imiter les cornets et les vases à décor chrysanthémopéonien, c'est-à-dire où dominent les chrysanthèmes et les pivoines. La mise en scène pour les faire passer pour originaux est assez ingénieuse pour que nous la dévoilions. Ces pièces sont fabriquées en masse à Paris, expédiées au Havre, débarquées en Hollande par des vaisseaux qui les prennent au passage au retour des mers de l'Inde; elles sont mises en vente en Belgique et à Paris avec garantie d'origine. Certes, le fabricant a sa bonne foi sauve, mais il pourrait au moins rendre la tromperie plus difficile en imprimant son timbre sur la pâte. Ces faux ne ressemblent point aux belles pièces, mais peuvent assez facilement se confondre avec la marchandise de second ordre. Cependant la pâte est bise et terne; le petit trait rouge qui circonscrit les oiseaux ou les fleurs est sec; les fleurs sont fades et les ors sont mal appliqués. Ces contrefaçons, curieuses au point de vue purement industriel, ont

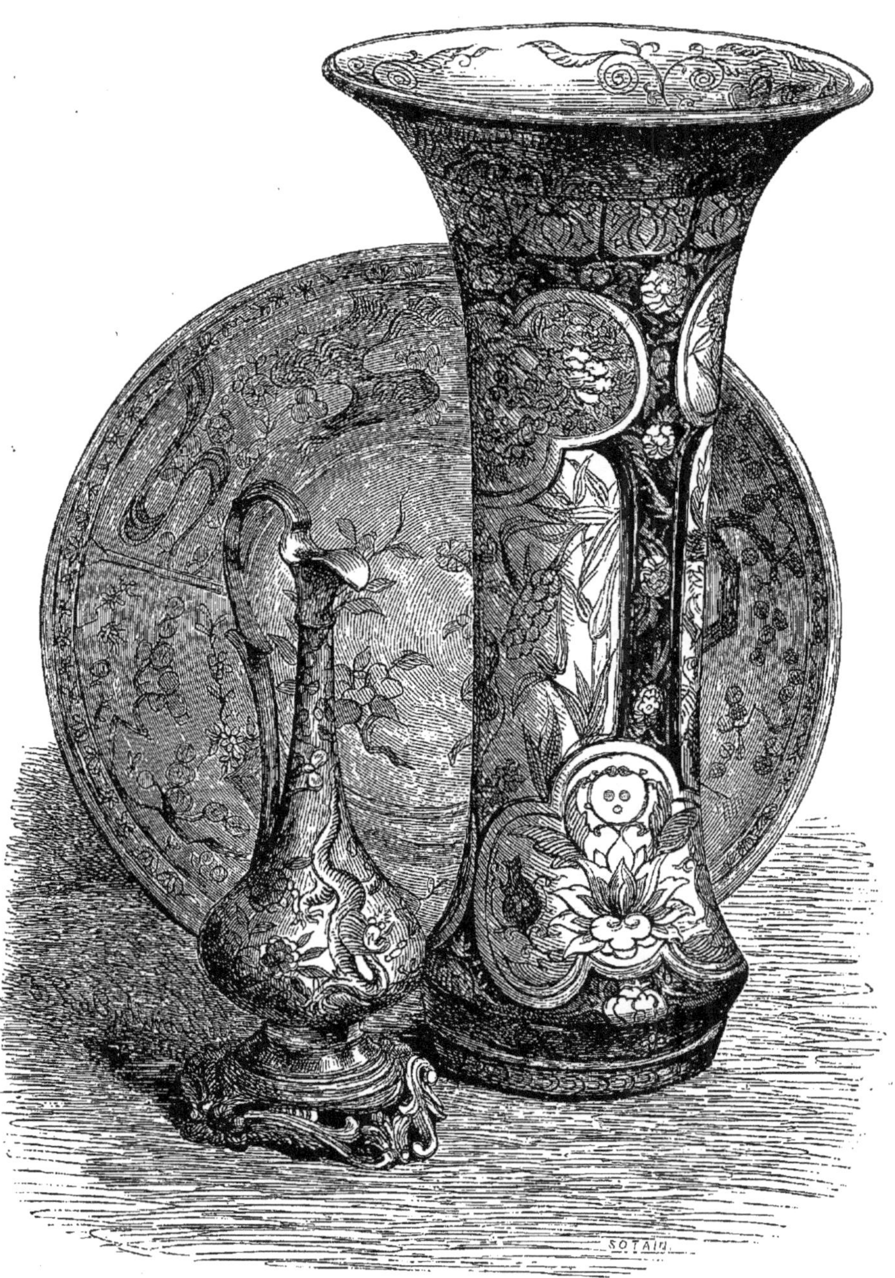

CORNET, AIGUIÈRE ET PLAT.

Porcelaine du Japon.

le tort grave de pervertir le goût public en lui faisant admirer de confiance des redites sans accent au détriment de nos produits nationaux.

Avant de quitter ces contrées qui virent inventer une des plus précieuses substances que l'homme puisse revendiquer, et, comme cela arrive presque toujours en pareil cas, l'ont vue arriver à sa plus haute perfection, expliquons ce qu'on entendait au dix-huitième siècle par « porcelaine des Indes, » et ce que l'on entend encore par ces mots « porcelaines de la Compagnie des Indes. » Celles-ci, la Compagnie des Indes les commande par cargaisons à des intermédiaires qui, de Jeddo, capitale du Nipon, distribuent l'ouvrage à de petits fabricants. C'est ce que le commerce français appelle proprement « la camelotte, » car les lois fatales de la concurrence, de la diffusion inutile, du bon marché quand même, promènent par tout le monde leurs exigences tyranniques et amènent partout l'abaissement du goût, surtout dans le sentiment de l'invention. Jusqu'à ce moment on pouvait croire que le Japon avait échappé à la répétition du travail. En Chine, elle est poussée au dernier point : chaque ouvrier ne fait pendant le cours de sa vie que des vêtements, ou des chairs, ou des arbres, ou des nuages, et c'est une loi d'imitation et de respect strict pour les types anciens dont on retrouve la trace dans leur poésie moderne, presque toute d'allusions ou de pastiches. Les Japonais ont incontestablement l'imagination plus vive et la main plus preste; mais qu'arrive-t-il maintenant lorsque le capitaine de vaisseau commande dix mille vases du modèle n° 12 et quinze mille services de table du modèle n° 25! Le tout livrable dans le plus bref délai et au plus bas prix! Le Japon moderne ne fabrique plus que des décors hâtifs et la Chine que des imitations trompeuses.

La porcelaine des Indes du dix-huitième siècle était aussi une porcelaine de commande européenne exécutée au Japon, et, ce qu'il y a de plus singulier, c'est que nous fournissions le plus ordinairement les modèles. La pâte de la cuvette en forme de coquille et de l'aiguière en forme de casque que nous avons fait reproduire est d'un ton bleuâtre, presque comme l'empoix des repasseuses, et le décor bleu est très-fondu. On sait encore que par l'intermédiaire des Hollandais et des pères jésuites, on faisait décorer à ses armes et à ses devises les services de table ou de toilette, pendant le dix-septième et le dix-huitième siècle. On porta également aux Chinois et aux Japonais des gravures d'après Watteau ou Chardin ou des maîtres allemands tels que Nilson; et ils exécutèrent du pinceau le plus grotesque les *Oies du père Philippe*, l'*Histoire de Télémaque et de Calypso*, l'*Enfant prodigue*, etc. Rien n'est plus triste.

On ignore de quelle époque date l'introduction en Europe des porcelaines orientales. On s'accorde à peu près pour les reconnaître dans ces vases murrhins— qui passionnaient les riches Romains à ce point que Néron en payait un trois cents talents, — quoique le texte de Pline, qui, au milieu de tant de renseignements précieux a glissé tant de contes de bonnes femmes, puisse désigner une matière différente. Pour nous, il n'est point douteux que la céramique grecque ne se soit inspirée de la céramique orientale, persane, ou indienne, ou chinoise. Ainsi, ce petit ornement courant en forme de frise, et qu'on appelle proprement « une grecque, » se retrouve sur des objets chinois d'une haute antiquité; les flots de la mer sont traduits par une sorte de traits enroulés purement conventionnels qu'on retrouve aussi sur les vases grecs; mais

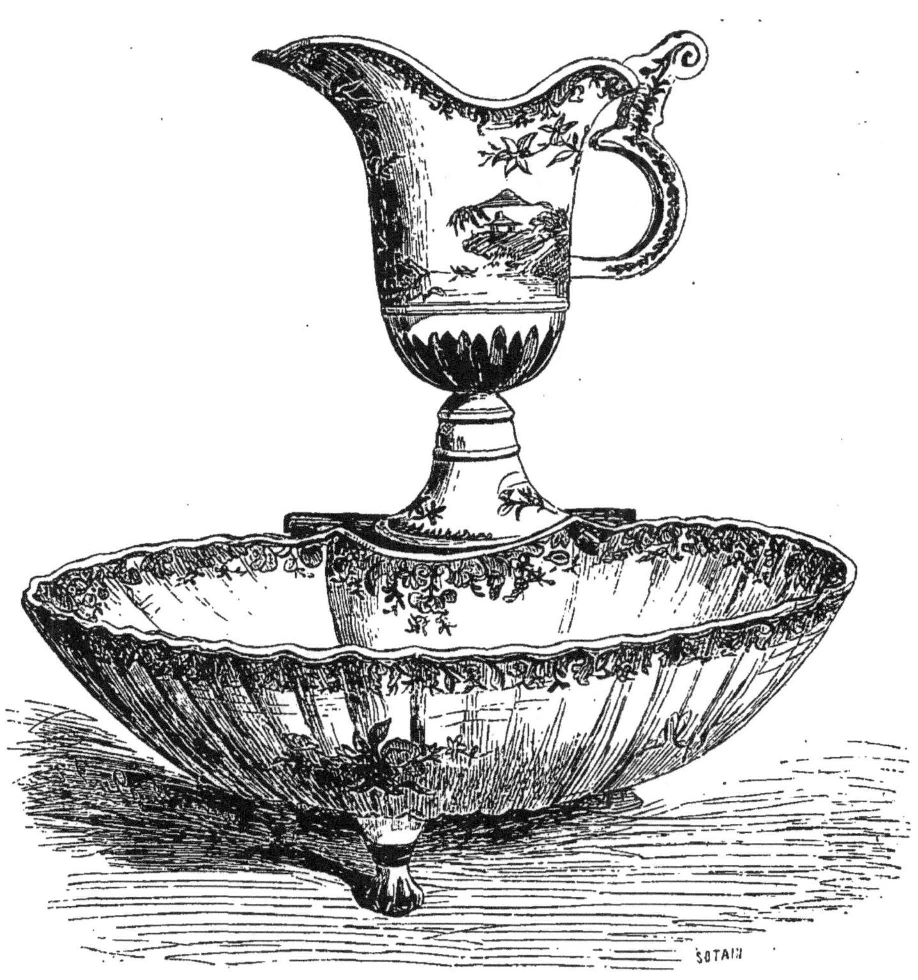

CUVETTE ET AIGUIÈRE-CASQUE.

Porcelaine des Indes. — Dix-huitième siècle.

les communications ne se faisant que difficilement, à l'aide des caravanes, ces porcelaines durent être des morceaux de haute curiosité que leur fragilité rendait plus rares encore.

La relation des voyages de Marco Polo, imprimée en 1484, sur un manuscrit écrit en 1307, pour Charles de France, père de Philippe le Bel, excita vivement l'attention sur les objets qu'il citait, et dont on connaissait déjà des échantillons ; mais ce n'est qu'au quinzième siècle qu'on trouve, dans les inventaires des trésors royaux ou princiers, la mention très-nette de nombreuses pièces de porcelaine. Jusque-là, ce terme de « porcelaine » désignait dans les comptes, selon M. de Laborde, dont l'érudition est si perspicace, la nacre de perle.

Avec quelle admiration durent être accueillis par les raffinés de l'Occident ces vases apportés de pays lointains, à « l'esmail aussi esclatant que le très-fin crystal, » supportant sans se rompre l'action du feu, résistant à la dent de la fourchette et au fil du couteau de table. Nous avons cité le témoignage de Passeri pour montrer combien vite ces vases et ces plats firent oublier les faïences sur les dressoirs de l'Italie. Il en fut de même partout. Les curieux, et notamment le Dauphin, fils de Louis XIV, recueillirent pour leur cabinet les pièces exceptionnelles par la matière, les dimensions, le décor. La bourgeoisie suivit l'exemple. Au milieu du dix-huitième siècle, on voit entrer en Hollande, en une seule année, des « tasses à thé brunes et bleues, » au nombre de 307,318! A la vente du duc d'Aumont, en 1782, des vases forme lisbet, c'est-à-dire à grosse panse, et des cassolettes rondes, en vieux Japon, atteignent 7,000 et même à 7,501 livres la paire.

Les savants du dix-septième siècle la déclarent « une certaine masse composée de plastre, d'œufs, d'escailles de locustes marines et autres semblables espèces, laquelle estant bien unie et liée ensemble, est cachée sous terre secrètement par le père de famille qui l'enseigne seulement à ses enfants, et y demeure octante ans sans voir le jour, après lesquels les héritiers l'en tirant et la trouvant disposée proprement à quelque ouvrage, ils en font les précieux vases transparents si beaux à la vue en forme et en couleur, que les architectes n'y trouvent à redire[1]. »

Enfin, au milieu d'une société où le poison jouait un si terrible rôle, les médecins, désireux de s'abriter derrière des préjugés qui dégageaient leur responsabilité, acceptèrent sans discussion qu'à l'exemple des tasses en écaille, en corne de licorne ou de rhinocéros, les coupes de porcelaine avertissaient de la présence du poison. « Ce fait est constaté, écrivait un commentateur de Pancirol, dans une lettre de Simon Simonius, médecin du sérénissime Maximilien, archiduc d'Autriche. » Cette lettre accompagnait une pièce de porcelaine, envoyée de Prague à Leipzig par Simonius à Frédéric Meyer, son gendre bien-aimé : « on l'a trouvée dans les effets du bassa de Bude, aujourd'hui prisonnier à Vienne. C'est dans ces sortes de vases que les Turcs boivent l'eau, le sorbet et le bouillon, parce qu'on croit qu'un changement subit dans leur transparence indiquerait la présence du poison. A poids égal, je ne l'échangerais pas contre un vase d'argent, car je crois la matière pure et sans mélange; j'en ai pour garant l'usage qu'en faisait un chef aussi puissant que le bassa. »

On dut tenter de toutes parts de l'imiter, mais l'élément premier de la porcelaine, le kaolin, manquait aux céramistes. Est-ce croyable? cette famille des Médicis qui sentait si bien

[1] *Livre des antiquités perdues et si au vif représentées par la plume de l'illustre jurisconsulte G. Pancirol, qu'on en peut tirer grand profit de la perte*. 1617.

les arts et les protégeaient si galamment, pénétra le secret dans le milieu du seizième siècle, et, par suite sans doute de cette jalousie de métier qui est le propre de ces époques, elle le laissa perdre. On lit dans la *Relazione* d'Andrea Gucconi, ambassadeur envoyé en 1576, par Venise, pour offrir au duc François, fils de Cosme Ier, les compliments de condoléance de la sérénissime République : « Le prince prend peu de plaisir aux

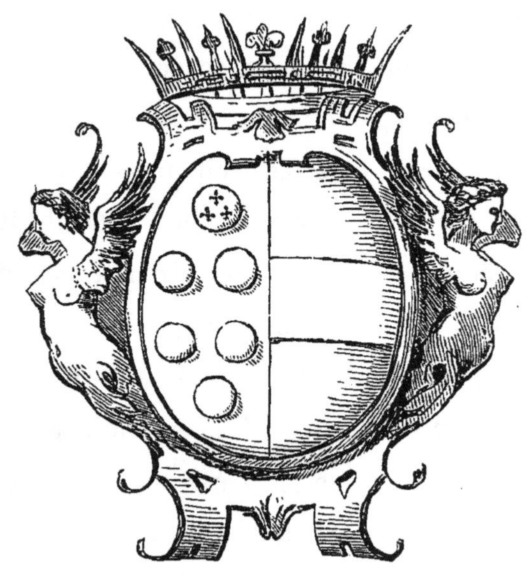

ARMES DE LA FAMILLE DES MÉDICIS.

chasses et aux autres fatigues, mais il donne tous ses soins à quelques métiers dans lesquels il fait profession de retrouver et d'inventer des procédés nouveaux, comme cela est en effet... Il a retrouvé le mode de faire la porcelaine de l'Inde, et réussit dans toutes ses épreuves à en égaler les qualités, c'est-à-dire la transparence, la cuisson, et il la fait aussi légère et aussi délicate; on m'a assuré qu'il avait mis plus de dix ans avant d'avoir pu découvrir le secret de cette industrie. Ce fut un Levantin qui le mit sur la voie. Il fit alors travailler un homme qui chaque jour expérimentait; il gâta des milliers de pièces avant d'être arrivé à des ouvrages parfaits... »

Cette porcelaine, dont quelques échantillons sont parvenus jusqu'à nous, n'était point de la porcelaine « dure, » comme le sont les porcelaines orientales, mais « tendre, » c'est-à-dire faite d'une fritte cristalline pétrie avec une terre argileuse blanche qui n'est pas le kaolin. Ces échantillons précieux sont entrés pour la plupart dans les cabinets de la famille de Rothschild. Un paysagiste, M. Jules Michelin, qui est aussi un amateur plein de goût et dont on ne saurait trop louer le désintéressement, a offert au musée céramique de Sèvres une bouteille carrée à goulot étroit qui, par sa texture argileuse, montre qu'il restait encore à faire pour arriver à la perfection : le décor en bleu camayeu est chatironné d'un trait violâtre de manganèse; une des faces de la bouteille porte un riche écusson aux armes de Philippe II, avec le collier de la Toison d'Or et la couronne. Des grotesques s'y jouent au milieu de rinceaux et de

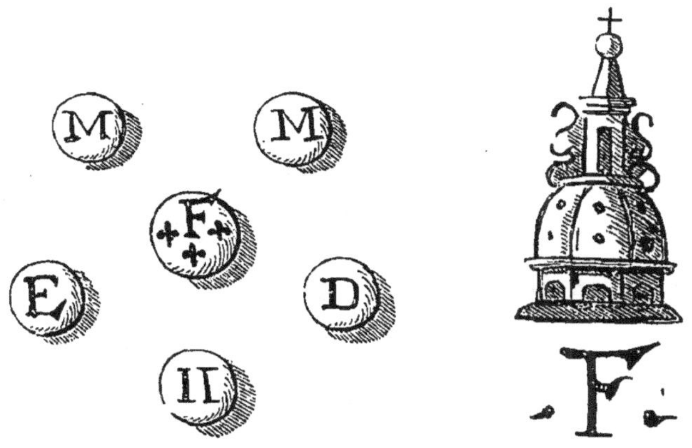

MARQUES DE LA PORCELAINE DES MÉDICIS.

fleurs bizarres. Il est probable que, de même que pour les faïences d'Oiron, la fabrication fut limitée à des cadeaux royaux ou princiers. Qui donc comptait alors en dehors? La lettre F qui se lit sous le revers de certaines pièces est l'initiale de François, et le dôme est celui de Sainte-Marie de la Fleur, de Florence; les six palles ou boules portant des initiales sont les pièces fondamentales de l'écusson des Médicis.

La découverte de ces essais de fabrication est toute récente; elle n'enlève rien au mérite de la Saxe d'avoir vulgarisé le procédé et mis la main sur la vraie matière : l'histoire est des plus romanesques.

Né en 1682, à Vogtland, d'un père qui cherchait ardemment la pierre philosophale, Jean-Frédéric Bottger suivit les traces de son père et entra chez un vieux pharmacien de Berlin, Zorn, qui lui-même faisait les yeux doux à dame Alchimie. Le roi de Saxe, électeur et roi de Pologne, Frédéric-Auguste, intrigué par la réputation naissante du jeune homme, le patronna, et lorsqu'après une fugue tentée dans les États du roi de Prusse, Bottger eut été repris, il le cadenassa dans le château de Wittemberg, et lui donna pour surveillant Ehrenfried Walther de Tschirnhauss, qui, chimiste lui-même, avait aussi étudié la minéralogie. Celui-ci, à l'apparition de la porcelaine, avait tenté de l'imiter et n'avait produit qu'un verre laiteux; mais en mettant à la disposition de Bottger, pour composer ses creusets, les argiles les plus réfractaires de la Saxe, il lui fournit les éléments d'une poterie très-dure et qui, à l'exception de la translucidité, avait tous les caractères de la porcelaine.

Grande joie dans le laboratoire! Pour plus de sûreté, pour que rien ne transpire même des espérances des deux collaborateurs, le roi leur fait construire un laboratoire dans l'Albrechtsburg de Meissen. Touchante sollicitude! Royale récompense des succès obtenus!

En 1708, Tschirnhauss meurt sans avoir vu une poterie de grès rouge obtenue par son associé après mille déboires, et baptisée « porcelaine rouge; » elle ne possédait aucun éclat, et pour lui donner le luisant il fallait la polir au tour du lapidaire.

C'était relativement un grand succès. Mais voilà qu'en 1711, en parcourant les environs d'Aue, un maître de forges nommé Jean Schnoor regarda la boue blanche dans laquelle piétinait son cheval et pensa qu'elle pourrait remplacer à bon marché la farine qui servait pour poudrer les perruques : il en recueillit dans son mouchoir, l'expérimenta, et finalement en envoya sur tous les marchés. Bottger s'étonne un jour du poids inaccoutumé de sa perruque; il la secoue, examine la poudre blanche qui s'en envole, se fait apporter le reste du paquet, et l'ayant à tout hasard manipulé comme une argile plastique, s'aperçoit avec ivresse qu'il a découvert la matière première de la porcelaine, le kaolin! L'électeur constate la réalité de la découverte et, toujours jaloux d'une possession exclusive, il fait établir dans l'Albrechtsburg même de Meissen la manufacture officielle dont Bottger devient le directeur. Cette usine, véritable place forte, avait son pont-levis constamment levé; les ouvriers seuls pouvaient entrer ou sortir à de certains moments, mais un serment solennel les obligeait de garder jusqu'au tombeau les secrets qu'ils pouvaient fortuitement avoir surpris ; ils savaient que celui qui oserait trahir son serment serait jeté comme prisonnier d'État et « jusqu'au tombeau » dans les cachots de Kœnigstein.

Néanmoins, avant la mort de Bottger, un ouvrier nommé Kozel s'enfuit et emporta à Vienne les *arcanes*. Ce groupe galant et souple de la *Partie de patins*, est en porcelaine de Vienne, qui fut fondée en 1720. Après 1744, la manufacture devint la propriété de Marie-Thérèse, et produisit de véritables chefs-d'œuvre d'élégance et de délicatesse; à ce moment, elle prit une marque ainsi figurée en bleu. Elle existe encore aujourd'hui, mais comme établissement privé.

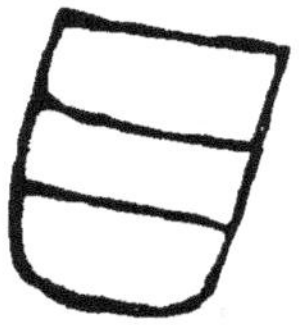

La manufacture de Meissen, sous les successeurs de Bottger, fit des merveilles. Il ne fallait rien moins qu'un siècle tel que le dix-huitième pour que le génie allemand, dont les qualités sont tout autres, montrât autant de légèreté et de gaieté. L'Europe entière vint y garnir ses étagères et ses tables. Le « vieux saxe » imita d'abord la Chine ou le Japon à tromper l'œil le plus exercé. Ses décors sont d'un ton robuste et dorés avec une épaisseur qu'on n'oublie pas dès qu'on en a vu un spécimen bien choisi. Vers 1760, un modeleur nommé Kandler exécuta la plupart des groupes qui ont si bien établi la réputation de la Saxe et que Sèvres et Chelsea seuls ont pu égaler. Les *Cinq Sens*, le *Mariage à la mode*, le *Tailleur du comte de Brühl et sa femme*, à cheval, lui sur un bouc, elle sur une chèvre; cent petits Amours en capitans, en apothicaires, en médecins, en hussards, en hercules, en jardiniers; des singes musiciens, des soldats et des gens de toutes conditions, un olympe bouffi et rose; les vertus théologales et la comédie italienne... c'est tout un monde qui rit, qui chante, qui mi-

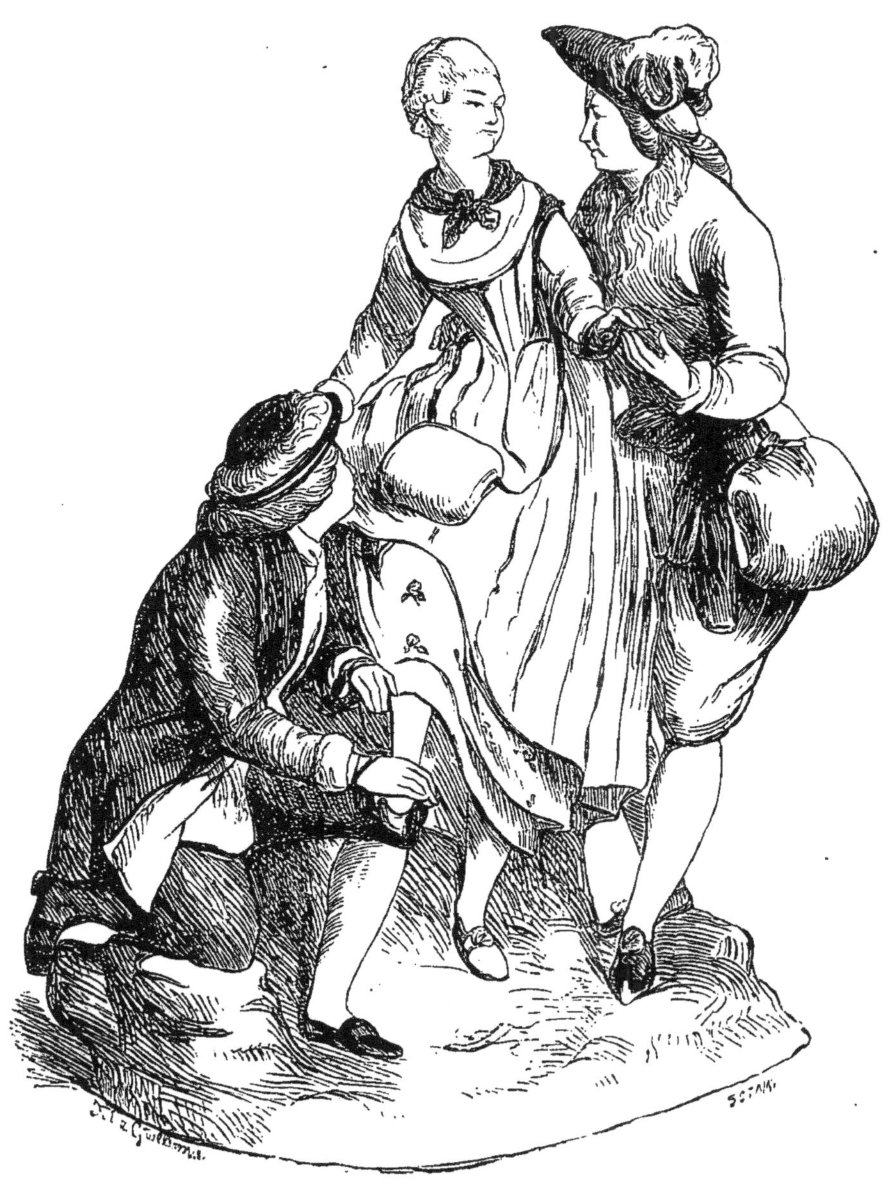

LA PARTIE DE PATINS.

Groupe en porcelaine de Vienne, 1750.

naude, qui piaffe, qui grimace, qui se décollète, qui se rengorge avec une naïveté, une malice, une souplesse, une bouffonnerie vraiment incroyables dans leur diversité.

Ses dessus de table, ses pendules, ses candélabres sont d'un « rococo » parfois moins réussi. Il est rare de rencontrer une forme aussi ferme et un décor Watteau aussi heureux que ceux du vase qu'a bien voulu nous confier M. L. Double.

Les marques de Saxe, les deux épées croisées de l'électorat, ont été si souvent répétées ou contrefaites, qu'il est presque superflu de les reproduire. Disons seulement que la Manufacture débuta

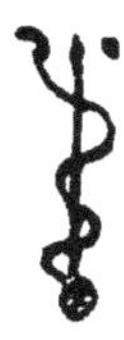
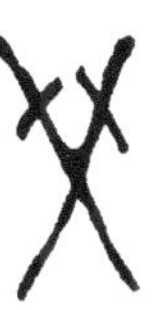
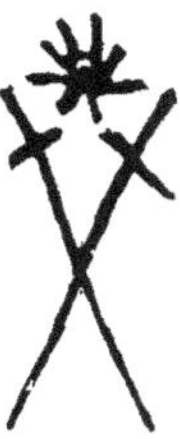

MARQUES DE LA PORCELAINE DE SAXE DEPUIS SON ORIGINE.

par prendre le monogramme du roi, *Augustus Rex;* que cette sorte de caducée est la marque de la première période; que les épées croisées lui succédèrent en 1742, et que lorsque ces épées sont accompagnées d'une étoile ou d'un point, elles signalent des travaux extrêmement délicats et recherchés qui furent exécutés sous la direction de Marcolini vers 1780.

La plupart des moules originaux de Meissen ou de Dresde existent encore, ceux notamment de ces bichons blancs à longs poils, dont les yeux disparaissent sous des mèches en saule pleureur. Ils fournissent de bonnes épreuves, mais le décor manque généralement d'harmonie. C'est en Angleterre que le vieux Saxe atteint les plus hauts prix. Il y a quelques années, à la vente de la collection Bernal, une paire de candélabres en porcelaine de Dresde, de 60 centimètres de hauteur, formés d'une femme drapée, assise sur un piédestal où des enfants maintiennent des écussons, et supportant elle-même un porte-lumière à cinq branches, a été payée 231 livres sterling par le marquis de Bath.

Toute l'Allemagne, et la Prusse, et l'Autriche, et la Russie, et le Danemark, et la Suisse, et l'Angleterre, imitèrent plus ou moins heureusement Dresde. Mais il nous en faut sortir pour entrer en France, qui eut aussi son long triomphe.

Dès 1673, Louis Poterat, sieur de Saint-Étienne, obtenait par lettres patentes l'autorisation de fabriquer à Rouen de la porcelaine « à l'imitation de celles de la Chine et du Japon. » En 1664, à Paris, Claude Reverend s'engageait « à contrefaire la porcelaine aussi belle et plus que celle qui vient des Indes orientales. » Ces deux fabricants, dont le premier semble avoir été un céramiste hors ligne, étaient surtout frappés par les imitations qu'avaient eux-mêmes faites de la porcelaine les faïenciers de Delft.

En 1698, un médecin et voyageur anglais, Martin Rister, écrivait : « J'ai vu la poterie de Saint-Cloud, et je n'ai pu trouver aucune différence entre les articles faits dans cet établissement et la plus belle porcelaine de Chine que j'aie vue... On vend à Saint-Cloud, ces poteries à prix très-élevé. On demande plusieurs écus pour une seule tasse à chocolat. » Deux ans après, on lit dans le *Journal* de Legrand d'Aussy : « Le 3 du mois dernier, madame la duchesse de Bourgogne ayant passé par Saint-Cloud et tourné le long de la rivière pour aller chez madame la duchesse de Guiche, fit arrester son carrosse à la porte de la maison où MM. Chicanaux

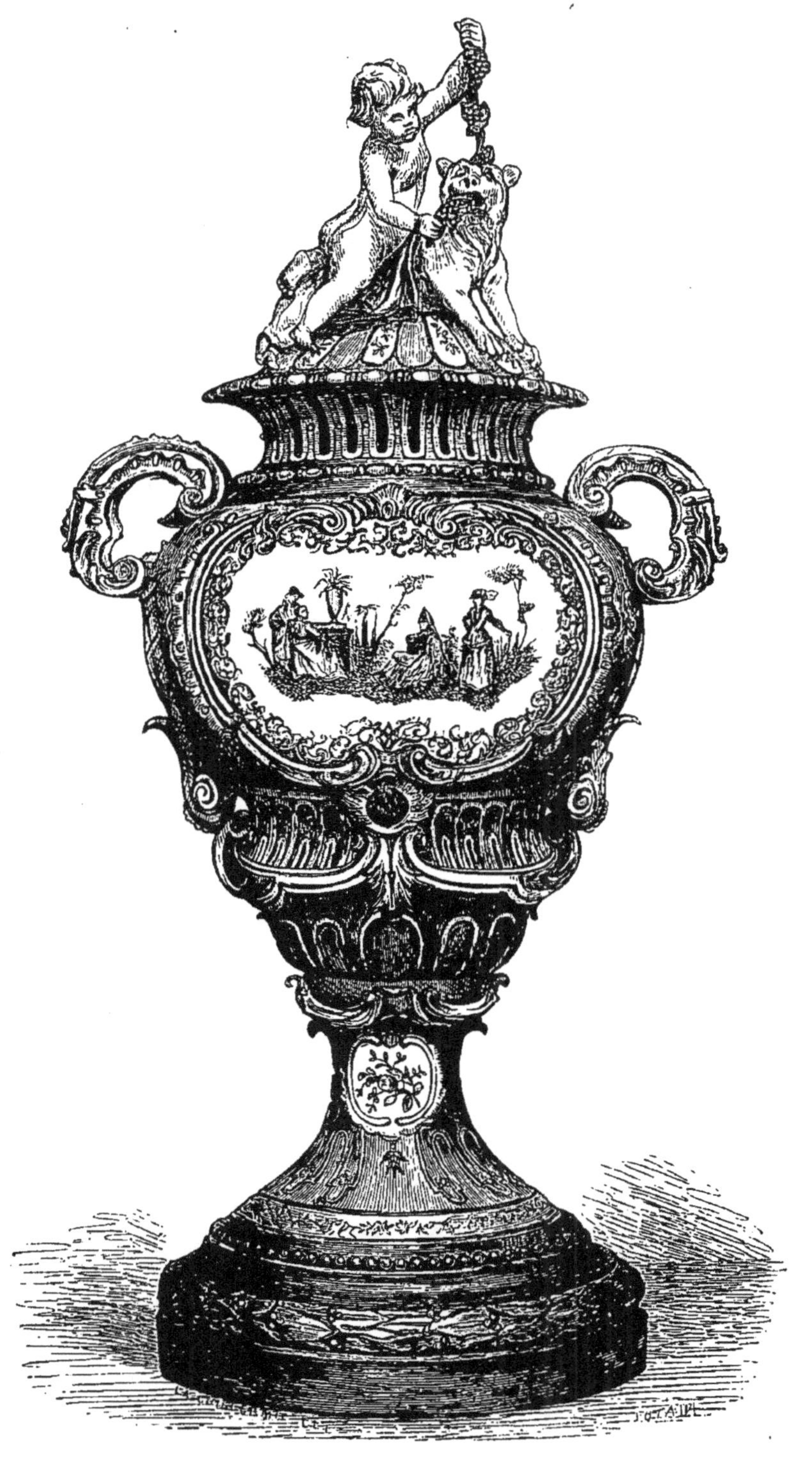

VASE EN VIEUX SAXE.

Collection de M. Léopold Double.

ont établi depuis quelques années une manufacture de porcelaines fines, qui sans contredit n'a point de semblable dans toute l'Europe. » Il y a bien de l'exagération dans ces jugements, mais ils prouvent l'intérêt que tous les esprits portaient à l'imitation telle quelle du précieux produit de l'Orient. En réalité les porcelaines de Saint-Cloud, dont on connaît quelques exemplaires, imitaient assez bien le « blanc de la Chine, » mais n'étaient qu'une porcelaine tendre, couverte d'un vernis à base de plomb, jaunâtre, et ayant souvent coulé en larmes.

Voici quelle fut, à partir de 1702, la marque des porcelaines tendres de Saint-Cloud : le soleil formait allusion aux priviléges octroyés par Louis XIV.

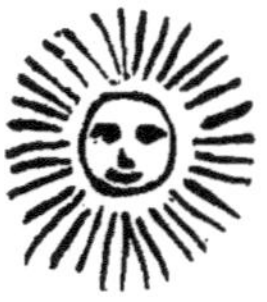

Trou, associé d'abord aux Chicanaux, continua ensuite pour son propre compte, sous le patronage du duc d'Orléans.

En 1708, une manufacture de porcelaine était installée à Lille, mais il ne paraît pas qu'elle ait brillamment réussi.

Chantilly, continué, sinon fondé, par deux transfuges de la fabrique de Saint-Cloud, les frères Dubois, est sous la protection du prince de Condé, et adopte pour marque un cor de chasse. Les services en porcelaine tendre, décorés de fleurs bleues sans forme précise, sont d'un goût très-sobre ; c'est encore de la porcelaine tendre. — On remarquera que c'est la grande mode, parmi les grands seigneurs ou les membres de la famille royale, de patronner les manufactures : en 1735, nous voyons encore se fonder Mennecy-Villeroy [1] sous la protection

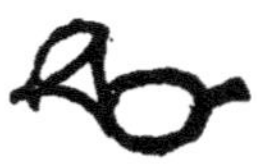

[1] On peut avancer en principe que les reproductions typographiques de marques sont à peu près inutiles. En s'astreignant, comme l'a fait M. Greslou, à les imiter par des

du duc de Villeroy. En 1750, Sceaux-Penthièvre. Plus tard, vers 1750, Orléans signe ses pâtes dures du lambel du duc de Penthièvre.

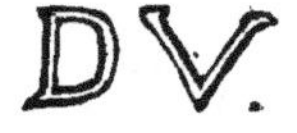

MARQUE DE VILLEROY.

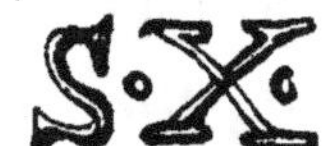

MARQUE DE PENTHIÈVRE.

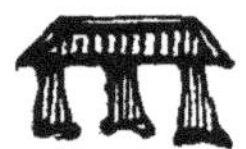

MARQUE D'ORLÉANS.

Vincennes enfin va nous conduire à Sèvres. Les frères Dubois n'ayant réussi ni à Saint-Cloud, ni à Chantilly, viennent, en 1740,

encres colorées, on reste encore loin de l'aspect réel; une même marque n'est jamais, — sauf le cas d'un poinçon dans la pâte —, répétée identiquement dans la fabrique elle-même; enfin, les épées de Saxe, par exemple, ont été contrefaites ou altérées intentionnellement à l'infini et dans tous les pays. Cependant il en est un certain nombre que l'on rencontre quelquefois sous des pièces intéressantes et dont nos lecteurs aimeront à apprendre la signification. En voici quelques-unes. Nous les empruntons au livre de M. Greslou, que nous citions à l'instant, *Recherches sur la Céramique*. Notons qu'en général ces marques sont peintes en or sous les pièces de choix.

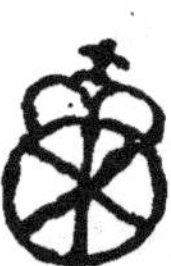

HOESCHSL-SUR-LE-MEIN.
Armes de l'Archev. de Mayence.

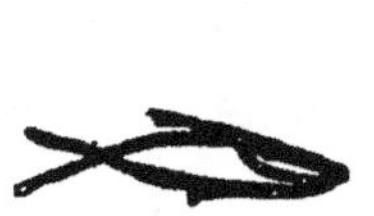

NYON EN SUISSE.

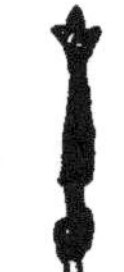

BERLIN.
Porcelaine dure.

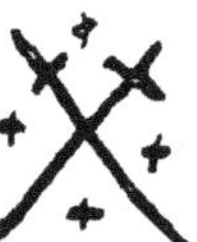

TOURNAY.
Pâte tendre.

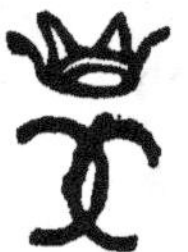

NIEDERVILLER.
Armes
du comte de Custine.

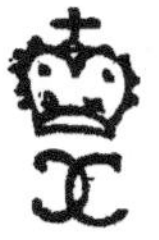

LOUISBOURG.
Appartenant au prince
Charles-Eugène.

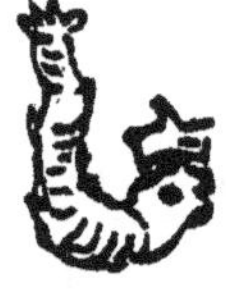

LILLE.
Armes
du Dauphin.

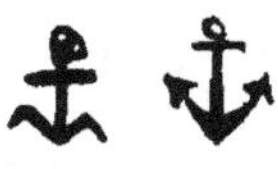

CHELSEA.
Pâte tendre.

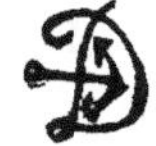

CHELSEA DERBY.
Marque de la plus belle période.

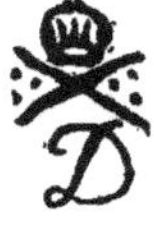

DERBY

proposer à M. Orry de Fulvy, intendant des finances, de lui confier le vrai secret de la porcelaine. On les installe à Vincennes. Ils échouent encore. Mais un de leurs ouvriers, Gravant, trouve véritablement une porcelaine tendre. Orry de Fulvy forme, en 1745, une compagnie de huit commanditaires, et un privilége de trente années lui est délivré sous le nom de Charles Adam. L'établissement a son siége dans les bâtiments de la surintendance, du manége et de la ménagerie de Bel-Air. On y réussit avec un grand bonheur ces bouquets en relief imitant la nature, œillets, anémones, coquelicots, églantines, dont chaque pétale, modelé isolément dans le creux de la main de l'ouvrier, porte au revers la trace des stries de l'épiderme, tandis que les pétales de ces fleurs qu'on imite aujourd'hui sont coulés au moule, et par conséquent tout à fait lisses. Le modèle de ces fleurs artificielles, — qui entouraient le cadran des pendules, ornaient les bras pour bougies, etc. — nous avait été donné par la Saxe qui les a toujours peintes avec une rare délicatesse. C'est la flore des salons.

En 1752, un arrêt du conseil révoqua le privilége d'Adam, et décida que « les pièces de ladite manufacture seront marquées d'une double L, entrelacée en forme de chiffre. » L'année suivante, le roi Louis XV s'intéressa pour un tiers dans les frais. Pour donner à la marque une valeur chronologique, on lui joignit une des lettres de l'alphabet qui changea chaque année[1].

En 1754, l'impératrice de toutes les Russies, attentive à tout ce

[1] Voici la série des marques adoptées par la manufacture de Sèvres depuis son origine jusqu'à nos jours.

qui se passait en Europe dans les lettres, les sciences, les arts ou l'industrie, fit commander le service célèbre dit « aux Camées, » qui ne devait pas revenir à moins de 360,000 livres, soit près d'un million de notre époque.

La lettre A, au milieu des L enlacées, en bleu ou en or, indique l'année 1753, B, 1754, ainsi jusqu'à 1776 où les lettres se doublent : ainsi CC, 1780.

Ceci servit de 1804 à 1810 : M. Imp^{le} de Sèvres.

De 1792 à 1800, le monogramme de la République française, au-dessus du nom de la Manufacture :

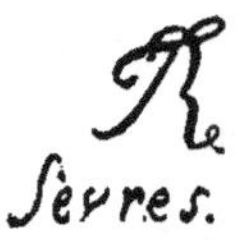

De 1810 à 1814, l'aigle, en rouge :

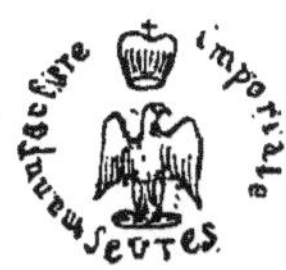

De 1800 à 1804, en rouge :

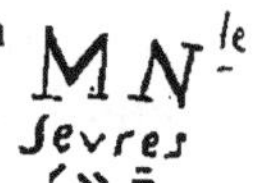

De 1814 à 1824, les L enlacées du dix-huitième siècle, au bleu, avec une fleur de lis, *Sèvres* et les deux derniers chiffres de la date ; et, sous Charles X, les L remplacées par des C.

Voici la série sous le règne de Louis-Philippe :

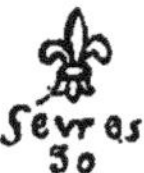

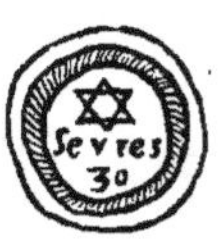

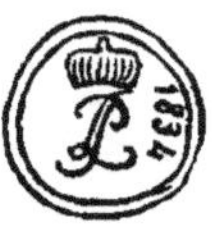

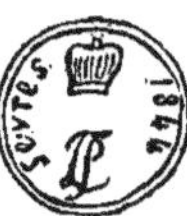

Voici la marque sous la République de 1848 :

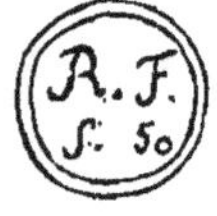

Enfin celles adoptées sous le règne actuel :

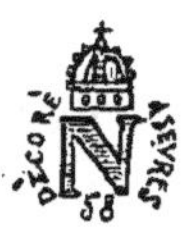

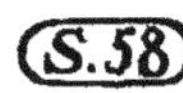

Les lettres, les signes et souvent les rébus sont ceux adoptés par les doreurs ou décorateurs-peintres de fleurs, de marines, de paysages, d'attributs, etc. Ils se rapportent à une liste que M. A. Jacquemart donne dans son excellente *Histoire de la Porcelaine* après l'avoir scrupuleusement copiée sur les registres de la Manufacture

L'établissement devenait trop petit pour un succès chaque jour croissant. On fit construire à Sèvres les bâtiments qui, aujourd'hui, tombent en ruines, et c'est là que la Manufacture, dont le roi devint, en 1760, seul propriétaire, fut transportée en 1756. Boileau, qui, à Vincennes, avait présidé les travaux et, notamment, acquis le secret de la dorure, demeura directeur. C'est, dit-on, à madame de Pompadour que furent dus les encouragements accordés à cette industrie séduisante.

Jusqu'à ce moment la Manufacture ne produisait que ces pâtes tendres, si recherchées de nos jours, et que signe un vrai cachet d'aristocratie. Mais la grande préoccupation était d'atteindre à la porcelaine des Indes, comme l'avait fait la Saxe. En 1761, un des Hannong, dont le père avait fondé Frankenthal, offrait le secret de la porcelaine de Saxe moyennant un prix élevé, mais la matière première, le kaolin, manquait toujours. Réaumur avait bien inventé une sorte de verre divitrifié, opaque et ayant quelque apparence de porcelaine, mais ce n'était qu'une apparence.

Le hasard fit enfin découvrir, en 1768, en France, un gisement de kaolin d'une richesse incalculable. Madame Darnet, la femme d'un chirurgien de Saint-Yrieix, près de Limoges, recueillit dans un ravin et présenta à son mari une sorte de terre blanche qui lui paraissait propre à remplacer le savon. Darnet en porta un échantillon à un nommé Villaris, pharmacien à Bordeaux, qui reconnut le kaolin et l'expédia sur-le-champ à Sèvres pour le faire expérimenter. Il doit exister encore, dans le musée céramique, une statuette de Bacchus modelée avec ce kaolin. Ce qu'il y a de plus tristement comique, c'est que c'est Villaris qui vendit 25,000 livres au gouvernement le secret du gisement. En 1825, madame Darnet vivait encore, dans la misère, et implorait un secours de route « pour retourner, à pied, à Saint-Yrieix-la-Perche, comme elle en était venue. » Sur la demande de M. Brongniart, indigné d'une aussi triste application du *sic vos non vobis*, le roi Louis XVIII lui accorda une petite pension sur sa liste civile. Pour ne parler que chiffres, en 1765, la France importait pour 300,000 livres de porcelaines dures; dix ans après la découverte des gisements de kaolin de Saint-Yrieix, elle en exportait pour la même somme!

Ce kaolin, qui ressemble à ces trésors des contes de fées qui se dérobent aux subtils et se dévoilent aux innocents, fut découvert en Thuringe, à Rudolstadt, en 1758, par une bonne femme qui apporta à un chimiste « une poussière blanche bonne, disait-elle, à sécher l'écriture. »

Rien dans nos arts ou dans notre industrie n'égala peut-être l'influence que la manufacture de Sèvres nous conquit en Europe. Elle avait reçu le ton de la Saxe, mais elle fit vite triompher le goût et le charme français, que rien n'a dépassés pendant et depuis le milieu du dix-huitième siècle. A ce moment l'esprit français, rentré en pleine possession de soi-même, n'imitait plus et vivait sur son propre fonds : il était lui, vif, ailé, poli, savant avec souplesse, philosophe au salon autant qu'à l'imprimerie. Sèvres forme en quelque sorte « l'illustration » de ce passage de l'histoire de France, où notre art se montra le plus personnel, et il ne faut pas sourire devant ces fragiles feuillets. Les conquêtes par les armes sont sujettes à d'étranges retours, et rarement l'avenir confirme les plus beaux programmes des plus fiers politiques. Les découvertes de la science sont d'une grandeur toute relative; elles ne sont que les anneaux successivement forgés d'une chaîne qui part du laboratoire d'un chimiste et aboutira on ne sait où ; elles sont instables comme la science elle-même, dont le centre se déplace incessamment. Seules les créations de l'art sont des faits

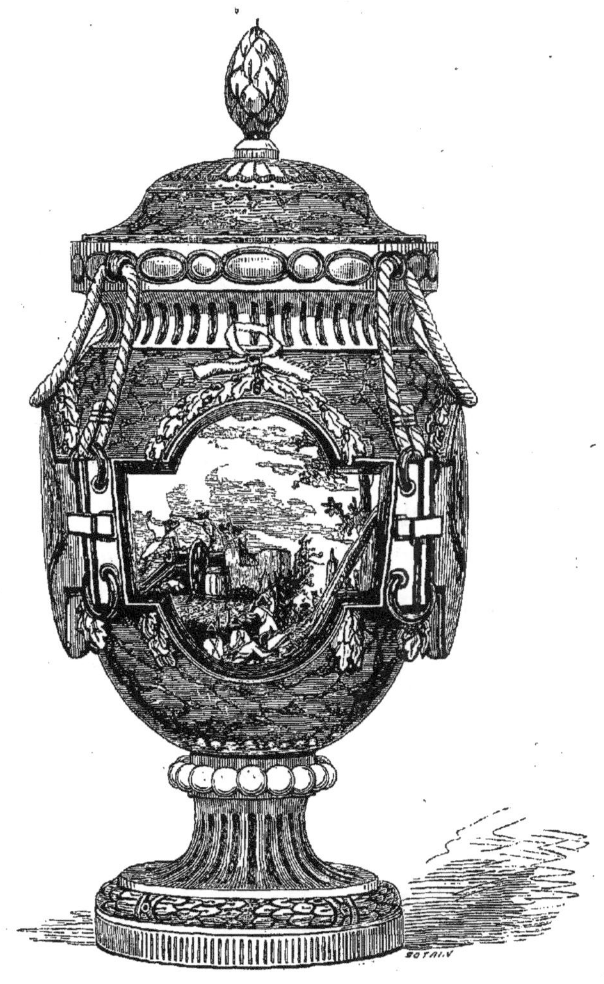

VASE DE FONTENOY.

Porcelaine de Sèvres. — Collection de M. L. Double.

éternels, dans quelque proportion qu'elles se produisent : rien ne peut déplacer le sublime qui est l'essence du Parthénon, de la Vénus de Milo, des médailles de Syracuse, de tout l'art grec ; rien ne peut éteindre le sublime de la Bible, des poëmes indiens, des poëmes grecs, de Dante, de Shakespeare, de Molière. Les faits matériels sont le relatif, les faits intellectuels sont l'absolu.

En veut-on un exemple? Que sont devenues, pour la France d'aujourd'hui, les conséquences de la bataille de Fontenoy, livrée le 11 mai 1745? Quel vent d'oubli n'a pas soufflé sur la poudre des lauriers du maréchal de Saxe? Encore quelques lustres, ce sera un nom qui, pour l'humanité indifférente, se noiera de plus en plus dans la foule de plus en plus vague des noms historiques! A ce moment, le monument que Pigalle lui a élevé à Strasbourg apparaîtra de plus en plus jeune, de plus en plus loué. Hier encore, dans l'hôtel somptueux d'un amateur qui ne s'attache qu'aux belles choses, chez M. Léopold Double, nous la voyions revivre, cette bataille de Fontenoy, dont nous avions oublié la date, sur deux vases que Louis XV sans doute commanda pour le vainqueur, à la Manufacture. Singuliers messagers pour les âges futurs! se serait écrié quelque philosophe d'alors... Ils vivent cependant dans tout l'éclat galant de leur fond rose veiné d'or et de bleu : entre des palmes vertes, s'enlacent les trois couronnes triomphale, murale et obsidionale; dans deux larges écussons, Genest a peint, d'après Morin, des scènes militaires : ici, les troupes françaises enlèvent des ouvrages défendus par l'artillerie et enclouent les pièces; là, elles culbutent l'ennemi dans les vergers qui précédaient le village de Fontenoy. Les trophées guerriers étaient de Bachelier et ils donnent un aspect aussi héroïque que possible à ce brevet de gloire en pâte tendre.

Autre exemple... Buffon, s'il revenait en chair, et en manchettes, retrouverait oublié sur les quais plus d'un des volumes de son *Histoire naturelle*, que les travaux récents ont tant dépassée, et chez M. Double encore le service qu'il appelait son « édition de Sèvres. » C'est un service de table qui compte plus de cent pièces, et où ont été peints avec le soin le plus scrupuleux tous les oiseaux décrits dans son livre.

Falconnet et Clodion fournirent les plus jolis motifs pour les statuettes en biscuit, lequel s'appelle ainsi, quoique la pâte n'ait subi qu'une cuisson. Boucher fut copié à l'infini dans les médaillons, dans les plaques pour secrétaires, consoles, tables, jardinières, cache-pots, écritoires, etc. M. le marquis d'Hertford possède un encrier fort aimable, qui fut offert par Louis XV à Marie-Antoinette, à son arrivée en France : il porte à une extrémité le chiffre de la Dauphine, à l'autre les armes de France; au milieu, le profil du roi avec son beau nez busqué. Une couronne forme le couvercle de l'encrier; la boîte à poussière et son pendant figurent la sphère céleste. Ah! les fines et gaies pensées que la plume devait puiser dans une si galante écritoire!

Mais il est temps de modérer notre enthousiasme, car il irait au delà de notre jugement. L'art de Sèvres est loin de bien représenter l'art du dix-huitième siècle. Il n'en est qu'un côté débile, et si nous nous y sommes si longuement arrêté, c'est que sa renommée est européenne, et que les amateurs s'en disputent à coup de liasse de billets de banque les échantillons bien réussis. Il y a trois ans, une garniture de trois vases gros bleu, avec émaux décoratifs, atteignait en vente publique *soixante-trois mille francs!* A la vente Bernal, tout fut disputé presque dans cette proportion par l'aristocratie anglaise. Les deux collections les plus riches sont celle du marquis d'Hertford, dont une minime partie fut vue à l'Exposition rétrospective de l'Union centrale, et celle de la reine Victoria, dans Buckingham-House. Cette royale collection fut formée en grande partie sous la direction du beau Brummel, par Georges IV. En 1853, sa très-gracieuse Majesté en exposa soixante-dix pièces pour l'éducation des artistes décorateurs dans Marlborough-House.

Tristes modèles bien souvent! Les formes sont presque toujours grêles; le décor a consacré, dans la disposition des médaillons ou des chiffres, cette banale et assommante symétrie que les Orientaux évitent avec autant de soin que nos académies la patronnent. Il est ou noir et sans vibration dans le bleu de grand feu, ou louche dans les tons verts; à peine agréable dans le bleu turquoise, ou ce rose baptisé rose Dubarry. Tout ce qu'on peut rechercher, comme s'harmoniant à un décor de salon fond blanc, pour garnir la cheminée ou les étagères, après les groupes en biscuit ou décorés, ce sont certaines tasses à fleurettes, et des pots à eau semés de roses-pompons ou de bluets.

Jusqu'à la fin du dix-huitième siècle, cette manufacture royale vécut encore d'une vie factice, conservant la grâce vieillotte du son des clavecins ou l'harmonie mourante des gouaches mordues par la lumière. Mais sans avoir rien produit de grand, Sèvres a réalisé l'idéal du joli. A partir de la Révolution et de l'Empire, la décadence commença, et depuis l'abîme n'a pas été comblé. Napoléon donna à la Manufacture les plus grands encouragements, mais surtout pour qu'elle vainquît les Anglais et tous les autres centres de production. L'utile tua l'agréable, en même temps que l'antiquité pédante étouffait cette antiquité de convention, mais exquise, qu'avec la meilleure foi du monde le dix-huitième siècle avait

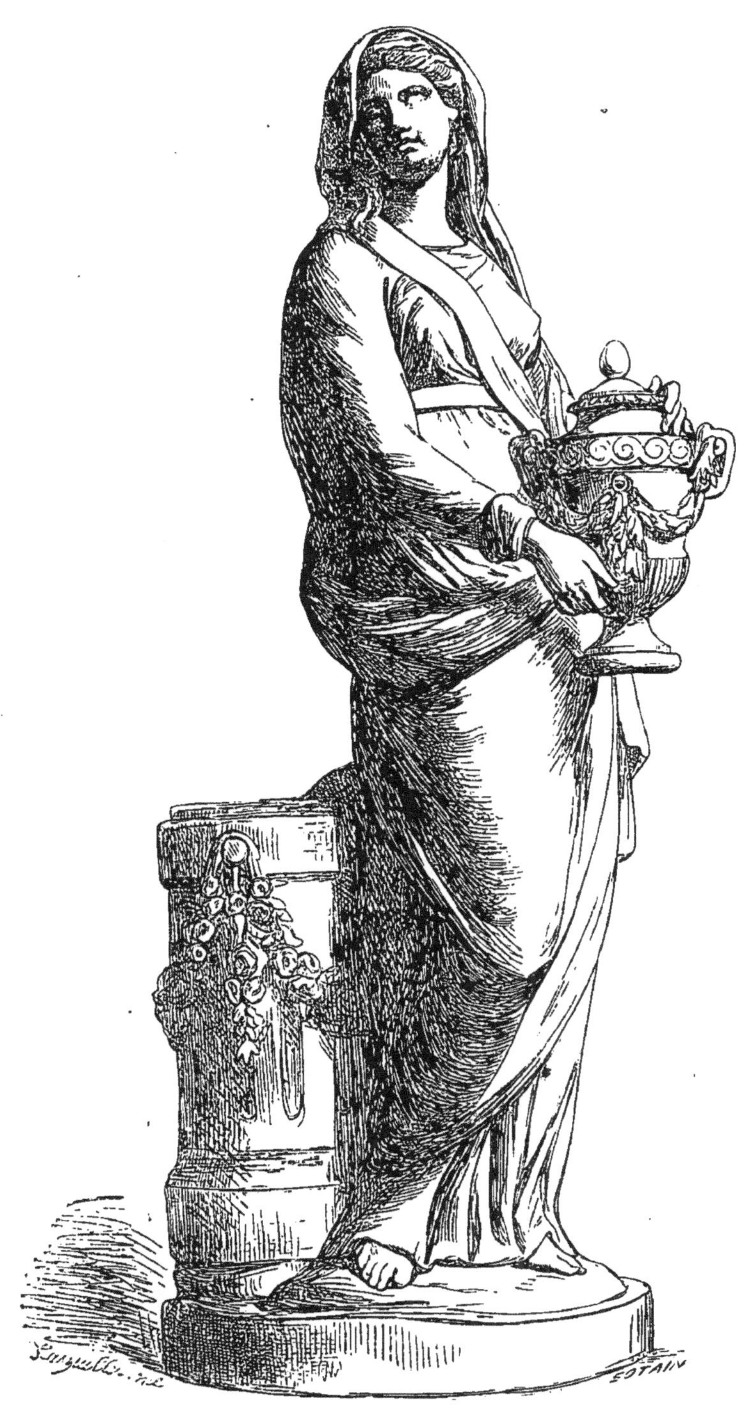

UNE VESTALE.

Statuette en biscuit de Sèvres.

assoupli à ses besoins et à ses rêves. L'architecte évinça le décorateur et le sculpteur; le savant prima l'artiste, et l'atelier fut envahi par le laboratoire.

M. Brongniart conserva jusqu'en 1847 la direction unique. Son *Traité des arts céramiques* est, au point de vue tout exclusif de

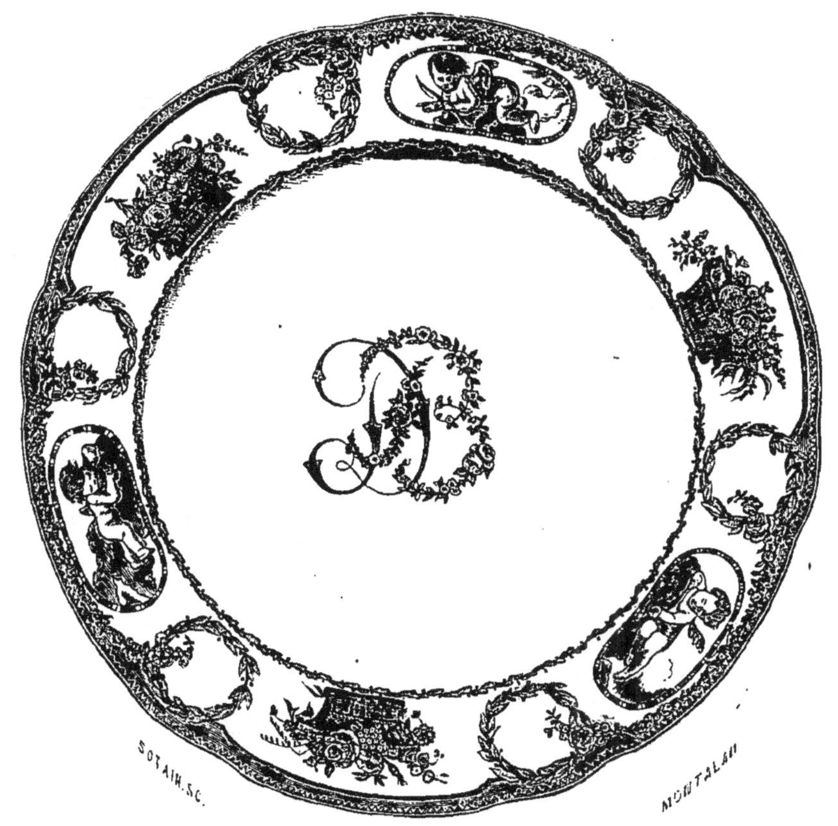

ASSIETTE AUX INITIALES DE MADAME DUBARRY.

Porcelaine de Sèvres. — Collection de M. L. Double.

l'art, la meilleure trace de son passage. M. Ebelmen lui succéda. M. Regnault règne aujourd'hui et, ainsi que ses prédécesseurs, maintient la fabrique dans une voie honorable mais où domine le système des essais théoriques.

C'est fort bien à un certain point de vue. Il est bon que dans une manufacture d'État, on puisse faire les expériences les plus coûteuses, les essais les plus divers. Malheureusement ce ne sont que les casiers des archives qui s'emplissent, et, au contraire, en Europe aussi bien qu'en France, le prestige de la Manufacture diminue de jour en jour. En 1862, on constata avec inquiétude que les deux riches céramistes anglais, Minton et Copland, produisaient presque aussi bien que nous, avec surprise que les grandes pièces exposées laissaient beaucoup à désirer pour la fabrication même ; et l'on plaisanta dans les journaux anglais et dans les rapports sur les blindages en cuivre qui renforçaient les points d'attaches des grands vases, car les pièces de dimensions exceptionnelles ne sont pas d'un seul morceau.

Dans la période qui suivit 1848, sous M. Ebelmen, l'art avait encore ses coudées franches, et nous avons pu choisir parmi les décors de ce moment le *Vase de la Guerre,* composé par M. Diéterle et sculpté par M. Choiselat. Sèvres comptait alors dans ses rangs, Jean Feuchères, Klagmann, Diéterle, Lessore, A. Choiselat, Laemlein. Depuis, Sèvres a traversé la période néo-grecque, et le décor en est sorti au-dessous de la température de ces comètes que les lois fatales de la gravitation emportent à des milliards de lieues du soleil. Un seul maître, M. Hamon, avait imprimé son cachet d'hallucination lucide et réfléchie à des figures de jeunes filles pouponnes et rosées qui retournaient gravement un lis sur le gril, promenaient en laisse des papillons ou teintaient de bleu la corolle d'un volubilis. La peinture de M. Hamon, si voilée ou si aigre dans ses tableaux, prenait, sur la surface polie et luisante de la porcelaine, une harmonie mélancolique et recherchée. Il y avait certainement en M. Hamon, que Sèvres n'a pas su utiliser et conserver, l'âme confusément réveillée d'un potier grec.

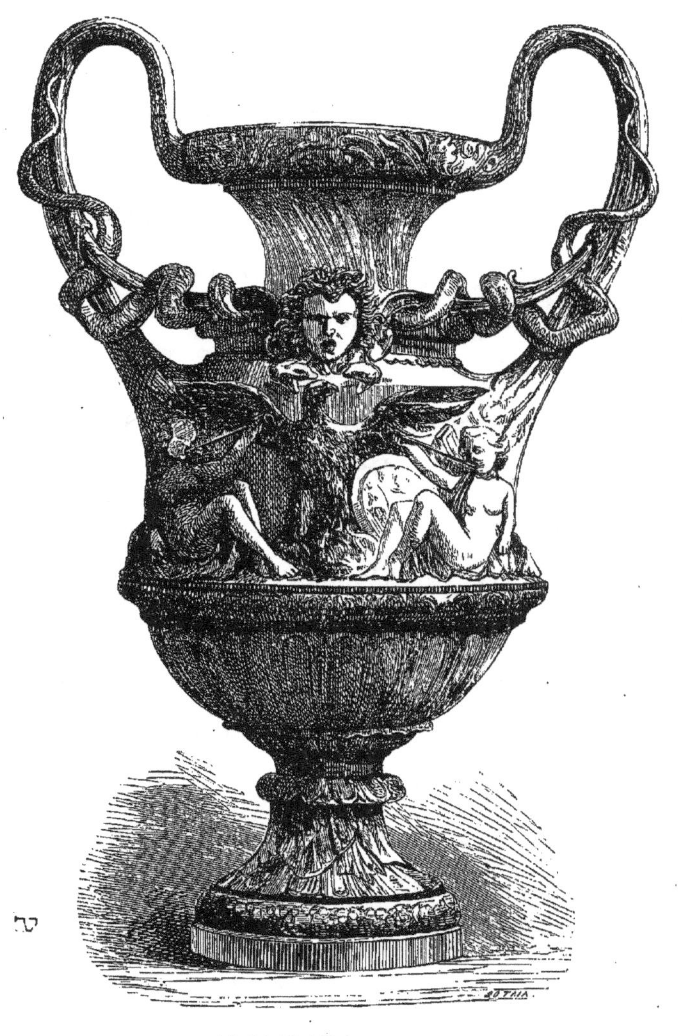

LE VASE DE LA GUERRE.
Modelé à Sèvres sur les modèles de M. Diéterle.

Il ne faudrait pas croire que la Manufacture ait beaucoup déchu. Elle est capable de refaire, pour l'amateur assez riche pour s'en payer la fantaisie, tous les modèles anciens. Mais il faudrait payer aussi les essais et n'avoir pas cette préoccupation constante que l'on peut trouver mieux et moins cher chez les brocanteurs.

Que de déceptions on s'éviterait ! Les faussaires ne se sont pas fait faute de jeter sur la place du « Vieux Sèvres » tout battant neuf, auquel le diable perd son latin. La véritable pâte tendre est rarissime. Vers 1813, la Manufacture vendit aux enchères et à bas prix un nombre considérable de pièces de rebut ou de réserve. Trois brocanteurs s'installèrent dans la ville même de Sèvres, et inventèrent un procédé pour enlever l'émail, teindre la pièce en turquoise, par exemple, et peindre dessus des médaillons ou des ornements. Louis XVIII accepta un jour, en cadeau, un déjeuner fond bleu de roi, orné des portraits de Louis XIV et des beautés de sa cour, commandé, disait-on, par Louis XV et ayant longtemps servi à Louis XVI. L'histoire n'ajoute pas si le donataire prétendait l'avoir reçu directement de Louis XVI, mais c'est la règle en pareil cas. M. de Pradel, ministre de la maison de Sa Majesté, ayant jugé à propos de demander quelques renseignements à Sèvres, on constata que le « souvenir historique » datait d'un ou deux ans, au plus ! Les ors n'avaient point le caractère des ors anciens ; le plateau était venu après la Révolution ; le monogramme du peintre, S***, ne figurait pas dans les archives. Louis XVIII sourit finement... pour l'éducation des amateurs futurs, il fit cadeau à la Manufacture de ce faux audacieux qui figure aujourd'hui dans les vitrines du musée céramique.

Nous ne verrions pas grand mal à ce que ces tromperies se multipliassent. Elles forceraient les amateurs à aller s'approvisionner directement à la Manufacture. Celle-ci reprendrait une activité qui lui fait défaut, et elle se rajeunirait en se trouvant en rapports plus fréquents avec un public d'élite. C'est elle qui produit la plus belle pâte et le plus beau blanc de l'Europe; les Anglais viennent après, et la manufacture impériale de Saint-Pétersbourg après encore. Placez un artiste à la tête des travaux, rétribuez largement les maîtres, peintres ou sculpteurs, dont vous monopoliserez le talent; dépensez pour le beau ce que vous dépensez pour ce que vous appelez l'utile, et vous vous rattacherez ainsi à la vraie tradition française, qui est de dominer par les droits de l'esprit. Ne vous isolez point; soyez accessibles au mouvement moderne; tentez toutes les voies, à l'exemple du dévoué et savant conservateur de votre musée céramique, qui recueille sans aucun parti pris de préférence ou d'exclusion les échantillons de la poterie de tous les temps et de tous les pays. Répudiez enfin cette qualification d'art industriel qu'on inventa, dans ces dernières années, d'appliquer à vos produits d'art, et insistez pour reprendre place dans les Salons annuels de peinture et de sculpture, comme cela avait lieu jusqu'à ces derniers temps. Il faut que Sèvres, en restant une école supérieure de céramique, donne aussi le ton au commerce par la variété et le beau style des modèles.

Pour être juste, nous devons dire qu'on a renoncé à ces reproductions de tableaux qui n'étaient que d'inutiles tours de force; inutiles en ce qu'ils ne répétaient, en quoi que ce soit, l'aspect réel des originaux, qu'ils étaient d'un emploi décoratif d'autant plus impossible qu'ils étaient plus grands, et qu'ils perpétuaient le mode de décor le plus vicieux par l'emploi des tons neutres et l'abus des couleurs de moufle. Si les morts sont au courant, dans les Champs-Élysées, de ce qui se passe sur la terre, quelles singulières réflexions devaient échanger Rembrand et Titien lorsqu'ils apprenaient que madame Jacottot venait de donner une dernière touche et un dernier tour de cuisson à quelqu'une de ses copies d'après leurs œuvres!

L'une des plus heureuses tentatives de décor, réalisées dans ces derniers temps, est celle de l'application des pâtes blanches sur des tons de céladon gris de lin, vert bourgeon, café, chocolat clair. L'invention remonte à une quinzaine d'années. Elle a été pratiquée par MM. Choiselat, Regnier, Gely, avec des fortunes diverses.

Un jeune sculpteur, M. Solon, l'a presque rendue sienne par l'habileté et le goût avec lesquels il la manie. Les oxydes que l'on peut employer pour les colorations qui produisent les céladons sont nombreux, et les demi-tons sont à l'infini : la nuance la plus exquise est celle qui rappelle un « nuage de crème » versé dans une tasse de thé. Mais le feu étant le domaine de malicieux petits gnomes, ils font que les dosages les plus exacts n'ont guère plus de chances de réussites que ceux où l'on s'abandonne au hasard de la palette, et le céramiste ne peut se prétendre maître absolu de ses projets. Sur une pâte colorée, — qui forme corps avec la plaque de porcelaine, et est proprement « une engobe, » c'est-à-dire une épaisseur appliquée soit sur la pâte blanche, soit au pinceau, soit par le trempage, — on pose les pâtes blanches, au pinceau, par couches successives, en ébauchant une forme que l'on parfait avec des outils tranchants ou une petite râpe lorsque l'épaisseur voulue est atteinte. Ce bas-relief terminé, car c'est un véritable bas-relief, il subit une première cuisson appelée « le dégourdi, » ce qui lui donne assez de consistance pour pouvoir être trempé dans une eau d'émail. Enfin vient la dernière

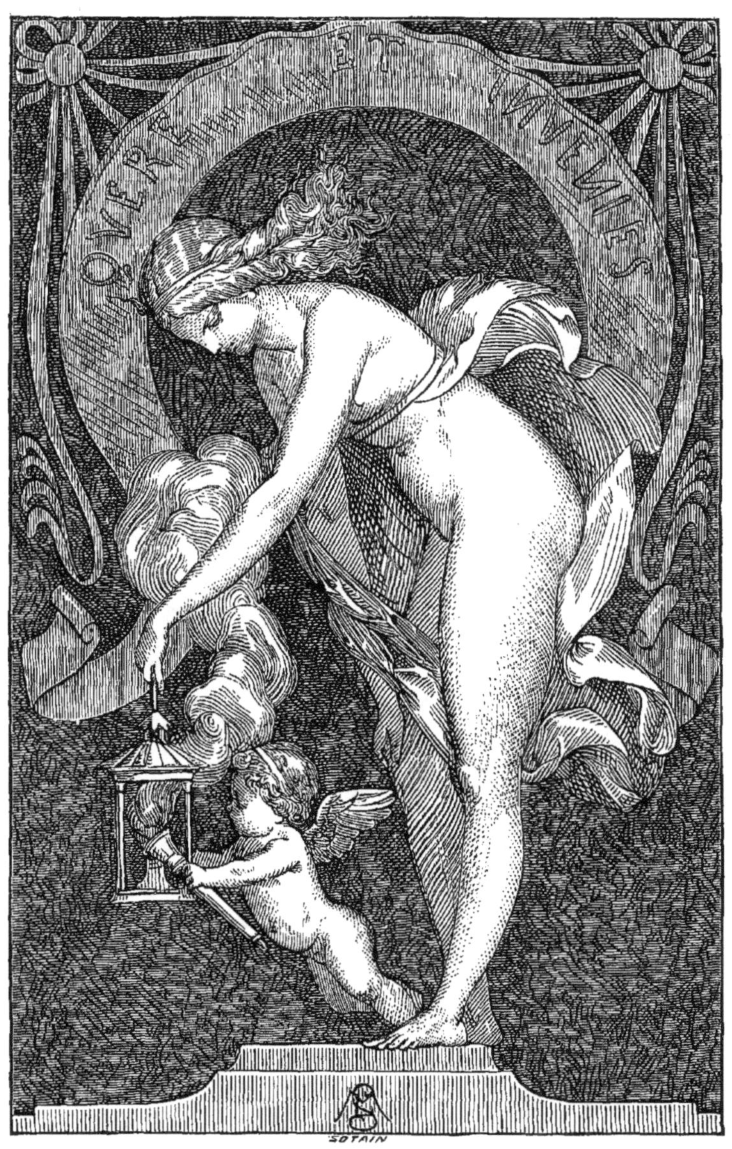

LA NOUVELLE PSYCHÉ.

Plaque émaillée sur porcelaine de Sèvres céladon, par M. Solon-Milès.

cuisson, et, lorsque la pièce est réussie, rien n'égale le charme du résultat : les parties épaisses, en fondant, conservent un relief qui modèle la forme; au contraire, les parties plus minces laissent transparaître le fond, qui forme soit le modelé des chairs, soit une draperie flottante, ou un nuage. Si vous connaissez les biscuits de Wegdwood, dont les figurines se profilent en blanc sur le fond bleu de la plaque, supposez qu'elles sont devenues diaphanes, et pensez aussi à ces veilleuses de porcelaine que l'on appelait des lithophanies. C'est aérien. C'est flottant, noyé dans la masse fluide. Cela rappelle ces études au crayon blanc que Prud'hon faisait saillir sur le papier bleu, et en même temps ces têtes que Corrége estompait à la sanguine et à la pierre d'Italie; elles ont, comme ces mystérieux chefs-d'œuvre, des ébauches de sourire et des palpitations. M. Solon, qui signe aussi Milès ses délicats bas-reliefs, est doué d'un sentiment tout moderne de la décoration. Ces Nymphes qui écartent les roseaux, ces Psyché qui allument une lanterne diogénesque, ces Naïades qui rèvent au bruit du flot versé par leurs urnes penchées, ces Chimères qui se rengorgent et ces Méduses dont la chevelure compte plus de torsades de perles que de serpents, ce sont les rêves d'un artiste né dans nos jours, qui ne demande à l'antiquité ou à la Renaissance que la fine fleur de leur fantaisie. Vous pouvez les encastrer hardiment dans le panneau de la bibliothèque qui renferme l'œuvre de Musset, sur l'étagère au milieu des bronzes de Barye, ou, dans un cadre ciselé par Feuchères, sur le mur, à côté des aquarelles de Delacroix; elles sont, dans leur grâce légère, les sœurs cadettes de cette famille contemporaine. Déjà M. Solon a été apprécié dans le petit cercle des gens de goût dont les suffrages consolent de ces applaudissements bruyants que moissonne la médiocrité. Demain, si quelque grand curieux s'y prêtait, ces œuvres seraient recherchées à meilleur droit que des bibelots, vulgaires de décor et de forme, qui n'ont d'autre mérite que d'appartenir à des âges passés, d'être cotés comme rares à la Bourse de la Curiosité et d'y faire prime.

La manufacture de Sèvres, pour laquelle nous demandons une direction artiste plus large, est incontestablement la plus riche du monde en peintres, en sculpteurs, en modeleurs, en cuiseurs, en chimistes.

Voici très-sommairement, — car notre cadre ne nous permet pas d'aborder les questions pratiques souvent si curieuses et de nos jours si perfectionnées, — la série des manipulations que subit le kaolin, recueilli près de Limoges, à Saint-Yrieix, et additionné de craie de Bougival. Il arrive en tonneaux et est jeté dans de grandes cuves pleines d'eau ; le kaolin proprement dit reste en suspension; décanté et raffermi, il forme une poudre blanche qui ne subit plus d'autre trituration et composera le noyau de la pâte ; au fond de la cuve se dépose un sable feldspathique, que l'on broie à l'aide d'un moulin, et qui, aidé dans la fusion par la craie ou carbonate de chaux, donnera le vernis et la translucidité. Ces trois éléments, réunis et triturés avec les soins les plus attentifs et les plus minutieux, forment la pâte que les ébaucheurs travaillent avec les mains, soit sur un tour tel que M. Edmond Morin est allé le dessiner pour nous exprès à Sèvres, soit par le coulage pour les pièces d'une excessive ténuité, en versant dans un moule en bois poreux la pâte à l'état de barbotine liquide. La pièce, qui possède à ce moment ses éléments constitutifs de matière et de forme, doit être alors finie et réparée; elle subit une première cuisson, « le dégourdi, » puis elle est trempée, blanche ou décorée, dans la glaçure, émail liquide, qui est un mélange naturel de feldspath et de quartz; la partie pulvérulente qui happe la pâte dégourdie est « la couverture. » « L'encastage, » c'est-à-dire la protection des pièces contre l'action directe du feu, se fait à l'aide de ces cazettes ou étuis, dont Palissy nous avait parlé et dont le dessin ci-contre donne une idée sommaire.

« L'enfournement » est une opération pratique des plus délicates, car le feu devient alors le souverain absolu, et quels que soient les secrets qu'ait révélés aux cuiseurs une expérience centenaire, quelles que soient les précautions dont ils s'entourent, rien ne peut faire prévoir ses cruels et irréparables caprices. L'emmagasinage en pile des cazettes terminé, celles qui renferment les pièces les plus sensibles étant placées dans les parties moyennes, les portes du four sont murées. Le foyer est allumé; les morceaux de bois de bouleau sont jetés avec des variations soigneusement calculées, et la cuisson, poussée à de certains moments à une chaleur énorme, dure de trente à quarante heures. On peut surveiller dans une certaine mesure les entrailles incandescentes du four, à l'aide de tubes qui vont jusqu'à l'intérieur en traversant l'épaisse muraille de briques réfractaires qui le composent, et fermés par un morceau de verre épais. Dans les fours de la nouvelle Manufacture on se servira probablement de la houille, que le commerce emploie avec succès, et qui présente une grande économie. Les premiers essais de cuisson à la houille furent faits à Lille en 1784.

Le défournement, opéré avec des soins minutieux après un refroidissement qui n'a pas duré moins de huit jours, est toujours suivi avec une grande anxiété, car ce n'est qu'à ce moment que la paix est signée avec les démons capricieux qui président à ces longues manipulations. Quelques degrés de plus ou de moins dans

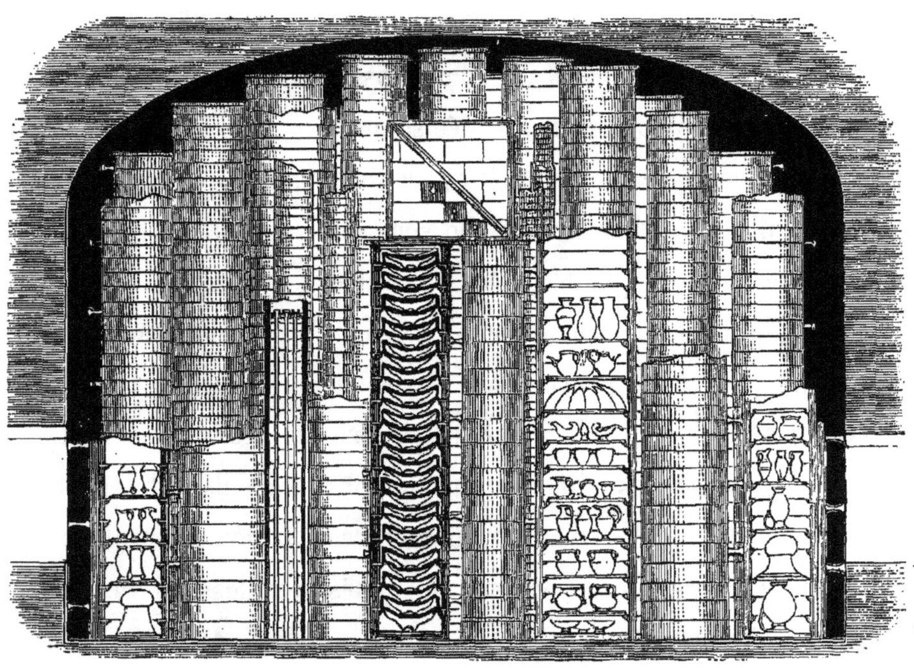

FOUR DE GRAND FEU PENDANT L'ENCASTAGE.

Manufacture de Sèvres.

l'intensité calorique à tel ou tel moment de la cuisson, et toute une fournée, représentant trente ou quarante mille francs de matière et de décors, ne formeront qu'un tas de tessons inutiles !

On ne peut soumettre à cette haute température que certaines couleurs dites pour cela « de grand feu ; » tels sont les verts de chrome et le bleu indigo, qui manque de profondeur et est loin d'être aussi vibrant que le bleu des Orientaux. Les autres couleurs seraient volatilisées et disparaîtraient sans laisser d'autres traces que des salissures plus ou moins graves. Ces couleurs, dites « de moufle, » et dont le nombre n'est à peu près pas limité, s'appliquent sur la surface des vases avant, pendant ou après la glaçure et ne subissent que des cuissons calculées du plus au moins, c'est-à-dire que l'on pose successivement les tons qui exigent des cuissons plus ou moins considérables.

Nous allons indiquer au lecteur deux manières de pousser à fond l'étude que nous n'avons fait qu'indiquer dans ses lignes principales : la première, c'est d'aller, un jeudi, visiter la manufacture de Sèvres, dont les artistes et les employés sont d'une rare obligeance ; la seconde, c'est de lire avec attention le travail sur Sèvres de M. Turgan, dans le beau et excellent livre intitulé : *les Grandes usines de France*. Pour montrer combien ce tableau de l'industrie française au dix-neuvième siècle rend facile à tous l'étude de la science, nous en détachons cette page sur les « impressions sur porcelaine, » procédé malheureusement plus démocratique qu'artiste :

« Ce fut d'abord à Liverpool, dans la manufacture du docteur Wales, qu'en 1751 on appliqua l'impression sur porcelaine. En 1775, M. Bertevin, employé à l'hôtel des Invalides, en instruisit M. Parent, directeur de Sèvres, qui le chargea d'imprimer ainsi le trait des camées antiques copiés pour Catherine de Russie. On perfectionna ce procédé, surtout en Angleterre, pour la fabrication de ces belles porcelaines opaques nommées « cailloutages, » et qui sont souvent des chefs-d'œuvre d'exécution et de bon marché. MM. Neppel, Paillard, Saint-Amant, Honoré, Decaen, firent faire en France de grands progrès à l'impression sur porcelaine, en appliquant les procédés de taille-douce, de lithographie, de gravure en relief sur bois et de typographie. On comprend facilement la difficulté d'imprimer sur une surface glissante comme la porcelaine, rigide, sinueuse et inégale presque toujours : on grave d'abord à différentes profondeurs pour pouvoir charger des épaisseurs variables de couleur, et comme les poudres colorantes dont on se sert usent toujours les planches, on se sert d'acier, plus résistant que le cuivre. On prépare ensuite une huile visqueuse dans laquelle on ajoute la couleur qu'on désire, en la mêlant avec une certaine quantité de noir de fumée qui disparaîtra au feu ; après avoir chargé la planche on la tire en taille-douce sur un papier très-fin, sans colle, et légèrement humecté; une fois la peinture reportée sur le papier, on pose la feuille sur de l'eau; puis, quand elle est suffisamment humectée, on l'applique sur le vase, à la paroi duquel les couleurs adhèrent ; on enlève le papier, et le dessin reste fixé, surtout si on a eu soin de tamponner avant pour l'appliquer plus fortement.» Ce procédé ne s'emploie guère à Sèvres que pour l'or des filets et des ornements, des chiffres et des armoiries.

Sèvres est et restera, nous l'espérons bien, un des derniers vestiges de ces manufactures d'État dont les produits devraient, par leur perfection, détachée de toute préoccupation de prix de revient, braver toute concurrence. La lutte sur le terrain du beau, voilà la seule qui soit digne d'elle. La suprématie de la France dans les arts de luxe, acclamée dans ces grands Jeux olympiques que nous appelons les Expositions universelles, telle est leur fonction, que ces manufactures s'appellent Sèvres ou les Gobelins.

Les vases, les services mêmes de Sèvres, ne devraient aller que chez les heureux du siècle ou que servir de récompenses nationales. Ainsi, à la suite du Salon de 1850, le directeur des Beaux-Arts, M. Charles Blanc, fut-il bien inspiré d'en distribuer aux artistes en place de médailles.

Nous ne suivrons donc pas plus longtemps, chez les fabricants de Paris ou de Limoges, de l'Angleterre ou de la Russie, l'histoire dans le passé et dans le présent d'une matière qui, presque seule parmi les découvertes récentes de l'humanité, a résolu ce problème du plus utile uni au plus agréable. La France l'a faite sienne pendant un siècle, sans interruption. Il ne faut pas que cette conquête lui échappe. Dans quelques semaines la manufacture de Sèvres, bâtie jadis sous l'influence d'une femme intelligente et aimable, quittera son vieil et respectable berceau, dont les murailles tremblotent, pour entrer dans un nouveau palais. Qu'elle en profite pour faire son examen de conscience.

Loin de renier l'histoire des temps qui ont fait sa gloire, qu'elle en relise les pages et en étudie l'esprit. Elle verra que les arts décoratifs ne peuvent, pas plus dans la céramique que dans quoi que ce soit, se séparer du mouvement qui emporte une société toute entière et qu'il faut se mettre à l'unisson de ses besoins et de ses goûts. Puisse-t-elle donc élever ses enfants dans l'esprit nouveau, et créer en France une école qui se puisse enfin opposer à celle des céramistes de l'Orient en produisant des œuvres sincèrement originales.

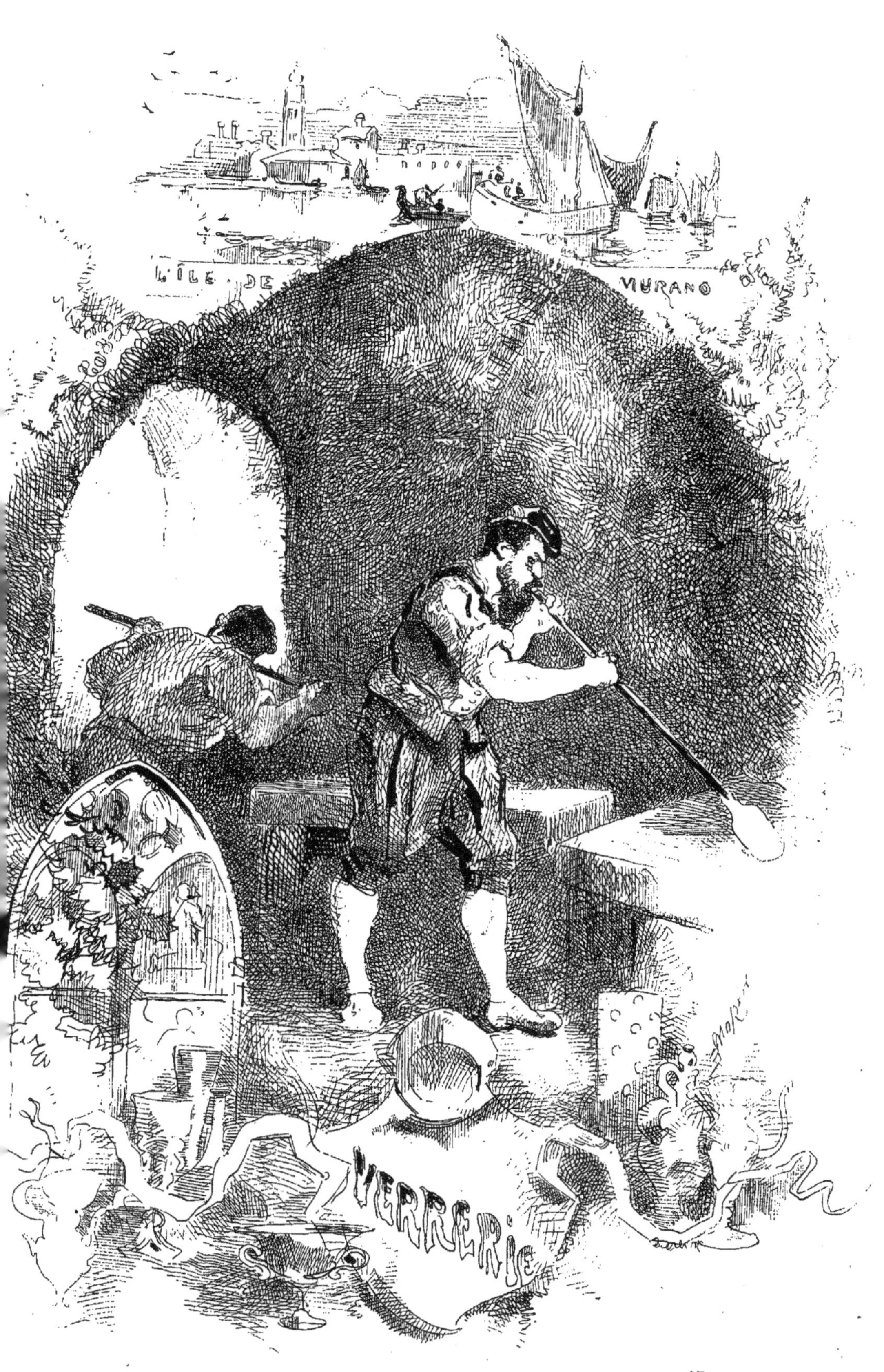
L'ÎLE DE MURANO
VERRERIE

LE VERRE

VERRERIE — VITRAUX

L'invention du verre due au hasard, en Phénicie. — L'Antiquité pousse au plus loin l'art de la verrerie. — Les verres gallo-romains. — Les lampes arabes. — Les bouteilles persanes. Les verreries de Murano. — Manière de fabriquer les vases filigranés et à mosaïques. — Les perles. — Les vidrecomes allemands. — L'acide fluorhydrique, ses résultats présents et son avenir. — Benvenuto Cellini attribue à la lune la formation des pierres précieuses. — L'*Art de la verrerie* du Florentin Neri. — Découverte du cristal. — Les alchimistes du dix-huitième siècle l'avaient pris pour de l'eau congelée. — Baccarat. — Ce qui constitue le cristal. — Histoire d'une carafe. — La cristallerie moderne.

VERRERIE

Pline le naturaliste raconte en des termes pittoresques l'invention du verre. Elle n'a rien de très-vraisemblable. Si le hasard a pu révéler un si singulier prodige, du moins a-t-il fallu nécessairement pour l'accomplir une température bien autrement élevée que celle dont parle Pline. Citons cependant. La traduction d'Antoyne du Pinet, seigneur de Noroy, parera notre citation des grâces du langage des premières années du dix-septième siècle et la rajeunira. « En Phénicie, contrée limitrophe de Judée, il y a un certain lac, qui est au pied du mont Carmel, duquel sort la rivière de Bélus, laquelle tombe en la mer auprès d'Acre, et a environ cinq milles de tour. Cette rivière a une eau fort dormante et malsaine à boire, limoneuse et fort profonde ; de sorte qu'on ne voit jamais de son limon, sinon quand la mer regorge et qu'elle la fait déborder. Alors on voit un certain limon, net et luisant, comme ayant été purifié par les flots et vagues, et tient-on que la mortification de l'eau marine condense ce limon qui auparavant ne servoit de rien. La plage où cela se fait ne sauroit contenir en tout un demy-mille, et néanmoins on y a de tous temps pris de la matière assez pour fournir de verre quasi tout l'univers. Et quant à l'invention de ce verre, on dit qu'elle vient de certains marchands de nitre qui, ayant pris terre en cette plage, voulurent faire leur cuisine sur la grève. Mais n'y trouvant ni pierre, ni cailloux, pour servir de trépied à leur marmite, s'avisèrent d'y mettre des quartiers de nitre qu'ils apportoient avec du sable de la dite plage. Mais advint qu'ayant mis le feu sous leur marmite et que le nitre eut commencé à prendre le feu à bon escient, pesle mesle à travers le gravier de la dite plage, ils s'apperçurent d'une humeur claire qui couloit à grand brandon : et tient-on que delà vint la première invention de faire le verre. »

Le verre est en effet le résultat de la fusion d'un sable qui se rencontre dans maints endroits et qui, notamment, forme les beaux sentiers de grès blanc de la forêt de Fontainebleau.

Plus loin Pline ajoute ces curieux détails sur les verreries de son temps : «... Les fourneaux de verre sont à bois comme ceux où fond le bronze. La première fonte est tirant sur le noir. On la recuit encore une autre fois en un autre fourneau et luy baille telle couleur que l'on veut. Les verriers de Sidon, ville d'où on apportoit jadis toute la belle verrerie que nous avons (Pline écrivait ceci vers l'an 70 de Jésus-Christ), faisoient leurs verres à souffler, ou bien ils les polissoient au tour et y faisoient des ouvrages de plat et de relief comme on feroit sur des vases d'or ou d'argent. Même l'invention d'en faire des miroirs y fut trouvée.

Voilà donc comme on manioit le verre en l'antiquité. Maintenant on fait le verre en Italie, d'un certain sable blanc qu'on trouve à bord du fleuve Volturno ; ce sable est fort tendre et facile à pulvériser au moulin. Et certes, on use quasi partout ainsi et signamment en Gaule et en Espagne. »

Les Égyptiens connurent à fond l'art — peut-être aussi ancien que celui de la céramique émaillée, — de fondre le verre, de le colorer, de l'incruster. Les Grecs s'en servirent aussi et moulèrent des médaillons précieux. Mais les plus nombreux monuments qui soient arrivés jusqu'à nous, sauvés par l'intérêt qu'excitait leur fragilité même, sont romains. Il en existe de charmants spécimens dans les vitrines de la collection Campana, et les cabinets de curieux de haut goût possèdent, intacts ou raccommodés, des coupes capricieuses, des vases de dimensions souvent considérables ou de petits objets familiers tels que des oiseaux à longues queues, des fleurs émaillées, etc. Le vase Portland, du British Museum, qui a été brisé par un fou et habilement raccommodé, est une merveille de style et de matière. Il fut trouvé dans le milieu du seizième siècle, aux environs de Rome, dans un sarcophage en marbre que l'on dit être celui d'Alexander Severus ; il est fond bleu, enrichi de camées blancs.

On voit souvent des plaques de verre translucide, collées l'une à l'autre et enserrant une mince feuille d'or sur laquelle sont dessinées à la pointe des représentations du Christ, ou des figures de saints, ou encore de pieuses inscriptions ; c'est ce qu'on nomme des *graffiti*, et cela rappelle à la fois les mosaïques et les émaux cloisonnés. Les yeux de certains bustes ou statues, lorsqu'ils n'étaient point en argent étaient en verre coloré, ou tout au moins la prunelle était-elle en verre noir et inscrite dans des sclérotiques en ivoire. Il exista même des statues entières coulées en verre noir, appelé « obsidien, » et qui semble correspondre à notre jayet. On savait si bien travailler le verre à Rome, qu'il fit concurrence à la vaisselle d'or et d'argent, et que Néron paya six mille sesterces deux coupes de moyenne grandeur. Voilà, où je me trompe fort, deux objets d'art qui, passant à l'hôtel Drouot, avec certificat d'origine, monteraient plus haut encore que les faïences d'Oiron !

Pline citait les verriers gaulois. En effet, il n'est guère de tombe celtique qui s'ouvre sans nous livrer des colliers en verroterie. Les cimetières gallo-romains contiennent aussi, presque sans exception, des vases pleins d'os calcinés, des coupes, des urnes lacrymatoires qui renfermaient non pas seulement les larmes des survivants, mais surtout des essences et des parfums qui avaient été chers au mort. Ils sont ordinairement couverts des irisations les plus vives, passant par tous les tons de l'arc-en-ciel avec une intensité éblouissante ; le rouge, l'orangé, le vert métallique, le blanc, le rose, y miroitent comme sur l'élytre d'un coléoptère ou la nacre d'une huître perlière. Cette irisation, que les faïenciers hispano-moresques et italiens imitèrent dans leurs majoliques à l'aide de lustres métalliques, est due à une altération chimique de l'épiderme, mais n'a point été préméditée par le verrier.

On a retrouvé en France, notamment en Poitou, des vases antiques en verre d'une grande beauté, avec des figures en relief. On présume qu'ils ont été fabriqués dans le pays, car plus tard, au Moyen âge, à la Renaissance, on retrouve dans cette région des fours importants qui paraissent ne pas avoir cessé de brûler. Les objets recueillis sont en général comme ceux qu'offrent l'Italie, la Savoie, Autun, l'Angleterre ou l'Allemagne, fabriqués sur des modèles fort à la mode à ce moment et ils ont dû avoir une destination commune : on voit se dérouler sur le flanc de ces vases des assauts de gladiateurs, des jeux de cirque, des courses de chars; ils rappelaient donc les hauts faits d'automédons, de lutteurs célèbres. Ces feuilles de verre sont parvenues intactes jusqu'à nous. Dans dix-huit cents ans existera-t-il un seul de nos journaux illustrés? Nos bibliothèques auront-elles été aussi fidèles que les nécropoles?

Nous reviendrons, à propos des vitraux, sur la question aujourd'hui vidée de l'usage des vitres chez les Romains. Suivons la verrerie, non pas en Italie — où elle ne sombra pas dans le cataclysme des invasions barbares et où elle ne reparut avec tout son éclat que vers le douzième siècle, — mais dans l'Orient.

Les secrets de ces ouvriers de Sidon, dont l'habileté avait charmé le monde antique, étaient connus sans doute dans toute l'Asie Mineure, dans l'Arabie, dans l'Inde, dans l'Égypte surtout. Un érudit qui connaît à fond l'art arabe, M. H. Lavoix, a publié des notes intéressantes à propos de lampes en forme de vase à oreilles que M. Charles Schefer avait prêtées à l'Exposition rétrospective de l'*Union centrale* : « Les lampes, dit-il, se balancent par centaines, suspendues à la voûte par de longs cordons de soie, dans les mosquées du Caire et de Damas; passés dans des anses légères faisant saillie sur la panse du vase, ces cordons d'attache se dessinent comme les arêtes d'un polyèdre à un sommet commun. A cet angle est suspendu un œuf d'autruche d'où tombe une petite lampe qui descend dans l'intérieur du vase. La lumière passe à travers le verre clair et brille en dessinant alternativement ou les lettres de la légende, ou le fond sur lequel elles s'enlèvent en émail de couleur. » Elles portent presque toujours le nom et le titre des sultans et des émirs qui les ont appelées à décorer le temple d'Allah. La formule est la même, la servilité n'ayant là qu'une

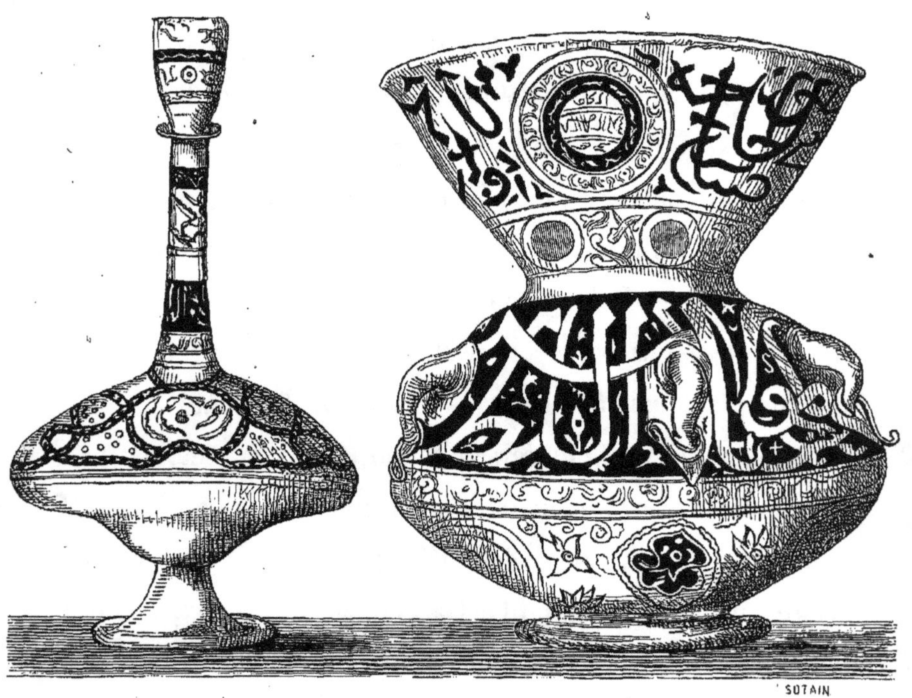

BOUTEILLE PERSANE ET LAMPE DE MOSQUÉE ARABE.

Collection de M. Schefer.

forme de langage : « Honneur à notre maître, le sultan victorieux ! Qu'Allah éternise son règne ! » La plus grande partie des lampes qu'a étudiées M. H. Lavoix appartenait à la dynastie des princes mamelucks, et surtout au règne de Mohamed-el-Naser, qui régna longtemps sur l'Égypte et sur la Syrie. Elles remontent donc au treizième siècle.

Dans le *Songe de Polyphile*, ce roman des dernières années du quinzième siècle que nous avons déjà cité à propos des grottes de Bernard Palissy et qui passe en revue sous des formes imagées tous les arts de cette époque, des lampes semblables jettent leurs feux capricieux. « Pour la diversité des pierres précieuses dont les lampes estoient estoffées, il se rendoit par tout le temple une réverbération de couleurs tremblantes, si gaies, que le soleil après la pluye ne sçaurait peindre un plus bel arc-en-ciel. » Notre temps, plus ennemi de la couleur et de ses féeries, se borne à allumer dans les boudoirs des lampes en verre opalin, lumière silencieuse bien faite pour accueillir les songes qui sortent par la porte d'ivoire.

A l'exposition archéologique qui, en 1860, réunit à Vienne les trésors des sacristies et les trésors possédés par les amateurs de l'empire d'Autriche, il y avait deux antiques vases persans, en verre doré et émaillé. Un inventaire du trésor de Saint-Étienne, de Vienne, en 1373, les désigne ainsi, « due amphore ex Damasco. » Ils avaient été rapportés de la terre sainte. Le premier, une bouteille munie sur le col de deux petites anses, est décoré de zones d'entrelacs, alternant avec des semis de rosettes, en or bordé de rouge et en émail bleu. Le second, plus singulier encore, porte une frise de petits personnages en manteau, quatre médaillons séparés, et le cyprès qui pour Zoroastre et ses disciples était l'image de l'âme s'élançant vers le ciel. Ce sont des plus précieux et des plus authentiques échantillons de la verrerie orientale qui soient arrivés intacts jusqu'à nous, et déjà, au quatorzième siècle, ils étaient considérés comme dignes d'être conservés dans un trésor.

Les Persans, surtout après qu'ils furent devenus musulmans, reproduisirent volontiers sur le flanc des bouteilles ou sur le tour des coupes, des strophes bachiques écrites avec ces caractères cursifs qui sont par eux-mêmes le plus élégant des ornements. Les Shahs ont maintes fois autorisé officiellement l'usage du vin, et le voyageur Chardin a décrit l'endroit qui, dans le palais des rois, à Ispahan, était appelé la « Maison du vin. » — « L'entrée est étroite et cachée par un petit mur bâti au-devant, à deux pas de distance, afin qu'on ne puisse voir ce qui se fait dedans. Quand on y est entré, on trouve à la gauche du salon des offices ou magasins, et à droite une grande salle. Le milieu de la salle est orné d'un grand bassin d'eau, à bords de porphyre. Les murailles sont revêtues de tables de jaspe tout à l'entour, à huit pieds de hauteur, et au-dessus, jusqu'au centre de la voûte, on ne voit de toutes parts que niches de mille sortes de figures, qui sont remplies de vases, de coupes, de bouteilles de toutes sortes de formes, de façons et de matières, comme de crystal, de cornaline, d'agate, d'onyx, de jaspe, d'ambre, de corail, de porcelaines, de pierres fines, d'or, d'argent, d'émail, etc., mêlés l'un parmi l'autre, qui semblent incrustés le long des murs et qui tiennent si peu, qu'on dirait qu'ils vont tomber de la voûte. Les offices ou magasins qu'il y a à côté de cette magnifique salle, sont remplis de caisses de vins, hautes de quatre pieds, larges de deux. Le vin y est la plupart ou en gros flacons de quinze à seize pintes, ou en bouteilles de deux à trois pintes, à long col. Ces bouteilles sont de crystal de Venise, de diverses façons, à pointes de diamant, à godrons, à réseaux. Comme les bons vins de l'Asie sont de la plus vive couleur, on aime à les voir dans la bouteille. Les bouteilles sont bouchées de cire, avec un taffetas rouge par-dessus, cachetées sur un cordon de soie du cachet du gouverneur du lieu, car ces vins sont les uns de Géorgie, les autres de Caramanie et les autres de Schiraz. »

Chardin, en écrivant que ces bouteilles sont de cristal de Venise, commet évidemment une erreur. C'est au contraire Venise qui avait reçu de l'Orient l'idée de ces formes charmantes et bizarres, qu'elle multiplia avec tant de caprice et de goût. La bouteille, d'un jet si élégant, reproduite par M. J. Labarte dans son *Histoire des arts industriels*, et qui, achetée près de 5,500 francs à la vente Soltykoff, appartient aujourd'hui à M. Gustave de Rothschild, est vraisemblablement d'origine byzantine. Notons au passage qu'on y retrouve dans des médaillons cette fleur mystérieuse à trois pétales, l'un dressé, les deux autres retombant, qui donna à nos ancêtres l'idée de la fleur de lis, et que M. Adalbert de Beaumont a rencontrée sur les monuments les plus antiques de l'Asie comme un des plus irritants problèmes de la science du blason.

Chassées par les Barbares, les populations vénitiennes avaient cherché, vers le cinquième siècle, dans les lagunes un asile tranquille. Elles y transportèrent l'industrie du verre, qui n'exigeait pas grands frais de déplacement et qu'elles cultivaient depuis une haute antiquité. Nul doute que les verriers italiens n'aient reçu eux-mêmes les secrets de la fabrication des Phéniciens ou des Égyptiens, si habiles à travailler l'émail, s'il nous est permis pour un instant d'appliquer ce terme au verre en fusion et non adhérent à un métal. Les verres à mosaïques, ou ce qu'on appela plus tard les « mille fiori » ne sont autre chose que des émaux étirés pendant la fusion et réunis dans un certain ordre. La mosaïque elle-même ne fut qu'une application différente du même ordre d'idées : au lieu de chercher à réunir par la fusion de petits cubes ou de petits ronds de verres colorés, on les introduisit dans le mastic étendu à terre ou sur une muraille.

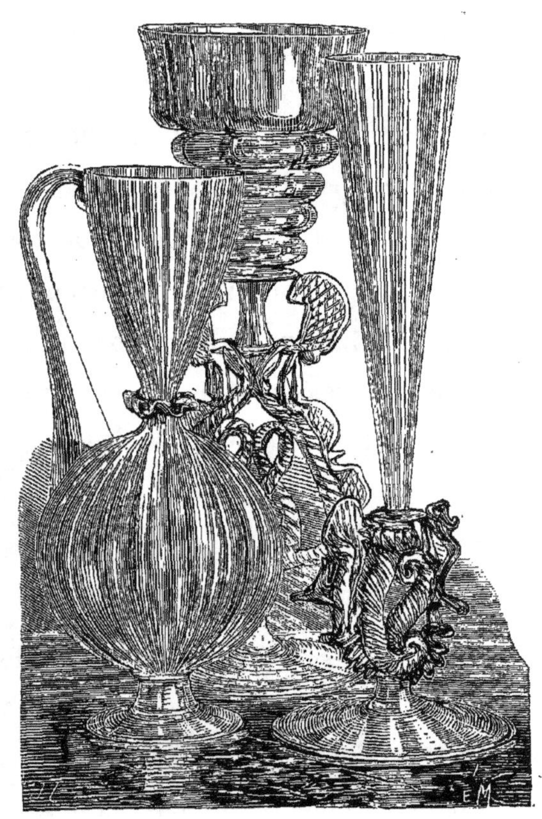

VERRERIES DE MURANO.

Dans le milieu du treizième siècle, les verriers du Rialto, molestés par des règlements de police qui, pour prévenir les incendies, imposaient à leurs fourneaux de se tenir à des distances respectueuses des habitations, s'établirent définitivement dans l'île de Murano. N'y a-t-il pas comme une visible parenté entre ces gens qui vivent au milieu des eaux et ces mille objets transparents eux-mêmes comme l'onde et brillants comme la vague que le soleil caresse? Nul des arts décoratifs de notre Occident n'atteignit un développement plus personnel, ne fit plus vite oublier où il avait pu puiser ses modèles, et ne régna sur le monde charmé avec un sceptre plus fragile. Le sénat de Venise ne fit-il pas bien de conférer, dès le dix-huitième siècle, la noblesse à des artisans qui savaient se montrer des artistes si précieux et si inventifs?

Un prédicateur du roi Louis XIII, un écrivain plein d'exubérances et de raffinements de langage, René François, dans son *Essay des merveilles de la nature et des plus nobles artifices*, feint de croire que le verre est une eau congelée, et il s'écrie : « Qui est allé cacher dans le sein du sable et du gravier ce métal frèle et délicat, fait pour les yeux et pour la lèvre, ce beau thrésor qui fait que le vin rit en se voyant enfermé dans le sein miraculeux de son ennemie mortelle, l'eau, façonnée en coupes et en cent mille figures? Mourano de Venise a beau temps d'amuser ainsi la soif, et remplissant l'Europe de mille et mille galanteries de verre et de chrystal, fait boire les gens en dépit qu'on en ait : on boit un navire de vin, une gondole! on avale une pyramide d'hypocras, un clocher, un tonneau, un oyseau, une baleine, un lion, toute sorte de bestes potables et non potables! Le vin se sent tout étonné prenant tant de figures, voire tant de couleurs, car dans les verres jaunes le vin clairet s'y fait tout d'or, et le blanc se teint d'escarlate dans un verre rouge. Ne fait-il pas beau voir avaler un grand trait d'escarlate, d'or, de lait ou d'azur! »

Il n'y a rien d'exagéré dans les croquis à la plume de cette jolie page. L'imagination des artistes verriers de Murano a tenté toutes les formes; leurs chimistes leur ont fourni les tons les plus fermes ou les plus fins : le bleu d'azur méditerranéen et le blanc de lait, le vert glauque veiné ou poudré d'or au pinceau, et le rose mourant de l'hortensia. Bien avant les potiers de Caffagiolo et d'Urbino, ils ont peint dans les médaillons d'un hanap le double portrait de deux fiancés, et je lis sur une des devises de ces tendres souvenirs : « Amour exige Fidélité. »

Une légende, fantasque et rieuse comme un scenario de ballet réglé par un masque, nous a transmis le nom d'un de ces nobles artisans. Les vases et les verrières d'Angelo Beroviero, établis à Murano, dans les premières années du quinzième siècle, à l'enseigne de l'*Ange*, étaient célébrés pour leur grâce et leur éclat. Angelo Beroviero, disciple d'un chimiste habile, don Paolo Godi de Pergola, avait surenchéri sur son maître et savait teindre le verre de toutes les couleurs imaginables. Il écrivait ses secrets sur un livre qu'il se réservait de transmettre à ses successeurs, comptant ainsi assurer la fortune de la fabrique qu'il avait fondée. Pour son malheur, il avait une fille, jolie et trop sensible. Un jeune homme, appelé de son vrai nom Giorgio, mais surnommé pour son esprit sans doute il Ballerino et boiteux à souhait, faisait le bon apôtre dans l'atelier d'Angelo : un beau matin, il enlève du même coup Marietta, la fille, et le registre aux secrets. Puis il menace, si on ne lui accorde la main de l'une, d'aller vendre l'autre à un confrère... Donner sa fille ou perdre ses arcanes, un maître verrier pouvait-il hésiter ? Il Ballerino rend le livre, obtient la main de Marietta avec une bonne dot, allume pour son compte des fourneaux, et c'est de lui que date la maison très-connue des Ballerini !

Un pèlerin, qui visita Venise dans les premiers mois de l'année 1484, raconte une anecdocte qui peint au vif l'épaisseur du sang allemand au sortir du moyen âge. L'empereur Frédéric III étant venu à Venise, le doge et le sénat lui montrèrent un admirable vase de verre. L'empereur en admira le charme, loua le rare mérite de ceux qui l'avaient exécuté, puis, comme par accident, laissa échapper de ses mains l'urne, qui se brisa en mille morceaux. L'empereur, feignant une grande contrariété : « Hélas! s'écria-t-il, qu'ai-je fait! » Puis, ramassant les fragments : « Voyez, dit-il, combien l'emportent sur ceux-ci les vases d'or et d'argent, dont les restes peuvent au moins être utiles à quelque chose. » Les Vénitiens comprirent, et offrirent, à son départ, à cette majesté positive, des vases d'or et d'argent.

Misérable calcul pour un pasteur d'hommes! Ces objets d'or et d'argent, si le marteau et le burin de l'orféyre ne les avait ennoblis, ne valaient que le lingot qui sort du creuset. Au contraire, l'urne que Sa Majesté avait laissé choir de ses mains brutales était peut-être de la famille de ces objets inestimables que pendant les campagnes d'Italie Bonaparte exigeait comme appoints des traités.

Les artistes ne pensaient point comme Frédéric. En 1656, la Chambre des Insolvables de la ville d'Amsterdam enregistre l'inventaire de tout ce que possédait Rembrand, ruiné par des règlements d'intérêts de famille : on y voit figurer, au milieu d'une magnifique collection de tableaux de maîtres et de statues, d'armes et d'habillements de sauvages, de bustes antiques, de coquilles et de minéraux, de gravures et de dessins, de moulages, de porcelaines de la Chine et du Japon, on y voit, dis-je, « quelques raretés en petits vases et verres de Venise. »

La découverte ou au moins le perfectionnement des miroirs en cristal, appelés à remplacer le miroir en acier poli, date du quatorzième siècle et appartient, dit-on, à l'Allemagne. C'est un fait purement industriel et qui laisse toute tranquillité à l'imagination. Les Vénitiens, cependant, surent agrémenter cette surface unie en gravant dessus des personnages mythologiques au milieu d'encadrements formés de fleurs, de rinceaux ou de grotesques. Ils firent aussi des cadres très-originaux en insérant au milieu du cuivre, de l'acier, de l'ébène, des bandes de glace sous différents angles d'incidence.

On a vu aussi dans ces dernières années des serre-papiers imitant l'aspect de ces « mille fiore, » qui rappellent ce que l'on voit dans le tube d'un kaléidoscope quand on y jette une poignée de pétales de fleurs ou de morceaux de papiers de couleur. Ces objets modernes sont aussi bien exécutés, en tant que pratique, que ceux de la Renaissance; mais la forme est d'une naïveté qui désarme. Le procédé en lui-même est facile : ce sont de petits bâtons de verre que l'on assemble comme les fils de chanvre d'un cordage, que l'on soumet à la cuisson, et que l'on tord d'une certaine façon. Ce qui ne s'est pas transmis, c'est la fantaisie ailée de l'artiste verrier qui les faisait s'embrouiller en spirales sur le fonds d'une coupe comme des fils de la vierge, monter dans le pied d'un verre comme une corde de harpe qui se crispe au soleil, irradier du point central comme ces lignes de pourpre et d'or qui, pendant les séances de fantasmagorie, s'allument sur le rideau noir de la scène et semblent grossir en roulant sur elles-mêmes. Telles les chansons populaires, railleuses et sentimentales, ont été imprimées, mais non pas l'accent du dialecte qui leur donne la couleur et le mouvement.

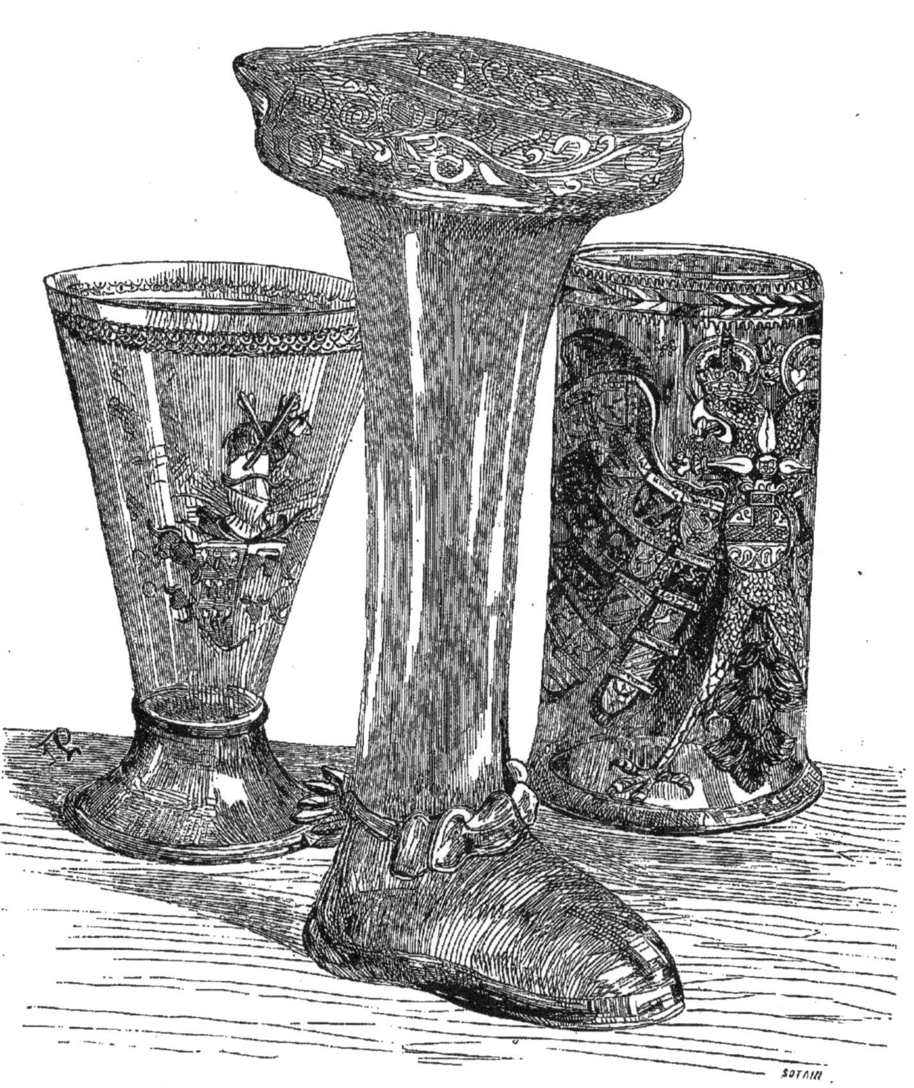

VERRERIES ALLEMANDES.

Musée de l'Hôtel de Cluny.

Il ne faudrait pas croire que toutes les verreries qui nous sont parvenues aient été coulées à Murano. Il en a été fait de charmantes en France, en Lorraine particulièrement. L'Allemagne leur a donné un caractère plus lourd, mais très-personnel et très-héraldique. Même distance des unes aux autres que d'une dague florentine à une épée suisse à deux mains !

C'est le plus vivant souvenir que la vieille Allemagne nous ait légué de ses fêtes. Ces chopes, qui contiennent plus d'un litre de bière, ces vidrecomes pour entonner les vins du Rhin, écussonnés et émaillés de tous les émaux du blason, avaient sur une table la plus grande allure. Les Suisses y marchent avec des gestes redondants, le poing sur la hanche, le ventre en avant, le jarret tendu, la bouche et le nez ensevelis dans des barbes en éventail, fiers et rudes sous les plis des drapeaux de leurs cantons. L'aigle autrichienne y pétrit dans ses serres le glaive et le globe catholique, tendant sa double tête vers d'invisibles horizons. Un jeune couple traverse pas à pas le *Liebens Thal*, la « vallée d'Amour. » Une cordiale exclamation invite les amis à se défier au combat de la bière et du vin. Dans les offices du château de la Favorite, tout près de Bade, on voit encore chacun des verres à boire des invités de la princesse Sybille ; chacun porte les armes et la devise de son maître, gravées à la roue, d'un travail fin comme une dentelle de fée. Parfois l'écusson est timbré d'un casque dont les lambrequins foisonnent et s'étalent comme la vigne vierge sur les flancs d'un burg démantelé.

On n'a pas cessé de fabriquer à Murano, qui n'est plus qu'une triste petite île, des lustres avec des fleurs, des fruits et des ornements en verre de couleur, et que les marchands offrent imperturbablement pour des lustres du dix-huitième siècle.

Le procédé pour fondre ces perles, ces colliers, ces rasades qui ravissent sans interruption depuis le quinzième siècle les peuplades de l'Afrique, de même que les diamants, les perles et les pierres précieuses réelles sont le rêve des Européennes, est assez singulier. La disposition des fourneaux et des creusets est la même que chez nous; les matières premières sont la potasse, la soude et un sable siliceux qu'on recueille sur la côte la plus voisine de Venise. Lorsque la matière colorée par les oxydes minéraux ordinaires est en fusion, le verrier plonge dans le creuset l'extrémité de sa canne, tube de fer d'environ cinq pieds de long, qui est l'instrument fondamental du métier. A l'aide d'un instrument de fer, il pratique au milieu de la masse gluante qu'il a apportée une large ouverture. Un autre ouvrier, qui a fait la même opération, applique, soude sa canne à celle-ci, et tous deux s'éloignent en courant en sens inverse. Ils peuvent filer ainsi un tube de verre fin comme un cheveu et long de cent pieds. Ce tube est brisé par sections de deux pieds de longueur et livré à l'ouvrier margaritaire. Le margaritaire coupe le tube, qui s'appelle proprement « un canon, » par petits fragments dont la longueur égale le diamètre, et les fait tomber dans un baquet plein d'argile infusible et de poussière de charbon qui remplit l'anneau et l'empêche de se boucher, alors que pour arrondir les angles on soumet le tout à une nouvelle cuisson ; cette cuisson s'opère dans un cylindre de fer que l'on fait tourner pour éviter que les perles n'adhèrent entre elles. Il ne reste plus qu'à les appareiller en les faisant passer par des cribles de grosseurs déterminées. Certaines autres perles plus solides et plus soignées que ces rasades sont obtenues à la lampe d'émailleurs. Les perles à facettes se fabriquent en Bohême, à Reichenberg.

Nous l'avons dit plus haut, l'art de graver à la roue sur la surface du verre fut poussé très-loin en France. On connaît ces gobelets, de silhouette généralement assez simple, qui offrent dans un large écusson des lettres initiales répétées en sens inverse et enlacées par la tête et le pied. Sous Louis XVI furent gravés les plus délicats. De nos jours, la découverte d'un agent chimique des plus mordants est venu populariser une ornementation analogue et, par un privilége très-rare dans les inventions modernes, n'en a pas altéré le caractère typique; c'est celle de l'acide fluorhydrique.

L'acide fluorhydrique est, jusqu'à ce jour, le seul agent connu dans les laboratoires qui morde le verre ou plutôt le décompose instantanément. On dirait qu'il l'attaque avec une sorte de rage, et que c'est par impatience de recouvrer sa liberté qu'il perce ainsi le flacon de verre ou de terre dans lequel on l'a versé; le métal et la gutta-percha seuls peuvent le mettre à la raison; c'est un forcené qui ne peut quitter la camisole de force. Le chimiste explique tout simplement qu'il s'empare de l'acide silicique du verre et que la décomposition réciproque des deux corps devient eau et fluorure de silicium. Il fut connu dans les dernières années du dix-huitième siècle, et l'*Encyclopédie* indique le moyen de s'en servir pour graver la surface du verre à la façon dont on agit avec l'acide nitrique pour graver à l'eau forte une planche de cuivre ou d'acier. En 1810, Gay-Lussac et Thénard avaient donné le mode, toujours excessivement dangereux, de la préparation, lorsqu'en 1854, L. Kessler formula définitivement son emploi, dont s'emparèrent aussitôt les peintres-verriers et les cristalleries de Saint-Louis et de Baccarat.

C'est à l'aide d'un procédé de décalquage assez compliqué, mais dont les résultats sont certains, que l'on imprime sur la surface du verre ou du cristal simple ou doublé, de la porcelaine ou de la faïence, des pierres dures naturelles ou artificielles, le chiffre ou l'ornement que l'on a composé. Nous avons vu, aux deux expositions de l'*Union centrale*, dans les vitrines de M. Bitterlin, des cachets de bague, des plaques de coffret en cornaline, des verres pour champagne ou pour étagères sur lesquels le blason du propriétaire s'enlevait en blanc, ou en couleur, ou en or, ou même en argent avec la netteté la plus artiste, en ce sens qu'elle n'avait rien ni de monotone, ni de coupant. L'acide, en agissant sur le verre, creuse une fosse formée, sur les bords et jusqu'au fond, de cellules petites, infiniment petites, mais qui sont moins régulières que la trace de l'outil. Il y a entre ces gravures modernes et les anciennes la différence d'aspect d'une eau-forte avec un burin ; les artistes ont un mot très-expressif pour peindre cet aspect : « C'est plus gras, » disent-ils.

C'est à l'aide de cet acide qu'on est arrivé a dépolir pour une somme insignifiante les abat-jour et les globes des lustres. La lumière projetée a infiniment plus de douceur et d'harmonie. C'est aussi avec l'acide fluorhydrique — qui n'a vraiment d'autres défauts que de brûler avec une rapidité effrayante les doigts des malheureux ouvriers quand les gants en gutta-percha qui les protégent ont quelque fissure, — que l'on a obtenu ces grands plafonds derrière lesquels est abrité le lustre dans les nouveaux théâtres, à la Gaîté, au Châtelet, au Théâtre-Lyrique.

Il y a là tout un art nouveau, il ne reste qu'à en faire un bon emploi et ne lui demander que ce qu'il comporte. Dès aujourd'hui on peut dire qu'il a forcé la porte de nos intérieurs. Les anciennes verrières avec toute leur mise en plomb d'un poids énorme et d'une solidité relative, n'étaient d'ailleurs pas faites pour être vues de près ; leurs émaux rendus à demi opaques par le feu exigeaient un recul de plusieurs mètres pour reprendre leur transparence et leur éclat lapidaire : quant aux vitraux de petites dimensions, peints par exemple comme les vitraux suisses de la Renaissance, ils avaient l'inconvénient d'intercepter la lumière par la multiplicité des détails, et en tous cas, ils doivent être réservés aux endroits recueillis et préférés, tels que le cabinet de travail ou la bibliothèque. La gravure fluorhydrique au contraire permet d'attaquer isolément les larges surfaces et de varier, dans une proportion notable, les effets, soit de verres diversement colorés, soit de pointillés, soit de mélanges de bruni et de dépoli. Elle apporte la variété à ces grands vitrages qui protégent contre le vent et la froidure les rez-de-chaussée des grands escaliers ; elle peut rompre par un encadrement discret, par un léger détail, la sévère nudité de ces admirables glaces sans tain qui aujourd'hui doublent pour le regard la profondeur d'un salon, séparé autrefois du salon voisin par une boiserie ou une cloison ; elle tamise discrètement la lumière pour le mystère du boudoir, et alors que, dans les grandes villes, par des nécessités de voisinage auxquelles personne n'échappe plus aujourd'hui, chacun habite plus ou moins une maison de verre, elle permet de transformer les vitres de l'escalier par exemple, en un store dont la dentelle gravée n'intercepte que l'indiscrétion. Rien n'est plus facile non plus que de réaliser cette mode vénitienne, que nous rappelions à l'instant, d'agrémenter par des ornements, les miroirs ou les glaces qui, derrière la cire portée par un bras de cuivre ou d'argent, formaient réflecteur.

Ce n'est pas du premier coup que l'on était arrivé à trouver ce cristal artificiel qui, par sa pureté, par l'homogénéité de ses molécules, approche si près du cristal de roche. On avait d'abord cherché à imiter, je ne dirai pas le diamant pur, mais les pierres transparentes. Pline raconte à ce propos les supercheries des verriers indiens; mais leur mérite était moins grand que celui des nôtres, parce que les anciens employant le rubis, l'émeraude, le béryl, le calcédoine, l'hyacinthe ou le saphir en cabochons, c'est-à-dire non taillés, le verrier n'avait point à obtenir, comme de nos jours, des surfaces brillantes, polies et sans le moindre défaut de transparence, à angles nets et à facettes.

Le Cabinet des médailles et antiques de la Bibliothèque impériale possède un exemple des plus étonnants de l'habileté des Persans à imiter les pierres précieuses, sous la dynastie des Sassanides, dans le milieu du sixième siècle. La coupe dite de Chosroès se compose d'une sorte d'armature en verre massif et de trois rangées circulaires de dix-huit médaillons en cristal de roche et en verre violet et vert, encadrant le médaillon du roi en cristal de roche. On a évidemment prétendu imiter le cristal de roche, le grenat et l'émeraude.

Benvenuto Cellini consacre le chapitre premier de son *Traité d'Orfévrerie* à « la nature des pierres fines et des fausses; des feuilles dont on se sert pour les monter; de la doublure des pierres de couleur et de la teinture des diamants. — Ce n'est pas notre intention, dit-il avec son aplomb si souvent amusant, de discourir ici sur les causes qui produisent les pierres précieuses. Cette question ayant été suffisamment traitée par des philosophes, tels qu'Aristote, Pline, Albert le Grand, Solin, Flimante, Isidore de Séville et un grand nombre d'autres hommes très-savants, il nous suffira de dire que les pierreries, comme un grand nombre d'autres choses de la Nature produites sous l'influence de la Lune, sont composées de quatre éléments. La nature semble avoir mis toute son étude à représenter ces quatre éléments par leurs couleurs dans les quatre pierres les plus belles, qui sont le rubis, le saphir, l'émeraude et le diamant. C'est ainsi que l'ardent rubis représente l'élément du feu; le bleu céleste du saphir, celui de l'air; la joyeuse couleur de l'émeraude, la terre, presque entièrement couverte de verdure; et le diamant, l'eau qui chez lui se montre pure, claire, limpide et transparente. »

Puis il parle de l'escarboucle « qui resplendit pendant la nuit un luciole » et de la perle « qui n'est qu'un os de poisson. » Il cite les feuilles de paillons que l'on place au fond du chaton pour aviver l'intensité du rouge du rubis, du vert de l'émeraude, etc., pour changer le ton d'un diamant, avec les recettes pour les préparer. Notons qu'à ce moment, vers 1530, le rubis était, au moins momentanément, plus rare que le diamant et conséquemment plus cher. Cellini appelle les fausses émeraudes « des pierres adultérées. »

Mais il n'y a dans ce chapitre que des tours de main d'orfévre, et Cellini ne s'étend guère sur les pierres réellement fausses. Au contraire, un Florentin, nommé Neri, a, dans son *Art de la Verrerie*, étudié cette fabrication sous ses faces les plus diverses. Il en traite avec un tel enthousiasme que sa plume, dans la préface, a la volubilité de la langue du marchand d'orviétan de l'*Amour médecin* : « C'est avec le verre seul qu'on peut faire toutes ces espèces différentes de vases, tels que les cucurbites, les alambics, les récipients, les pélicans, les cornues, les serpentines, les phioles, les verres quarrés, les bouteilles, les œufs philosophiques, les ballons et une infinité d'autres qu'on imagine tous les jours pour la préparation des alexitères, des arcanes, des quintessences, des sels, des soufres, des vitriols, du mercure, des teintures, pour les décompositions, pour toutes les opérations métalliques, sans compter la préparation des eaux-fortes et régales, si essentielles, » etc., etc. etc. Dans ce traité, en somme fort sérieux au point de vue pratique, Neri indique la façon de donner au verre la couleur de l'aigue marine, du bleu céleste, du vert émeraude, du bleu turquoise. Il donne enfin une recette pour faire ce que l'on appelle le cristal, c'est-à-dire un verre infiniment plus homogène, plus transparent que le verre soufflé, susceptible de se tailler à angles aussi nets que le véritable cristal de roche.

On est arrivé de nos jours à une perfection qui touche au miracle! Chacun de nos lecteurs, s'il n'a pas curieusement regardé dans la vitrine des joailliers les fac-simile vraiment étincelants du Sancy, du Régent, du Ko-hi-noor, a vu au moins suspendues à de jolies oreilles ou scintillant en colliers, des perles à facettes, des poires taillées avec une admirable précision et limpides comme l'eau d'une source dans la montagne. C'est encore au cristal que l'on doit un des instruments qui a révolutionné la science moderne en lui ouvrant des horizons inconnus, le microscope. Les verres télescopiques ont également agrandi considérablement le champ des études et des hypothèses astronomiques. Mais ce ne sont point là les ports où nous devons relâcher.

Le rêve de transformer l'eau en cristal avait traversé le cerveau des alchimistes du dix-huitième siècle avec autant de persistance que le rêve de la transmutation des métaux. Il n'était d'expériences assez compliquées que ne tentassent ces savants, qui après tout furent les pères naturels de la plus grande des sciences modernes, la chimie; il n'était de titres assez bizarres qu'ils ne donnassent à leurs traités; d'anecdotes assez romanesques qu'ils n'y racontassent. Je lis celle-ci dans le « *Sol sine veste* ou l'*Or nud*, recueil de trente expériences pour tirer la couleur pourpre de l'or, avec quelques conjectures sur la destruction de l'or et une instruction pour faire dans la plus grande perfection du faux rubis ou du verre rouge, par J. C. Orschall, inspecteur des mines du prince de Hesse. » Il se ressouvient, à propos d'une expérience singulière, de ce qu'un de ses amis de Hambourg lui avait écrit, il y avait une douzaine d'années : « Une compagnie de gens respectables se trouva assemblée dans une auberge; c'étoient tous gens curieux. Ils conversoient ensemble sur différents sujets, lorsqu'il arriva un homme inconnu qui se joignit à eux et fit la conversation. Un moment après, il demanda un verre plein d'eau de fontaine fraîche qu'on lui apporta. Il déboutonna son habit; il ouvrit la fente de sa chemise; on remarqua qu'il portoit sur la peau une espèce de large ceinture à laquelle étaient attachées plusieurs petites bourses; il en ouvrit une; il en tira un peu d'une drogue et la jeta dans le verre; il s'en alla ensuite sans qu'on s'en aperçut, et on ne put sçavoir ce qu'il étoit devenu : on examina ce qui étoit dans le verre, et on trouva que c'étoit du crystal et si dur qu'on en fut étonné... Pour moi, ajoute J. C. Orschall, je ne doute pas que l'*Esprit fumant* ne puisse coaguler l'eau. » Et le voilà qui se penche avec plus d'ardeur sur ses cornues et qui souffle ses fourneaux!

Nous avons dit à l'instant ce que le cristal ou *flint glass* des Anglais avait apporté d'aide à l'anatomiste, à l'astronome et à la femme coquette. C'est du bijou qui parfait la beauté que le poëte a dit :

Quand il jette en dansant son bruit vif et moqueur,
Ce monde rayonnant de métal et de pierre
Me ravit en extase, et j'aime à la fureur
Les choses où le son se mêle à la lumière.

Les beaux cristaux qui forment aujourd'hui les lustres étincelants et qui couvrent les tables de mille lumières mobiles, viennent en général de Baccarat, où se réunissent aujourd'hui la plus belle exécution et les procédés les plus perfectionnés. La Lorraine fournit des verreries depuis les temps les plus éloignés. Ses immenses forêts offraient le bois en abondance. Palissy semble l'avoir visitée, ou au moins traversée, en faisant son grand tour de France comme apprenti dessinateur de vitraux. Au commencement du dix-septième siècle, les maîtres verriers de Nancy formaient une corporation importante, qui avait pour patron saint Luc, également patron des peintres. Baccarat fut fondé, en 1765, par l'évêque de Metz, M. de Montmorency-Laval. L'établissement soutint vaillamment l'ébranlement causé aux industries de luxe par la chute de l'ancienne société. Aujourd'hui il est dirigé par un directeur qui représente une puissante compagnie.

Le cristal, qu'on y fait exclusivement, s'obtient à une température moindre que celle du verre soufflé ou même coulé comme celui des glaces ; aussi la base commune à tous les verres, la silice, reçoit-elle, au lieu de soude et de chaux, une addition de potasse et surtout un élément particulier, le minium ou oxyde de plomb. Les verres de Venise, les verres de la Bohême ne contiennent pas de plomb. On ne sait par qui fut découvert le cristal ou *flint glass ;* on présume que ce fut en Angleterre et vers le milieu du dix-septième siècle. Il était loin, au principe, d'avoir cette translucidité froide et absolue qui forme son caractère précis ; il était noirâtre, ce qui peut-être était dû au feu de houille. Aujourd'hui encore, malgré l'énormité du déboursé, la cristallerie de Baccarat n'emploie que le sapin, qui lui arrive par la Meurthe, en troncs libres, au moment des grandes eaux. Le premier four pour verre à base de plomb fut installé, en France, en 1784, là où quarante ans auparavant avait été installé un des premiers fours à porcelaine, à Saint-Cloud ; ce qui en sortait s'appelait alors « cristaux de la Reine. »

L'excellence des produits de Baccarat est en raison de l'excellence des matières employées : le minium est extrait d'un plomb venu directement d'Espagne ; la potasse, obtenue par la combustion des résidus de raffineries, est achetée dans le Nord et raffinée à son tour avec le plus grand soin ; les sables arrivent de la Champagne, des environs d'Épernay ; ainsi pour le reste. Ainsi surtout pour les oxydes colorants : l'oxyde de manganèse, qui donne toute la série du violet, de celui de la pensée au lilas du pétunia ; l'oxyde de cobalt, qui donne le bleu de roi ; de chrome, le vert pomme ; d'urane, le jaune, l'or, le rubis ou le rose, et le cuivre qui plus ou moins oxydé amène le bleu tendre, le vert ou le pourpre sang de bœuf.

Rien n'est plus curieux que la fabrication de ces mille objets de luxe ou de ménage qui sortent de Baccarat. Prenons pour exemple la fabrication d'une carafe : toutes les autres fabrications ne diffèrent guère de celle-ci que du plus ou moins de soins ou de temps. Disons d'abord que la « canne » dont il va être question est l'instrument fondamental de l'art du verrier : c'est un tube en fer d'environ quatre pieds de long, un peu évasé à l'une des extrémités, à l'aide duquel dans une verrerie à vitre, près de Nemours, nous avons vu des maîtres verriers souffler et faire tourner, rouges et à demi agglutinés, des manchons de sept pieds de longueur. Un ouvrier, « le cueilleur, » plonge sa canne dans un creuset pour en extraire, pour y « cueillir, » le mot est charmant, la quantité de verre nécessaire; il va rouler ce verre sur une plaque en fonte appelée marbre; puis il passe la canne à un second ouvrier appelé carreur, dont la besogne consiste à rassembler et arrondir le verre à l'aide d'une cuillère en bois, tandis qu'un apprenti, placé par derrière, souffle légèrement dans la canne. Ce travail forme « la paraison. » Le verre s'est refroidi, un gamin va le réchauffer au four, puis il passe cette paraison devenue de nouveau malléable au « souffleur » qui est chargé de donner au corps de la carafe sa forme définitive. « Pour cela, a écrit M. Turgan, il souffle dans la canne, la balance dans l'air et suit attentivement les mouvements du verre, jusqu'à ce que la paraison, suffisamment grossie, suffisamment allongée, ait acquis les dimensions voulues. A ce moment, un gamin, assis près de lui, ouvre un moule en bois de hêtre dont la cavité donne exactement le volume et la forme de la carafe demandée. Le souffleur y introduit sa paraison et, monté sur un petit tabouret, souffle dans la canne en lui imprimant un rapide mouvement de rotation. L'air fortement dilaté chasse contre les parois du moule le verre malléable, qui en prend exactement la forme. Le moule s'ouvre et la carafe en sort, mais avec un col informe. Le souffleur retourne alors sur son banc, roule quelques instants la canne sur des barres de bois appelées « bardennes, » donne au moyen de lames en bois la dernière main à la pièce ; un gamin arrive tenant une tringle de fer appelée « pointil » qui est fixée au fond de la carafe de façon à y adhérer fermement ; puis passant des pinces froides à l'extrémité du col de la carafe, il donne un coup sec pour la détacher de la canne. Le gamin, tenant alors la carafe au bout de son pointil, retourne au four pour ramollir le col. Cela fait, il la porte au « chef de place » qui est chargé de la terminer : à l'aide de pinces en bois et en fer, celui-ci donne au col la forme voulue, rogne avec des ciseaux l'extrémité du goulot, puis redresse la bague ; s'il y a lieu, il ajoute soit des cordons, soit une anse. La pièce est alors portée dans ce qu'on appelle « l'arche à recuire. » Là, les pièces sont déposées en nombre, dans des bâches en tôle qui sont placées à l'extrémité d'une galerie d'un mètre de section sur vingt de longueur ; ces bâches, en mettant huit heures à traverser l'arche, passent par une chaleur sans cesse décroissante, et parviennent complétement refroidies à l'autre extrémité.

Les pièces arrivent enfin à « la taillerie » où elles reçoivent leur dernière toilette, au moyen de meules pivotant avec rapidité et sur lesquelles on jette des poudres de plus plus en fines ; sur la première meule, qui est en fer et taille les facettes, c'est une bouillie de grès blanc qui coule goutte à goutte; la seconde meule est en grès rouge; l'avant-dernière en bois couverte de pierre ponce; la dernière est en liége saupoudrée de potée d'étain.

La gravure enfin, soit à l'aide de l'acide fluorhydrique, soit à l'aide de petites roues de laiton ou d'acier sur lesquelles tombe de l'émeri, est le dernier acte de coquetterie auxquels sont livrés les verres ou les carafes, les globes ou les lustres, les porte-bouquets ou les vide-poches, les objets de ménage ou les mille objets capricieux que la mode a pris dans ces derniers temps sous sa haute protection.

On peut tout exécuter à Baccarat. Rien de ce qu'ont fait les maîtres verriers anciens ne saurait arrêter les maîtres verriers modernes. La matière est d'une pureté, d'une translucidité qui n'a jamais été atteinte. Pour nous, nous trouvons le scrupule poussé à l'extrême. Cette pureté implacable rappelle la glace de ces lacs de la Norwége, qu'effleuraient de leur patin mystique Séraphitus et Séraphita; il vaudrait mieux que cette diaphanéité fût rompue par un peu de jaune; c'est ce qui donne tant de tiède harmonie aux verreries de Venise et de la Bohême. Mais sur une nappe blanche comme un champ de neige, il faut convenir que nos cristaux de table jettent des feux sans rivaux.

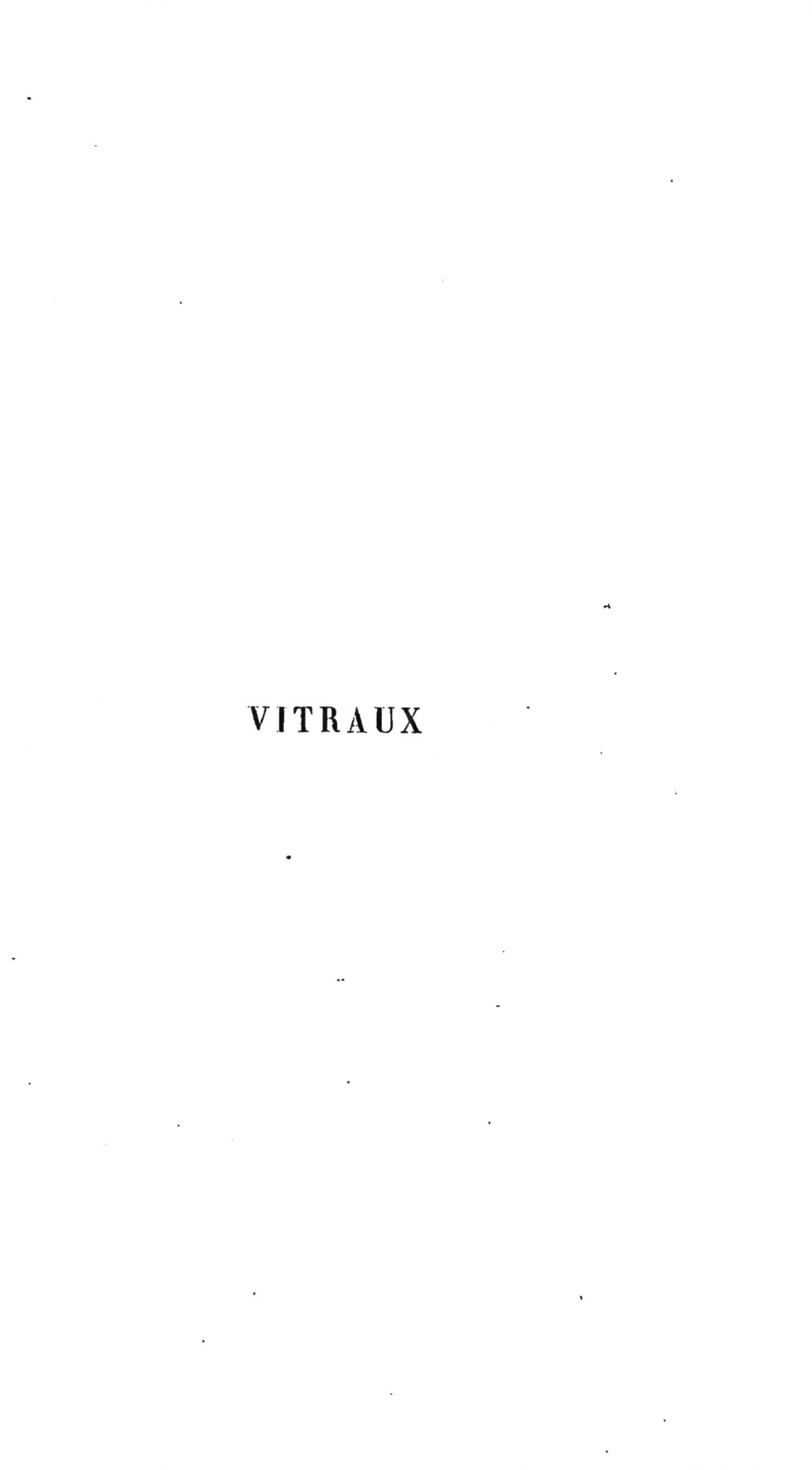

VITRAUX

Restauration du vitrail. — Le verre à vitres chez les Romains, — Mésaventure tragique d'un savant. — Les vitres en Europe au moyen âge et à la Renaissance. — Le sentiment chrétien ; — Invention des vitraux religieux ; — Vitraux des douzième, treizième, quatorzième, quinzième et seizième siècles ; — Vitraux suisses ; — L'école romantique ressuscite le vitrail en France ; — Le roi Louis-Philippe en commande à plusieurs maîtres ; — Théorie scientifique des couleurs confirmée par l'observation ; — Les glaces de Saint-Gobain ; — Conclusion.

VITRAUX

L'histoire des vitraux a été faite dans ces dernières années avec d'autant plus de soins qu'elle se lie intimement à l'histoire de la décoration des édifices religieux, et que notre époque, si passionnée pour les restitutions exactes, ne pouvait entreprendre la réédification de ses glorieuses cathédrales du moyen âge sans être amenée à les compléter par des verrières de même style. Il ne s'agissait donc pas seulement de demander aux fabricants de verre de reprendre ou de rajeunir des procédés de fabrication qui, quoi qu'on ait dit, n'avaient point été complétement perdus ; il fallait leur fournir des modèles tout à fait dans l'esprit du siècle dont on fesait revivre un monument. Jamais peut-être, hâtons-nous de l'écrire, l'esprit français ne s'est montré plus apte à renouer la chaîne du passé. Jamais il n'a plus rapidement reconquis un terrain que l'on disait perdu. Il y a moins d'un quart de siècle, vers 1840, on croyait les nobles secrets des verriers abolis irréparablement; on appelait d'Angleterre des peintres qui n'en savaient guère plus long que les nôtres; à Sèvres, M. Brongniart tentait, comme à nouveau, des expériences... et aujourd'hui, dans la moindre chapelle de village, la lumière ruisselle en ondes teintes de toutes les couleurs du prisme.

Les Romains ne paraissent pas avoir pensé à obtenir des plaques de verre coloré, des vitraux. Quant à l'usage qu'ils firent de la vitre elle-même, c'est-à-dire du verre simple, la question, après avoir été longtemps débattue entre les savants les plus savants est résolue. Mais que d'encre versée, que de tombereaux de citations, que d'entassements de suppositions ingénieuses! Un abbé italien y succomba... Le malheureux avait condensé dans un mémoire, grand in-8°, avec atlas gravé, préface, avant-propos, notes, tables analytiques, index, etc., les études, les préoccupations de sa vie entière. Il avait embrassé avec chaleur l'opinion de Samuel Petit qui, dans son « *Lexicon antiquitatum Romanarum* » n'admet pour vitre que des feuilles de talc. Il s'inscrivait en faux contre le passage de Philon le juif, qui, dans une entrevue avec Caligula, entendit l'empereur ordonner à son architecte « de boucher les ouvertures avec du verre. » Il se voyait triomphant, acclamé, membre de toutes les Académies de l'Europe! Hélas, le jour même où paraissait son mémoire, où ses exemplaires de dédicace étaient livrés à la poste et où son libraire venait déjà d'en vendre deux à des savants étrangers en *us* de passage à Naples... ô rage, les ouvriers d'Herculanum déterrent un châssis auquel adhère encore un morceau de vitre! Le verre est verdâtre, opaque, mais enfin, c'est du verre... Que vouliez-vous que fît ce savant? Qu'il mourût ! Il en mourut en effet.

Ce n'est du reste qu'assez tard que le verre à vitres entra réellement dans la circulation. Il était rare, et, blanc ou coloré, il fut réservé, pendant les périodes de foi ardente au temple du Seigneur. Au treizième siècle, en France, en Angleterre, partout probablement, les fenêtres n'étaient fermées qu'avec du canevas et plus tard avec du papier. On lit dans les comptes de Jean Avin, receveur général d'Auvergne (1415) : « Item pour la venue de madame la duchesse de Berry, pour aller à Montpensier faire faire certains chassiz aux fenestraiges du dict chastel, pour ansire de toiles cirées par défaut de verreries... » En Écosse, jusqu'en 1660, le palais du roi, à Édimbourg n'eut de vitres qu'aux étages supérieurs : les fenêtres du rez-de-chaussée étaient fermées par des volets de bois qui ne s'ouvraient que pour donner l'air et la lumière. — Jetons les yeux de suite à l'autre extrémité de la route parcourue : en 1851, les verreries anglaises fabriquaient en quelques semaines et au prix de quarante centimes le kilogramme, les quatre cent mille kilogrammes de vitres qui couvraient le Palais de cristal !

Il est probable que les Romains ne firent du verre à vitres qu'un emploi très-modéré. L'habitation était si peu habitée ! Toute la vie, depuis le lever de l'aurore jusqu'au coucher du soleil, se passait aux bains, à visiter les champs, aux affaires, sur la place publique. Le souper, dans les années de décadence, prolongeait la soirée, et dans les belles années de la République, au contraire, le corps aguerri par les plus rudes exercices était peu sensible aux variations de la température. Au Maroc, où Eugène

Delacroix raconte dans ses voyages qu'il retrouvait vivantes à chaque pas les mœurs et la vie des anciens, le sheik le plus voluptueux souffre-t-il de la fraîcheur des nuits lorsqu'il est endormi sous la tente, roulé dans un burnous et une couverture de laine ? Ce sont les mœurs chrétiennes, la religion surtout, qui développèrent ce sentiment tout moderne de l'habitude de l'intérieur.

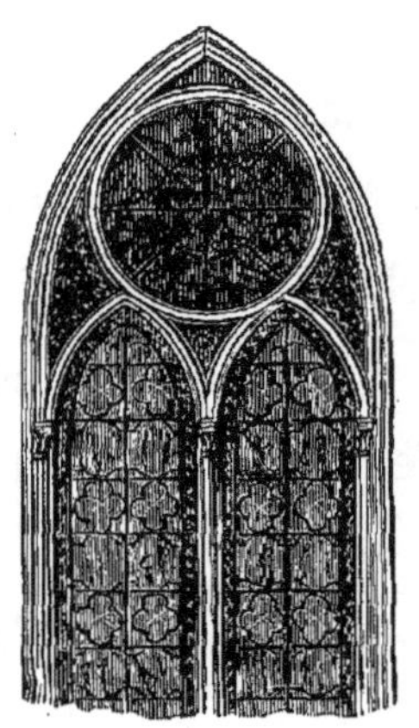

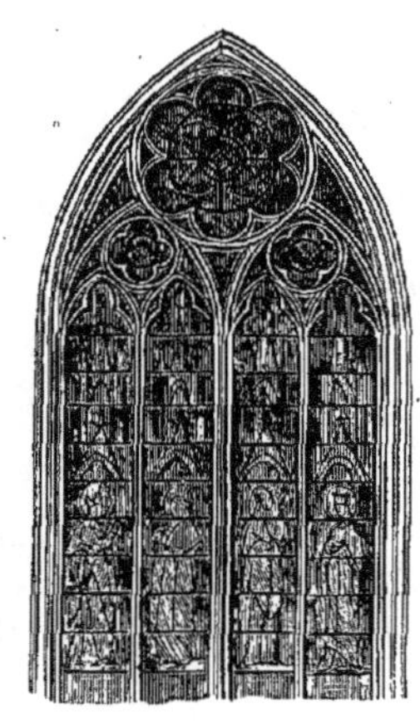

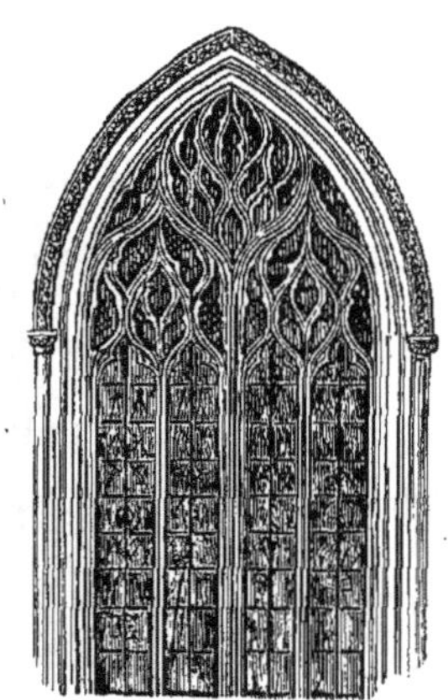

VERRIÈRES GOTHIQUES.

Styles primaire, rayonnant et flamboyant.

Où la vitrerie d'art, c'est-à-dire transformant par ses colorations la fenêtre en un décor transparent, fut-elle mise d'abord en pratique ? sur les bords du Rhin, sous Othon II, vers la fin du dixième siècle ou seulement vers la fin du onzième ? Vint-elle de l'Italie, ou de Byzance, ou de la France ? Ce sont des questions importantes au point de vue de la critique historique, mais qui n'ont pas encore été vidées complétement. Il est infiniment probable que les architectes romans et gothiques français, qui avaient un sentiment si vrai, si profond de la grande harmonie, furent conduits à garnir les fenêtres de verres colorés pour répondre à la coloration même qui revêtait les voûtes, les colonnes, les bas-côtés, le pavé même des églises. C'était une tradition orientale, et par suite grecque et romaine, que cette peinture qui transformait le plafond en un ciel étoilé, qui simulait sur les murs des tapisseries, qui incrustait dans le sol des mosaïques et qui complétait par la palette tous les rêves de l'architecte.

Les premiers vitraux, à quelque moment qu'on les fasse remonter, étaient certainement des verres teints dans la masse et non peints sur leur surface comme plus tard : ils répétaient vigoureusement la translucidité relative des mosaïques, et jetaient dans le sanctuaire la plus mouvante et la plus chaude demi-obscurité. Les plus anciens vitraux connus, — quoi qu'il y ait lieu de penser que c'est là un art essentiellement français, — sont en Bavière, dans l'abbaye de Tegernsee : un certain comte Arnold les avait offert dans la fin du dixième siècle; ils ont été peints par un moine nommé Wernher.

Un moine qui écrivait vraisemblablement dans la fin du onzième siècle, Théophile, dont nous parlerons dans le chapitre des Émaux, donne la recette pour « peindre sur le verre » à l'aide d'un émail brun. C'est une modification de procédé importante à noter. On possédait alors comme tons colorants, le rouge, le bleu, le jaune, le vert et le violet.

Les vitraux du douzième et du treizième siècle ont atteint, à notre sens, l'apogée de la perfection : ce sont de simples médaillons, représentant des légendes naïves, des scènes de sainteté austères, des miracles, des épisodes de la vie civile, avec les gestes les plus simples, les expressions les plus candides; les contours principaux sont presque toujours circonscrits de ce filet de plomb qui réunit et consolide toutes les parties; mais ce procédé qui semble barbare n'a rien de choquant; l'esprit s'habitue à cet énorme trait de plume qui accentue la silhouette, et le noir qu'il fait courir à travers la composition semble une vigueur préméditée et indispensable. Dans la cathédrale de Bourges, il y a tout au fond de l'abside plusieurs verrières du treizième siècle qui nous sont parvenues à peu près intactes : lorsque, après avoir épelé curieusement les légendes en vieux langage qu'elles retracent, on passe et qu'on se retourne, ce n'est plus qu'une merveilleuse vision où le rouge et le bleu se confondent et jettent comme des flammes ondoyantes. Rien ne peut donner l'idée de cet effet splendide et recueilli à la fois. Nulle œuvre humaine ne peut jeter l'âme dans un trouble plus religieux. On sait le mot de Napoléon dans la cathédrale de Chartres : « Un athée doit se sentir mal à l'aise ici. »

Les trois roses du portail et des transsepts de Notre-Dame de Paris passent pour les plus belles fleurs de ce jardin mystique. Les vitraux de la Sainte-Chapelle de Paris, élevée sur l'ordre de Saint-Louis, en 1145, par Pierre de Montereau, ont survécu jusqu'à nos jours, et telle était la perfection de la matière employée, que le temps n'a rien affaibli de leur éclat. Mais l'homme sait souvent se montrer plus destructeur que le vent ou la pluie. A la fin de la Révolution, la Sainte-Chapelle fut destinée à servir de dépôt pour les archives judiciaires. Il fallait établir les armoires et les casiers pour la plus grande commodité de messieurs les gratte-papiers. Trois mètres de la partie inférieure des croisées furent enlevés et abandonnés à qui les désirait!... Notre époque a réparé de son mieux cet acte de vandalisme, et M. Lusson a cuit, d'après les car-

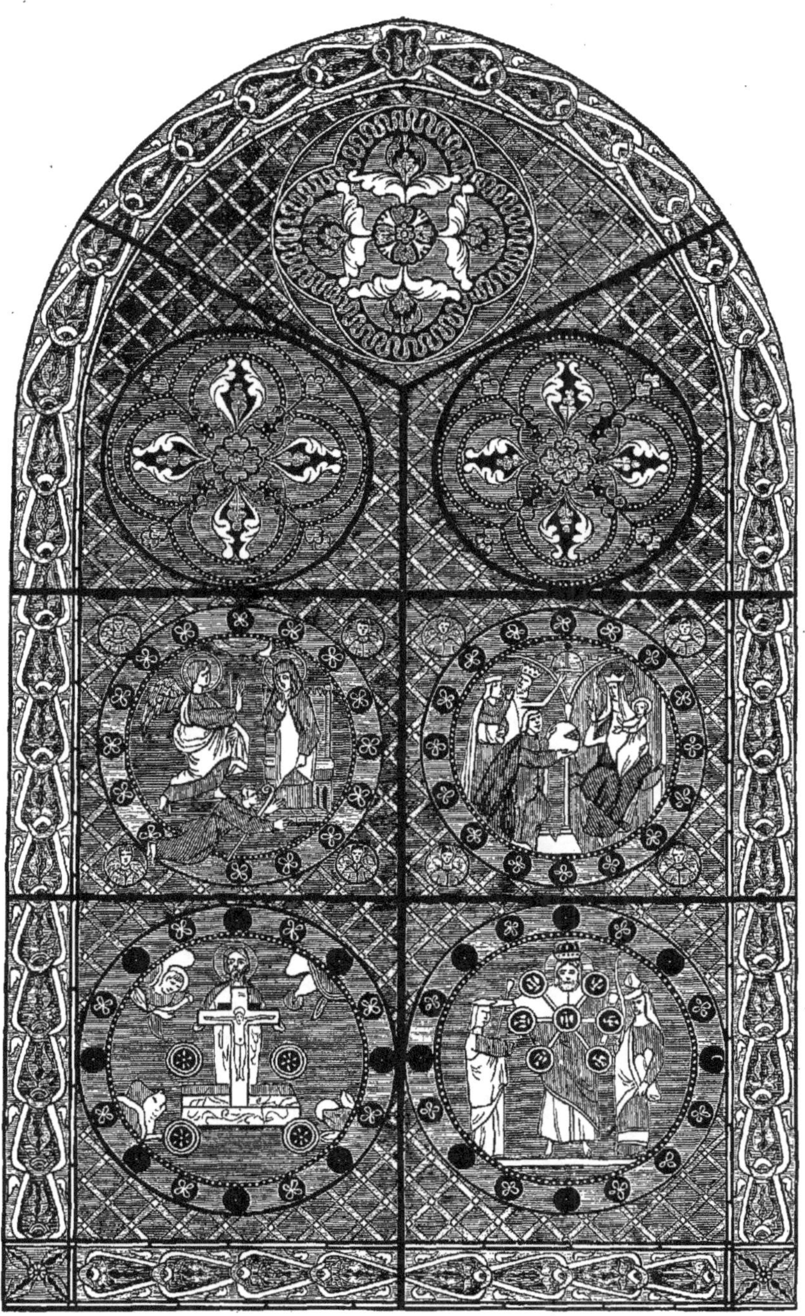

VITRAIL DE SUGER, DANS L'ÉGLISE SAINT-DENIS.

D'après un dessin de M. F. de Lasteyrie.

tons de M. Steinheil, une série de compositions qui se relient aussi bien que possible avec le style et l'effet des verrières qu'ils complètent.

Au quatorzième siècle appartiennent les grandes figures. Ce sont, à Chartres, des apôtres ou des prophètes terribles, drapés étroitement dans des tuniques à plis droits, au geste anguleux et comme ankylosé par le détachement absolu des jouissances extérieures, l'œil rond comme celui d'un faucon, regardant fixement les rayonnements de la Jérusalem céleste, la physionomie extatique et sombre... L'impression est grandiose et sublime. On dirait les miniatures d'un colossal psautier byzantin enchâssées dans du fer et de la pierre. La foi chrétienne s'y montre rude; la vie civile n'y a plus pied. Si quelque chose détend cette austérité, ce sont des figures de saintes, d'une jeunesse et d'une chasteté dont nulle école n'a atteint la grâce émouvante.

La sainte Catherine, au revers de cette page, souple, résignée et ardente comme cette fleur qui, courbée sous le vent, tourne sans cesse son doux visage vers le soleil, offre le plus touchant exemple des vitraux du quatorzième siècle. Le vitrail existe en grand dans l'église de Tournay, mais nous avons cette chance — peut-être unique, car nous n'en connaissons pas d'autre exemple, — de posséder la maquette originale du peintre verrier : c'est-à-dire le morceau de verre sur lequel ce prédécesseur de Van Eyck par le style et l'ingénuité jeta sa première pensée et que ses élèves durent ensuite mettre au carreau. Je le crois d'un maître français, mais aucun maître italien de ce moment n'aurait usé d'un crayon plus sûr et d'un pinceau plus délicat. On croirait voir une statuette debout dans une niche peinte en azur. Le fond est bleu avec une légère indication noirâtre d'ornement. La roue que tient sainte Catherine, son épée, la manche de son vêtement de dessous, sa chevelure bouclée, son nimbe sont en jaune, couleur d'or.

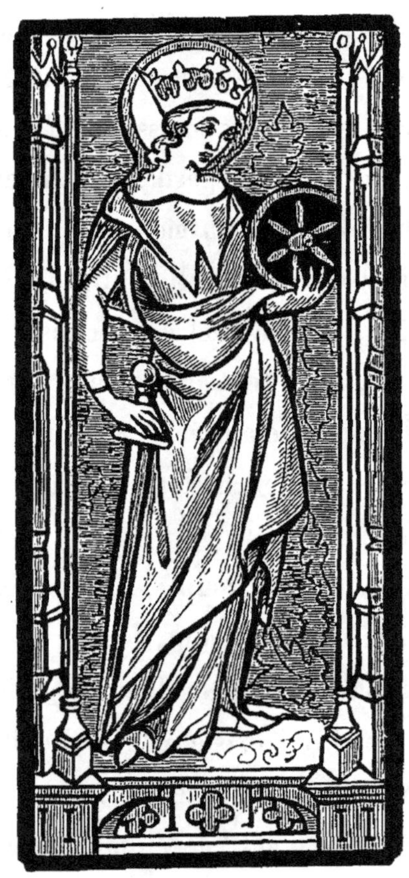

VITRAIL DU QUATORZIÈME SIÈCLE.
Collection de M. Ph. Burty.

C'est ce qui donne à cet échantillon une valeur nouvelle. C'est précisément dans la première moitié du quatorzième siècle que fut découvert le jaune d'argent, couleur d'émail qui, s'appliquant au pinceau, simplifiait beaucoup le travail : jusque-là, on était obligé, lorsque l'on voulait imiter l'or dans quelque partie du vêtement, ou de la coiffure, ou du siége, ou de l'entourage, de découper le verre jaune par morceaux, et de multiplier, pour l'enchâsser, les contours en plomb.

Cette découverte arrivait à propos. L'art du verrier était sorti du sanctuaire pour entrer dans le palais et dans la maison du riche marchand. L'Allemagne et les Flandres s'en emparèrent, et la cathédrale de Cologne nous a légué des souvenirs de la somptuosité de cette Renaissance aussi fidèles que les pages d'une chronique. C'est le moment où les ouvriers de toutes les ghildes de Gand étaient si nombreux qu'en ne donnant chacun qu'un denier de gros par tête, ils purent faire élever une église en l'honneur de la Vierge. Prospérité traditionnelle! Pendant la cérémonie, à Bruges, où Philippe le Bel avait reçu la couronne de comte, la reine de France n'avait pu retenir un mouvement de dépit à la vue du luxe déployé par ses belles vassales : « j'avois cru, dit-elle, être la seule royne en ces lieux, mais voicy que j'en treuve à centaines ! »

La Renaissance italienne vint assouplir et trop souvent maniérer l'art qui résistait en France, surtout pendant le quinzième siècle. Ce fut alors le tableau qui triompha dans la fenêtre, et l'idée d'un ensemble décoratif subordonné aux lois de l'unité d'aspect fut, sinon abolie, au moins singulièrement modifiée. L'école romaine, impérieuse et pédante dans les successeurs des grands maîtres, troubla toutes les consciences, et n'accepta plus la direction générale de l'architecte. On demanda des cartons à des peintres praticiens qui transposèrent indifféremment sur le verre, ou sur la tapisserie, ou sur l'émail, ou sur la faïence, ce qui devait être exclusivement réservé au tableau. L'art de couper le verre avec le diamant, et le tire-plomb qui permettait d'obtenir de longs et minces ruban de ce métal, offrirent aux peintres verriers de plus larges surfaces, et on peut dire qu'ils en abusèrent, en Italie, à Sainte-Gudule de Bruxelles, presque partout, en France peut-être moins qu'ailleurs. La chapelle du château de Vincennes, qui est de Jean Cousin, est assez vigoureuse.

Une des belles verrières de la Renaissance que nous connaissions est celle d'une petite ville de la Normandie, Beaumont-le-Roger : c'est une Entrée du Christ dans Jérusalem, par quelque décorateur de l'école de Fontainebleau. Le petit vitrail rond qui accompagne ces lignes est de la plus rare ingéniosité de dessin et de touche : c'est l'Ange du Jugement dernier dont la monture foule aux pieds la Mort, et dont la trompette réveille le guerrier, le bourgeois, le marchand, le pape et le roi, en les sommant à comparaître devant le Tribunal suprême.

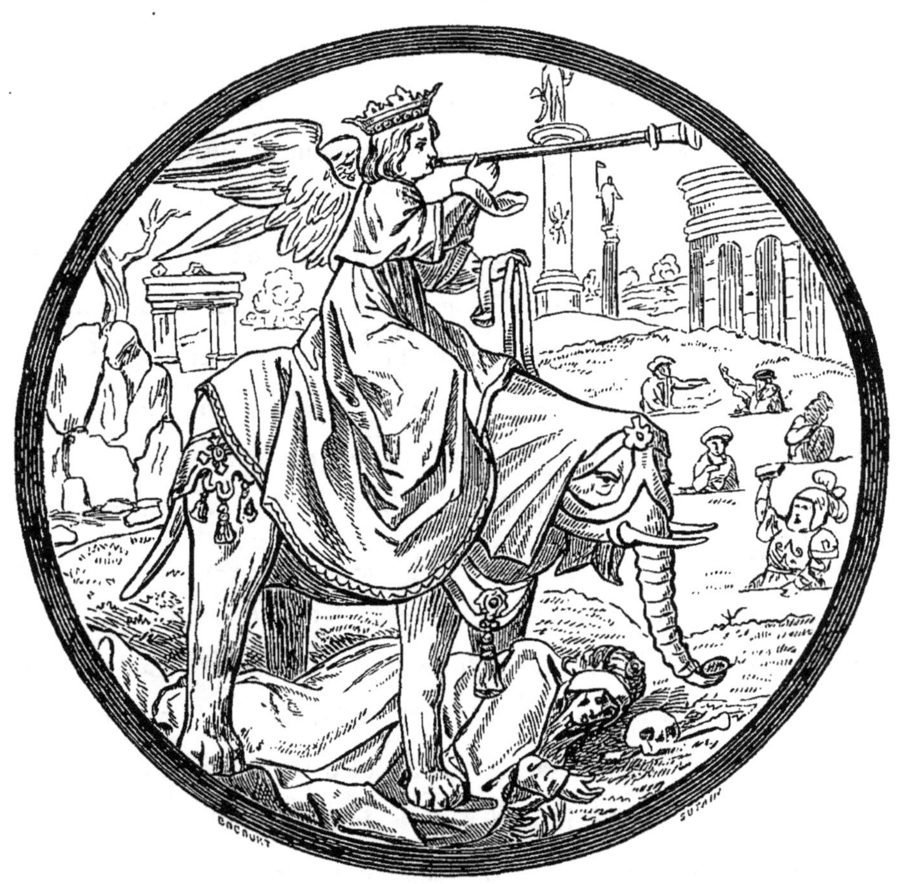

LA TROMPETTE DU JUGEMENT DERNIER.
Vitrail français du seizième siècle.

Mais le vitrail jetait ses derniers feux, comme ces perles dont l'orient finit par pâlir et s'éteindre et qu'on appelle alors des perles mortes. Il fut enterré dans la même fosse que le style gothique, cette forme architecturale qui répondait si bien aux aspects de notre ciel capricieux dans ses effets. Palissy qui, on se le rappelle, avait lui-même travaillé pour les verriers, déplorait en ces termes, en 1580, dans ses *Discours admirables*, l'état misérable dans lequel était tombé cet art des peintres et fabricants de vitraux. Seulement il attribue à la diffusion des produits ce dont il faut surtout accuser le changement de besoins et de modes : « Je te prie, considère un peu les verres, lesquels pour avoir été trop communs entre les hommes sont devenus à un prix si vil que la plupart de ceux qui les font, vivent plus méchaniquement que ne font les crocheteurs de Paris. L'estat est noble et les hommes qui y besognent sont nobles : mais plusieurs sont gentilshommes pour exercer le dit art qui voudroient estre roturiers et avoir de quoy payer les subsides des Princes. N'est-ce pas un malheur advenu aux verriers des pays de Périgord, Limosin, Xaintonge, Angoulmois, Gascongne, Bearn et Bigorre? Auxquels pays les verres sont méchanisés en telle sorte qu'ils sont vendus et criés par les villages, par ceux mesmes qui crient les vieux drapeaux et la vieille feraille, tellement que ceux qui les font et ceux qui les vendent travaillent beaucoup à vivre. »

Le vitrail après ce moment devint purement civil ; les Suisses peignirent sur les vitres de leurs hôtels de ville, de leurs abbayes, de leurs tavernes ou de leurs intérieurs bourgeois, des légendes gaies ou sentimentales. C'est là que l'on rencontre les frères de ces gros, gras et blonds soudards que nous avons signalés au passage sur les chopes en verre émaillé ou sur les canettes en grès, avec des armoiries, des écus, des casques à panaches furieux, voire de charmants paysages. Ces vitraux suisses qui ne sont pas rares, sont souvent d'un éclat incomparable. Ils disent la vie de foyer, avec la légende racontée au bruit du rouet qui ronronne; l'existence calme du savant qui suit son rêve, penché sur l'épais in-folio ouvert, et sur lequel la lumière irisée tombe en peignant vaguement des miniatures... Au moyen âge, le vitrail avait été la Bible illustrée du pauvre monde. A la fin du seizième siècle, il fut le livre de la bourgeoisie.

Le dix-septième siècle s'abstint. Non-seulement il réagissait violemment, injustement contre tout ce qui avait une apparence « gothique, » mais il aimait à voir clair au fond des choses. Vous imaginez-vous Descartes rêveur ? Louis XIV n'aurait d'ailleurs jamais consenti à ce que l'on voilât la majesté du soleil, son frère.

Le dix-huitième siècle fit mieux : il cassa les vitraux, froidement, de parti pris. Ce fut comme un mot d'ordre dans toute la France, de badigeonner de jaune, jadis couleur d'infamie, les églises et les chapelles, et de remplacer les vitraux à légendes par des verrières blanches.

Il y eut ensuite un long répit. Au commencement de ce siècle, le « gothique » qui avait encore ému Voltaire, comptait si peu pour l'école classique qu'elle n'y prit pas garde. Pouvait-on décemment garnir de vitraux peints les baies de l'église de la Madeleine qui devait primitivement être le « temple de la Gloire » ? Vitruve en eût frémi et la coupole de l'Institut se fût effondrée !

Mais quand l'école romantique, Lassus en tête, vint s'offrir pour la restauration de ces monuments vénérables, qui racontaient avec une haute gravité l'histoire de nos élans religieux et de nos arts, quand fut définitivement gagné le procès que Victor Hugo avait plaidé dans un chapitre de sa *Notre-Dame de Paris* quand

M. P. Mérimée eut publié ses rapports éloquents, il fallut bien rallumer les fours des verriers et dessiner des cartons. L'art n'était plus, comme au moyen âge, un arbre dont le même souffle faisait verdir, s'épanouir et fructifier toutes les branches, et les artistes généreux qui combattaient à la tête du bataillon au nom de nos traditions nationales, pensèrent tout d'abord à consolider ce que le temps et les hommes avaient ébranlé et à compléter ce qui n'était qu'en partie détruit. Brongniart fit à Sèvres des essais; des écrivains plein d'intelligence et de dévouement et souvent des praticiens, MM. Didron et Bontemps, de Lasteyrie et de Gérente, et plus tard Viollet-le-Duc, enseignèrent la vraie voie à suivre pour obtenir des effets aussi brillants et aussi harmonieux que ceux réalisés par les verriers du douzième au quinzième siècle.

Les tentatives furent parfois mieux intentionnées qu'heureuses. Il fallait des peintres, ce fut des dessinateurs qui obtinrent les commandes. Les vitraux de la chapelle Saint-Ferdinand, dont les cartons sont exposés dans les galeries du Luxembourg, révélèrent chez M. Ingres, au point de vue du peintre-verrier, un maître qui avait plus particulièrement surpris la tradition de ces poteries funéraires étrusques, dont le dessin en silhouette et le ton obscur sont faits surtout pour apaiser des mânes. Mais les figures de saints, de saintes ou d'anges qui composent cette série n'en sont pas moins, au point de vue de la noblesse de la pose et de la recherche du pli des exemples du style le plus élevé. — On sait que M. Ingres a fixé dans les têtes quelques-uns des traits des membres de la famille royale et que par exemple le saint Ferdinand est le portrait du malheureux duc d'Orléans.

En 1841, le roi Louis-Philippe demanda à Eugène Delacroix, pour les fenêtres latérales de l'église d'Eu, les figures de Sainte-Victoire et de Saint-Jean l'Évangéliste ; l'année suivante, pour la chapelle de Dreux, un Saint-Louis au pont de Taillebourg. Je n'en connais que les esquisses, qui sont éblouissantes, mais un bon

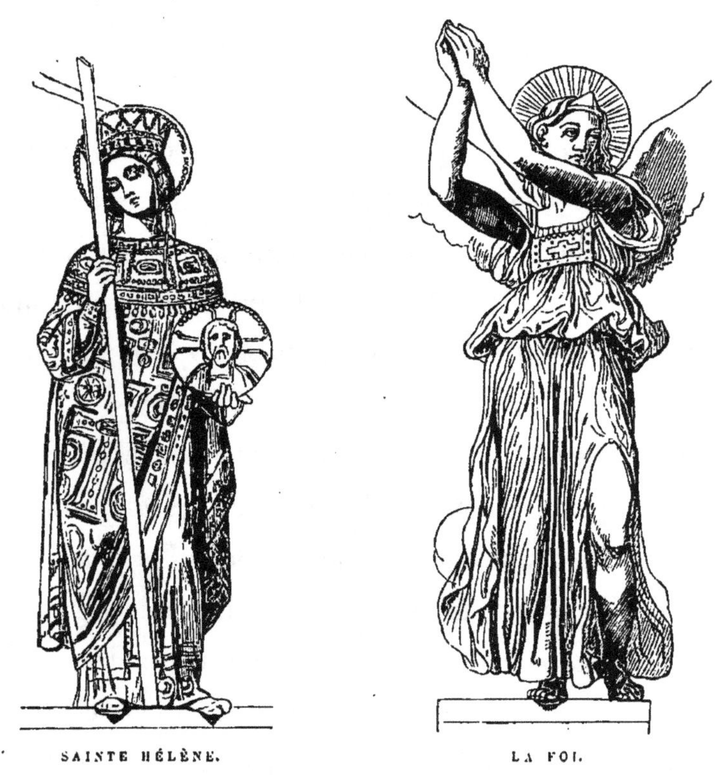

SAINTE HÉLÈNE. LA FOI.

Vitraux de M. Ingres, pour la chapelle Saint-Ferdinand.

juge m'assure que les originaux sont les meilleures verrières que notre temps ait vu naître. Et je le crois sans peine, car l'art du verrier doit reposer sur des idées d'harmonie et de richesse : les tons traversés par la lumière et prenant ainsi une excessive intensité doivent sans cesse être modifiés ou embellis par le voisinage, la juxtaposition de ce qu'on appelle les tons complémentaires.

Mais avant d'entrer plus loin dans ce livre, que le lecteur nous permette de placer sous ses yeux une page que nous empruntons à une étude sur Eugène Delacroix qu'a publiée M. Charles Blanc dans la *Gazette des Beaux-Arts*. Jamais en France on n'avait encore parlé esthétique avec cette grâce et cette autorité persuasive. Nous avons déjà plusieurs fois fait allusion aux lois toutes mathématiques qui règlent entre eux les rapports des tons ; nous laissons à M. Charles Blanc le soin d'expliquer aux artistes l'application plus ou moins rigoureuse qu'ils doivent faire de ces lois lorsque leur instinct n'a pas suffi pour leur en révéler les secrets.

« Les anciens n'ont admis que trois couleurs primaires, le jaune, le rouge et le bleu, et les peintres modernes n'en admettent pas d'autres. Ces trois couleurs sont en effet les seules indécomposables et irréductibles. Tout le monde sait que le rayon solaire se décompose en une suite de sept couleurs que Newton a appelées « primitives » : le violet, l'indigo, le bleu, le vert, le jaune, l'orangé et le rouge, mais il est clair que le nom de « primitives » ne saurait convenir à trois de ces couleurs, qui sont composites, puisque l'orangé se fait avec du rouge et du jaune, le vert avec du jaune et du bleu, le violet avec du bleu et du rouge. Quant à l'indigo, il ne saurait compter non plus parmi les couleurs primitives, puisqu'il n'est qu'une variété du bleu. Il faut donc reconnaître avec l'antiquité qu'il n'y a dans la nature que trois couleurs véritablement élémentaires, lesquelles en se mélangeant deux à deux, engendrent trois autres couleurs composées, dites « binaires, » l'orangé, le vert et le violet.

« Si l'on combine deux des couleurs primaires, le jaune et le rouge, par exemple, pour en composer une couleur binaire, l'orangé, cette couleur binaire atteindra son maximum d'éclat lorsqu'on la rapprochera de la troisième couleur primaire, non employée dans le mélange. De même, si l'on combine le rouge et le bleu pour en produire le violet, cette couleur binaire, le violet, sera exaltée par le voisinage du jaune. Enfin, si l'on combine le jaune et le bleu pour en former le vert, ce vert sera exalté par le voisinage immédiat du rouge. M. Chevreul appelle avec raison « complémentaires » chacune des trois couleurs primitives par rapport à la couleur binaire qui lui correspond. Ainsi le bleu est complémentaire de l'orangé, le jaune est complémentaire du violet, et le rouge complémentaire du vert. Réciproquement, chacune des couleurs composées est complémentaire de la couleur primitive non employée dans le mélange. Cette exaltation réciproque est ce qu'on nomme « la loi des contrastes simultanés. »

« Si les couleurs complémentaires sont prises à égalité de valeur, c'est-à-dire au même degré de vivacité et de lumière, leur juxtaposition les élevera l'une et l'autre à une intensité si violente que les yeux pourront à peine en supporter la vue. Et par un phénomène singulier, ces mêmes couleurs qui s'exaltent par leur juxtaposition, se détruiront par leur mélange. Ainsi, lorsqu'on mêle ensemble du bleu et de l'orangé à quantités égales, l'orangé n'étant pas plus orangé que le bleu n'est bleu, le mélange détruit les deux tons et il en résulte un gris absolument incolore.

« Mais si l'on mêle ensemble deux complémentaires à proportions inégales, elles ne se détruiront que partiellement, et on aura un ton rompu qui sera une variété du gris. Cela étant, de nouveaux contrastes pourront naître de la juxtaposition de deux complémentaires, dont l'une est pure et l'autre rompue. La lutte étant inégale, une des deux couleurs triomphe, et l'intensité de la dominante n'empêche pas l'accord des deux. Que si maintenant on rapproche les semblables à l'état pur, mais à divers degrés d'énergie, par exemple le bleu foncé et le bleu clair, on obtiendra un autre effet, dans lequel il y aura contraste par la différence d'intensité, et harmonie par la similitude des couleurs. Enfin, si deux semblables sont juxtaposées, l'une à l'état pur, l'autre rompue, par exemple du bleu pur avec du bleu gris, il en résultera un autre genre de contraste qui sera tempéré par l'analogie. On voit donc qu'il existe plusieurs moyens, différents entre eux, mais également infaillibles, de fortifier, de soutenir, d'atténuer ou de neutraliser l'effet d'une couleur, et cela en opérant sur ce qui l'avoisine, en touchant ce qui n'est pas elle. »

Il est facile d'expérimenter ces curieuses observations, soit avec une boîte de pastels, soit avec des pains à cacheter. En recueillant ses souvenirs on se rendra compte pourquoi, dans un parc, une corbeille de géraniums rouges paraissait plus incandescente au milieu d'une prairie que telle autre sur la lisière d'une terre dénudée et grise ; pourquoi il faut mille tâtonnements avant d'assortir dans une toilette de femme du rose et du vert ou du bleu et du jaune, sans avoir des ensembles qui fassent souffrir les yeux ou qui rappellent la livrée d'une perruche ; pourquoi le jaune soutenu est appelé « le fard des brunes, » etc., etc. Les peuples de l'extrême Orient, les Japonais, les Indiens, les Persans, les Nègres eux-mêmes, savent cela instinctivement. Il y a des porte-cigares échangés contre quelques grains de verroterie de Murano sur les côtes d'Afrique qui, tressés en roseaux, sont des merveilles d'harmonie vigoureuse.

Les Occidentaux, dont le sens visuel est — cela est incontestable

— moins superlativement fin, ont chargé leurs savants de rechercher ces lois, que la nature nous offre du reste avec moins d'intensité que dans les fleurs, les arbres, les oiseaux, les poissons, les coquillages, le ciel, les horizons, des pays éclairés par un soleil ardent. Les artistes du moyen âge, quelques grands coloristes de nos écoles européennes, avaient dégagé de leur palette ces lois bizarres et victorieuses par la seule intuition du génie. De nos jours, le public prend goût à la couleur tout en protestant contre les audaces des coloristes.

Les verriers aussi y sont revenus, mais point assez franchement à notre gré. Leurs vitraux, — je ne parle pas de ceux de fabricants artistes et archéologues, tels par exemple que MM. Didron, de Gérente, Lusson et d'autres encore, — sont trop souvent ou lourds ou criards; ils sont faux comme un instrument mal accordé. C'est ce qui a fait croire que les procédés anciens étaient perdus; ce qui n'est pas, en ce sens du moins que la chimie a remplacé certains éléments par d'autres d'une réussite plus assurée et n'exigeant point ces tours de mains qui se communiquaient d'oreille à oreille dans les ateliers, et qui ne seraient plus guère praticables aujourd'hui. Les exemples de belles verrières modernes sont trop nombreux pour que nous ne renoncions pas, pour ne point faire d'injustices, à en signaler aucun.

Mais une école rivale et qui se prétend mieux en possession de l'esprit nouveau, c'est celle que représente M. Maréchal de Metz, et qui transforme une vitre en un tableau ressemblant le plus possible à un tableau peint par les procédés courants. C'est à notre sens une erreur. Les tons de morceaux de verre vus en transparence sont toujours en dehors de ceux de la nature. Plus vous les multipliez en croyant rendre l'apparence d'un visage, d'une draperie, d'un paysage, plus vous modifiez ou interceptez la lumière, et plus vous poussez vers un résultat artificiel et incomplet dont la logique s'irrite.

Ceci n'est dit que pour le principe, car MM. Maréchal, père et fils, sont des artistes verriers d'un grand talent et dont la conviction est des plus respectables. C'est à eux que l'on doit les immenses verrières qui terminent, en plein cintre, les deux extrémités de la nef du Palais des Champs-Élysées, qui donnent raison à nos critiques. Elles ne sont pas décoratives parce qu'elles visent trop à imiter de vrais tableaux peints à l'huile ou à la fresque.

Un autre artiste, mais qui fournit seulement des compositions, M. Steinheil, a mieux éludé la difficulté en réservant aux tons francs de plus vastes espaces et en se servant des détails accessoires pour donner ces tons complémentaires dont M. Charles Blanc nous détaillait à l'instant le rôle. L'œuvre de M. Steinheil est aujourd'hui considérable. C'est un des plus purs dessinateurs de notre époque et d'une valeur tout à fait supérieure. Il a eu comme peintre les inspirations les plus délicates, et il a apporté dans l'expression des joies intimes de la famille un tact et une observation des plus remarquables. Il a montré, comme restaurateur des vitraux et des mosaïques de la sainte Chapelle et de bien d'autres endroits, la plus rare des qualités, celle de connaître à fond les écoles antérieures, dans leur esprit et dans leur forme, dans leur style et dans leurs détails et de ne jamais les pasticher. C'est, dans un autre sens, la pensée du poëte,

Sur des pensers nouveaux forger des vers antiques...

Ce n'est pas seulement en France, c'est aussi en Angleterre, en Allemagne, en Belgique, que l'on a vu se créer depuis quelques années des ateliers et des artistes hors ligne. Il y a loin — il y a cependant à peine trente ans — du moment où la fabrique de M. Bontemps, à Choisy-le-Roi, fabriquait, aux applaudissements de tous, les premiers verres rouges de bonne qualité, colorés sur une de leurs faces, imitant parfaitement les plus beaux verres rouges anciens.

Nous avons montré, à propos de la gravure fluorhydrique, la révolution qui se prépare dans l'art de la verrerie. Comme on peut appliquer sur une plaque de verre blanc une autre lame, absolument adhérente, de verre d'autre couleur, en faisant mordre celle-ci par l'acide on met l'autre à nu et l'on peut ainsi composer des ensembles d'ornementation variés et pittoresques.

Qui sait si nos glaces ne seront pas quelque jour décorées de la sorte? Rien n'est à repousser en principe; le tout est de trouver le point de rapport exact entre le décor et la substance. Grâce au procédé de coulage, on ne sait pour ainsi dire plus où s'arrêteront les dimensions superficielles des glaces, par exemple, de la manufacture de Saint-Gobain. La production totale des glaces en Europe, dans l'année 1860, fut de 835,000 mètres carrés.

Plus la vie devient difficile et fiévreuse, plus le manque d'espace dans les villes nous fait des appartements étroits et bas, plus nous avons besoin de larges ouvertures. C'est se donner l'illusion de la liberté. Appeler autour de soi plus de lumière, c'est peut-être donner aussi à l'âme plus de sérénité.

On demande souvent par quels côtés les arts d'industrie mo-

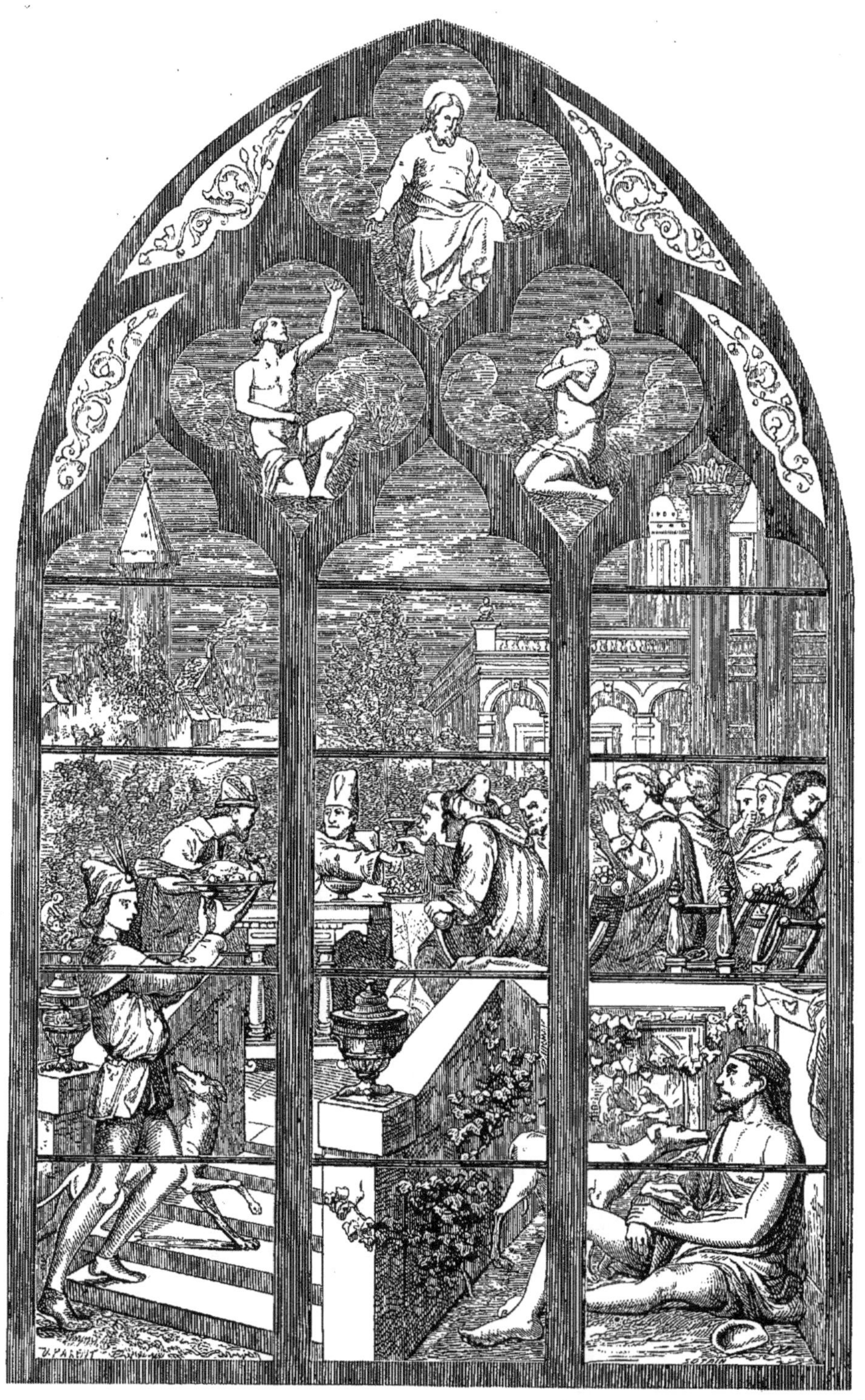

LAZARE ET LE MAUVAIS RICHE.

Vitrail de la Tour Saint-Germain-l'Auxerrois, exécuté par M. Oudinot d'après les cartons de M. Steinheil.

derne soutiennent le parallèle avec ceux de la Renaissance ? Certes ils sont souvent battus dans le détail, les conditions de commande et de main-d'œuvre étant absolument déplacées, mais que de fois ils triomphent dans le résultat général ! Qu'y a-t-il de plus resplendissant qu'une table moderne couverte de cristaux, verres et coupes décroissants comme des tuyaux d'orgue, bouteilles, vasques, cornets à fleurs, compotiers et services ? Qu'y-a-t-il de plus surprenant que ces glaces de cinq ou six mètres de hauteur qui multiplient les salons, la foule mouvante, les lustres allumés ? Qu'y-a-t-il encore de plus étrange et de plus charmant qu'un boudoir, séparé par une glace sans tain d'une serre verte et vivante pendant que la neige tombe au dehors silencieuse et pressée ?

On raconte que la plus ancienne usine de l'Angleterre, située dans le Lancashire, à Raven-Head, fut fondée en haine de Saint-Gobain. Un amiral anglais, furieux qu'on lui eût refusé l'entrée de l'usine française, séduisit un ouvrier et fonda la manufacture qui existe encore aujourd'hui. L'Angleterre fabrique aujourd'hui 550,000 mètres carrés de glace, étamée ou sans tain. Les deux tiers de ces dernières servent à garnir les fenêtres, car l'Angleterre arrangeant à sa façon la fable d'Apollon vainqueur des ténèbres, dit que « le jour est le meurtrier du spleen. »

Ici encore nous retrouvons la loi des belles époques de la décoration intérieure et extérieure des habitations, l'utile marchant de pair avec l'agréable.

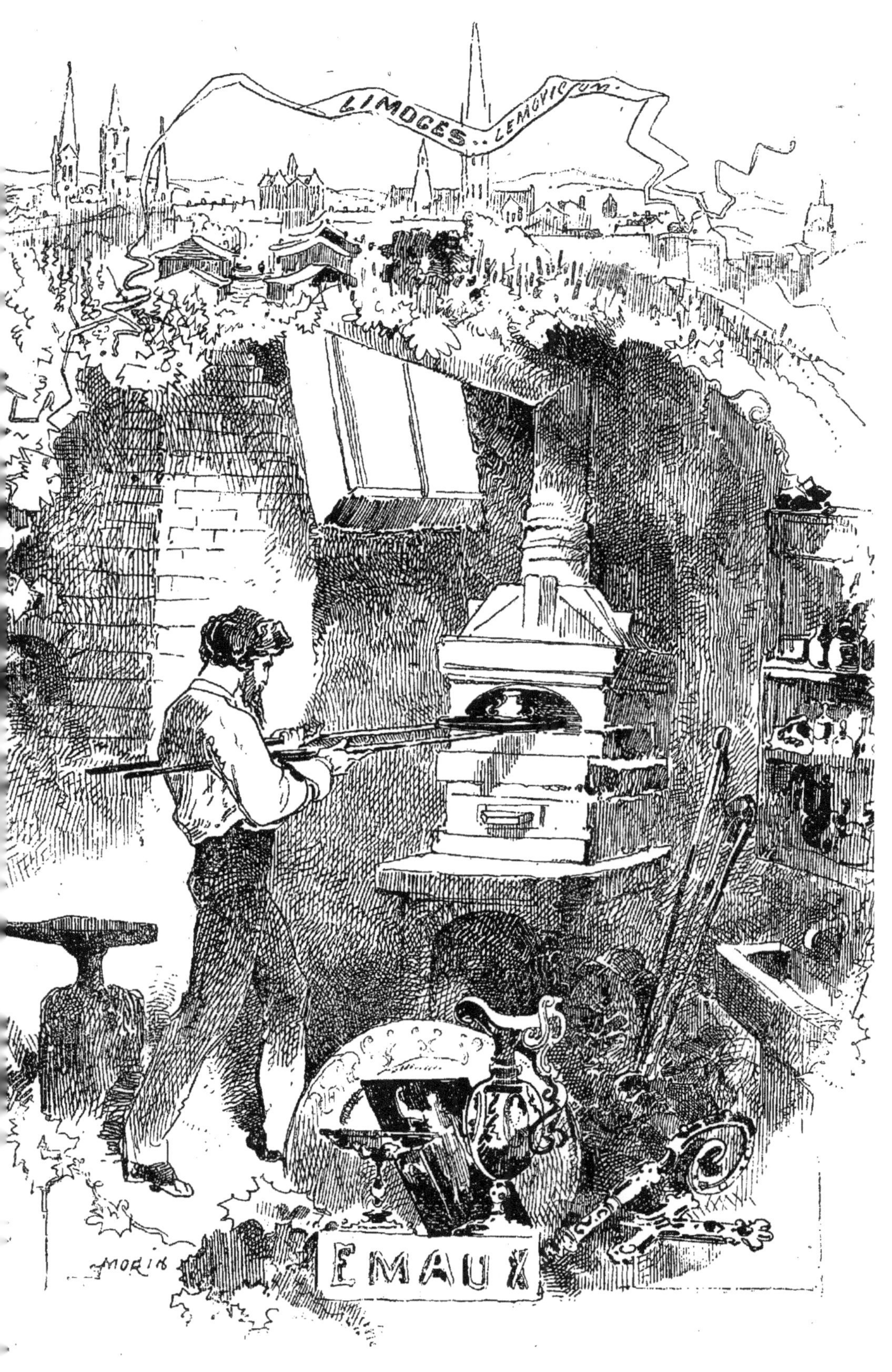
LIMOGES .. LEMOVICUM
EMAUX
MORIN

ÉMAUX

Ce que c'est que l'émail et quelles sont les dénominations adoptées pour en désigner les principales variétés. — Les Égyptiens l'ont-ils connu ou n'ont-ils employé que des pâtes colorées? — Bijoux étrusques émaillés. — Émaux cloisonnés des Chinois. — Les cloisonnés des Byzantins. — Le moine Théophile et son *Traité des Arts industriels.* — Comment on exécute un cloisonné. — Émaux champlevés. — La Renaissance française et l'Émail des peintres à Limoges. — Nardon Pénicaud. — Léonard Limosin, ses portraits et objets de décoration. — Pierre Rexmon. — Jean Courtois. — Décadence de l'Émaillerie. — Jean Petitot, ses portraits à la cour de Charles Ier et de Louis XIV. — Suite des opérations nécessaires pour obtenir une plaque émaillée. — Les Émaux cloisonnés sur cristal de la Renaissance. — Les Émaux de porcelaine à Paris et en Chine. — Les mastics vernis. — La photographie sur Émaux. — Les Émail de peintre de M. Claudius Popelin. — Applications modernes de l'Émail. — Conclusion.

ÉMAUX

On a cru reconnaître « émail » dans l'expression hébraïque « Haschmal » employée par Ezéchiel, mais peut-être était-ce un métal que le prophète voulait désigner. La basse latinité a écrit « smaltum, » les Italiens « smalto, » les Allemands « smeltzen, » nos pères « esmail. » Voilà tout ce que les érudits ont pu découvrir jusqu'à ce jour à ce propos. Quel ouvrier a le premier pratiqué l'émail ? Où et dans quel siècle ? C'est ce que l'on ne sait guère mieux.

L'émail est un véritable verre plus ou moins coloré par des oxydes métalliques, opaque ou translucide, qui, à la suite d'une cuisson considérable, adhère absolument à la plaque de métal, cuivre, or ou fer ou de verre, qui lui sert de support. Mais comme le mode d'application crée des différences tranchées, on a classé les émaux en « émaux cloisonnés ou champlevés, » c'est-à-dire introduits dans des cloisons mobiles de métal appliquées sur une plaque ou dans des espaces « levés » dans le champ de cette plaque à l'aide d'un burin, et en « émaux peints, » c'est-à-dire étendus sur une plaque au gré du peintre et offrant des teintes fondues et des contours non isolés.

Tout semble prouver que les cloisonnés sont les plus anciens et d'origine orientale. Les champlevés ne sont qu'un perfection-

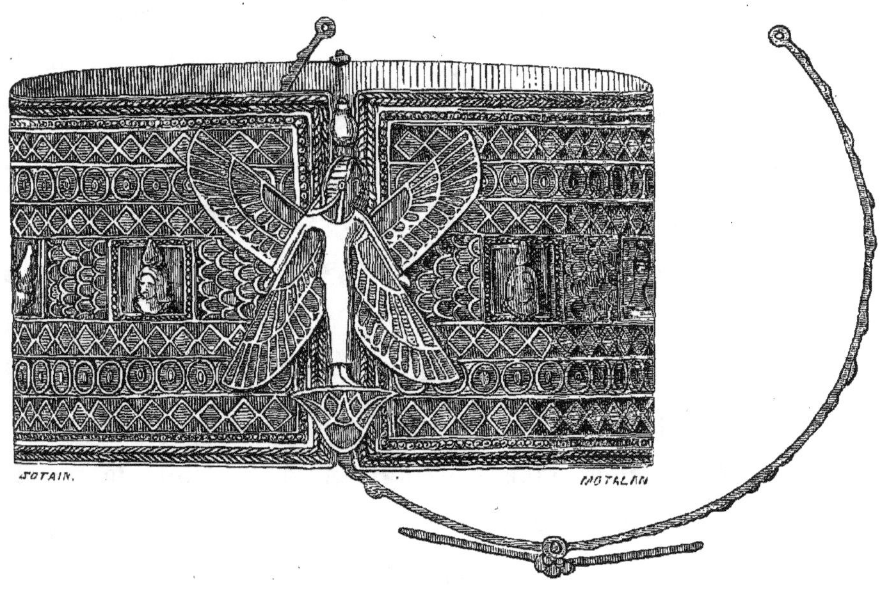

BRACELET ÉGYPTIEN EN OR ÉMAILLÉE.
Musée de Munich.

nement apporté, dans le onzième siècle, par quelque habile ouvrier allemand, et ont même très-antérieurement été connus et pratiqués en Angleterre et à Limoges. L'intention première à dû être d'imiter des incrustations de pierres précieuses ou de pâtes colorées fixées à froid dans des cloisons de métal.

On a nié que les Égyptiens, qui étaient de si habiles céramistes et verriers, aient connu l'art de l'émaillerie. Il est probable au moins qu'ils ne l'ont que rarement pratiqué. On a peu trouvé jusqu'à ce jour, parmi ces milliards d'objets sacrés ou usuels qu'ils avaient enfouis dans leurs nécropoles, d'objets indiscutablement émaillés. Comment ce peuple, qui avait la passion de l'indestructible aurait-il négligé un si précieux moyen? Une expertise chimique pourrait seule décider si les cloisons du fin et gracieux bracelet du musée de Munich que nous reproduisons, sont remplies par un verre fusible ou par un mastic.

Les Grecs et les Étrusques ont connu l'émail et même ce qu'on nomme l'émail des peintres. La collection Campana, au Louvre, nous montre des couronnes funéraires avec fleurettes émaillées; des cygnes, des paons, des colombes, exécutés avec une adresse et une sûreté qui sont les indices d'une pratique courante. C'est le même mode de faire que pour les bijoux de la Renaissance où l'on voit des combats ou des chimères. Nous en parlerons à propos des émaux peints chinois et des émaux de Limoges.

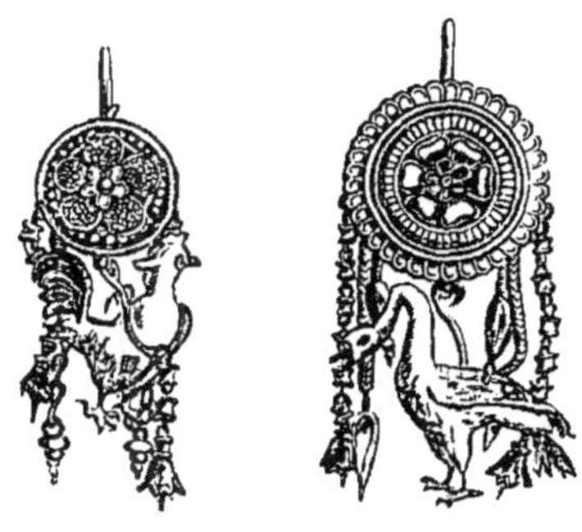

BOUCLES D'OREILLE EN OR ÉMAILLÉ.
Bijoux étrusques. — Collection Campana.

La question de l'origine de l'émail est donc des plus délicates, et nous n'avons pas qualité pour la résoudre. Nous ne prendrons l'émaillerie qu'à son entrée dans Byzance. Qu'est-ce qui l'y avait fait naître? Vraisemblablement le désir d'imiter des objets d'émail cloisonné apportés de la Perse, de l'Inde ou de la Chine. Apollonius de Thyane, le fameux thaumaturge, écrit qu'il a vu dans un voyage en Asie, à Taxilles, où régnait un prince sur l'ancien royaume de Porus, au delà de l'Indus, un temple dont le sanctuaire était digne d'admiration : « A chaque muraille étaient attachées des plaques d'airain historiées. Les hauts faits de Porus et d'Alexandre y étaient représentés avec du cuivre, de l'argent, de l'or et de l'airain noir... Ces différentes matières, unies ensemble par la fusion, faisaient l'effet des couleurs. » Faut-il y voir autre chose que des plaques émaillées?

Mais ce qui peut-être avait frappé les Grecs du Bas-Empire, ce sont, bien qu'on leur conteste une date aussi reculée, ces plaques, ces coffrets, ces vases libatoires cloisonnés par les Chinois, des tons les plus doux du rose, du vert, du bleu, du jaune. Des fleuves les traversent, des pivoines ou des nénuphars s'y épanouissent, des monstres s'y enroulent, montrant leurs dents aiguës et roulant des yeux terribles. Le vase que nous avons emprunté au cabinet du directeur de la *Gazette des Beaux-Arts*, M. E. Galichon, est un des plus beaux connus. Tout en est admirable : la forme qui peut lutter avec celle des plus sévères vases étrusques, le ton qui est harmonieux comme celle d'un châle de cachemire, la matière même qui, insensiblement rugueuse ou piquassée, c'est-à-dire piquée de petits points par les bulles d'air qui ont crevé pendant la cuisson, retient la lumière et atténue les reflets trop vifs. L'arrangement des anses formées de têtes de monstres, marque, ainsi que nous l'avons fait observer à propos de la porcelaine, le soin avec lequel les Orientaux rompent la monotonie de la silhouette.

Les Byzantins durent accepter ces modèles d'autant plus volontiers qu'ils rappelaient à l'œil ces mosaïques qui avaient tant passionné les Romains, et qu'eux-mêmes exécutaient avec une rare perfection. Les interstices des petits cubes de marbre enfoncés

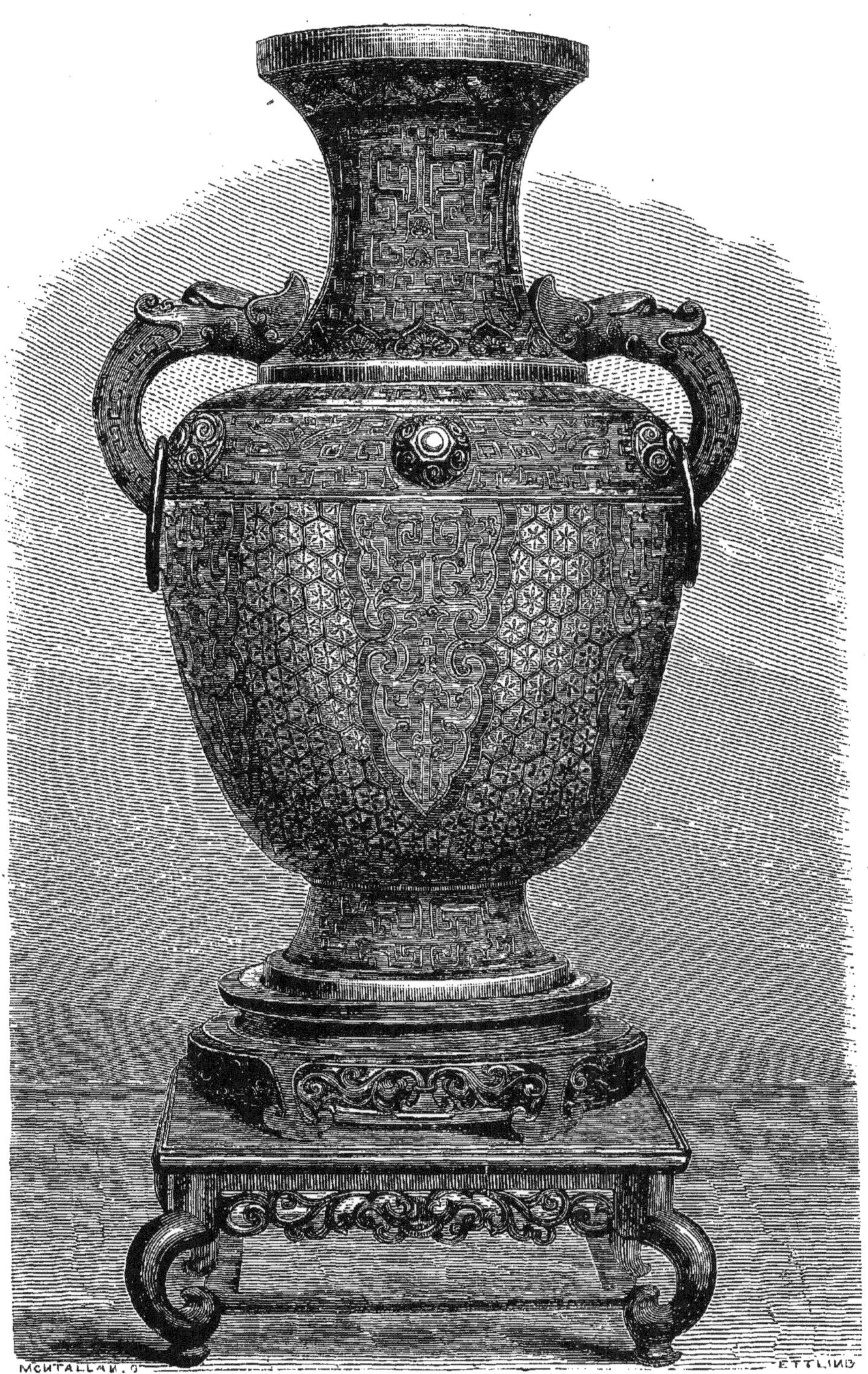

VASE ANTIQUE CHINOIS.

Émail cloisonné. — Collection de M. Emile Galichon.

dans le mastic ne répondent-ils pas aux cloisons d'or qui divisent les tons? Peut-être aussi les premiers émaux des Byzantins eurent-ils surtout pour but d'alterner sur les châsses et les objets du culte avec les cabochons. Sous Porphyrogénète, Byzance en était remplie, et cependant les cloisonnés byzantins sont devenus fort rares, sans doute parce qu'ainsi que nous allons l'expliquer, ils étaient ordinairement exécutés sur une plaque d'or, et que, lorsque la mode des émaux peints prit au seizième siècle, ils subirent le sort de tout ce qui n'est plus jeune et à la mode.

Il n'y a guère plus de vingt-cinq ans que nos érudits s'en occupent et leur ont appliqué cette dénomination de « cloisonnés. » L'un des plus anciens monuments — avec date très-approximative, — est cette célèbre couronne de fer, symbole de la domination de l'Italie, qui fut offerte à la cathédrale de Monza par la reine des Lombards Théodelinde, morte en 625. Le plus considérable et le plus compliqué est la « Pala d'oro, » de Saint-Marc de Venise, parement d'autel où les émaux eux-mêmes disparaissent sous les feux des pierres précieuses et la multiplicité des perles qui les encadrent. Cet ensemble de plaques et de statuettes en relief fut exécuté, au moins en partie, à Constantinople, pour le doge Orseolo, dans la fin de ce dixième siècle qui fut si dur pour l'Italie et qui vit au contraire le suprême épanouissement des arts dans Byzance. On cite encore des couvertures d'évangéliaires, des gardes d'épées et les ornements des gants de Charlemagne, qui sont conservés à Vienne dans le trésor impérial.

Le moine Théophile — on ignore sa patrie et même à peu près le siècle dans lequel il écrivait — nous a laissé un traité des plus intéressants des beaux-arts industriels au moyen âge. Nous allons lui emprunter quelques détails sur la fabrication des cloisonnés. Son livre s'appelle « *Diversarum artium schedula,* Traité sur divers arts. » On suppose qu'il était allemand et qu'il vivait à l'aube de ce douzième siècle où l'art des artistes occidentaux montra tant d'indépendance, de finesse et de force. On connaît huit manuscrits de son ouvrage ; le plus complet est à Londres, au British-Museum, dans la bibliothèque Harleienne. Il traite de la préparation, du mélange et de l'emploi des couleurs dans la peinture sur mur, sur bois et sur parchemin ; de la fabrication du verre, des vitraux de couleur, des vases de terre et des poteries en terre émaillée ; de l'orfévrerie et de la peinture en émail cloisonné, enfin, mais avec moins de détails, de la sculpture en ivoire, de la fonte des cloches et de la fabrication des orgues. C'est, en même temps qu'un traité pratique, un livre écrit pour enflammer l'âme des artistes et les pousser à orner du produit de leur génie la maison du Seigneur, si misérablement mise à sac pendant les dures années du dixième siècle où l'humanité avait cru que le monde allait s'éteindre.

On prenait une plaque de métal, or ou cuivre, et l'on en relevait les bords pour retenir l'émail; puis on dessinait, avec de petites bandelettes de métal minces et posées sur champ, les contours généraux et les divisions principales des figures que l'on voulait représenter. Telles sont les armatures de fer qui circonscrivent les vitraux. Cette grille était fixée sur le fond de la plaque, et les cases réservées ainsi étaient remplies, à l'aide d'une spatule, d'émaux pulvérulents ou légèrement humectés qui devaient exprimer ou les chairs, ou les draperies, ou le fond. L'ensemble, posé sur une feuille de tôle, était mis dans le four, et la chaleur, assez forte pour fondre le verre pilé mais non le métal, liquéfiait le contenu des cases, que l'on remplissait de nouveau si la surface n'était pas uniforme. On soumettait alors toute cette surface à des polissages successifs qui rendaient unis et les émaux et le métal des divisions ou cloisons. Ce procédé, décrit presque dans les mêmes termes par Benvenuto Cellini dans son « *Traité de l'Orfévrerie* » pour le filigrane, est encore celui employé aujourd'hui. La palette des artistes grecs était très-riche et très-fine. Il fallait qu'ils eussent un sentiment très-juste de ce qu'amène la juxtaposition nette de deux tons, car, sauf dans les carnations, les couleurs ne se touchaient jamais et n'avaient par conséquent jamais aucun fondu, si léger qu'il fût.

Le procédé dit « champlevé» ne différait de celui dit « cloisonné » que par la préparation de la plaque : le burin ou l'échoppe la fouillait dans toutes les parties qui devaient être remplies d'émail et la respectait dans ce qui devait former les contours. Nos pères paraissent, dès une haute antiquité, s'en être servis. Des fibules, des anneaux, trouvés çà et là en Angleterre ou en France, ne laissent aucun doute. Philostrate, rhéteur grec, qui au commencement du troisième siècle vivait à Rome, à la cour de Septime Sévère, écrivait à propos de mors et de brides de chevaux montés par des chasseurs au sanglier : « On dit que les barbares des bords de l'Océan étendent ces couleurs sur de l'airain ardent ; qu'elles y adhèrent, deviennent aussi dures que la pierre et conservent le dessin qu'on y a représenté. » Le vase en bronze que nous reproduisons, d'après une chromo-lithographie du livre de M. J. Labarte, *Histoire des Arts industriels*, avait été trouvé en Angleterre. Il a péri dans un incendie. A la simplicité de la

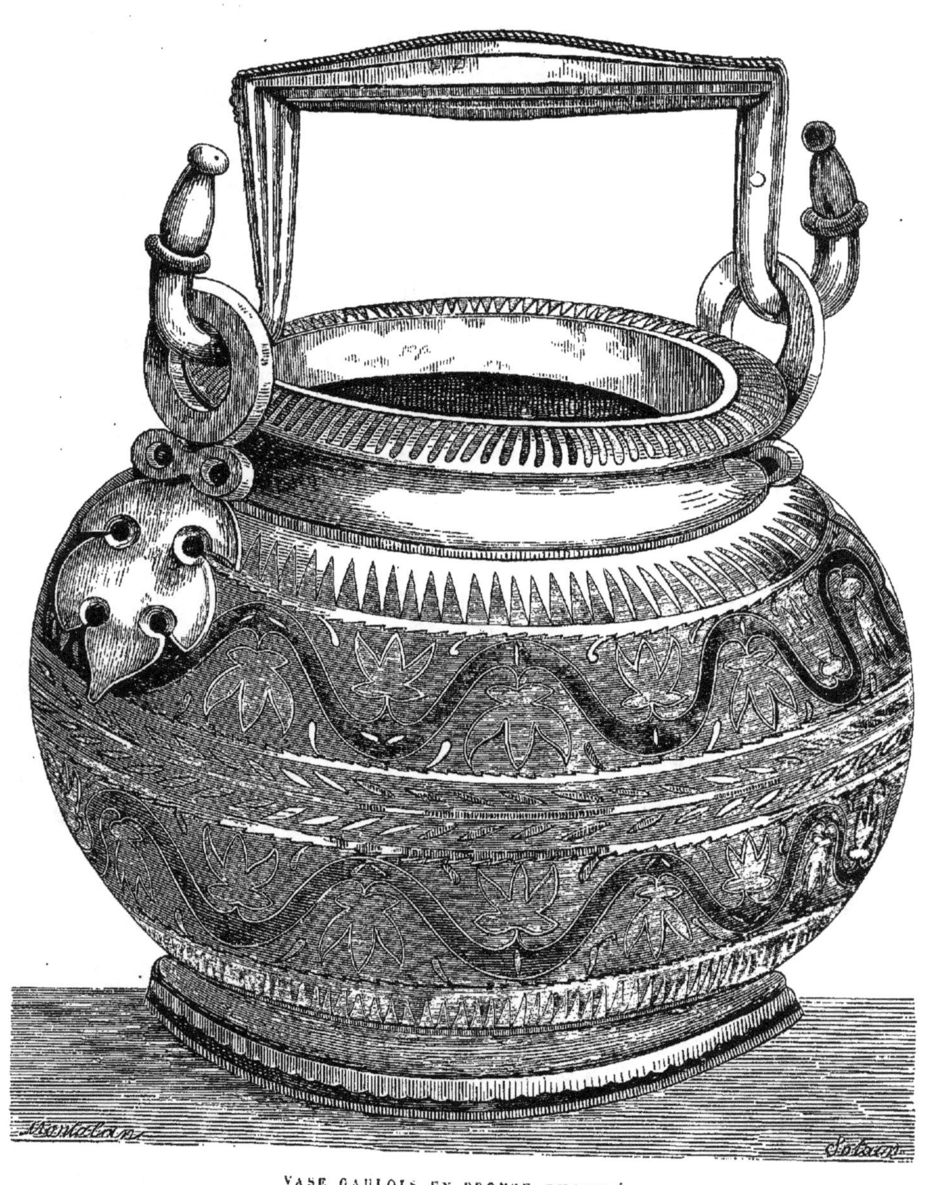

VASE GAULOIS EN BRONZE EMAILLÉ.
D'après les dessins de M. J. Labarte.

forme, à la commodité de l'anse, à la sobriété de l'ornementation, il est aisé de le reconnaître pour l'œuvre d'un émailleur gaulois.

Perfectionné ou repris plus tard par les orfèvres des bords du Rhin et par ceux de Limoges, le procédé permit d'exécuter des plaques de grandes dimensions, des figures de ronde-bosse et de haut-relief. Il en est arrivé un grand nombre jusqu'à nous. Ils répondirent à cette énorme demande de châsses et d'objets du culte faite au retour des croisades par la chrétienté pour enfermer les reliques

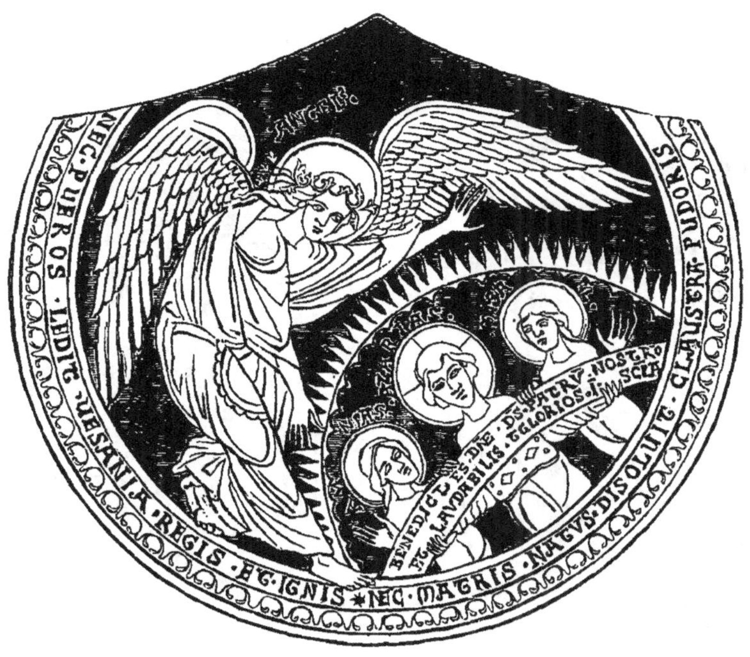

L'ANGE ET LES MARTYRS.

Émail de Cologne, treizième siècle. — Collection du prince Czartoryski.

des saints et des martyrs. Au musée de Cluny, au musée de South-Kensington, dans les trésors de toutes les églises, dans la collection des plus humbles amateurs, on rencontre en grand nombre des crosses, des ciboires, des croix, des châsses en forme d'église avec les transsepts et la nef, des pyxis ou custodes pour les autels portatifs, des colombes que l'on suspendait au-dessus de l'autel et qui contenaient les hosties consacrées, les navettes à encens, les couvertures d'évangéliaires, les fermails. Dans l'abbaye de Westminster n'avons-nous pas vu toute une tombe émaillée, celle de Guillaume de Valence, colossal cercueil qu'on croirait, quand le soleil le frappe, taillé dans un bloc d'or ?

L'émaillerie est, avec les manuscrits, tout ce qui nous reste de l'histoire de la peinture pendant ces périodes si obscures pour nous. Il ne faut pas croire que ce soit à ce titre seul que ces pla-

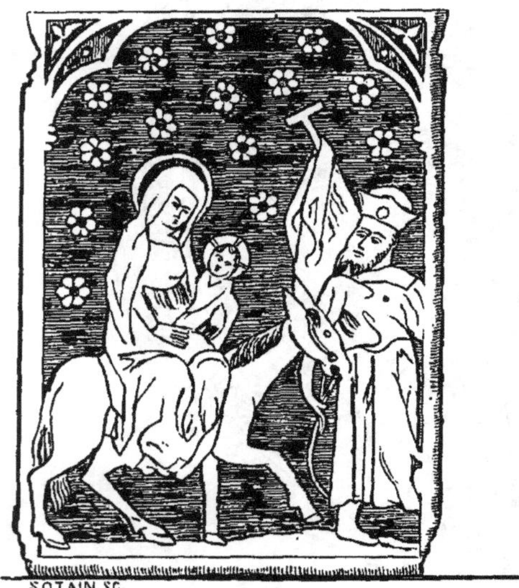

LA FUITE EN ÉGYPTE.

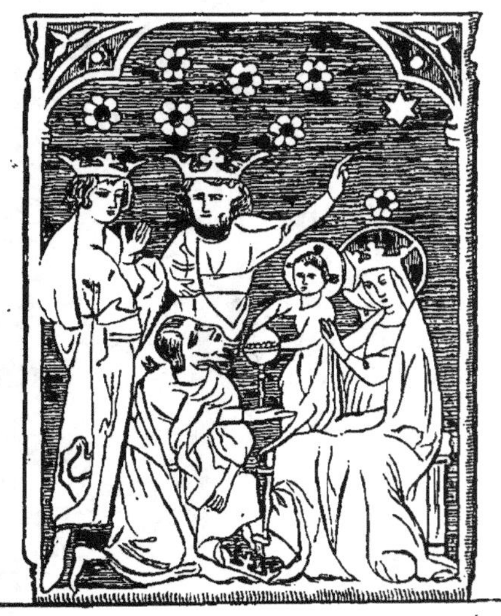

L'ADORATION DES MAGES.

Émaux champlevés du quatorzième siècle français.

ques ont droit d'entrée dans le cabinet d'un amateur sérieux. Si leur aspect est trop souvent barbare, c'est que nous ne rencontrons d'ordinaire que des œuvres de commerce. Mais çà et là, quels éclairs d'art robuste et fin! Combien tendre et victorieux est le geste de cet ange qui, courbé, s'abat comme un oiseau du Paradis sur la fournaise dont les flammes épargnent les jeunes

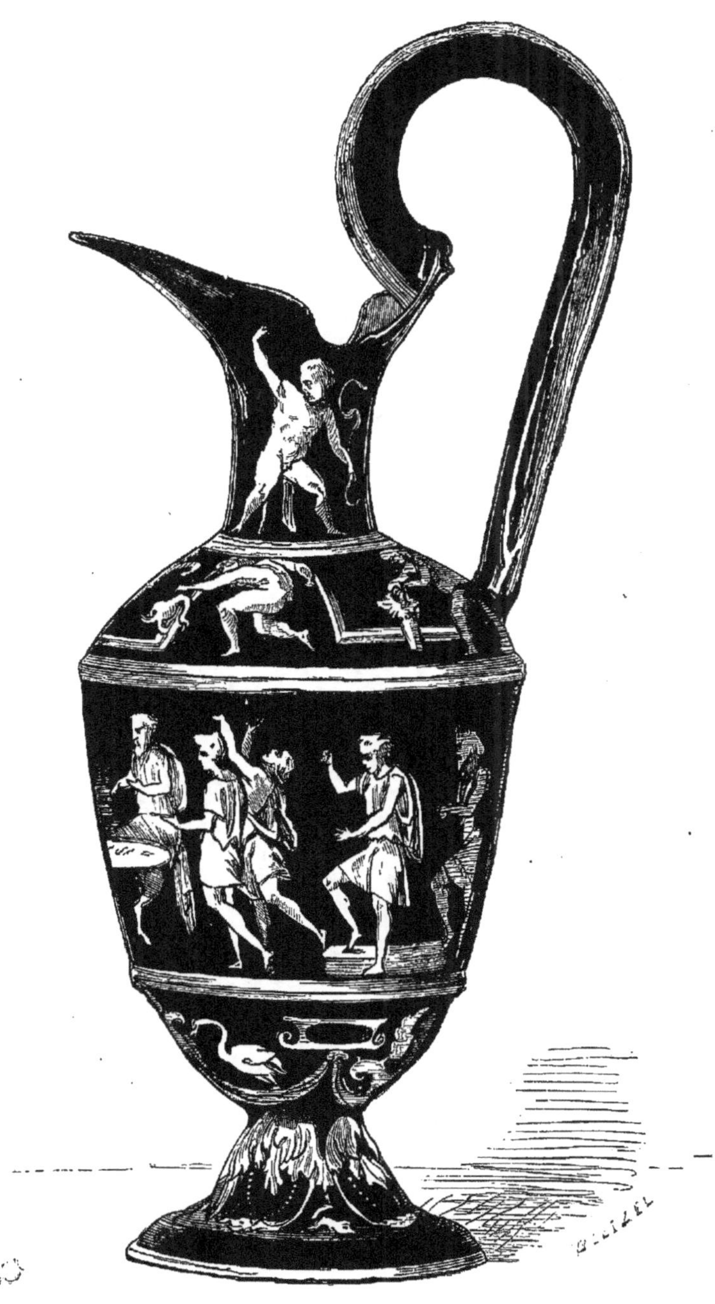

AIGUIÈRE ÉMAILLÉE,

Par Jean Pénicaud, de Limoges. Seizième siècle.

martyrs Ananias, Azarias et Misraël ! Quelles scènes de genre naïves que cette Fuite en Égypte et cette Adoration des Mages. Ces deux dernières plaques décorent le piédestal d'une statuette de la Vierge, en vermeil, offert à Saint-Denis, en 1339, par l'épouse de Charles le Bel, Jeanne d'Évreux.

Mais la Renaissance arriva, et l'uhmanité, en assistant au réveil de l'Antiquité, cette Belle au bois dormant, dont le sommeil avait duré treize ou quatorze cents ans, demanda aux beaux-arts industriels d'exprimer avec des moyens nouveaux les formes nouvelles qu'elle concevait de l'art, de la poésie, de la religion, de la vie. Avec la Renaissance naquit l'émail des peintres.

Dans le domaine des beaux-arts rien n'éclôt brusquement. Chaque fait ou chaque maître qui triomphe a été précédé de tentatives ou d'avant-coureurs dont le destin est d'être oubliés. L'œil autant que l'esprit a besoin de passer par des gradations insensibles avant d'accepter ce qui constitue la pleine doctrine. Entre l'émail champlevé et l'émail peint, l'intervalle serait inexplicable, si les émaux translucides n'avaient, dès avant le treizième siècle, — et en même temps que le vitrail se transformait aussi, — habitué le regard à chercher l'agrément de la couleur et à repousser l'austérité hiératique du contour. On les obtenait en mettant sur l'or ou le cuivre, creusés très-peu profondément, une légère couche d'émail transparent. C'est encore ainsi que de nos jours est revêtu le boîtier de certaines montres de femmes. Nous y reviendrons tout à l'heure.

La révolution fut plus profonde. Elle fut provoquée d'une part par le désir de traduire librement les portraits ou les scènes décoratives dont l'Italie avait enseigné à la France les rapides procédés, et surtout par cette raison d'économie qui est le secret des transformations successives de tous les beaux-arts industriels. L'émail cloisonné avait remplacé les pierres précieuses serties de métal ; la vaisselle émaillée succéda à son tour à la lourde vaisselle d'or et d'argent massif du moyen âge. N'ayant besoin que d'une surface de métal, à la façon du peintre qui n'a besoin que d'une surface de bois, de toile ou de plâtre, elle supprima la valeur intrinsèque et la remplaça par la valeur idéale. La féodalité achevait de succomber. La royauté ruinait plus sûrement ses vassaux en les associant à son luxe qu'en confisquant leurs terres. La société nouvelle était affolée de plaisir et avait ramené en croupe, des guerres en Italie, le goût du luxe raffiné et extérieur. L'émail des peintres vint tout à point pour garnir d'aiguières et de drageoirs les dressoirs et les crédences, orner d'images plus tendres les oratoires, répéter sur la face des meubles et des coffrets les médaillons des empereurs romains et les scènes de la mythologie, assouplir de ses tons tièdes et profonds les bijoux des dames et les épées des gentilshommes. Ce fut toute une révolution dans l'orfévrerie et la vaisselle, dans le mobilier et dans la parure, et c'est Limoges qui en fut le foyer.

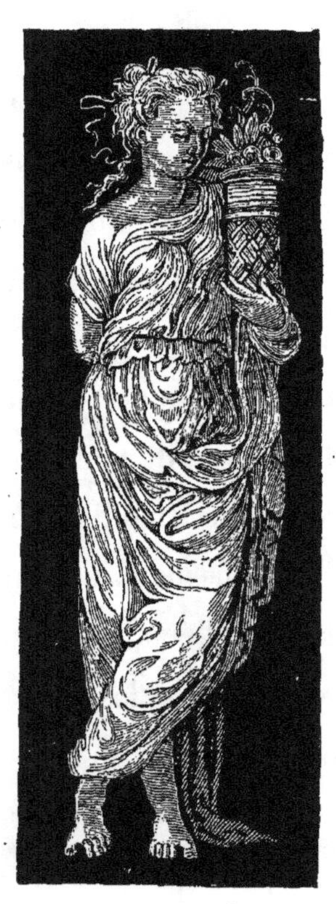

L'AUTOMNE.
Plaque émaillée attribuée à Pierre Pénicaud.
Collection de M. Catteaux.

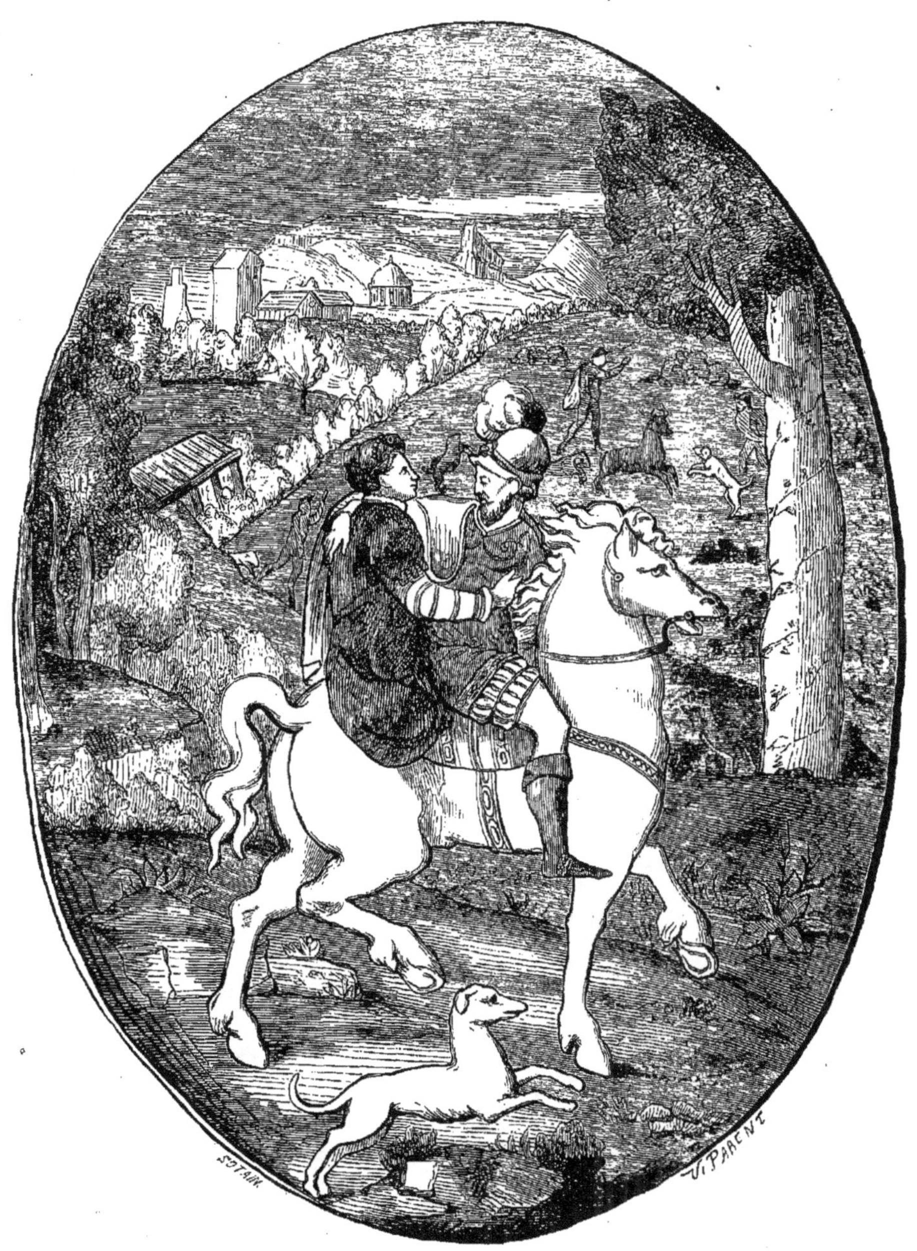

HENRI II ET DIANE DE POITIERS.

Émail attribué à Léonard Limosin. — Musée du Louvre.

Ce mouvement, sinon cette invention, d'un procédé auquel, ainsi que nous l'avons dit, avaient conduit les émaux de basse-taille et translucides, date des premières années du quinzième siècle, et c'est Nardon Pénicaud, peintre-verrier de Limoges, qui semble en avoir été le promoteur. Un de ses chefs-d'œuvre, commandé sans doute par René II de Lorraine et que l'on peut voir au musée de Cluny, est signé et daté « des premiers jours d'avril mil cinq cent trois. » Il y eut après lui plusieurs autres Pénicaud qu'il nous faut négliger pour arriver à Léonard Limosin.

Les premiers émaux connus de Léonard Limosin, qui est le véritable grand maître en cet art, sont datés de 1532 ; les derniers, qui portent la marque d'une main sénile, sont de 1574. Cette longue carrière vit éclore bien des chefs-d'œuvre. Il fut peintre du roi, et l'on sait si, auprès de François Ier et de son fils, c'était là une sinécure. Il peignit, pour le Rosso qui décorait Fontainebleau, de grandes plaques décoratives que le Primatice fit détruire, mais ce qui nous est parvenu de portraits, de tryptiques, de grisailles, de figures de saints, de coupes, de plats, portant son glorieux monogramme LL accompagné parfois d'une fleur de lys, est innombrable. Le Louvre expose dans les vitrines de la galerie d'Apollon un portrait de François Ier en saint Thomas. Le Henri II partant pour la chasse, ayant en croupe « madame Diane de Saint-Vallier, duchesse de Valentinois, » est une attribution plus maligne que certaine. La série de ses portraits de rois, de princes, de seigneurs est sans prix, et témoigne autant du génie du peintre que de l'habileté du praticien.

Ce beau profil de Henri II nous a été confié par un amateur de Tours, dont le cabinet est particulièrement riche en émaux,

M. Roux. Le roi, à la tournure sensuelle et noble à la fois, est vêtu d'une veste blanche à pois d'or à col montant jusqu'à la collerette plissée, et, par-dessus, d'un vêtement plus large, blanc et doublé d'hermine. On ne distingue pas bien ce que représente le médaillon qui pend à son cou, attaché à une fine chaîne d'or. Il tient dans sa main droite une paire de gants de couleur foncée; une plume blanche ondoie sur son toquet marron; les cheveux sont courts et la moustache est très-longue. Ce profil, qui s'enlève sur un fond vert, rappelle singulièrement celui de François Ier, le père de Henri II, quoique le type de satyre couronné soit moins accentué qu'il ne l'est, par exemple, dans le portrait que le Titien nous a laissé de François Ier, et surtout dans son buste qui est dans les salles de la sculpture française de la Renaissance. C'est une haute curiosité historique et complétement inédite jusqu'à ce jour, ainsi, du reste, qu'un grand nombre des objets qu'ont reproduits nos dessinateurs pour ce livre.

Un juge excellent, M. Léon de Laborde, a ainsi caractérisé la manière de Léonard Limosin, à l'apogée de son talent, vers 1555. « L'effet général est éclatant, clair, harmonieux; il est égayé par des bleus de ciel vifs, par des bleus turquoise, chatoyant sur paillon. Un ton jaune serin employé dans les cheveux lui est particulier, et des carnations rosées, limpides, ajoutent à la surprise séduisante causée par ces émaux qui ont quelque chose du brillant d'un satin changeant. Nul n'a su comme lui se servir de rehauts d'or pour agrémenter ses médaillons ou ses ornements sur fond noir. » Il a beaucoup reproduit les compositions de Raphaël.

Les émaux de Léonard Limosin sont — et c'est justice — les plus recherchés des amateurs. Outre le prix du renseignement

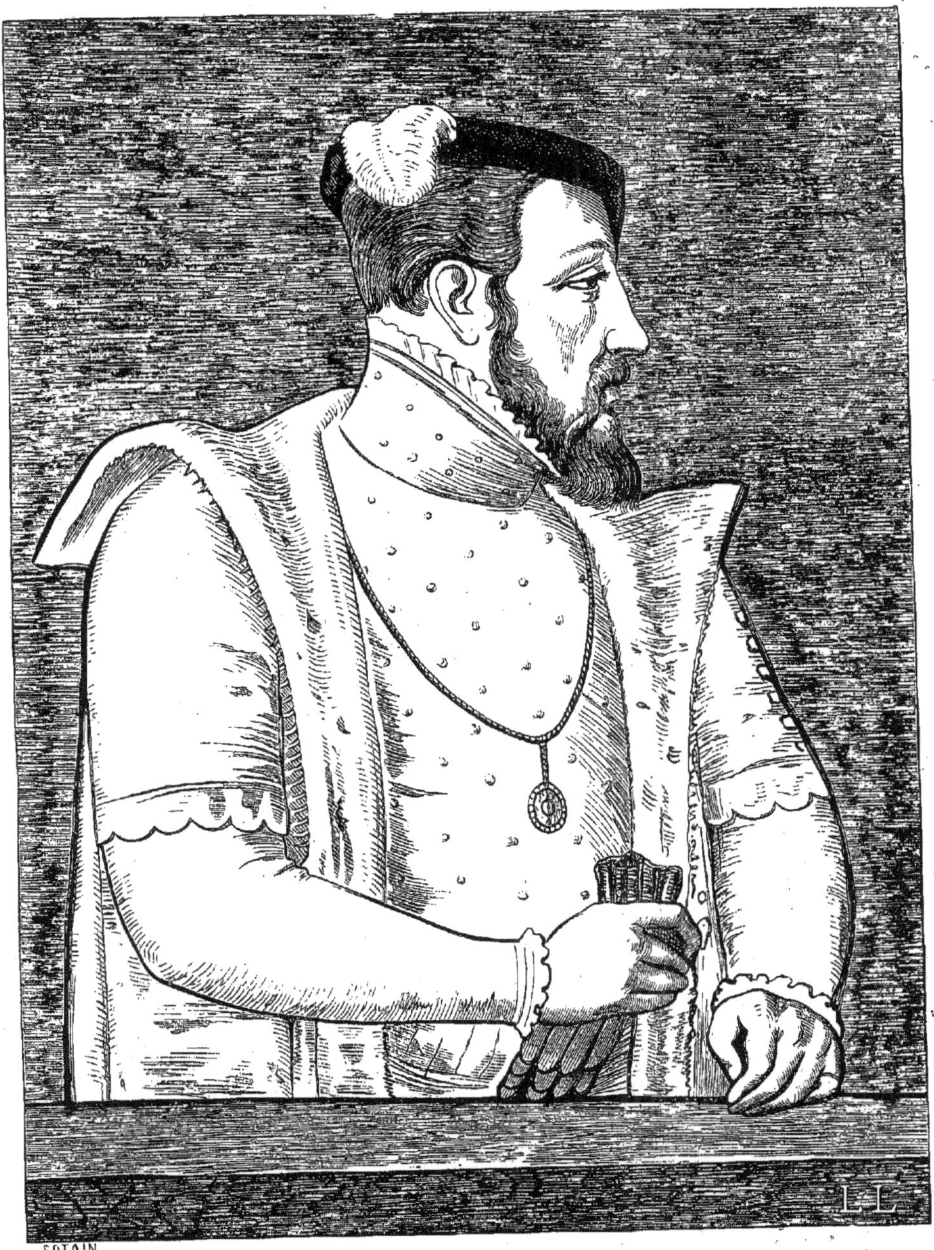

HENRI II.

Émail par Léonard Limosin. — Collection de M. Roux.

historique, outre la dimension des plaques, telles que celles qui ornent la chapelle de l'église de Chartres, ils nous montrent encore le mobilier du règne des Valois dans sa plus haute splendeur. Le Louvre possède un damier et un trictrac, peints en grisaille, qui sont des merveilles de fini et de distinction. Les cases sont alternativement en vert d'émeraude translucide et en blanc éburnéen, et sur celles-ci de petites figures, imitations cavalières de pierres gravées antiques, croquées en noir avec une élégance incomparable. Quels meubles exquis! Quels ensembles de décoration, d'habillement, de parures, ils supposent dans la salle du palais où ils s'ouvraient et chez le roi, chez les princesses, chez les courtisans qui se penchaient sur eux, suivant de l'œil ou les coups engagés ou les capricieuses arabesques qui en circonscrivent la table.

C'est à Pierre Raymond — qui signa P. Rexmon, — qu'il faut vraisemblablement reporter la vogue de l'orfévrerie émaillée. Ce domaine est encore assez intéressant pour que nous laissions à Léonard Limosin, qui fut surtout un peintre, les préoccupations du portrait, des scènes religieuses et des commandes de la cour.

Les premières œuvres de Pierre Raymond sont datées de 1534 et les dernières de 1584. Il paraît avoir été surtout un fabricant, l'inspirateur et le guide d'un nombreux et excellent atelier, car les grands seigneurs de l'Allemagne, de l'Angleterre, de la Hollande, s'approvisionnaient chez lui. Les familles patriciennes Artzt et Welser, d'Augsbourg, les Tucher, de Nuremberg, possédaient encore naguères des services commandés à P. Raymond par leurs ancêtres. Nous citerons particulièrement de lui, au Louvre, une suite d'assiettes de dressoir, exécutées d'après les compositions d'Étienne Delaulne, les « douze mois de l'année. »

Jean de Court, dit Vigier, appartient à la grande famille de ces de Court ou Courtois, ou Courtey, qui fournit d'autres Jean et une

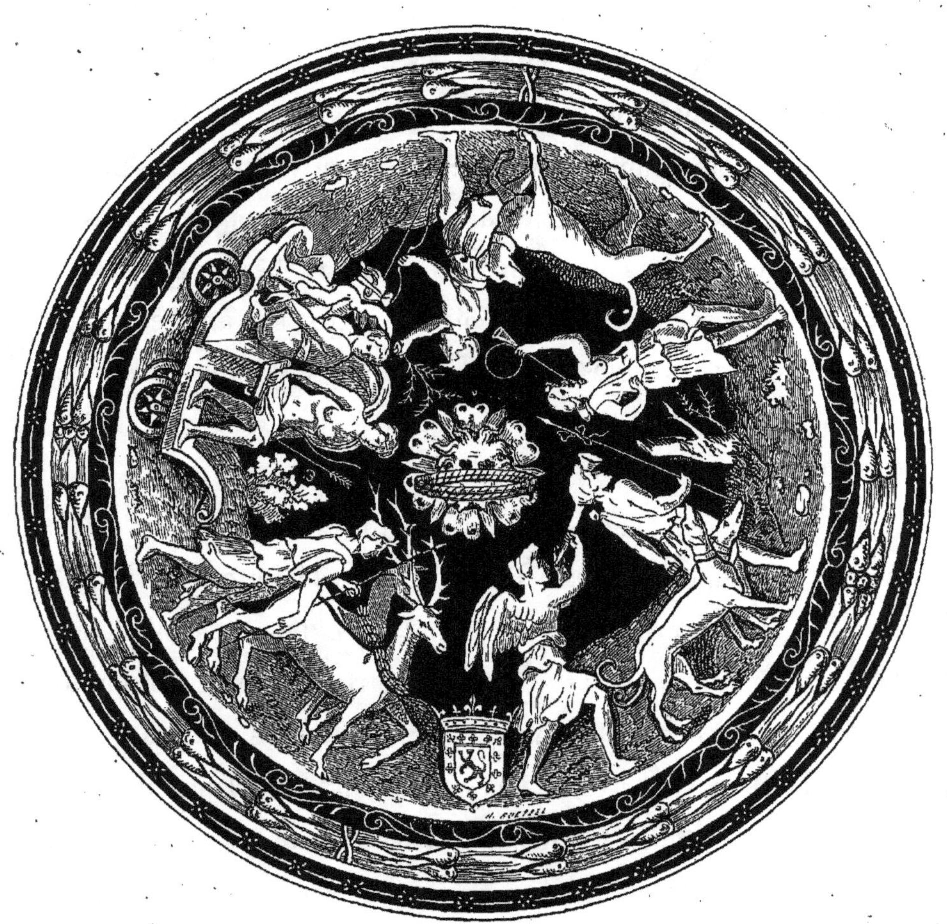

COUPE DE FIANÇAILLES DE MARIE STUART.

Émail de Jean Courtois. — Musée de South-Kensington.

Suzanne et descendait d'un peintre-verrier de la Ferté-Bernard. Il signait I. C. D. V.

Ses émaux sont très-reconnaissables à la finesse et à la netteté de l'exécution, un grand charme dans le ton des carnations, une habileté extrême à se servir de la pointe. Le plus charmant spécimen que l'on connaisse de lui est cette jolie coupe qui figurait dans la vente Pourtalès et qui fut enlevée par le musée de Kensington au prix élevé mais non pas énorme de 35,000 francs. Elle était datée 1556. Son triple intérêt d'art, d'histoire et de sentiment eussent dû la faire rester en France. Elle fut offerte par François II à sa belle fiancée Marie d'Écosse. Répété deux fois, l'écu d'or, surmonté de la couronne fleurdelysée de France, éclatait au milieu des grisailles. Sur le couvercle, la chaste Diane victorieuse d'Éros, s'avance sur un char avec la troupe de ses nymphes et ses lévriers; dans la vasque, le Repas des Dieux aux noces de Psyché et de l'Amour, copie libre de la fresque de Raphaël; quatre superbes bustes en médaillons meublent le dedans du couvercle, et des arabesques du goût le plus pur courent, comme une vigne, sur le socle du vase, autour du pied et de l'extérieur de la vasque. L'aimable princesse qui s'appela depuis Marie Stuart, emporta-t-elle en Écosse ce souvenir de l'époux qu'elle avait perdu après dix-huit mois de mariage? Comment ce frêle cadeau de noces avait-il échappé au naufrage du temps et aux révolutions de la mode[1]?

L'art de l'émail des peintres ne survécut pas au seizième siècle. Il périt avec les Valois. Bernard Palissy, dans ses lamentations sur les arts qui s'en vont, cite « ... les boutons d'esmail (qui est une invention tant gentille), lesquels au commencement se ven-

[1] C'est seulement le couvercle de ce précieux et galant cadeau, vu perpendiculairement, qui est reproduit dans notre estampe.

doient trois francs la douzaine, et ceux qui les inventèrent furent contraints de les donner pour un sol la douzaine. » Puis il ajoute : « As-tu pas veu aussi les esmailleurs de Limoges, lesquels par faute d'avoir tenu leur invention secrète, leur art est devenu si vil qu'il leur est difficile de gaigner leur vie aux prix qu'ils donnent leurs œuvres. Je m'assure avoir vu donner pour trois sols la douzaine des figures d'enseigne que l'on portoit aux bonnets, lesquelles enseignes étaient si bien labourées et leurs émaux si bien parfondus sur le cuivre qu'il n'y avait nulle peinture si plaisante. Et n'est pas cela seulement advenu une fois, mais plus de cent mil, et non-seulement es dites enseignes, mais aussi des esguières, salières, et toutes autres espèces de vaisseaux et autres histoires, lesquelles ils se sont advisés de faire. Chose fort à regretter. » L'enseigne était une plaque ou médaillon qui se portait au chapeau et qui est devenue la cocarde. Elle marquait d'ordinaire à quelle famille seigneuriale on était lié par des liens quelconques, et c'est ce qu'on appelait alors la livrée. Mais la superstition s'en mêlant, les abbayes, les églises, les lieux de pèlerinage vendirent à l'infini les figures des saints qui guérissaient toutes les maladies possibles.

L'Enlèvement d'Hélène par Martin Didier, d'après Raphaël serait digne de nous arrêter; mais, dans cette course rapide à travers les belles périodes de l'art décoratif, nous ne pouvons noter que les chefs-d'œuvre et les maîtres. Nous ne nous attarderons donc point, autrement que pour citer des noms qui figurent souvent sur les catalogues de vente ou dans la curiosité courante, ni aux plaques signées KIP, qui sont fort discutables, aux Nouailher, aux Laudin, à ces ouvriers qui jusqu'au dix-huitième siècle continuèrent à peindre des Vierges aux sept glaives, des Christ bénissant ou des Sainte Thérèse. La minutie de l'exécution, le précieux de la touche, l'emportèrent sur toutes les autres conditions d'art, et comme le

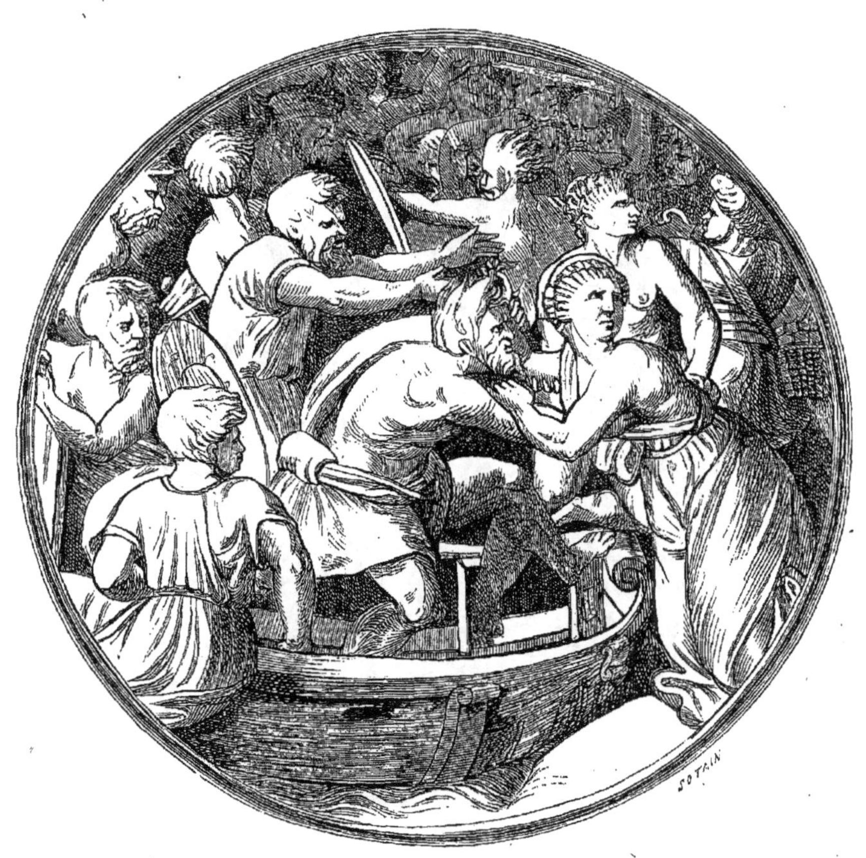

L'ENLÈVEMENT D'HÉLÈNE.

Plaque émaillée, par Martin Didier. — Collection de M. Charbonnel.

lecteur n'attend pas de nous que nous l'arrêtions à braquer la loupe sur des boitiers de montre ou des dessus de tabatières, nous passerons à nos jours après nous être arrêtés cependant à une figure fort originale à certains égards, celle de Petitot.

Jean Petitot, a écrit Mariette dans ses notes précieuses sur l'art et les artistes de son temps, naquit à Genève en 1607. Son père était sculpteur en bois. Sa profession de metteur en œuvre dans un temps où l'on était fort dans le goût d'enrichir les bijoux d'ornements peints en émail, l'avait mis à portée de peindre avec beaucoup

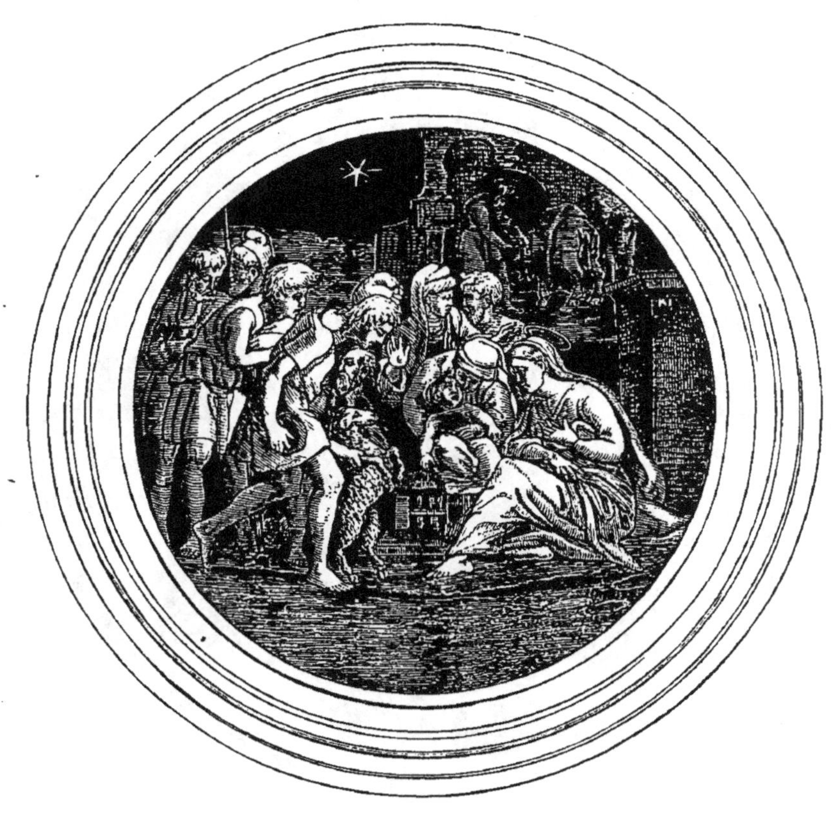

L'ADORATION DES BERGERS.

Émail signé K I P. — Collection du baron G. de Rothschild.

de propreté des fleurs, des rinceaux d'ornements et tout ce qui convenait à ce genre de travail. Il passa en Angleterre sous le règne de Charles Ier.

Le joallier de ce prince le fit travailler et lui fit exécuter un portrait qu'il donna même comme sien. Mais van Dyck ayant voulu voir l'artiste à l'œuvre, il fallut s'exécuter et présenter le jeune Suisse. Le premier portrait que Petitot fit sous la direction de van Dyck lui-même, fut celui du roi. Il était merveilleux de ressemblance et de finesse et valut à son auteur d'innombrables commandes. C'est en effet encore aujourd'hui en Angleterre que l'on rencontre le plus de médaillons de Petitot qui, après la mort tragique de son protecteur revint en France. Dans le cours de sa carrière qui fut très-longue, car il dépassa quatre-vingts ans, il peignit maintes fois Louis XIV, la reine mère et tout ce que la cour comptait d'illustre. P. J. Mariette, qui était un amateur du goût le plus exercé, possédait de lui le portrait de la belle comtesse d'Olonne, d'après Mignard, sous la figure de Diane ; cet émail était encadré dans une guirlande ovale de fleurs en relief exécutées par un très-habile orfévre du temps, Gilles Légaré.

C'est le médecin chimiste Théodore Mayern, Génevois aussi, qui lui avait, à Londres, enseigné la composition de certains émaux opaques dont les tons étaient d'une justesse et d'une fraîcheur remarquables. Cependant beaucoup de médaillons de Petitot sont trop rouges. Beaucoup de ces portraits, portés en broches ou en bracelet, ont été cassés ou rayés irréparablement. Beaucoup d'autres, le croirait-on, ont passé au creuset de l'orfévre parce qu'ils étaient peints sur plaque d'or ! Cela rappelle la triste mésaventure de quelques-uns des cuivres de Jacques Callot, le spirituel graveur lorrain : après sa mort, ils furent vendus aux chaudronniers et transformés en casseroles.

Quelques-uns des portraits peints par Petitot ne sont guère plus grands qu'une pièce d'argent de cinquante centimes. Et cependant la science du dessin et la précision de la touche étaient telles, la physionomie du modèle était si bien conservée et le goût de l'ajustement si libre, que ni l'œil ni l'esprit ne sont blessés de cette extrême réduction. On oublie le tour de force pour ne chercher que le caractère intime du personnage et son tempérament. C'est la miniature élevée à la hauteur de la peinture d'histoire. Le Louvre en possède une série intéressante.

Celui de Turenne, que possède M. L. Double et qui orne le dessus d'une boîte en or ciselée par l'orfévre de Louis XVI, Mathis de Beaulieu est sans prix. Philippe de Champagne n'a certainement jamais peint plus serré ni plus simple.

Les émaux de Petitot étaient émaillés sur or. C'est en effet le métal qui se prête avec le moins de caprices aux passages multipliés dans le fourneau. Aucune oxydation ne se forme à sa surface et ne vient apporter des modifications chimiques. Nous verrons dans le chapitre de l'orfévrerie quel parti surent en tirer les orfévres de la Renaissance et surtout ce Milanais Caradosso que Benvenuto Cellini, quoiqu'il ne soit point coutumier du fait de camaraderie, cite avec tant de chaleur.

Le platine vient immédiatement après l'or, et pour les mêmes raisons ; mais c'est un métal terne, assez rare aussi, et pour ces causes peu employé. Le fer ou la fonte ont l'inconvénient de se détacher par écailles ou, ce qui est bien plus grave, lorsque la plaque est terminée et qu'elle a même subi l'épreuve du temps, de faire éclater en mille fragments avec le bruit d'une bombe sous l'influence d'un changement subit de température la couverte d'émail.

Le cuivre a toujours été le métal préféré, lorqu'il s'agissait de plaques d'une certaine dimension. On l'emploie en feuilles minces à cause de sa rétractilité. Mais nous allons décrire l'opération même de l'émaillage d'une plaque, non pas d'après des traités, mais ainsi qu'un des plus habiles émailleurs de notre temps, M. Claudius Popelin, a bien voulu la répéter plusieurs fois sous nos yeux[1].

On choisit une plaque assez mince de cuivre très-pur, appelé « cuivre rosette. » Il faut « l'emboutir, » c'est-à-dire la rendre légèrement concave d'un côté et convexe de l'autre, pour éviter les plis qu'elle ferait au feu. C'est un travail de repoussé au marteau. A l'aide d'un bain rapide dans l'eau acidulée avec quelques gouttes d'acide sulfurique, on la « décape, » c'est-à-dire que l'on fait tomber cette légère pellicule d'oxyde que la première cuisson avait fait naître à sa surface. On la polit alors et on la recouvre, à l'aide d'une spatule, de l'émail, c'est-à-dire de poussière de verre écrasée assez grossièrement et délayée avec un peu d'eau. On sèche en appliquant un linge et l'on passe au four. Ici, il nous faut emprunter les principaux détails de la description du four à M. Popelin lui-même. Voir fonctionner un four d'émailleur, c'est entrer au cœur même de la place. « Le four se compose de trois parties principales, indépendantes et superposées, qui sont : le laboratoire, le dôme ou coupole et la cheminée. » Le laboratoire A est un vaisseau rectangulaire ayant une ouverture

[1] Au moment où paraîtront ces pages, M. Claudius Popelin aura sans doute achevé d'imprimer un livre charmant, qu'il intitule l'*Art de l'Émail des Peintres*, et qui, texte et dessins, offre aux amateurs les conseils les plus clairs sous la forme la plus littéraire.

semi-circulaire sur la face antérieure; une porte P, également en terre, et garnie d'une poignée perpendiculaire et saillante; une tablette horizontale, D, large de quelques centimètres règne en saillie sur toute la largeur du laboratoire et sert pour poser la porte de terre; au dessous, I, le cendrier, dans lequel une ouverture fermée par un bouchon mobile sert à régler le tirage d'air; une grille de terre, Z, percée comme une écumoire, s'applique, à l'intérieur du four, immédiatement au-dessus du cendrier, et le moufle, H, se pose lui-même sur la grille. C'est cette partie qui reçoit le combustible, rapidement enflammé et dévoré par l'action de deux ventouses circulaires qui sont sur les côtés du four. — La cheminée C s'explique d'elle-même. — La coupole ou dôme, B, qui renferme le sanctuaire, est simplement une toiture trapézoïdale sans base, perforée au sommet; elle s'applique sur le laboratoire auquel elle ressemble extérieurement, et s'y maintient par juxtaposition. C'est par la porte qu'on introduit le moufle qui lui-même recevra la plaque d'émail. Quant aux pinces, 5, au ringard, 9, ce sont des instruments d'usage connu; le « relève-moustaches, » 10, est un fer à pinces plates qui sert à saisir dans le four les « galettes » 1 et 2, plaques minces en terre réfractaire sur lesquelles on pose la plaque d'émail.

Rien n'est surprenant comme de voir, après quelques minutes qu'il est entré dans le four, l'émail rougir, fondre et s'étendre comme un bâton de sucre d'orge. Les anciens se servaient de charbon de bois. On emploie aujourd'hui du coke de houille. Cela produit une chaleur fort pénible pour le visage, les mains et les yeux de celui qui est forcé de suivre attentivement les phases de l'opération. Les poussières folles qui voltigent dans cet enfer et retombent parfois sur la plaque, alors rougé cerise, sont sans importance et sont emportées dans la cuisson.

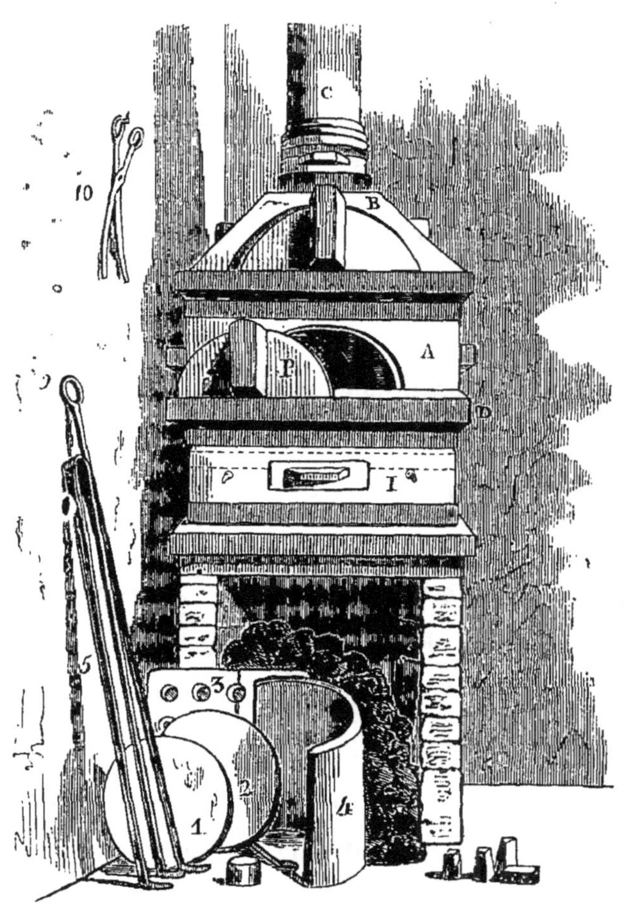

FOUR D'ÉMAILLEUR.

D'après l'*Art de l'Émail des Peintres*, de M. Claudius Popelin.

Lorsqu'on retire la plaque, on comprend qu'elle ne fait plus qu'un avec l'émail, que l'adhérence est parfaite avec le fondant qui avait été étalé dessus. Si elle n'est pas d'une homogénéité parfaite de surface, on la fait de nouveau passer au four.

Cette première opération de cuisson s'applique généralement au

« contre-émail, » c'est-à-dire à la couche d'émail qui revêt le revers du plat ou du portrait que l'on exécute. Il est fait généralement de résidus d'émaux non employés, mais pour les travaux délicats ou soignés on emploie le « fondant » ou émail incolore, qui laisse voir le ton chaud du métal. Cette question du contre-émail, fort indifférente en elle-même, est très-importante au point de vue historique et critique. Elle indique — à défaut bien entendu de signes plus sérieux — certaines époques et aussi certains maîtres : ainsi le revers des premiers émaux de peintres, à Limoges, sont jaspés de brun violacé, assez épais pour empêcher de voir si la plaque est poinçonnée du monogramme du maître ou de quelque autre signe ; plus tard ces revers furent couverts d'un émail vert glauque très-épais ; plus tard encore, on employa l'émail translucide.

On passe ensuite au côté sur lequel on doit peindre.

Le ton du premier dessous est toujours fort sombre : bleu de lapis-lazuli, pourpre de sang de bœuf, jaune d'élytre de hanneton, violet de pétale de pensée. C'est un dessous d'une profondeur de ton admirable qui laisse entrer le regard comme l'eau d'un lac regardée perpendiculairement et le noie sous ses ondes.

C'est sur cette mystérieuse surface polie que l'artiste décalque son dessin. Il laisse tomber avec un pinceau une goutte d'émail opaque, blanc, délayé avec de l'huile d'aspic, et, à l'aide d'une aiguille, il l'étend rapidement et uniformément ; ce travail exige une grande prestesse, car l'huile se volatilise rapidement. Voilà le premier dessous qui formera les parties d'ombre dans la figure que l'émailleur entreprendra, comme dans les porcelaines céladons de Sèvres citées dans le chapitre Céramique. D'autres gouttelettes viendront se superposer à celles-ci aux endroits qui exprimeront les plans lumineux ; puis les reliefs, par exemple sur un profil, le lobe du menton, les joues, les os du nez, les méplats des tempes, le relief des lèvres, les mèches de cheveux ; la matière étant de plus en plus épaisse, on comprend qu'elle intercepte de plus en plus la transparence et que le fonds finit par disparaître complétement. Les émaux de couleur, toujours de moins en moins fusibles, s'appliquent ensuite, à peu près comme les peintres vénitiens procédaient dans leurs tableaux par demies pâtes et par glacis successifs. L'or est posé au pinceau avec un peu de gomme adragante.

C'est l'or qui, avec l'argent et le platine, sert de subjectile aux émaux de paillon, qui ne sont qu'une sorte de mince vitre posée sur cette lame brillante du métal et qui, n'interceptant pas la lumière, lui communiquent seulement leur ton propre. Ces paillons sont d'un effet décoratif admirable. On dirait ces éclairs rapides que jettent dans un vase en verre de Venise rempli d'eau le ventre des cyprins ou le dos des ablettes. Ils ont quelque chose de plus vibrant, de plus scintillant que les pierres précieuses elles-mêmes : les rubis ou émeraudes ou saphirs, pleins de suffisance de la lenteur et de l'antiquité de leur formation et de la pureté de leurs molécules, ont, en regard des émaux de paillon, une apparence somnolente et impertubablement hautaine.

Nous disions à l'instant que toute matière métallique et que le verre lui-même étaient bons pour servir de dessous à l'émailleur. La Renaissance a employé le cristal avec son goût fin et charmant de bijou. Elle en a fait un véritable cloisonné et on a baptisé ainsi ce genre d'orfévrerie, car on l'appliquait, comme le prouve la boîte de miroir qui fait partie de la collection de madame James de Rothschild, à des objets de petites dimensions. C'était d'une difficulté d'exécution infinie. On gravait en creux les feuilles, les

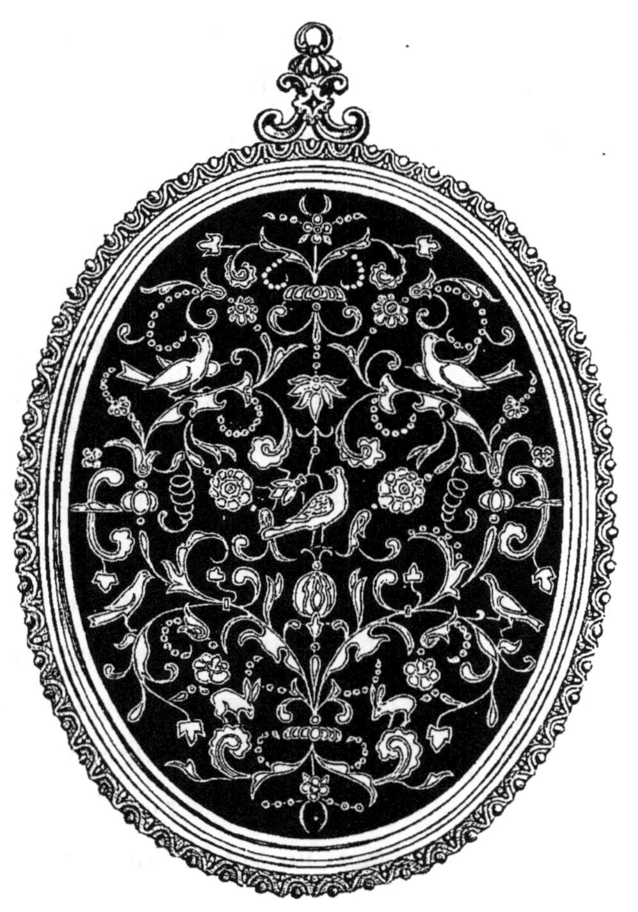

BOITE DE MIROIR EN CRISTAL ÉMAILLÉ.

Collection de madame la baronne James de Rothschild.

oiseaux, les grotesques ; on introduisait une feuille d'or mince, tapissant le fond et les bords ; puis, dans cette petite cuve dont les parois métalliques débordaient, on introduisait des pâtes colorantes, extrêmement faibles; puis après la cuisson, qui devait être soumise à mille chances, on polissait le tout, et l'or brillant circonscrivait les tons comme les fils d'une dentelle.

La palette du peintre d'émail est extrêmement riche. Les oxydes métalliques se prêtent à un nombre infini de combinaisons avec le verre à base de plomb. Les émaux opaques contiennent de l'oxyde d'étain. Le vert, l'azur, le turquoise, le pourpre, le gris de perle, le bleu d'horizon, l'orangé, le citrin, l'aigue marine s'obtiennent ou francs, ou en tons rompus formant une gamme chromatique. Le rouge clair est appelé, dans les anciens traités, « le chef et le parangon. » Il fut découvert, selon Benvenuto Cellini, par un orfévre qui cultivait l'alchimie, et qui le trouva au fond de son creuset, en cherchant à faire de l'or.

Mais malheureusement tous ces verres ne sont point également fusibles. Il faut donc que l'artiste connaisse à merveille les degrés successifs de température qu'ils peuvent subir sans se fondre de nouveau et s'empâter les uns dans les autres. Il place les très-durs les premiers, les durs en second et procède ainsi jusqu'à la fin. Une plaque d'émail peut passer au feu jusqu'à vingt fois. Que de chances d'accident, ne fût-ce que pour la plaque qui sert de subjectile et qui, ainsi que cela est arrivé sous nos yeux, ne se tordit qu'à une dix-huitième cuisson!

Les émaux de petit feu s'appellent « émaux de porcelaine. » Ce sont ceux qu'emploient généralement les bijoutiers. Le dix-huitième siècle a décoré ainsi des parures complètes, la montre, l'agrafe, la clef, les breloques et le flacon. Ils offrent infiniment moins de dangers, ils permettent de travailler sur de plus grandes plaques, de revenir par des touches légères et de multiplier les tons, mais aussi, moins d'effet et de puissance dans le résultat final. Ils n'ont jamais cessé d'être mis en pratique, tandis que c'est depuis quelques années seulement, qu'à Sèvres et ensuite dans des ateliers privés on a tenté la résurrection des émaux de grand feu, de ces nobles émaux de Limoges dont nous avons longuement parlé. C'est un procédé bâtard qui peut donner des résultats agréables, mais qui exige plus de patience d'ouvrier que de talent de peintre.

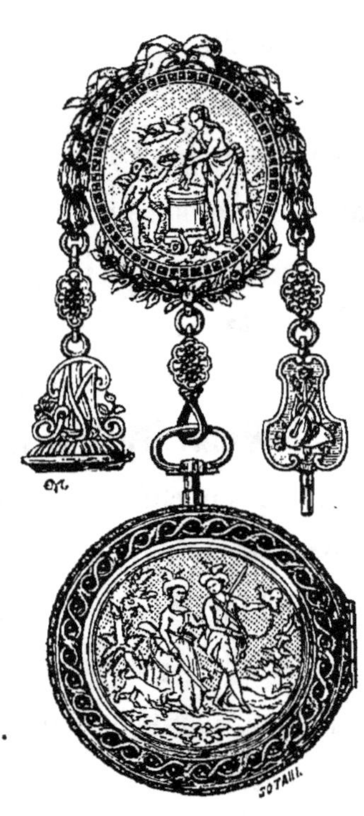

MONTRE ET AGRAFE EN OR ÉMAILLÉ.
Style Louis XVI.

On a été plus loin encore : on a imité l'émail avec des vernis qui s'enlèvent sous l'ongle : ainsi sont décorés presque tous les objets soi-disant turcs ou persans que débitent ces natifs des Batignolles, à gros mollets et à gros turbans, qui jadis vendaient des dattes sous les portes-cochères.

C'est, croyons-nous, avec ces émaux de porcelaine que les Chinois décorent, dans des tons généralement clairs, des théières, des tasses à thé, des plateaux, même des vases d'assez grandes dimensions. Ce sont de charmants tableaux qu'ils peignent sur ces surfaces polies et qui semblent plus grasses que la porcelaine.

L'action de ces deux amis assis dans la campagne s'explique d'elle-même. Le petit plateau qui fait pendant et nous appartient ainsi que celui-ci, montre deux jeunes femmes assises à un balcon dominant une vallée fermée par des montagnes bleues; l'une souffle dans une flûte, l'autre semble chanter les vers mélanco-

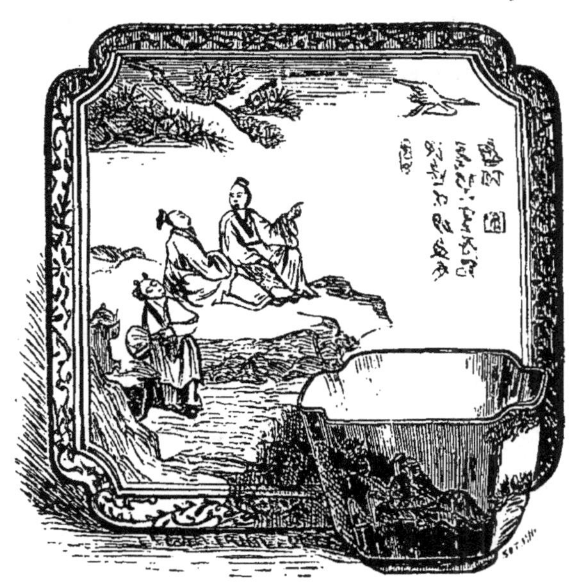

TASSE ET PLATEAU CHINOIS.
Émail peint.

liques du poëte Li-taï-pé : « Les corbeaux se rassemblent pour passer la nuit[1]; ils volent en croassant au-dessus des arbres; ils perchent dans les branches en s'appelant entre eux. — La femme du guerrier, assise à son métier, tissait de la soie brochée; les cris des corbeaux lui arrivent à travers les stores empourprés par les derniers rayons du soleil. — Elle arrête sa navette. Elle songe avec découragement à celui qu'elle attend toujours. Elle

[1] Le marquis d'Hervey Saint-Denys, à la traduction de qui nous empruntons cette chanson dont le titre est « Le cri des corbeaux à l'approche de la nuit » fait observer que le croassement des corbeaux rappelle en Chine l'idée de l'Union conjugale troublée par la séparation momentanée des époux.

gagne silencieusement sa couche solitaire, et ses larmes tombent comme une pluie d'été! »

On a essayé d'appliquer la photographie à l'émail, ou réciproquement l'émail à la photographie. Chacun connaît ces épreuves de portraits reportés sur une plaque de porcelaine et cuits au four comme une véritable porcelaine. C'est ce que la photographie, jusqu'à ce jour si fugace, a donné de plus sérieux dans ces dernières années. Assurer l'éternité au moins relative à ces paysages, à ces portraits, entrevus par l'objectif comme par un regard humain, c'était résoudre un des problèmes les plus intéressants pour le philosophe. On a essayé, non sans quelque succès, de substituer des poudres colorantes, du verre broyé en un mot, à ce ton de bistre qui donne aux portraits une grande monotonie. Nous avons vu aussi de petites plaques que les bijoutiers insèrent dans des boîtiers de montre, dans des garnitures de broches, façon dix-huitième siècle, et qui arrivent à embarrasser des experts.

C'est un débouché commercial important. Mais le vrai intérêt de cette découverte, dont M. Lafon de Camarsac a fait les applications les plus intelligentes et les mieux réussies, c'est la durée sans bornes des portraits. La réalité marchant de pair avec l'art, nous voudrions que les portraits de toutes les notabilités de notre époque dans la politique, les sciences, les arts, la littérature, etc. soient exécutés en photographie sur émail et conservés officiellement. Ce serait là une source de renseignements sans prix pour les générations qui nous succéderont.

Si l'art de l'émailleur doit de nos jours pousser des scions vigoureux, c'est à cette condition qu'il sera cultivé par des artistes originaux, et non par des copistes. Le copiste, quoi qu'il fasse, n'est qu'un habile ouvrier; l'applaudir, ce n'est donc en réalité que favoriser un fait commercial. L'émail a des visées plus hautes. Il répond, quand il traduit le portrait — et Léonard Limosin et quelques-uns de ses élèves ont montré quelle hauteur de style il pouvait atteindre, — il répond à un des désirs les plus rarement assouvis du cœur humain : à celui d'une éternité relative. A côté du musée des photographies, dont nous demandons la création, il y aurait le musée des portraits, non plus dans leur ressemblance littérale, mais, traduits sur l'émail par des artistes d'élite et portant la ressemblance d'un caractère et d'une âme. Le philosophe aussi viendrait étudier cette inaltérable galerie, car ainsi qu'en un sonnet précieux, Théophile Gautier l'a écrit à un émailleur contemporain,

. . . . l'émail
Tel que l'ambre en son or tient la fleur enchâssée,
Contre les ans vaincus abrite son travail.

C'est à M. Claudius Popelin que ces vers sont adressés. Si M. Claudius Popelin n'a pas réinventé l'art de l'émail dont la pratique n'est ni secrète, ni très-malaisée, il l'a du moins remis en honneur en lui rendant sa véritable fonction qui est de traduire directement les pensées d'un artiste et non de servir à une banale traduction. Les œuvres de M. Claudius Popelin ont été très-justement regardées et applaudies par les esprits justes et délicats, dans les dernières expositions. Érudit et travailleur, il a groupé dans de vastes ensembles décoratifs, des portraits de poëtes, de savants, de maîtres ; il les a reliés par des pensées communes, la

Renaissance des lettres ou le Triomphe de la Vérité; il a varié la monotonie d'une série de profils par des banderolles, des inscriptions, des branches de laurier, des figures d'enfants. Cette année, la figure nue de la Vérité qu'il avait peinte sur un fond bleu, était un morceau de dessin d'un goût remarquable et un chef-d'œuvre de fabrication. Mais nous le répétons encore, quand même des praticiens exécuteraient des copies sans reproches, M. Popelin aurait encore sur eux l'avantage d'inventer ses propres compositions, et de montrer par conséquent un mérite supérieur.

On a fait des applications ingénieuses de ces émaux modernes en les inscrivant sur le plat extérieur des livres. Là c'est une femme casquée et cuirassée, tenant une lance et dressant sur un fond de pourpre ses formes altières : c'est l'*Iliade*, ai-je lu sur les lettres d'or d'un cartouche inscrit dans une couronne de laurier émaillé de paillon vert... Voilà Horace qui sourit et voilà Théocrite qui souffle dans des pipeaux... ici un poëte de la dynastie des Tchangs qui peint sur une feuille de papier de riz « l'Ode au thé », et là Shakespeare qui récite le monologue d'Hamlet...

Mais la véritable destination de l'émail, si l'on entend par véritable ce qui répond le mieux aux besoins de la vie moderne, c'est la décoration. L'émail est le dernier mot et comme un état définitif et supérieur de la céramique. Là où celle-ci s'arrête, à la façade de la maison, au dressoir de la salle à manger, lui, il force la porte et il entre dans le sanctuaire, dans le petit salon de la femme, dans le cabinet de travail du poëte. Nulle substance n'ajoute aux flancs du coffret, aux plinthes de la cheminée, aux ventaux de la bibliothèque des tons plus chauds et plus doux, des lumières plus moelleuses et plus sobres. La Renaissance, nous l'avons vu

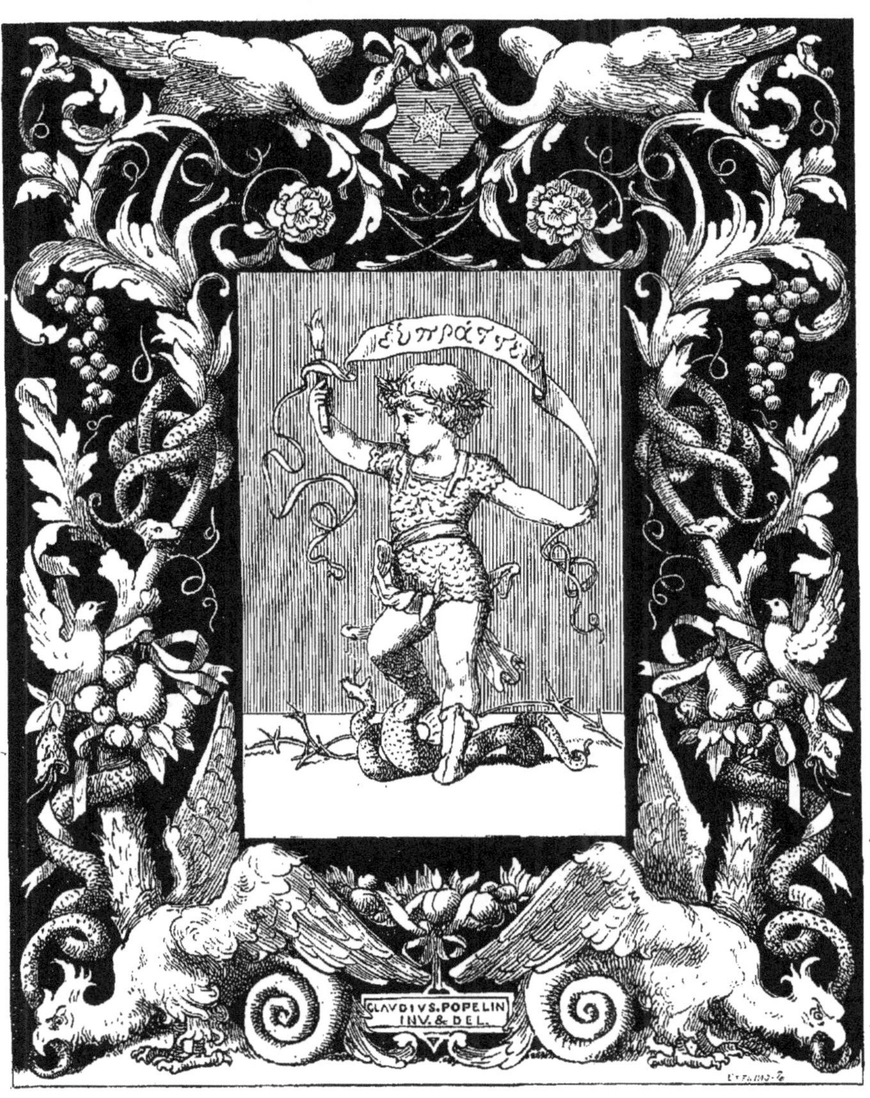

LE TRAVAIL VAINQUEUR.

Émail composé et dessiné par M. Claudius Popelin.

entre autres, à propos du damier et du trictrac de Léonard Limosin qui sont au Louvre, l'entendait ainsi. *Le Songe de Polyphile* que nous avons déjà cité, en montre un charmant exemple dans un de ces palais qu'embellissait des merveilles les plus raffinées l'imagination sensuelle de l'inconnu qui a rêvé et écrit ce curieux livre : « Plus haut que la chaise de la Reyne estoit l'image et effigie d'un beau jeune homme sans barbe, ayant les cheveux blonds et dorés ; la moytié de la poitrine couverte d'un drap noué sur l'espaule, et au-dessous un aigle estendant les aisles et tenant en ses serres un rameau de laurier verd. Il avoit la tête levée pour le regarder au visage qui estoit environné d'un diadème azuré, departy en sept rayons, le tout fait d'orfévrerie, cizelé et esmaillé en toute perfection. »

Il reste donc à l'émail à suivre la marche du monde moderne. Il a couvert des châsses et des évangéliaires, alors que le mobilier religieux absorbait toutes les commandes des fidèles. Plus tard, il a créé la plus belle vaisselle que les dressoirs déshabitués de l'or et de l'argent massifs aient pu désirer. Puis, il a donné aux bijoux des femmes un charme varié de mille façons. Aujourd'hui il lui faut entrer dans le mobilier des palais et des grands intérieurs. Il s'associe admirablement aux tons roux ou noirs ou veineux, du chêne, de l'ébène, des bois durs étrangers qu'on a le bon goût de ne plus vernir. Dans cette symphonie qui s'appelle la décoration, j'imagine qu'il chante cette grave partie de violoncelle qui précise la mélodie et lui donne une signification.

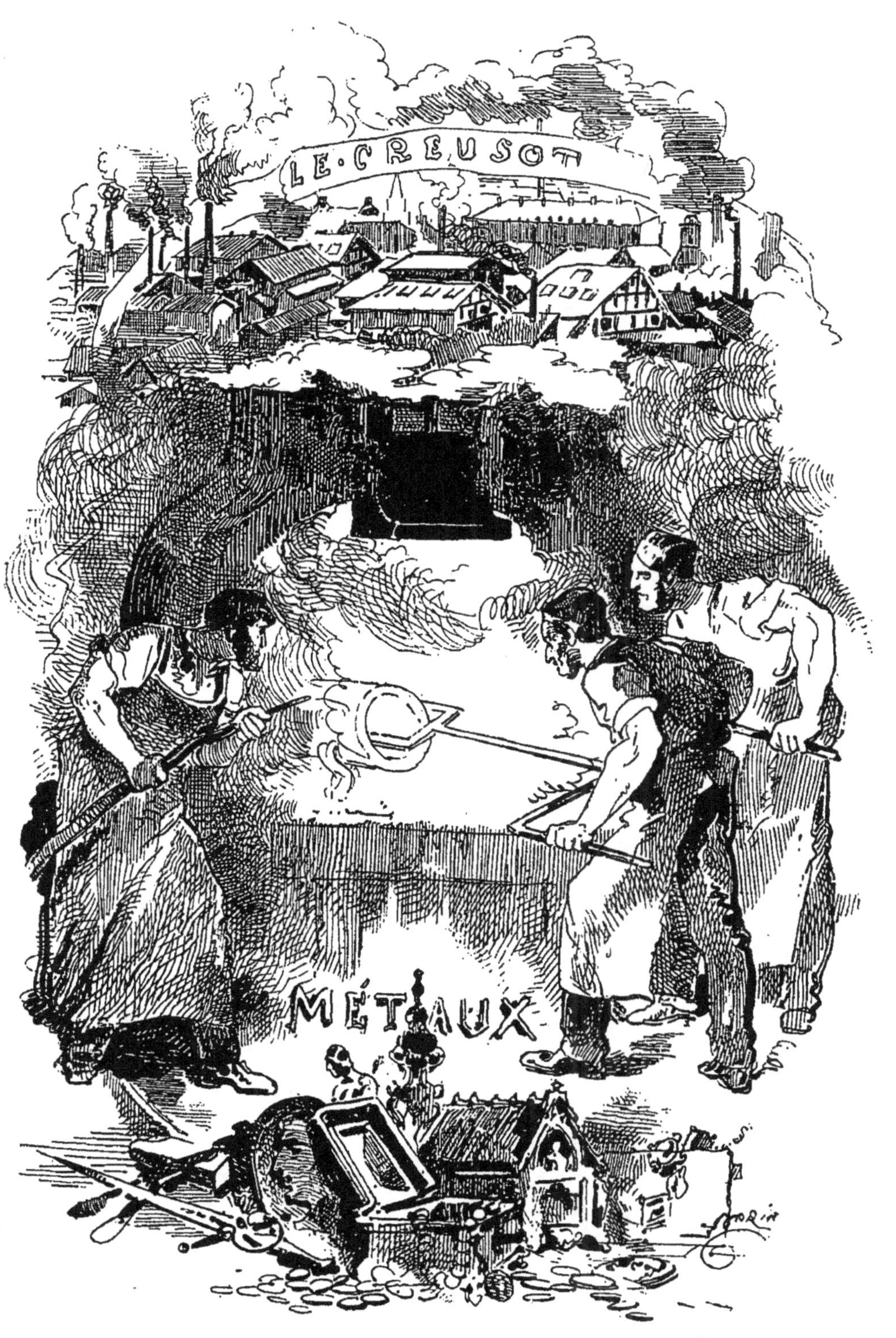
LE·CREUSOT
MÉTAUX

MÉTAUX

BRONZE ET FER

L'âge de pierre avant l'âge du métal. — Les armes et les ustensiles. — L'Inde et les armes de ses héros fabuleux. — Ses poignards. — Ses crocs pour conduire les éléphants. — Les Grecs au siége de Troie. — L'équipement d'Agamemnon. — L'épée romaine en fer. — Les trois épées du Musée des Souverains et celles du Cabinet des Antiques. — L'épée pendant la Renaissance. — De nos jours, les épées de la Garde impériale et les Armes d'honneur.

Après l'arme, la monnaie. — Les monnaies grecques et les monnaies romaines. — Les médailles de la Renaissance. — Ce qu'on pourrait faire de nos jours.

La fonte du bronze chez les Égyptiens. — Chez les Chinois. — Chez les Japonais. — Ce que c'est qu'une fonte à cire perdue. — Le médaillon d'Armand Carrel, par David d'Angers. — Les bronzes de M. Barye. — Les statuettes et les objets d'art de collection de M. His de la Salle. — L'ornementation au dix-huitième siècle. — Les cuivres de la commode de la collection d'Hertford. — Une vente de meubles sous le règne de Louis XVI. — Le ciseleur Gouthières. — Principaux prix de la vente du cabinet du duc d'Aumont en 1782. — La cassolette-trépied de la collection d'Hertford.

Le fer, symbole du travail des nations occidentales. — Le Creusot. — Le peintre François Bonhommé. — La poésie du travail moderne. — Le forgeron et le serrurier au moyen âge, en France et dans les Flandres. — Biscornette, Quentin Massys et Albert Dürer. — La Renaissance. Androuet Ducerceau. Le Château d'Anet. — Le dix-septième et le dix-huitième siècles. — La Grille du nouveau Parc-Monceaux. — Les clefs de M. Huby fils. — Le Zinc. — La Galvanoplastie et ses singulières applications dans l'art et dans l'industrie. — Conclusion.

BRONZE ET FER

L'humanité, prenant garde un beau jour à des cailloux qu'elle n'avait jamais foulés que d'un pied indifférent, vient brusquement de reculer d'une quantité de siècles où le regard se perd, l'histoire de ses premières civilisations. Car c'étaient les annales de l'humanité, qu'à chaque automne la charrue retournait dans le champ comme les feuillets d'un livre. C'étaient des documents sculptés et gravés, contemporains des avant-dernières convulsions du globe, que les casseurs de pierre concassaient sur le bord des routes. La mythologie grecque avait enregistré l'âge d'or, et l'âge d'argent, et l'âge de fer; elle avait oublié l'âge de la pierre.

La Bible laissait une large marge au rêveur attentif : ce n'est qu'un des arrière-petits-fils de Caïn, Thubalcaïn, fils de Lamech et de Sella, qui fut « le premier forgeur de tous instruments d'airain et de fer ». Avec quelles armes ses pères avaient-ils combattu, au sortir de l'Éden, les monstres qui les guettaient dans la forêt, dans le marais, au bord du fleuve, dans les grandes herbes de la plaine, ou abattu le gibier ou repoussé l'attaque de l'homme lui-même?

Cette question, si nette, ne s'était présentée à personne jusqu'au jour où l'observation minutieuse en Suisse, en Danemark, en France, presque partout où l'on y prit sérieusement garde, révéla l'existence d'une race d'hommes qui a vraisemblablement ignoré l'usage des métaux. Race antique, établie au milieu des lacs et des étangs qui couvraient alors presque toute l'Europe, vivant de poissons et de coquillages et taillant dans le silex, dans la pierre dure, dans le cristal même, ses couteaux, ses aiguilles, ses hameçons, ses haches, ses pointes de flèches et de lances. On appelle « habitations lacustres, » les traces confuses qu'ont laissées de leurs domiciles ces peuplades. Si primitives qu'elles semblent avoir été, elles avaient déjà vu vaciller les premières lueurs de l'art, car, sur certains objets recueillis au milieu des amas de coquilles vides qui s'amoncelaient à la porte de leur cabane, on suit de vagues ébauches d'ornements et de figures d'animaux.

On a même constaté le mode à l'aide duquel ces peuples primitifs obtenaient ces haches, que l'on croyait autrefois seulement gauloises ou celtiques, et dont l'antiquité est inappréciable. « Dans les dépôts tourbeux des lacs suisses, on trouve, a écrit M. Troyon, beaucoup de ces objets commencés ou brisés par suite de quelque accident. Le morceau de pierre destiné à devenir une hache était d'abord dégrossi par un moyen qui est resté jusqu'à présent inconnu. Le contour de la hache auquel s'arrêtait l'ouvrier était ensuite tracé et marqué par une rainure dont il augmentait peu à peu la profondeur, en l'usant au moyen d'un poinçon en pierre ou en os et d'un sable dur et mouillé ; quand cette rainure avait été suffisamment creusée, il le détachait du bloc par de petits coups secs qui devaient commander bien des précautions pour ne pas compromettre ce long travail, et la hache recevait ainsi sa première forme. On la terminait en la polissant sur une grosse pierre faisant l'office de meule dormante. » Ces haches étaient souvent emmanchées avec des andouillers de cerf ou des morceaux de bois vert et liées avec des courroies de cuir ou d'herbes. Tels sont les tomahawks des Polynésiens.

A vrai dire, la science de l'âge de pierre est encore conjecturale. Plus d'un des objets recueillis est peut-être un jeu de la nature ou un éclat accidentel. Les faussaires en ont fabriqué par tombereaux. Mais en ces matières qui parlent à l'imagination, il n'y a pas grand mal à se tromper, et il y a grande injustice à contrister les gens convaincus qui s'y appliquent. L'an dernier, n'avait-on pas fait courir le bruit que les silex ramassés avec componction par les archéologues sur le plateau de Pressigny-le-Grand, n'étaient que les résidus d'une ancienne exploitation de pierres à fusil ! Il y a cailloux et cailloux.

A ces armes, à ces ustensiles primitifs, qui ne pouvaient guère résister à l'usage, au choc, au frottement et qui démontrent que la patience sans bornes est le lot des peuples sauvages, succéda l'emploi du métal recueilli à l'état brut, par petits fragments qui paraîtraient aujourd'hui bien considérables à nos géologues. Puis peu à peu ces pépites devinrent plus rares ; il fallut creuser quelque peu pour les déterrer ou interroger plus avant le lit des fleuves. Enfin quelque vaste incendie révéla à l'homme, déjà plus civilisé, l'idée de la fusion artificielle des métaux et de leur association.

Les premières émigrations qui ont descendu comme d'interminables troupeaux les vastes plateaux de l'Inde pour se répandre sur l'Asie et sur l'Afrique, c'est l'or qu'elles ont dû rencontrer tout d'abord. La fable du Pactole qui roulait l'or dans ses ondes, comme les autres fleuves roulent du sable, n'est devenue une fable qu'aujourd'hui, après que des séries incalculables de générations sont allé y puiser. Le Gange en a sans doute fourni autant.

Les poëmes indiens montrent l'or intimément associé aux armes de leurs héros fabuleux ; ces armes jettent autant d'éclairs qu'elles frappent de coups, et c'est là un trait typique que nous retrouvons dans les charmants et cruels poignards de ces nations voluptueuses. Dans le *Râmâyana*, poëme sacré que nous avons déjà cité, les traits que Râma encoche sur son arc immense, orné d'or, sont empennés d'or, rehaussés, enflammés d'or ; en fendant l'air, ils l'illuminent d'un éclat égal à celui des grands météores du ciel. Semés d'yeux comme des plumes de paon, ils reviennent d'eux-mêmes au carquois, après avoir transpercé les démons. La massue de Khara, l'ennemi géant de Râma, est ornée de bracelets d'or. Les chars de guerre sont d'argent ou d'or. Celui de Khara, orné de cent clochettes rayonnait de toute la diversité des pierreries; l'orfévre avait sculpté des poissons, des fleurs, des arbres, des montagnes, le soleil et la lune en or, des troupes d'oiseaux et des étoiles en argent ; le timon est parsemé de perles et de lapis-lazuli avec l'image de la souveraine des nuits.

L'Inde est le pays qui a peut-être mis le plus de grâce dans la cruauté. Ses poignards à lame courte, aiguë, tranchante, font des blessures irréparables, entrent sans faire jaillir une larme de sang et ouvrent une ouverture si étroite qu'à peine une rosée pourpre vient en mouiller les lèvres. La collection du marquis d'Hertford renferme le choix le plus merveilleux d'armes de l'Orient. Elles proviennent en partie de la collection du prince Soltikoff. Le frère de celui-ci, le prince Alexis Soltikoff raconte dans ses *Lettres d'un voyageur dans l'Inde*, qu'il lui achetait et lui expédiait en Europe tout ce qu'il rencontrait de désirable et d'achetable. On sait que le prix considérable que les Orientaux demandent de leurs armes, est dû autant à la suprême qualité de l'acier de la lame qu'aux rubis, aux saphirs, aux diamants, aux perles, au jade, au lapis-lazuli veiné d'or, qui ornent la poignée. Ce sont aussi de précieux souvenirs de famille.

Parmi les poignards que le prince envoya à son frère, il en est un qu'un de nos amis a vu et manié et qui réalisait la plus singulière alliance du sang et de la richesse : on avait gravé au burin dans l'acier de la lame un sillon dont on avait légèrement rabattu les bords ; puis dans cette rainure on avait fait glisser de petits rubis qui, lorsqu'on agitait l'arme, montaient ou descendaient comme des gouttelettes de sang, toujours fraîches et toujours limpides ! De quel rajah, dépossédé par l'Angleterre et vendant aux dandyes voyageurs son arsenal désormais inutile, venait cet étrange trésor ?

Tout est parfait dans les armes des Orientaux : la trempe qui défie toute comparaison et qui rend vraisemblable l'écharpe de gaze tranchée au vol d'un revers de yatagan ; l'emmanchement de la poignée qui certifie une main de guerrier grande comme une main d'enfant; l'ornementation damasquinée ou niellée qui ressemble à une dentelle d'or; les cottes de mailles plus fines de tissu et plus légères que la chemise de laine de nos matelots; le casque à fine aigrette qui n'est qu'une calotte de métal laissant à la tête l'élégance de sa proportion; le bouclier, rond et petit pour ne point gêner le cavalier dans ses évolutions; la souplesse féline de la lame aiguë, légère, ornée de filigranes; la cambrure du sabre du mahométan, courbé comme le croissant de la lune.

L'or, l'acier, le fer se sont assouplis sous leurs outils, comme les matières les plus malléables. Parmi les objets les plus rares et les plus terribles qui soient entrés en Europe, il faut citer les crocs de cornacs pour conduire les éléphants soit à la guerre, soit dans les cérémonies. A l'Exposition rétrospective de l'*Union centrale*, on en voyait un dans la vitrine du marquis d'Hertford, qui ruisselait de diamants et de pierres précieuses, et non loin de là, dans la vitrine de la baronne Salomon de Rothschild, un autre en fer ciselé et damasquiné, dont l'aspect était prodigieux. Au manche, qui se termine par un fer de lance aiguisé des deux côtés, s'emmanche un croc excessivement fort et aigu en forme de demi cercle. On assure que les éléphants sont sujets à des attaques de vertige que rien ne peut faire prévoir; ils deviennent subitement furieux et renversent tout sur leur passage, foule ou bataillons, n'entendant plus la voix du cornac qui n'a d'autre ressource que de leur asséner, sur une suture des os du crâne, un coup de cette masse redoutable : elle pénètre jusqu'à la cervelle et l'animal tombe foudroyé. Ce croc est tout en fer, pris dans la masse, couvert de rubans, de perles et de fleurettes d'une délicatesse microscopique, de tigres et d'éléphants, de chimères et d'oiseaux, de statuettes de dieux accroupis, détails ciselés, ajourés, polis avec la perfection la plus idéale. Ce croc a dû certainement occuper la vie entière d'un homme, obscur génie qui, sans doute, n'a pas même eu l'honneur de présenter lui-même au maître son patient et étincelant chef-d'œuvre.

Les Orientaux ont généralement employé les métaux purs: Les Grecs et, avec eux tout le monde antique, se servirent du bronze, mélange dans des proportions infiniment variables de cuivre et d'étain. Le fer, dans les temps homériques, semble avoir été réservé à l'agriculture. Le bronze est relativement très-malléable. Les épées dont se servaient les héros d'Homère devaient se tordre comme nos fleurets. C'est ce qui explique le peu de sang qui, en somme, fut versé sous les murs de Troie, pendant un siége qui dura dix ans. Les grands combats que chante Homère n'étaient guère sauf les cas de mêlée générale que des duels à un, à deux, à dix qui se renouvelaient de temps à autre entre les chefs du camp et de la ville. J'imagine, surtout en lisant les injures qu'ils échangent dans le feu même de l'action, que les combats étaient à peu près réglés comme dans les mélodrames de Pixérécourt et que l'on s'exerçait à frapper en cadence, — une, deux, trois, quatre! — et à faire jaillir des gerbes d'étincelles. Le fait est que, lorsque quelqu'un est touché, ce sont des lamentations, comme en ferait le directeur du Cirque si ses Prussiens à deux francs la soirée lui tuaient pour tout de bon ses Autrichiens.

Quoi qu'il en soit de la valeur proverbiale — et dont nous nous reprochons presque d'avoir souri un instant — de ces héros d'Homère, leurs armes devaient être d'un caractère bien autrement sauvage et robuste que nos yeux ne sont habitués à les voir dans les peintures de l'école classique. Le casque d'Agamemnon avait quatre aigrettes et une crinière flottante. Cela devait être héroïquement barbare, ainsi que les arcs, faits des cornes d'une chèvre sauvage, et les flèches. La description du bouclier d'Achille montre quel luxe les Grecs apportaient à leur parure et témoigne de l'habileté de leurs forgerons-armuriers et de leurs orfèvres. Leurs cuirasses et leurs belles cnémides devaient — le bronze composé de cuivre, d'étain, d'argent et d'or, étant presque de la couleur de l'or — leur imprimer l'éclat le plus éblouissant. Quand le glorieux Hector va partir avec Pâris pour la mêlée, « il tend les bras à son fils; mais l'enfant se renversa en criant sur le sein de sa nourrice à la belle ceinture : il était saisi d'effroi à l'aspect de son père et tremblait devant l'airain et devant l'aigrette, faite de crins de cheval, qu'il voyait se balancer d'une façon terrible au sommet du casque. Son père sourit, ainsi que son auguste mère. Aussitôt le glorieux Hector ôta le casque de dessus sa tête et le déposa tout étincelant sur la terre... »

Les armes grecques devaient être admirables. Les dieux, eux-mêmes, étaient occupés à les commander, à les fabriquer, à les orner. Vénus allait tout exprès pour cela rendre visite à Vulcain. Elles étaient la constante préoccupation des chefs. On ne pouvait échanger de cadeaux plus recherchés : « Au retour de l'aurore, Agamemnon revêtit lui-même l'airain étincelant. D'abord il entoura ses jambes de belles cnémides qu'attachaient des agrafes d'argent. Puis il couvrit sa poitrine de la cuirasse que lui donna jadis Cynire, roi de Chypre, comme gage d'hospitalité. Car jusqu'en Chypre avait retenti cette grande nouvelle que les Grecs allaient faire voile pour Troie : c'est alors que pour complaire au roi il lui donna cette cuirasse. Elle avait dix bandes de métal noir poli, douze d'or et vingt d'étain ; aux deux faces, trois dragons d'azur se dressaient vers le cou, semblables aux arcs-en-ciel que le fils de Saturne a fixés dans la nue et qui sont un présage pour les hommes. Il suspendit à son épaule une épée où brillaient des clous d'or et dont le fourreau d'argent était attaché à un baudrier tissé d'or. Il se couvrit tout entier d'un bouclier artistement travaillé, solide, beau, que bordaient dix cercles d'airain : on y voyait vingt bossettes d'airain éblouissantes et au milieu une de métal noir. Autour de ce bouclier s'enroulait la Gorgone, à l'œil farouche, lançant de terribles regards : la Terreur et la Fuite l'environnaient. Une courroie d'argent y était attachée, sur laquelle s'allongeait un dragon noirâtre, dont les trois têtes entrelacées sortaient d'un seul cou. Il mit sur sa tête un casque à cimier doublement saillant et à quatre panaches, garni d'une queue de cheval, et dont l'aigrette s'inclinait du haut en bas d'une façon menaçante. Il prit deux fortes lances, armées d'une pointe d'airain qui projetait jusqu'au ciel un vif éclat. Alors Minerve et Junon tonnèrent pour glorifier le roi de l'opulente Mycène...[1] »

Il ne nous est, bien entendu, rien parvenu des armes pompeuses des temps homériques. Nous ne connaissons l'allure et la silhouette des guerriers que par quelques bas-reliefs et des vases de style archaïque. Ces guerriers, avec leurs casques à nasal, leurs barbes pointues, leurs yeux en amande, rappellent singulièrement les Assyriens et le type oriental. Les casques, les cuirasses, les épées,

[1] *Iliade*, chant XI, et ci-avant, l'épisode du départ d'Hector, chant VI. Traduction de M. Émile Pessonneaux.

que possèdent le Musée d'artillerie et la Bibliothèque impériale, proviennent surtout des tombeaux de la Campanie et sont d'un âge relativement récent. Nous recommandons aux curieux comme une coiffure d'une élégance adorable, un casque donné au Cabinet des antiques et médailles, par M. Albert de Luynes, et qui simule un bonnet phrygien. On croirait voir dessous la tête efféminée de Pâris.

Les armes romaines sont plus robustes. L'art a fait place à des préoccupations plus positives. Il ne s'agit plus de combats singuliers, de courses heureuses contre une peuplade voisine, comme nous en voyons encore en Algérie de tribu à tribu. Il s'agit de la conquête du monde, et l'épée de fer que Scipion fit forger en Espagne pour ses légions fut une des principales causes de la défaite de nos aïeux, qui ne possédaient que des armes de bronze. Lorsqu'on porte la guerre jusqu'aux confins du monde alors connu, il faut des armes sûres, commodes et bien ajustées. La colonne Trajane montre le soldat romain en tenue de campagne. Il n'est ni élégant, ni brillant. Les cuirasses qui couvrent la poitrine d'Auguste, de Marc Aurèle, des Antonins, dans les statues antiques, ne sont que des morceaux d'apparat. C'est le costume d'apothéose pour ces revues nocturnes dont parle le poëte allemand.

Singulier caprice du destin! Cette épée romaine qui a vaincu tous les peuples qu'elle a frappés, qui tranchait comme des fils les liens des nationalités, qui a imposé l'esprit latin aux deux tiers de l'Europe, de même que, plus tard, le sabre de Mahomet et de ses successeurs devait porter le Coran jusqu'au cœur de la France, cette épée terrible, ni les tombeaux, ni le sol des champs de bataille, ni le lit des fleuves ne l'ont gardée. La rouille l'a dévorée, alors qu'en Sicile on recueille encore des flûtes en ivoire. On n'en connaît qu'un seul spécimen complet, trouvé dans le Rhin. La pointe est formée par le rétrécissement progressif de la lame vers les deux tiers de la longueur. Cette lame, à deux tranchants parallèles, n'offre pas les formes sinueuses, étudiées, moelleuses et fières de l'épée grecque. Elle n'est guère plus belle que le « coupe-chou » de nos fantassins. La poignée était en ivoire, en corne ou en bois, sans garde et sans croix. Elle se portait à droite, dans un fourreau de bois ou de fer recouvert de cuir et garni de bronze, et fixé au baudrier et à la ceinture par quatre anneaux. Elle était faite en vue d'un combat corps à corps et tenait surtout du couteau et du poignard ainsi que le yatagan de l'Arabe.

« En tête des armes offensives, a écrit Paul de Saint-Victor, brille l'épée, la plus noble de toutes, le symbole de la force et du commandement. De tout temps l'épée a fait partie de l'homme de guerre : on ne l'imagine pas plus sans elle que le lion sans ongles et l'aigle sans serres. La langue du moyen-âge en parle comme d'une chose vivante. On la baptisait souvent comme une chrétienne qu'elle était. L'épée de Charlemagne s'appelait « la Joyeuse ; » celle de Roland, « Durandal ; » celle d'Olivier, « Haute-Claire ; » celle de Renaud, « Flambeau. »

Souvent elle était fée, et c'était elle qui dénouait par ses vertus magiques les piéges dans lesquels les nécromanciens se plaisaient à faire trébucher les chevaliers errants. Le Tasse et l'Arioste sont pleins de ces maléfices. « Il se pourrait même bien, dit Don Quichotte à Sancho Pança, — pendant une de leurs causeries de voyage, entre un enchantement et une volée de coups de trique, — il se pourrait même bien que la fortune me fît présent de l'épée que portait Amadis quand il s'appelait le « chevalier de l'Ardente-Épée. » Ce fut une des meilleures lames que chevalier posséda jamais au monde, car, outre qu'elle avait la vertu de placer son maître à l'abri de toute espèce d'enchantement, elle coupait comme un rasoir, et nulle armure, quelque forte ou enchantée qu'elle fût, ne résistait à son tranchant. — Ce sont les chevaliers qui possèdent ces armes, répond le bon Sancho, mais les écuyers, bernique! »

Le Musée des Souverains, au Louvre, possède trois épées historiques qui, par leur forme et leur ornementation, — sans presque que vous sachiez quelles mains royales les ont maniées, — vous diront trois dates de l'histoire de France et l'état de nos beaux-arts industriels dans trois périodes tranchées. C'est d'abord l'épée de Childéric Ier, fils de Mérovée et père de Clovis, mort en 481. Sa forme épaisse et robuste rappelle le glaive romain. Elle fut trouvée à Tournay, qui n'appartenait point encore à la France, le 27 mai 1653, dans un tombeau, avec des abeilles détachées sans doute du manteau et des vêtements royaux, une boule de cristal et le sceau de Childéric : ce sceau, par une sorte de jeu de mots de hasard, certifia l'authenticité de ce peu de poussière qui avait été un roi de France, comme il avait jadis certifié la parole et la signature royales. L'électeur de Saxe fit offrir cette épée à Louis XIV, en 1665, par l'empereur d'Autriche; de Versailles elle passa au Cabinet des médailles et des antiques, puis entra au Musée des Souverains, dans lequel elle ouvre la série chronologique des armes royales. Une tête d'aigle termine le pommeau, dans l'étonnante eau-forte gravée par M. Jules Jacquemart pour le livre de M. Barbet de Jouy, *les Gemmes et Joyaux de la Couronne :* c'est une restitution proposée à cette place par cet artiste et qui jusqu'alors avait échappée à la perspicacité des antiquaires.

L'épée de Charlemagne est d'une authenticité moins certaine, et d'ailleurs elle a été en partie refaite pour le sacre de Napoléon Ier.

Mais celle qui suit, cette galante et vaillante épée, c'est une de celles de Pavie, celle-là même que rendit François Ier,

> L'homme de Marignan, lui qui, toute une nuit,
> Poussa les bataillons l'un sur l'autre à grand bruit,
> Et qui, quand le jour vint, les mains de sang trempées,
> N'avait plus qu'un tronçon de trois grandes épées[1] !

La lame était tellement faussée, lorsqu'elle arriva à Madrid, qu'on en fit rajuster une autre, antérieure de cent ans environ. La poignée, en or ciselé et émaillé avec un goût parfait, a conservé la trace de coups violents, cicatrices glorieuses et parlantes.

Le Cabinet des antiques et des médailles possède encore, après ce que l'on a fait rentrer récemment au Musée des souverains et au Musée d'artillerie deux épées historiques d'un haut prix : celle du malheureux Boabdil, qui a été offerte par le duc Albert de Luynes, et celle de Jean de la Valette. Celle-ci avait été donnée à Jean de la Valette par Philippe II en récompense de la valeur qu'il avait déployée au siége de Rhodes; quand Bonaparte descendit à Malte en allant en Égypte, l'ordre lui fit don de la dague et

[1] Victor Hugo.

quand l'ordre fut définitivement dissous, Napoléon réclama l'épée qui lui fut remise et qu'il déposa au Cabinet des médailles.

L'épée est la seule arme des temps antiques que nous ayons conservée. Car combien d'années encore pourra résister la cuirasse de nos carabiniers ou le casque de nos dragons contre ce fusil à aiguille, avant-coureur d'engins plus terribles encore! Nos musées, nos collections privées en ont recueilli de tous les temps, de tous les pays, de toutes les formes. Il y aurait plaisir à suivre son passage à travers les temps : elle tient à l'histoire-bataille par sa fonction ; à l'histoire-art par sa garde et son pommeau, son fourreau et son ceinturon ; à l'histoire-industrie, par sa lame plus ou moins finement trempée. Pendant des siècles elle a accompagné l'homme à la guerre, dans les embuscades, dans les palais. La rendre, c'était s'avouer mort civilement. En toucher l'épaule d'un vilain, c'était lui faire franchir l'échelon qui le séparait de la noblesse, comme ce coup de baguette des fées qui transforme le caillou en or. Elle a été l'ami le plus sûr pour l'homme du quinzième et du seizième siècle, qui, reconnaissant, l'a fait marteler par les forgerons les plus habiles, orner par les artistes les plus en renom. Albert Dürer avait gravé sur le pommeau de l'épée de Maximilien un Calvaire, qui est une des pièces les plus précieuses de son œuvre. Nous verrons tout à l'heure Benvenuto à l'œuvre, avec tous les orfèvres de son époque, pour ciseler des dagues ou des épées.

« Au quinzième siècle, a écrit M. Édouard de Beaumont à propos de la riche collection qu'avait prêtée l'Empereur à l'*Union centrale*, l'épée, toujours imposante mais somptueuse, s'unissant

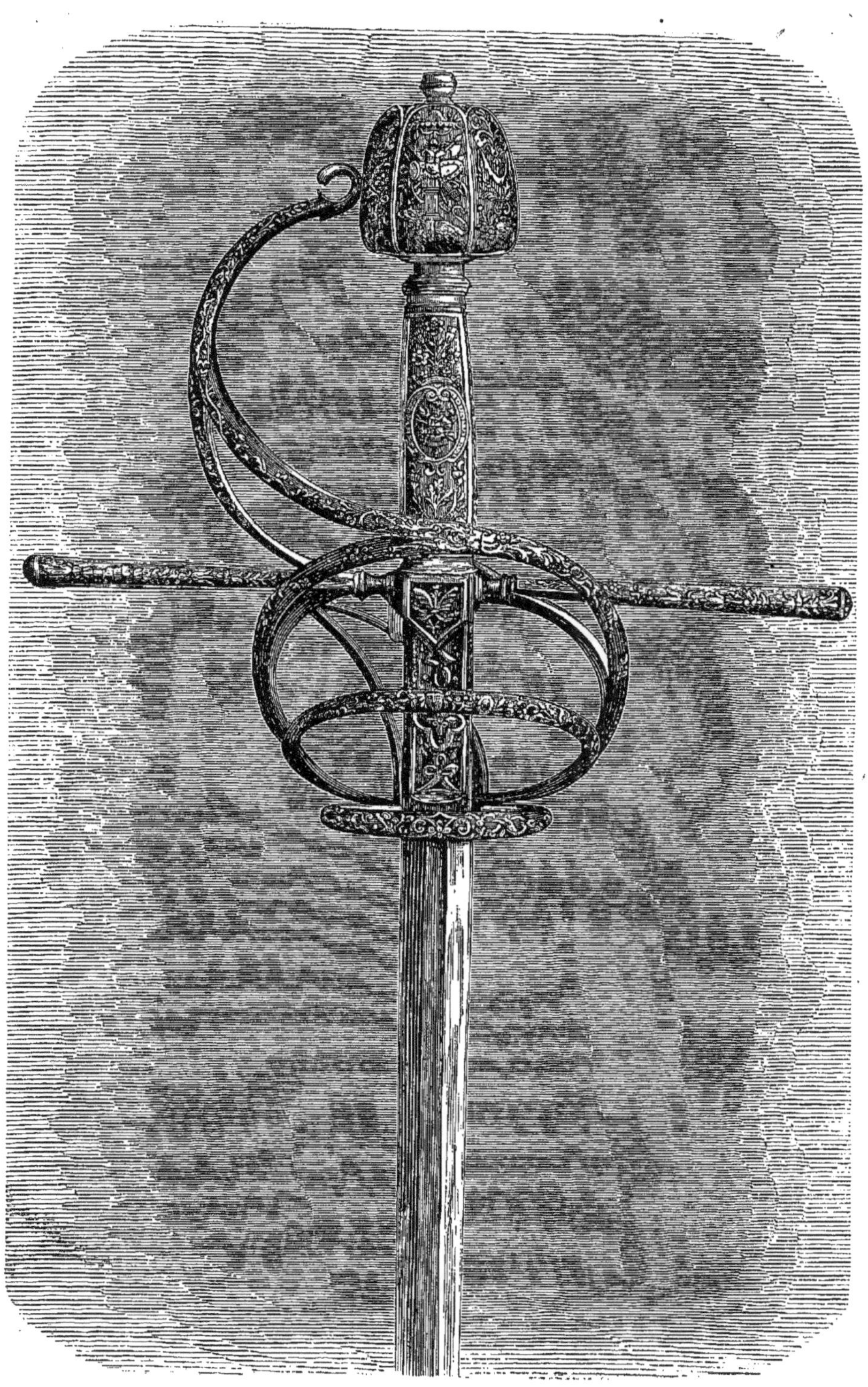

ÉPÉE ITALIENNE DU SEIZIÈME SIÈCLE, DAMASQUINÉE ET INCRUSTÉE D'OR ET D'ARGENT.

Collection du marquis de Saint-Seine.

à la tendance réactive de la guerre et des arts se modifie tout à coup dans ses actions et dans son ensemble. Elle devient devant l'arquebusade moins pesante et plus aiguë : les deux branches de sa croix perdent leur ligne rigide et s'abaissent quelque peu en se recourbant vers la lame. » A partir de la Renaissance française et depuis François Ier, l'épée se fit infiniment plus coquette que terrible. On a fait cette remarque ingénieuse que depuis 1510 environ, elle tourné sa pointe en bas, c'est-à-dire que décorée jusqu'alors de façon à être regardée nue la pointe en l'air, elle n'est plus ornée qu'au point de vue inverse.

On a publié plusieurs fois les marques et les poinçons des plus célèbres armuriers de Tolède ou de Séville. Julien del Rey, qui travailla à Tolède et à Saragosse, poinçonnait ses lames d'une demi-lune, d'une figure de loup ou de chèvre. On connaît moins les procédés de trempage ; du moins certains tours de main, qui, dans ces matières, font tomber brusquement du superlatif au médiocre, ne nous ont-ils été transmis qu'environnés de fables suspectes.

Rien n'est plus noble que les collections d'armes. Celle du comte de Nieuwerkerke renferme de beaux spécimens. Mais rien n'approche de la perfection absolue des quelques épées que possède le marquis de Saint-Seine. L'une d'elles, noire et austère, rappelle des idées de duel acharné. Une autre, au contraire, dont la garde a des enroulements aussi souples que ceux d'un cep de vigne à demi-détaché de sa treille, est niellée d'argent. Celle qui se voit en regard de ces lignes, c'est une épée italienne, épée de grand seigneur, délicat, raffiné, ami des poëtes et des artistes. Les « trois montagnes en pointe » qui se répètent à plusieurs reprises dans l'ornementation indiquent qu'elle a été commandée par quelque membre de la famille Albani et la couronne est celle d'un marquis. Les Albani, outre les trois montagnes en pointe, portaient encore dans leur blason d'argent, à la bande d'or, une étoile en chef.

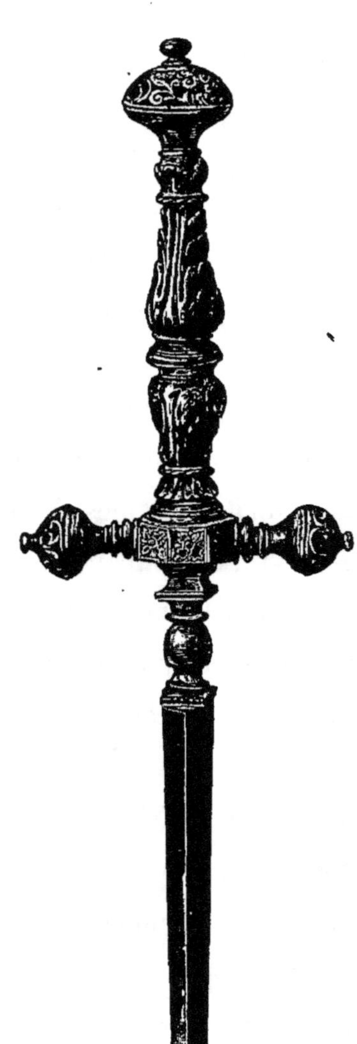

DAGUE OU MISÉRICORDE MILANAISE EN FER CISELÉ.
Collection du marquis de Saint-Seine.

Si l'on ne savait la férocité et la corruption froïde que cachent ces époques, on aimerait à croire que la gracieuse et forte épée, l'honneur du cabinet si riche à bien d'autres titres du marquis de Saint-Seine, n'est sortie de son fourreau que pour venger des orphelins, protéger des princesses ou frapper des tyrans.

On sait, et il faut nous hâter de le rappeler, que l'arme de duel était surtout la rapière, dont la garde porte une coquille hémisphérique, percée de trous pour engager la pointe de l'adversaire. Elle avait un valet pour parer les plus gros coups et achever l'ennemi renversé : c'était la dague. Le grand souci des amateurs c'est de trouver en même temps la rapière et la dague, qui s'appelait : « main gauche, » et qui, forgée avec le même morceau de fer, était ciselée, émaillée, par la même main d'artiste. On la tenait la la pointe en avant, la garde en dessous. Les dagues qui accompagnent et complètent les épées du marquis de Saint-Seine sont si désirables que quelqu'un nous disait un jour : « Si l'on m'offrait de me laisser cette épée et sa dague, après me les avoir plantées dans le corps, je crois que je tenterais l'aventure ! »

Sous Louis XIV, sous Louis XV, sous Louis XVI, l'épée — que nous avons prise pour type de l'arme parce qu'elle symbolise dans sa lame souple et robuste l'attaque et la défense, — l'épée ne fut plus qu'une arme de salon. De nos jours, en la rendant aux habits de cérémonie, on a fait renaître l'art des poignées d'acier taillées à facettes. Les épées du Sénat, du Conseil d'État, du Corps législatif, de l'Administration, sont exécutées avec goût. Elles n'ont que le tort d'être modernes.

Qui pense à regarder l'épée des officiers de la Garde impériale ? Elle est cependant un chef-d'œuvre de distinction et de justesse : la lame est triangulaire, de la force d'une baïonnette, bien en main, souple et légère. Ces épées sont fournies par le commerce, tandis que les sabres-baïonnettes de la troupe, les sabres d'abordages de l'infanterie de marine, les lattes de la cavalerie sortent de la manufacture de Chatellerault.

A l'Exposition universelle de 1862, à Londres, on signalait l'épée du général Bosquet, en or et en argent, ciselée chez Duponchel, l'épée du duc de Magenta, argent doré et pierres fines, ciselée chez M. Wiese, par M. Honoré; les épées du duc de Malakoff et de l'amiral Bruat, exécutées en argent oxydé, par Delacourt. Celles des autres nations, armes de luxe ou de combat, n'approchaient point des nôtres. Nous ne fûmes vaincus que par les envois incomparables des Indiens.

Malgré les progrès rapides des sciences, la diffusion de la philosophie, les liens de plus en plus resserrés des relations commerciales, il ne semble pas que de longtemps encore l'humanité jette sur l'autel de la Paix les tronçons de la dernière épée. Nous voudrions que l'on en fît plus souvent une récompense nationale. Une épée d'honneur sied mieux, dans bien des cas, qu'une statue élevée à une personnalité secondaire dont nos enfants épelleront le nom avec surprise. Il n'est point de bourgade, qui ayant donné naissance à une illustration militaire, ne songe aujourd'hui à couler en bronze ce héros en bottes molles, en frac et en tricorne. Une épée offerte à sa famille, que les aînés se transmettraient et qui, la branche éteinte, irait dans les archives de la municipalité, n'est-ce pas un souvenir civique mieux approprié ? On en a offert ainsi de fort belles au comte de Paris, au général Changarnier, etc. Sur la poignée, des figures allégoriques symbolisaient les faits auxquels on voulait faire allusion, et des inscriptions gravées dans la lame étaient chargées de perpétuer des espérances ou des souvenirs, selon qu'on les déposait sur un berceau ou sur une tombe.

Si le premier emploi que l'homme ait fait du métal a été pour la guerre et la chasse, c'est dans les relations commerciales qu'il le fit intervenir en second. La monnaie vint après l'épée, comme le marchand marchait après le capitaine. Mais cette idée ne germa qu'assez tard et lorsque les relations s'étendirent de peuples à peuples. Pendant le siége de Troie, on échangeait encore des génisses grasses contre des outres de vin ou des amphores pleines d'huile.

Un esclave valait trente peaux de bœufs. Puis, ce troc brutal et embarrassant des produits naturels devint de plus en plus compliqué et inacceptable. On offrit alors pour une pièce de laine teinte en pourpre, un lingot que l'on pesait et sur lequel on gravait à la hâte quelques signes imparfaits. Ainsi encore aujourd'hui, sur les côtes de l'Afrique, les nègres troquent l'eau-de-vie, le fer, les cotonnades, contre une dent d'éléphant ou une pincée de poudre d'or. On est loin de connaître les premières monnaies, car la Grèce et l'Italie ayant tyranniquement absorbé, depuis la Renaissance, l'attention des érudits et des artistes, on n'a guère songé à interroger l'Orient qu'à titre de curiosité secondaire. Les plus anciennes monnaies de bronze que l'on connaisse sont épaisses et énormes, avec des figures d'animaux domestiques ou sacrés vaguement empreints. Elles devaient représenter une valeur considérable, car avec moins d'une centaine de ces pièces un homme devait plier sous la charge.

Rien n'égale la beauté des monnaies grecques d'or ou d'argent. On sait que ces pièces, que nous rangeons avec tant de respect dans les médaillers, étaient des monnaies courantes, et que ce fut le moyen âge et la Renaissance qui frappèrent les premières médailles. Presque aucun des artistes grecs qui ont jeté tant de génie sur un petit morceau de métal ne l'ont signé. Les lettres qu'on y lit désignent le nom de la ville ou du magistrat, parfois par un calembourg, tel qu'une « rose » pour l'île de « Rhodes. » On n'y voit qu'un profil, celui de l'âme personnifiée de la ville ou celui du prince, Athènes et son hibou sacré, ou Alexandre en fils cornu de Jupiter Ammon.

Mais quelle noblesse, quelle force, quel relief, quelle vie dans ces profils ou dans ces attributs parlants! quelle inépuisable variété de types! Il y a quinze ou dix-huit monnaies de Syracuse, toutes donnant une tête de jeune fille et dans le champ un ou plusieurs dauphins, longs et minces. On doit croire que les plus jolies fillettes de la Sicile ont successivement posé, car ce ne sont point des variantes de visages, mais des caractères et des tempéraments dissemblables : la brune, aux yeux de gazelle, un nez busqué, à la narine échancrée ; la blonde, plus langoureuse et plus grasse, aux joues rondes, aux lèvres charnues qui font deviner un sang pourpre. Les ajustements de coiffure sont variés à l'infini dans cette admirable monnaie à laquelle on revient sans cesse après en avoir étudié d'autres qui ne le cèdent que de bien peu en naïveté et en élégance.

Les monnaies romaines sont fort belles aussi, au moins celles qui vont jusqu'aux Antonins depuis la République, les grands et rares médaillons des empereurs notamment. Quoique vraisemblablement dessinés et gravés par des artistes grecs, les coins suivent de plus près le type particulier et nous donnent des portraits plus scrupuleusement ressemblants. C'est à cette ressemblance scrupuleusement cherchée que l'on doit l'excessive rareté de certaines effigies d'empereur : le successeur jaloux, alors que quelque révolution prétorienne l'avait porté au trône, faisait soigneusement enlever et fondre toutes les effigies de son prédécesseur. La tyrannie a ses traditions : de même les dynasties égyptiennes qui se renversèrent firent marteler le nez des Pharaons antécédents et les cartouches où brillait leur nom.

Ce qui décide la singulière puissance de la monnaie antique c'est, à part l'harmonie des plans, l'épaisseur matérielle du relief. Que le

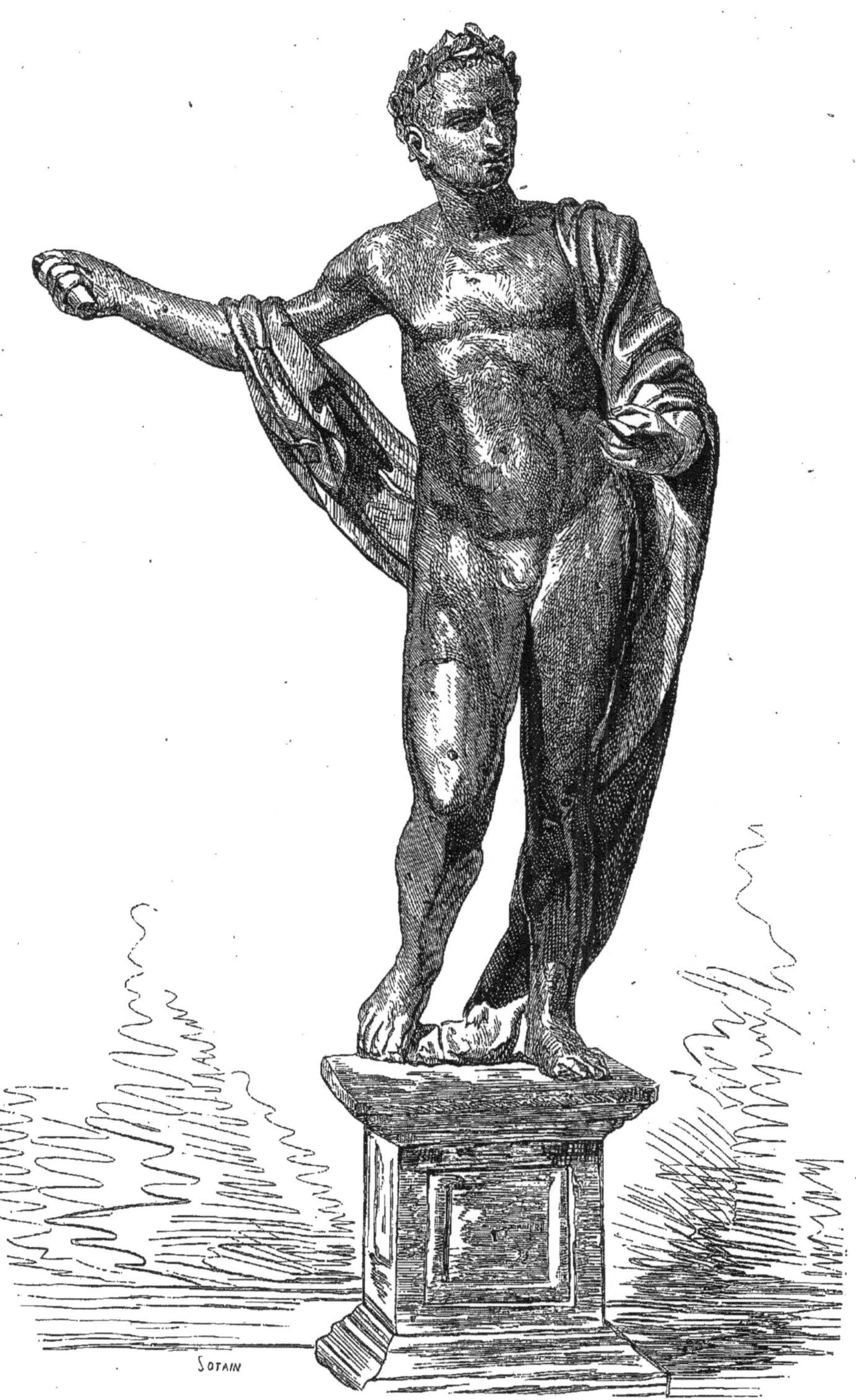

CÉSAR HARANGUANT LES TROUPES.

Statuette romaine en bronze. — Collection de M. Luzarches.

lecteur rassemble ses souvenirs et qu'il passe en revue la monnaie qui, il y a quelques années, avant la refonte générale, courait en France : tous les sous, les liards, les monnerons, rouges ou blanchâtres, luisants et coupants, avaient perdu des deux côtés leurs empreintes et n'offraient plus qu'un rond de cuivre qu'on eût pu croire coupé à l'emporte-pièce dans le fond d'une casserole. — Puis çà et là, le marchand de tabac ou le conducteur d'omnibus vous « rendait » une pièce dont le relief surprenait le tact du doigt ! c'était un as romain : un Auguste aux traits graves et fins, un Néron au sourcil froncé, au nez ramassé, à l'œil couvert, au menton engorgé ; un Antonin au visage ouvert et affable ; un Lucius Severus aux cheveux et à la barbe frisés ; un Marc Aurèle au front bombé ; une Faustine au col long, à la chevelure relevée par longues mèches ; ou quelque visage d'empereur du Bas-Empire, maigre comme un Arabe, coiffé d'une couronne à pointes radiées, laid et baroque, inquiet et sauvage... Ces pièces étaient frustes et usées, elles avaient séjourné dans la terre, dans des murailles, dans l'eau, depuis seize ou dix-huit siècles. Les mains, les poches et les sacs des générations les avait maniées et ballottées. Eh bien, ni l'âge ni l'usure n'avait pu les rendre ignobles comme ces sous qui dataient d'hier ; leur front, leur joue, avaient une si mâle beauté qu'ils semblaient rentrer dans un autre monde comme le soleil qui disparaît à l'horizon, mais non s'abîmer comme des créatures périssables dans l'irréparable néant. C'étaient les derniers hérauts du monde antique qui venaient courbés par le poids des ans nous proclamer tout ce que le génie de la grande école grecque avait jeté de séve féconde. La monnaie était la réplique en bronze de la céramique et de la sculpture. Les monnaies où l'on voit le profil entêté et nerveux de César nous le révèlent presqu'aussi complétement que cette statuette en bronze, où debout et lauré pour couvrir la calvitie précoce, le manteau rejeté en arrière, moitié capitaine et moitié dieu, il harangue ses troupes et leur promet l'empire du monde. Si nous n'avions pas les marbres du Parthénon, — qui, par le plus merveilleux des hasards étaient le chef-d'œuvre de la Grèce, — les monnaies suffiraient pour nous faire comprendre la suprématie des arts grecs dans la représentation de la figure humaine.

C'est donc à cette épaisseur des plans, qui constituent le squelette du visage, et au caractère du dessin que les monnaies antiques ont dû de conserver cette grandeur imposante. Elles n'étaient, il est vrai, pas faites pour être empilées comme les nôtres. Elles étaient battues au marteau avec des coins mobiles. C'est là un procédé primitif et que nos besoins ne sauraient accepter. L'unité d'aspect de nos pièces de différents modules, la sécheresse indispensable du cordon en relief qui retarde, pour un temps, l'effacement du profil du souverain ou des emblèmes du revers, ce sont là les résultats du balancier, nets, rapides, pratiques, auxquels l'art n'a rien à voir, mais qu'il faut accepter. Mais on pourrait essayer encore de frapper au marteau les médailles que l'on fait graver pour perpétuer le souvenir d'un grand événement militaire ou politique, scientifique ou artistique. On pourrait, en certains cas solennels, les fondre à cire perdue. Les médaillons de Briot, de Dupré et de Jean Warin, qui furent nos plus grands médaillistes, sont frappés, mais avec beaucoup plus de largeur qu'on ne le fait aujourd'hui.

Les artistes de la Renaissance italienne, violemment épris, dès le quatorzième et le quinzième siècle des vestiges antiques qui

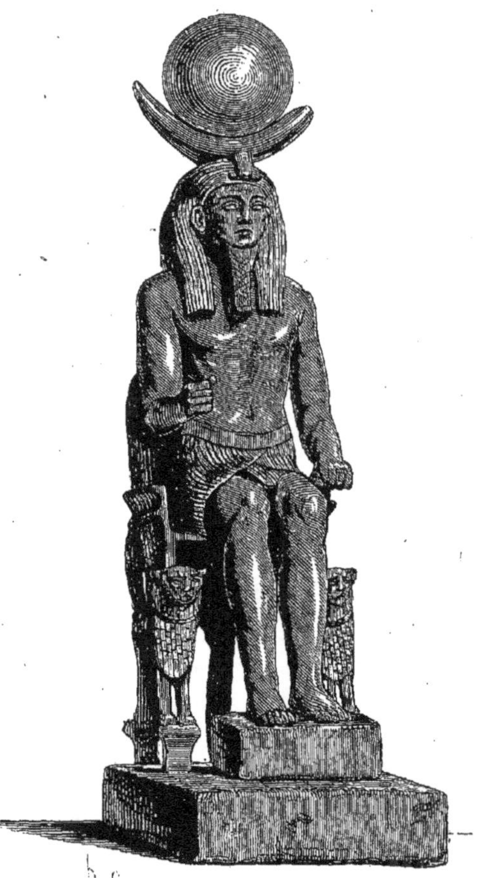

OSIRIS LUNUS THOT.

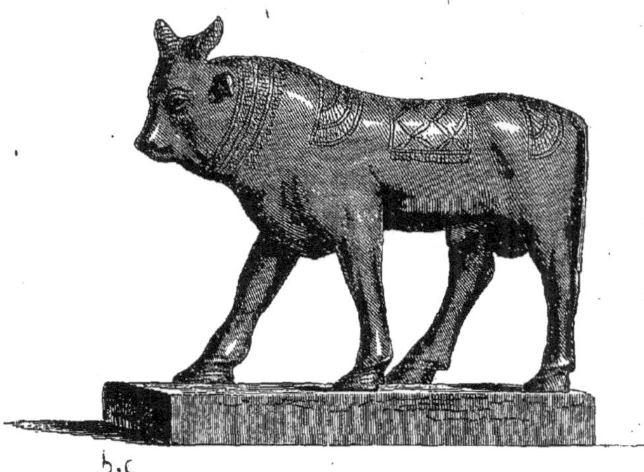

LE BŒUF APIS.

Divinités égyptiennes en bronze. — Collection du prince Napoléon.

jaillissaient de terre comme pour protester contre la profanation qu'ils avaient subie, fondaient en bronze et reprenaient au burin avec la plus merveilleuse adresse, les médaillons qu'ils modelaient en cire d'après leurs contemporains et souvent aussi d'après des

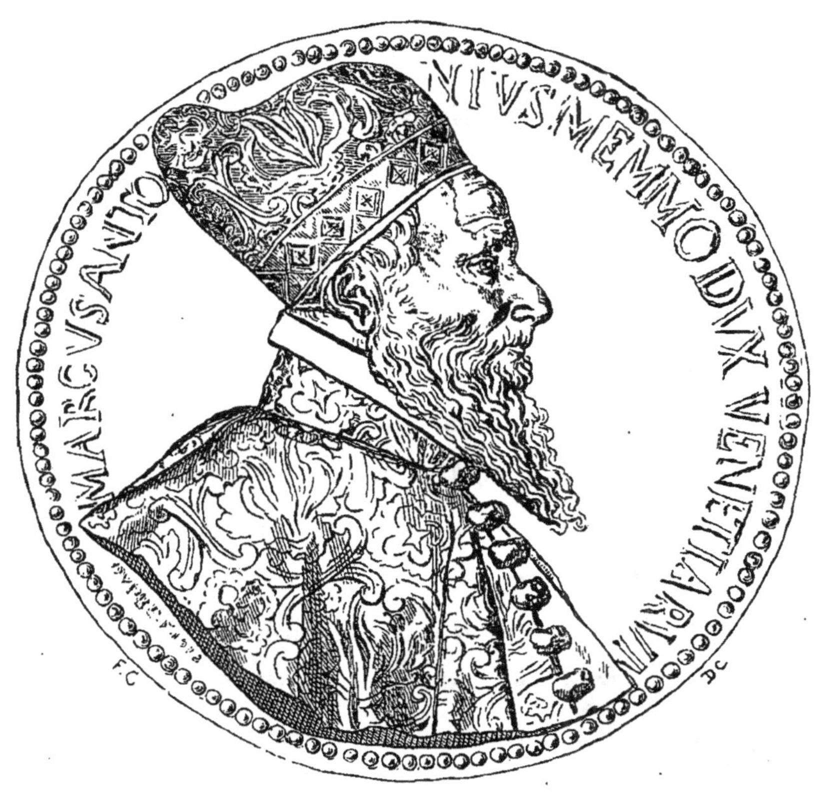

LE DOGE MARC-ANTOINE MEMMO,

Médaille en bronze par Dupré, seizième siècle.

originaux antiques. La liste serait longue des sculpteurs ou des peintres qui nous ont laissé tant de témoignages de leur goût élevé et de leur science profonde du métier. Elle commencerait à Vittore Pisano, de Vérone (qui mourut en 1451, et qui signait *Pisani pictoris opus*, œuvre de peintre); elle prendrait à Vérone encore

Matteo Pasti, Giulio della Torre; à Venise, Gentile Bellini; à Padoue, Andrea Riccio et Giovani Cavino; Francia, à Bologne; Caradosso, à Parme. Mais nous verrons presque tous ces noms défiler sous la plume de Benvenuto Cellini.

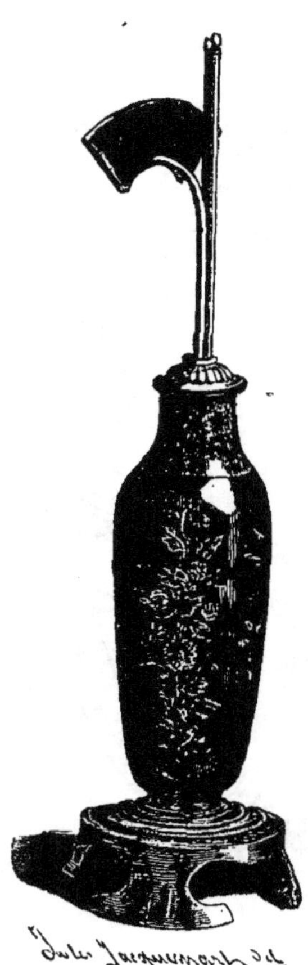

VASE RELIGIEUX EN BRONZE CHINOIS.
Collection de la duchesse de Morny.

Le procédé de la fonte d'art intéresse toutes les époques depuis les premières dynasties des Égyptiens qui l'ont pratiquée supérieurement, — ainsi qu'on peut s'en convaincre par des statuettes de divinités que nous empruntons au cabinet du prince Napoléon, — jusqu'à nos jours, où des matières nouvelles ont dû faire inventer des moyens autres et plus sommaires. Nous verrons dans les *Mémoires* de Cellini le mode de fonte pour une grande statue : mais la donnée générale de ce livre ne nous permet pas, au moins pour aujourd'hui, de nous arrêter à la statuaire, de même que dans les armes nous avons dû faire un choix, prendre l'épée et passer près de l'armure.

Dans de petites dimensions, les bronzes d'art sont généralement fondus à cire perdue. La règle n'est pas générale chez les Occidentaux, mais on ne s'en départ guère en Orient, en Chine ou au Japon. Les objets qui accompagnent ces lignes appartenaient à la collection du duc de Morny. Ils sont d'une fabrication tout à fait antique. Le petit vase religieux muni de ses accessoires est damasquiné avec un art singulier et fait à l'imitation des « Sowaas » Japonais. Il est plus récent cependant que cette urne droite ou « pi-thong » sur le flanc de laquelle des carpes glissent et nagent au milieu des flots : le rendu des écailles ou des parties luisantes est aussi simple et aussi mâle que dans les objets antiques des

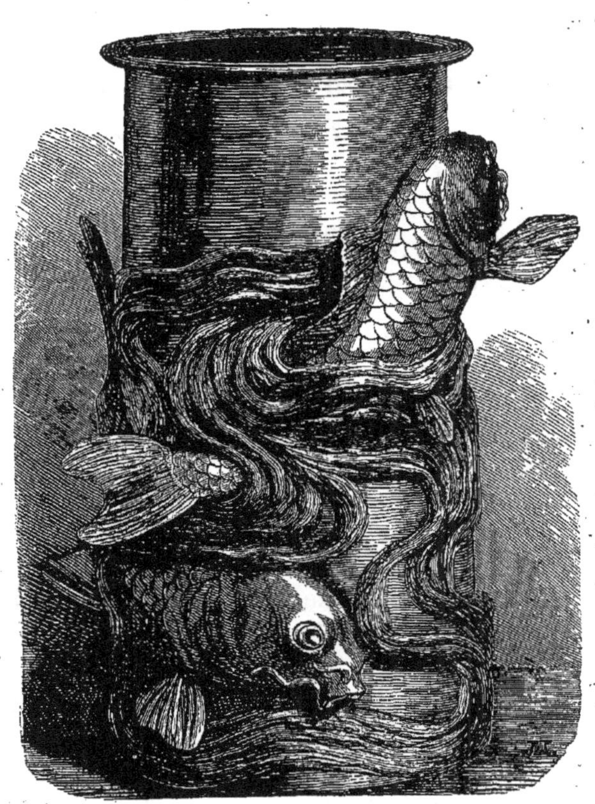

VASE ANTIQUE CHINOIS, EN BRONZE.

Collection de la duchesse de Morny.

plus belles époques; le détail de la nageoire qui en se bandant forme une anse, est des plus ingénieux. Ce vase est couvert d'une patine noirâtre qui lui donne une apparence de richesse incroyable. C'est comme taillé dans une pierre dure.

Les bronzes japonais se distinguent des bronzes chinois par une légèreté spécifique beaucoup plus grande. Il en est qui produisent à la main la plus singulière illusion : on croit en les prenant qu'on va soulever un objet en métal, et c'est presque un objet en verre. Les Japonais se sont montrés dans leurs bronzes les modeleurs les plus intelligents et les plus habiles. Presque tous leurs beaux objets sont fondus à cire perdue, et cette cire perdue est modelée si magistralement, caressée si minutieusement par l'ébauchoir, que des objets relativement grossiers, tels que des corbeilles ou des veilleuses, sont des chefs-d'œuvre de rendu. Les quelques objets qui sont groupés sur la page ci-contre montrent leur inépuisable fantaisie et leur amour sincère de la nature. Avec quelle élégance cette grue allonge le col et maintient dans son bec une branche, ce n'est qu'un vulgaire chandelier. Ce vase à long goulot, qui rappelle avec moins de maigreur dans les profils les aiguières persanes, a ses flancs émaillés de fleurs et de fruits. Cette tortue qui allonge sa tête prudente et semble hâter ses pattes griffues et squameuses, comme si elle défiait à la course la vache pensive qui porte ce religieux perdu dans sa lecture, c'est un brûle-parfum creux, signé, chose rare, du nom de l'artiste : la fumée du parfum sort en mince spirale bleue par un petit trou menagé au bout du bec. Il y a encore des dragons dont les contorsions rageuses font frémir et qu'on dirait vivants.

Mais il est temps, ce nous semble, d'indiquer brièvement au lecteur en quoi consiste ce procédé de la fonte à cire perdue. Nous n'en voulons traiter qu'au point de vue du résultat final, car les opérations de fonte, très-simples en apparence, sont compliquées

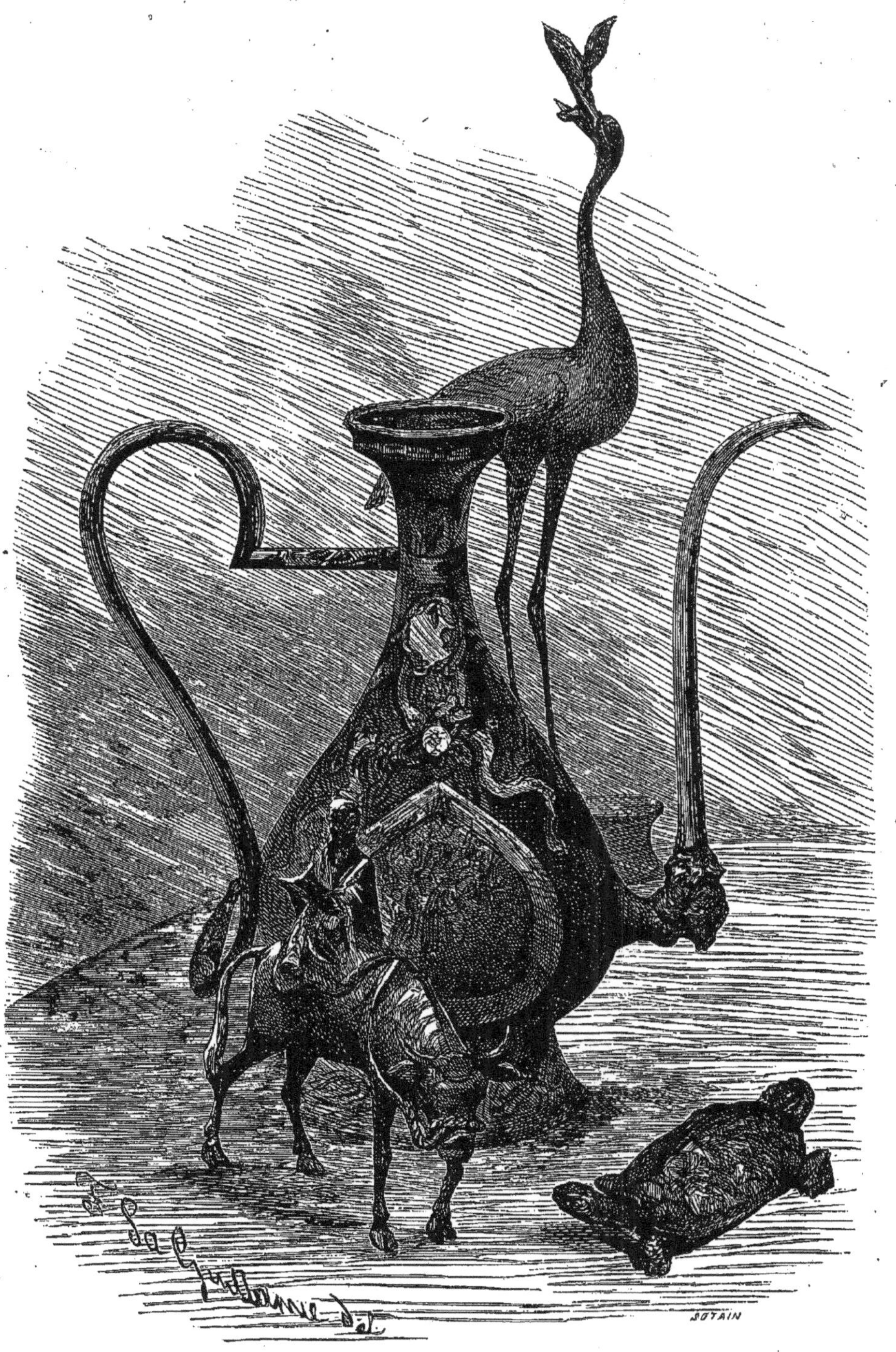

AIGUIÈRE, CHANDELIER, BRULE-PARFUM ET PAGODE, EN BRONZE JAPONAIS.

Musée chinois au Louvre.

d'une foule de détails impossibles à enregistrer ici et hérissées de termes techniques ; on conçoit d'ailleurs qu'elles ont sensiblement varié selon les lieux, les peuples, les temps et les circonstances.

Il y a d'abord à savoir si le bronze sera plein ou creux. S'il doit être plein, l'opération est plus simple et le sculpteur modèle l'objet en pleine cire. S'il doit être creux, il établit d'abord un noyau ou âme, armature intérieure et massive faite en « potée, » pâte très-fine, très-broyée, très-battue, mélange d'argile et de bourre ou quelquefois de crottin de cheval; puis il garnit de cire ce noyau et exécute son modèle. Le modèle achevé, il le revêt extérieurement avec des soins extrêmes de couches de plus en plus résistantes, compactes et épaisses de cette même potée qui résiste à une violente chaleur. Il réserve des évents, ouvertures par où sortira l'air pressé par l'arrivée du métal en fusion, et des jets, ouvertures par lesquelles s'introduira le métal. On fond alors la cire et on la fait sortir, puis, dans le moule consolidé et renforcé on verse le métal en fusion et dont l'alliage est très-variable. On conçoit qu'il pénétrera dans les plus petits recoins de ce moule et s'y figera; qu'il reproduira, comme la peau reproduit l'empreinte d'une pièce de monnaie qu'on y presse, les plus subtiles traces de travail qu'avait conservées le moule, et que l'on a ainsi une épreuve d'une merveilleuse fidélité, mais qui est unique.

Nous possédons une petite étude à cire perdue de David d'Angers pour son vigoureux médaillon d'Armand Carrel. Outre le caractère singulier du modèle, œil couvert, front droit et en retour sur le nez, mâchoire dure et bouche entêtée, on est frappé par l'aspect même de cette pièce de bronze, grande comme une pièce de cinq francs. On ne saurait mieux la comparer pour la virginité de l'outil et des traces du doigt sensibles sur la pommette de la joue, pour la souplesse de la mèche de cheveux rejetée en avant à la mode de 1830, le relief de l'attache du cou, pour le mordant de la signature qui semble avoir été tracée dans la cire avec une aiguille, pour l'émotion que David ressentait visiblement en touchant cette tête d'un ami tombé trop tôt, on ne saurait mieux comparer cette pièce qu'à une belle épreuve d'une des prestigieuses eaux-fortes de Rembrandt, portraits qui respirent et pensent.

Les bronzes de M. Barye, — que ce soient des statuettes ou des animaux, et même cette statue équestre de Napoléon Ier, partie pour Ajaccio sans que presque personne ait eu le temps de l'admirer à Paris, — les bronzes de M. Barye sont fondus à sable, mais avec la plus rare perfection. Ils seront un des honneurs de ce siècle, qui malheureusement depuis la fin de l'ancienne société jusqu'à ces dernières années, a trop souvent sacrifié au bon marché. Sans oser toucher au côté d'art, qui dans cet œuvre est énorme et absolument nouveau, et qui mériterait une étude spéciale, notons seulement que ces centaures Biénus, ces Thésée domptant le Minotaure, ces Louis XII chargés des lauriers italiens et ces amazones romantiques, ces éléphants, ces tigres, ces chevaux, ces lions, ces crocodiles, tout cet œuvre si simple, si correct et si puissant, est, au point de vue du métier de fondeur, d'une admirable précision.

L'art de la fonte a toujours été parfait en France. Cellini jugeait digne des antiques les fontes que Primatice avait fait couler en France dans les moules qu'il était allé prendre en Italie pour le compte de François Ier. La fonte des frères Keller offre une grande supériorité sur tout ce qui a été fait dans tout autre pays.

Le signe extérieur le plus recherché d'une fonte et qui transparaît même sous cette patine ou oxydation dont le temps la couvre comme d'un vernis magnifique variant du bleu sombre au bleu turquoise, c'est la finesse de l'épiderme. Rien ne peut lutter avec la cire perdue, et les Italiens le savaient bien, car ils la réservaient non seulement pour leurs bustes, pour leurs statuettes, pour leurs médaillons, mais aussi très-souvent pour des objets courants, tels que des chandeliers, des encriers, des boîtes à bijoux, etc.

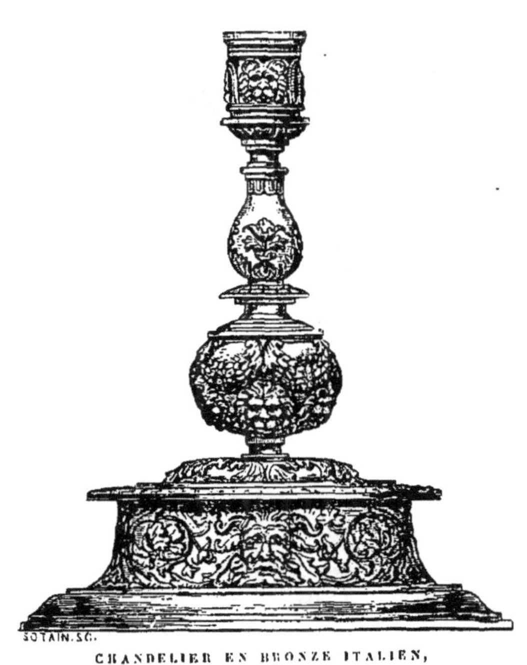

CHANDELIER EN BRONZE ITALIEN, SEIZIÈME SIÈCLE.

Il va sans dire que les ébauches, les premières pensées des Italiens pour une statue équestre ou en pied étaient arrêtées ainsi. Tel est le modèle du Persée de Cellini que possède Florence. Telle est aussi cette charmante réduction de la statue de Colleone, par Andrea Verrocchio, qui est dans le cabinet de M. A. Thiers. Nos artistes ont à peu près renoncé à ce procédé qui laissait des traces si exquises des bouillonnements de la pensée et des repentirs du travail, pour travailler en terre glaise leurs esquisses.

Le goût sérieux pour les bronzes de la Renaissance ne date, à vrai dire, que de ces dernières années, et nous espérons bien que l'on verra monter ces précieux objets à des prix dignes d'eux. Le siècle de Louis XIV, avec son goût d'emprunt pour les maîtres italiens de troisième ordre, avait détourné les idées. Mais nos amateurs sont plus justes, et plus le Guide et l'Albane perdent d'admirateurs, plus les écoles robustes de Florence ou de Milan conquièrent d'adeptes.

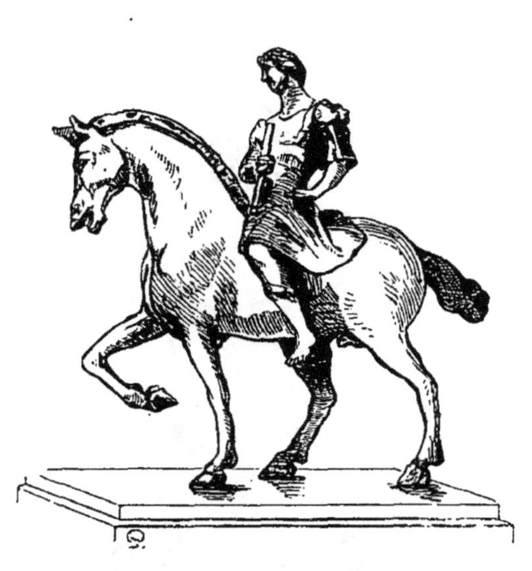

MAQUETTE DU COLLEONE,
Statue équestre par Andrea Verrocchio.
Collection de M. A. Thiers.

Le buste de Brunacci Rinaldi, qui offre une physionomie si vivante et si énergique, a été acheté par M. Gérôme, le membre de l'Institut, à la suite de l'Exposition rétrospective, pour une somme qui aura certainement décuplé de valeur avant dix ans d'ici. Un des amateurs dont le goût est le plus élevé en même temps que le plus compréhensif, M. His de la Salle, a réuni dans son cabinet des monnaies antiques et des bronzes de la Renaissance, des dessins du Poussin et des lithographies de Géricault, des peintures d'Ange de Fiesole et l'œuvre complète de Gavarni. Il nous disait un jour à quel prix il avait recueilli en Italie ses médailles des Padouans et ses plaques. C'est à peu près le prix que l'on paye aujourd'hui une belle épreuve d'une lithographie de Raffet ou d'une eau-forte de

Seymour-Haden !... Et quelle science profonde des mouvements de l'âme et des attitudes du corps dans cet art du quinzième siècle

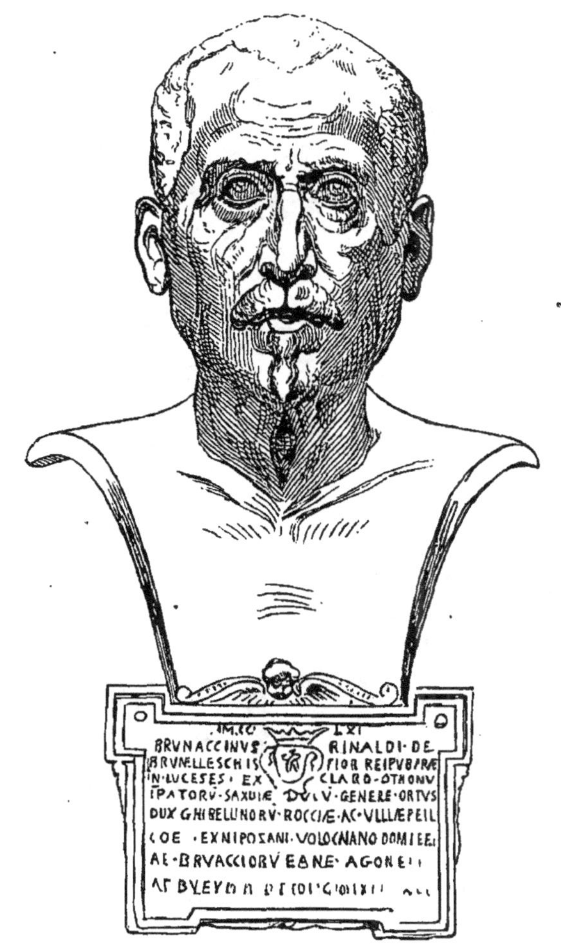

BUSTE DE BRUNACCI, BRONZE FLORENTIN, SEIZIÈME SIÈCLE.
Collection de M. Gérôme.

italien ! Peut-on imaginer plus de douceur unie à plus de force que dans cette Charité qui réchauffe et caresse ces beaux enfants rondelets et bruyants ?

Les procédés de la fonte varient selon les métaux et leur degré de fusibilité. Il est évident par exemple que le traitement ne sera pas le même pour le cuivre que pour un objet en étain. On s'est aussi beaucoup servi et on se sert encore aujourd'hui de pro-

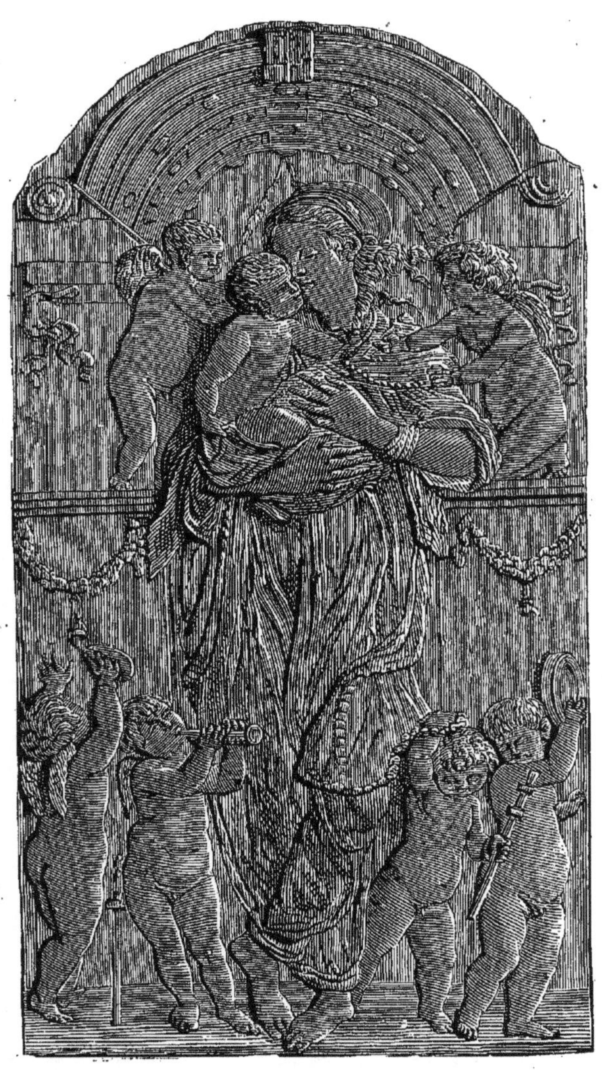

LA CHARITÉ, BRONZE ITALIEN, QUINZIÈME SIÈCLE.
Collection de M. His de la Salle.

cédés foncièrement différents, tels que le repoussé par exemple pour la poterie d'étain, ou la ciselure pour le fer. Nous en dirons quelques mots à propos de la serrurerie. — Mais pour les objets décoratifs qui exigent un bon marché relatif et cependant une exécution soignée, tels que des flambeaux, des socles de pendules, des poignées de commodes, etc., le travail des ciseleurs vient parfaire et modifier absolument l'aspect du cuivre au sortir du moule. Le dix-septième et le dix-huitième siècle ont fait en ce genre des merveilles. Ce flambeau de Martincourt est entièrement ajouré et repris au ciselet et au burin.

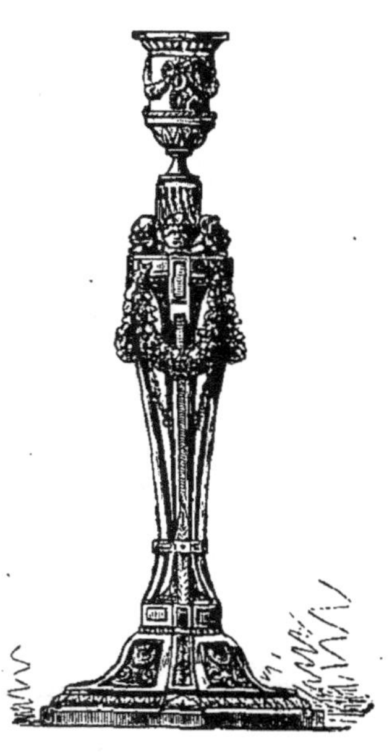

FLAMBEAU EN CUIVRE DORÉ
Ciselé par Martincourt, dix-huitième siècle.

On cite parmi les plus beaux cuivres, en tant que largeur de travail, ceux de la commode justement fameuse du marquis d'Hertford. C'est un des chefs-d'œuvre du milieu du règne de Louis XV, le moment où le mobilier français allia le plus de mouvement au plus de souplesse. Elle fut faite — elle en porte la signature — par Philippe Caffieri, frère du sculpteur au ciseau de qui le foyer du Théâtre-Français doit ses beaux bustes, celui de Rotrou notamment.

On a dit que ce meuble, aussi confortable que luxueux et de la plus rare perfection d'ajustement, avait été payé 38,000 francs. Ces prix nouveaux paraissent élevés. Ce ne sont guère cependant que ceux du dix-huitième siècle et que ceux payés alors directement aux artistes. Que n'en fait-on de même aujourd'hui !... En tenant pour triple la valeur d'alors de l'argent, ce qui est en moyenne la proportion exacte, on va voir que nous n'exagérons nullement.

Au mois de décembre 1788, P. F. Julliot fils et A. J. Paillet étant experts, eut lieu en son hôtel, à Paris, place Louis XV, la vente du cabinet du duc d'Aumont qui venait de mourir. Cette vente produisit 175,071 livres 17 sous. Ce cabinet était fameux pour ses meubles et ses curiosités, et les experts, dignes de toute confiance, — Julliot surtout, a laissé des notes très-précieuses sur les porcelaines du Japon, de la Chine et des Indes — disaient en présentant le catalogue au public « que c'était lui offrir l'idée de la collection la plus véritablement précieuse qu'un goût naturel, éclairé par les lumières et les travaux des artistes les plus distingués, ait produite depuis longtemps.

« Cette collection, ajoutaient-ils, offre des colonnes, des tables et des vases, où le précieux du travail et la beauté des formes sont unis à la richesse et à la rareté des matières, qui toutes ont été tirées des anciens monuments de Rome. — On y distingue beaucoup de ces porcelaines si estimées sous les dénominations d'ancien Japon, d'ancien Chine, sous les couleurs céladon, bleu céleste, violet, etc. — Des pagodes intéressantes par leurs différents caractères (les pagodes étaient de cette nombreuse famille de dieux ou de personnages chinois que Louis XIV appelait, en même temps que les tableaux de Téniers, « des Magots ».) — Des Porcelaines de France et de Saxe dans les meilleurs genres. — Des cabinets précieux d'ancien laque. — Des meubles non moins distingués, en pierre de rapport et en marqueterie, par Boule. — Des lustres, des lanternes et des bras des plus beaux modèles, en bronze doré, la plupart par Gouthières. »

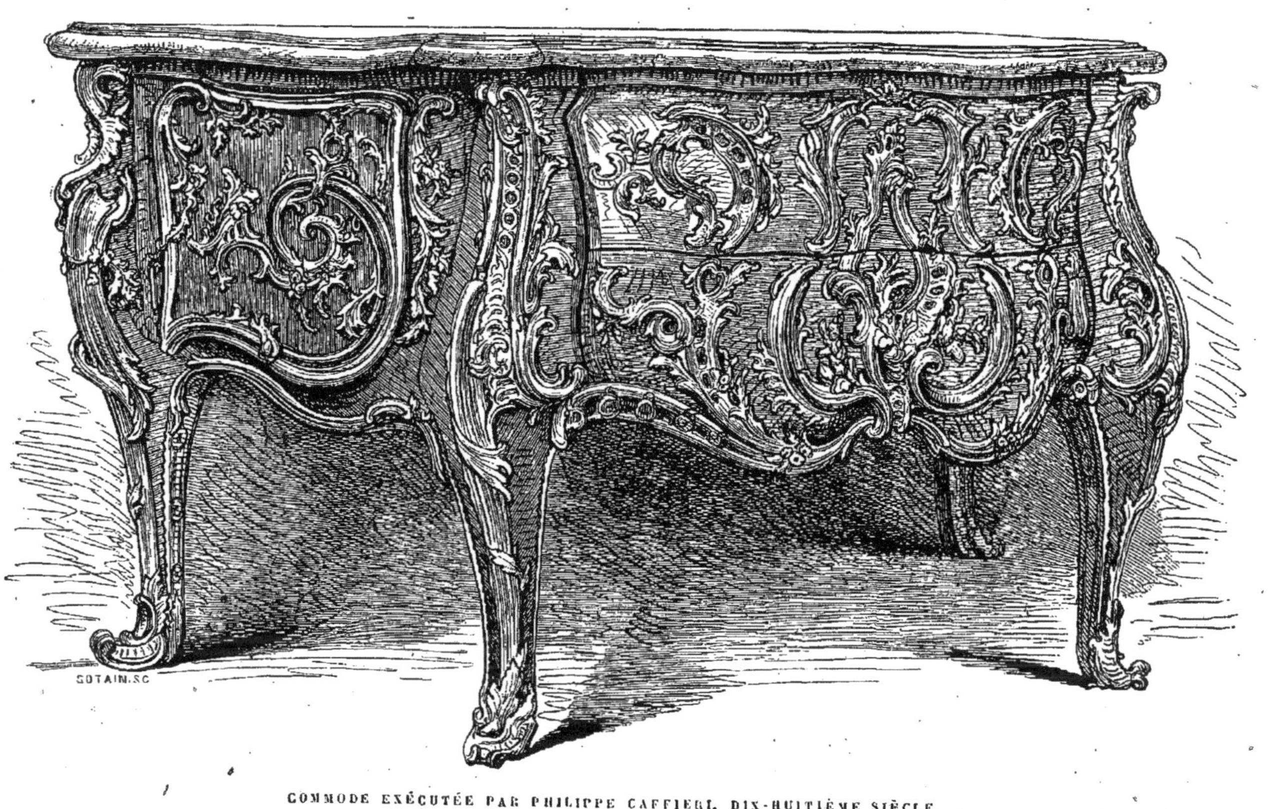

COMMODE EXÉCUTÉE PAR PHILIPPE CAFFIERI. DIX-HUITIÈME SIÈCLE.

Collection du marquis d'Hertford.

On sait que Gouthières, sur la vie duquel on n'a du reste que peu de renseignements, était ciseleur et doreur du roi, et que son invention de la dorure au mat fit en Europe la fortune des bronzes français d'applique. Comme ciseleur on l'a peut-être égalé, — car de nos jours il y a des artistes de la plus incroyable habileté,— mais non comme inventeur de modèles et d'arrangements.

Le duc d'Aumont avait la passion des vases soit antiques, soit de forme antique en matières dures et précieuses. Il les faisait venir d'Italie et les faisait monter à Paris. Quelques articles de ce catalogue que nous allons citer fourniront matière, pour ceux de nos lecteurs qui sont au courant des grandes ventes dans ces dernières années, à de curieux rapprochements. Nous recommandons de nouveau de tripler les sommes que nous allons indiquer pour avoir à peu près la valeur actuelle. Encore faudrait-il ajouter les cinq pour cent que, contre toute logique, on fait de nos jours, dans les ventes par ministère de commissaire-priseur, payer à l'acheteur.

Je trouve, dans les « Vases et Colonnes, » deux Vases en porphyre de première qualité, forme d'urne, à têtes de bélier saillantes, prises de chaque côté dans le bloc, 14,522 livres. Ils avaient 3 pieds 6 pouces de hauteur. La figure qui en a été gravée (car par un excès de scrupule que n'imitent plus guère les experts de notre temps, le catalogue est orné de trente eaux-fortes représentant au trait les objets principaux), indique une forme d'urne funéraire très-caractérisée. — Deux Colonnes en marbre vert antique, de 8 pieds de haut, surmontées d'un vase d'albâtre oriental, en forme de cassolette, et posé sur un socle rond, le tout monté en cuivre par Gouthières, 13,801 livres.

La plupart de ces objets nous sont inconnus, mais en voici un qui a survécu jusqu'à nous. La description qu'en donne le catalogue est très-fidèle ; en voici les principaux traits : mais ce qui vaut mieux encore pour ceux qui n'ont pas vu l'original à l'Exposition rétrospective, c'est la précieuse eau-forte qu'en a gravée M. Jules Jacquemart. Une Coupe ronde, en jaspe fleuri, travaillée à côtes et à cannelures, supportée par un trépied à têtes de faunes et terminée par de doubles pieds de biche : les consoles de ce trépied sont accompagnées, entre les volutes, de branches de vignes chargées de raisins formant guirlandes ; on voit dans l'intérieur un serpent sortant du cul-de-lampe qui est sous la coupe ou cuvette, s'élançant la tête en bas et en décrivant des spirales vers un fruit placé au centre de la rosace qui orne le milieu du socle ; le tout posé sur une plinthe ronde, aussi de jaspe fleuri. « Ce morceau, ajoutait l'expert, précieux par la rareté de son espèce, le vif agréable des couleurs et le net du travail, est relevé par une garniture du dessin le plus ingénieux et du goût le plus flatteur dont M. Gouthières ait pu être animé. Cette pièce présente un chef-d'œuvre de l'art.. » Elle fut acquise, moyennant 12,000 livres, pour le compte de la reine. C'est la fameuse cassolette du marquis d'Hertford, qui l'a, dit-on, payée 30,000 fr. On voit que le rapport des sommes est à peu de chose près le même. C'est en réalité un objet d'une valeur considérable, si, se plaçant au-dessus des préjugés d'école, on ne juge un objet que par sa qualité d'art relatif, par les soins que l'artiste y a dépensés, par la rareté de la matière, par la surprenante habileté de l'outil, enfin par la perfection et la force avec lesquelles il offre un résumé du goût courant d'une époque. Ou il faut supprimer net le dix-huitième siècle, ou, étant admis sa grâce dans la discussion, son horreur poliment railleuse des pédants, son appropriation élégante et française de l'antique, il faut reconnaître et avouer que « cette pièce présente un chef-d'œuvre de l'art. »

Si nous poussons plus avant dans ce catalogue, nous trouvons deux Vases en ancien céladon du Japon, atteignant 7,500 livres. — Un Magot un peu courbé, fond gris, à caleçon nuancé d'un bleu tendre et coiffé d'un bonnet bizarrement plissé, tenant une besace, est poussé jusqu'à 2,400 livres; mais, outre que ce morceau était très-rare par sa qualité, le catalogue faisait remarquer « son caractère joyeux, qui inspire une sensation agréable. » — Ailleurs, un Singe assis, les jambes allongées, « animal des plus estimables de son genre par sa parfaite qualité et par la vérité expressive de son caractère, » n'avait-il pas monté jusqu'à 1,399 livres et 19 sous ? Cet aimable animal avait fait précédemment station dans le cabinet de M. de Jullienne, directeur des Gobelins et ami de Watteau qui lui légua ses dessins. La plupart des porcelaines de la Chine avaient originairement appartenu à Monseigneur le Dauphin, fils de Louis XIV, « qui aimoit ce beau genre et s'en étoit fait une collection recommandable. » D'autres morceaux enfin venaient de chez M. Randon de Boisset ou de chez le duc de Tallard.

Nous clorons cette rapide excursion dans la Curiosité au dix-huitième siècle en citant deux Tables de porphyre à gaînes ornées de deux figures de ces femmes égyptiennes qui firent florès pendant toute la durée du premier Empire, dans les magasins de Jacob, et qui paraissent avoir été inventées par Gouthières, pour répondre au succès littéraire des Voyages du Jeune Anacharsis, et aux tentatives réactionnaires et pseudo-antiques de Vien. Elles furent vendues 23,999 livres, 19 sols, et 19,580 livres deux autres Tables de jaspe vert, également accommodées par Gouthières « dans le style égyptien. » Des Cabinets et une Commode, par le célèbre Boule, ne paraissent avoir obtenu aucun succès. Deux paires de Bras d'un effet surprenant par l'ensemble, — ils avaient 6 pieds de haut et étaient de bronze doré d'or mat, — représentaient en partie principale un carquois, avec des branches de roses, de lierre et de myrte, et cent attributs galants, flèches et thyrses, raisins et rubans, masques rieurs de faunes, cors de chasse, houlettes, etc. Chaque paire, qui devait former, aux lumières, l'effet le plus éblouissant, dépasse 9,000 livres et les avait probablement coûtées au duc d'Aumont lorsqu'il avait réglé la facture de l'infatigable Gouthières.

Nous aurons occasion de parler de nouveau du bronze et du cuivre dans le chapitre de l'Orfévrerie, à propos de Cellini. Reprenons le chapitre du Fer que nous n'avions qu'effleuré

La plus grande conquête industrielle de l'homme c'est le fer. Jusqu'au jour où il devina le secret de l'arracher aux entrailles du sol, de le purifier par le feu, de l'assouplir par le marteau, l'homme avait marché dans cette enfance pleine d'enchantements naïfs et de faiblesses incurables que la mythologie grecque a baptisée d'un nom merveilleux : l'âge d'or. Il ne savait de la vie que ce qu'en savent l'enfant et le sauvage. Le fer lui révéla des avenirs plus permanents, des obligations plus graves, l'attacha d'un lien plus intime à cette terre dont la séve se montre moins abondante sous les latitudes plus froides, et qui, sans cesser de lui offrir son sein maternel, exigeait qu'il le pressât plus fort. Au fruit cueilli sur l'arbre succéda le blé, à la flèche du chasseur succéda le soc qui fend le sol; à la tribu errante, le peuple; à la famille, la patrie.

L'or semble formé de rayons solidifiés de ce soleil qui inonde l'Orient. Le fer, rude, terne et résistant, est le métal par excellence de ces races courageuses qui quittèrent les premières les plateaux de l'Inde, semblables aux essaims nouveaux chassés de la ruche et dont le miel prend l'âpre saveur des fleurs épanouies sur le flanc des montagnes. Longtemps il fut le symbole de la force brutale. Les alchimistes l'appelaient Mars. Dans le ciel, Mars est cette étoile terrible qui jette des rayons couleur de feu et de rouille. Mais de nos jours Vulcain s'est fait chef d'usine; les forges de Lemnos se sont transportées au Creusot. L'ingénieur est en passe de vaincre le soldat, et cette épée dont nous disions le grand rôle, il y a quelques pages, tordue et martelée par les besoins nouveaux, ne sera plus demain qu'un des muscles du nouvel Hercule, qu'un des rouages de la machine.

Mais il nous faut tourner court, et ainsi que nous avons fait pour les armes, renoncer à parler des colossales applications que depuis un quart de siècle l'homme a fait de la fonte, du fer et de l'acier. — Toute une forme nouvelle de poésie sortira de ces établissements qui sont des villes et qui emploient jusqu'à 25,000 ouvriers, comme le Creusot, par exemple. Le jour où quelque poëte, quelque romancier de génie descendra dans ces mines, errera dans ces ateliers, s'exaltera au bruit de ces marteaux, sentira ses yeux brûlés par la lumière blanche qui jaillit de ces fusions, un art nouveau se formulera et dégagera de la locomotive, de la grue, de la colonne de fonte, ces lois immuables d'harmonie qui, présidant à tout ce qui répond aux besoins d'une société sont les lois du Beau industriel. Déjà un artiste a appliqué toutes les forces de sa volonté et de son talent à marquer les traits saillants et les détails multiples de ces formidables ensembles. Cet artiste, c'est M. François Bonhommé, et l'absence de son nom dans un livre comme celui-ci serait une injustice.

Repoussé par les classiques comme « cultivant un genre qui n'est pas noble, » repoussé par les industriels comme « poëte, » M. François Bonhommé n'aurait plus eu qu'à jeter le manche après le pinceau, s'il ne s'était point proposé un but et qu'il n'ait poursuivi bravement son chemin sans se soucier des injustices ou des indifférents. Il a commencé dans d'innombrables dessins, dans des peintures à l'huile, dans des décorations murales, dans d'immenses aquarelles, dans des bois publiés çà et là par des recueils illustrés, une *Histoire de la Minérallurgie et de la Métallurgie*. Histoire vivante et active du double art d'arracher le minerai aux flancs de la terre et de l'assouplir aux mille besoins du monde nouveau, études qui joignent une science consommée du détail à une inspiration naïve et poétique, qui partent des tracés de l'ingénieur et des outils de l'ouvrier mineur ou forgeron, et qui montrent aussi, dans de vastes aspects, les flancs déchirés et rouges du Creusot, sa verdure noircie par les fumées permanentes et le jet hardi de ses cheminées de brique. Trop souvent injuste envers les artistes qui cherchent le neuf et le vrai, la foule a passé, je ne dis pas sans les comprendre, mais sans les regarder, devant ces loyales et courageuses tentatives d'intéresser l'art à la vie nouvelle, de rompre avec cette vieille et ridicule poétique de l'École qui fera éternellement représenter par les peintres, par les sculpteurs, par les graveurs en médaille, par les dessinateurs de tête de facture, le Commerce et l'Industrie sous la forme de personnages en tunique assis sur des ballots.

Il est grand temps cependant que l'on assiste à ce que le dix-huitième siècle eût appelé « le mariage de l'Art avec l'Industrie.» Celle-ci a pris la grande, presque l'unique part dans les préoccupations modernes. La guerre qui autrefois passionnait les esprits est aujourd'hui maudite et l'on pressent que ses jours sont comptés. Le monde deviendrait une fourmilière bien triste, si l'art en était exclu. Heureusement il n'en est rien et il n'en peut rien être. Il y aura toujours des natures doucement entêtées qui s'obstineront à chercher l'art et à le montrer aux autres. Sans qu'on y prenne garde, cette race d'élus arrivera, la plupart du temps même tout instinctivement et s'en sans douter, à créer des chefs-d'œuvre de force et d'élégance en croyant ne dessiner qu'une halle, une locomotive ou un bateau à vapeur.

Cette proposition exigerait des développements que je dois m'interdire. J'indiquerai, moins comme exemple précis que comme point de départ du profit que l'architecture pourra tirer des matériaux tout nouveaux que met à sa disposition l'industrie moderne : les Halles centrales. Point de fausses colonnes, point de frontons engagés, point de stuc imitant des marbres que notre vieille Gaule n'a jamais produits, mais des alignements de colonnettes en fonte, des enchevêtrements de courbes et de pleins-cintres, du verre, de la brique. Pour nous, il n'y a rien de comparable à ce récent monument, dans notre pays, pour l'appropriation logique des matériaux et la convenance de l'aspect.

L'emploi de la fonte et du fer,— car on sait que le fer et l'acier ne sont que des modifications chimiques du métal obtenu directement du minerai — a reçu au moyen âge, en France et dans les Flandres, les applications les plus diverses. L'art robuste du forgeron et du serrurier y ont été poussés à l'extrême, celui de l'armurier appartenant surtout à l'Italie et à l'Espagne.

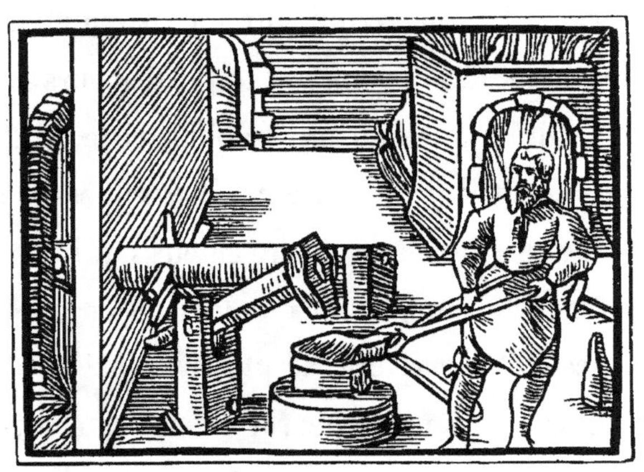

UN ATELIER DE FORGERON AU QUINZIÈME SIÈCLE.
D'après un bois italien.

Malheureusement le fer est facilement oxydable; la rouille le mord d'une dent cruelle: il nous en est peu resté de monuments considérables. Les portes de Notre-Dame sont un des plus beaux exemples : les ferrures s'étalent sur les ventaux, les consolidant et les ornant à la fois, avec l'aspect étrange et charmant de ces varechs que les enfants ramassent à marée basse, au pied des falaises, et qu'ils collent sur des feuilles de papier. Elles sont de Biscornette, un forgeron qui avait, assurent ses contemporains, le diable lui-même pour collaborateur. Ce qui lui coûta même fort cher, car un jour qu'il disparut brusquement, on pensa généralement qu'il était parti tout droit pour l'enfer. — Mathieu Jousse, serrurier à la Flèche et auteur de plusieurs ouvrages qui ont été publiés en France sur la serrurerie, en 1627, exprimait le regret que « les auteurs « des serreures antiques » n'aient point couché par écrit leurs plus beaux secrets, « entre autres, ajoute-t-il, le moyen de fondre le fer et de le couler comme les autres métaux fusibles et à peu de frais, ce que Biscornet a emporté avec soy. »

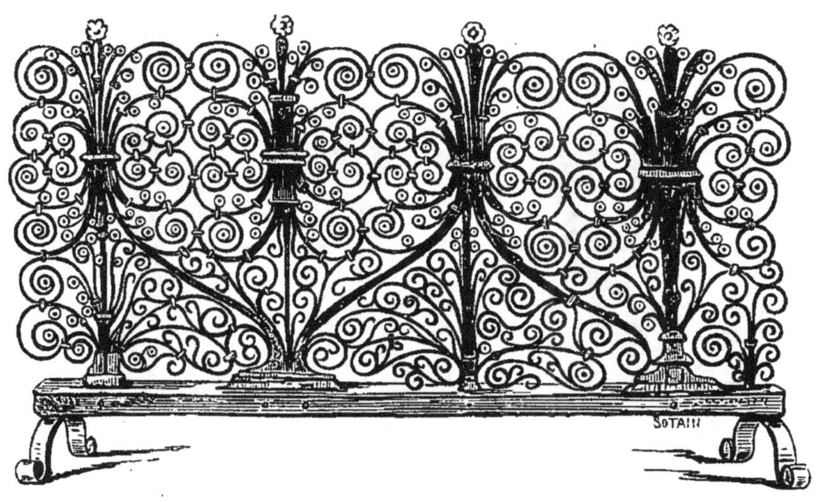

GRILLE EN FER FORGÉ DU SEIZIÈME SIÈCLE.
Ancienne Collection Le Carpentier.

Un autre spécimen, bien plus antique et non moins beau, était cette grille du douzième siècle qui a été dessinée dans la collection Le Carpentier, pendant que cet infatigable collectionneur vivait encore. Les volutes mères partent d'une tige centrale comme un bouquet d'arbres d'un tronc commun, et les volutes accessoires sont nouées au milieu par un lien saillant, ou patte. C'est allier la solidité à l'élégance. A ce moment et au siècle suivant, les grilles étaient en fer plein ; au siècle suivant seulement on appliqua des ornements en tôle découpée et modelée au marteau.

C'est de ce moment que datent ces clefs courtes, ramassées et portant en guise d'anneau une rosace découpée et imitant une rose

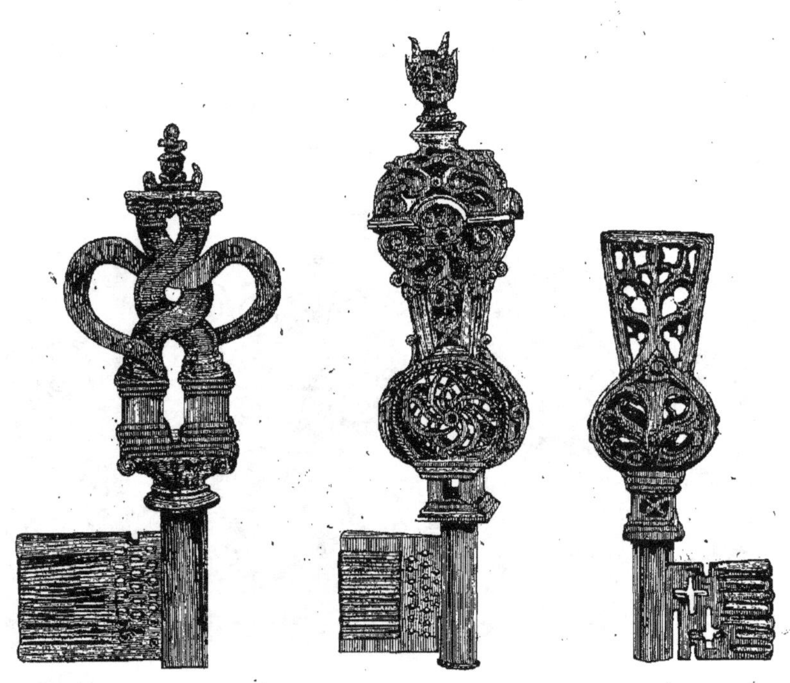

CLEFS DU QUINZIÈME SIÈCLE EN FER FORGÉ.
Collection Sauvageot.

de cathédrale. Le forgeron donne la réplique à l'architecte comme nous avions vu, dans les chapitres de la Céramique et des Vitraux, les pavages et les verrières compléter à leur tour l'impression unique qui doit jaillir d'un grand ensemble.

Au quinzième siècle, cette jolie monture d'escarcelle en fait foi, le serrurier martelant, coupant, ciselant le fer aussi facilement que l'orfévre manie l'or, alla jusqu'à imiter le monument lui-même. La mode de ces escarcelles qui pendaient à la ceinture, attachées à une chaînette ou à des courroies de cuir, dura jusqu'aux Valois, et le musée Sauvageot croit posséder une monture d'escarcelle qui aurait appartenu à Henri II. Quoi qu'il en soit de l'origine, cette monture, qui a été maintes fois reproduite, est admirablement travaillée.

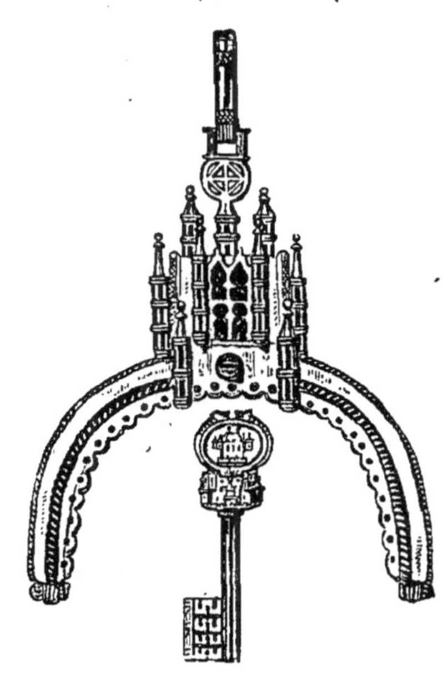

MONTURE ET CLEF D'ESCARCELLE,
TRAVAIL EN FER DU QUINZIÈME SIÈCLE.
Collection de M. J. Fau.

Les Flandres et l'Allemagne n'étaient point en arrière. Tous les touristes ont examiné curieusement, devant la porte de la cathédrale d'Anvers, ce puits que la tradition donne à Quentin Massys (1460-1530) lequel avait aussi exécuté avec un talent supérieur la fermeture des fonts baptismaux de l'église Saint-Pierre, dans Louvain, sa ville natale. La tradition, bavarde et indiscrète, ajoute encore que c'est l'amour qui lui fit jeter le marteau aux orties et prendre le pinceau, mais cela ne nous regarde pas.

Le fer était aimé des poëtes et des rêveurs de ces rudes époques. La « Mélancolie, » la plus sublime des figures qu'ait gravées Albert Dürer, le soupir le plus profond qu'ait jamais poussé l'âme d'un artiste, l'ange de la Mélancolie, couronné de buis est assis, le sourcil froncé et l'œil noyé dans l'infini, au milieu des mille objets dont il a, pour l'assouvissement de l'idéal d'un grand cœur, sondé l'inanité,

Ce sont des attributs de sciences et d'arts ;
La règle et le marteau, le cercle emblématique,
Le sablier, la cloche et la table mystique...

Et la tenaille du forgeron, aurait pu ajouter le poëte[1]. Et tous ces objets, le compas, que la Mélancolie tient sans y prendre garde, le trousseau de clefs qui pend à sa ceinture, et les balances suspendues au mur, sont en fer et curieusement travaillés.

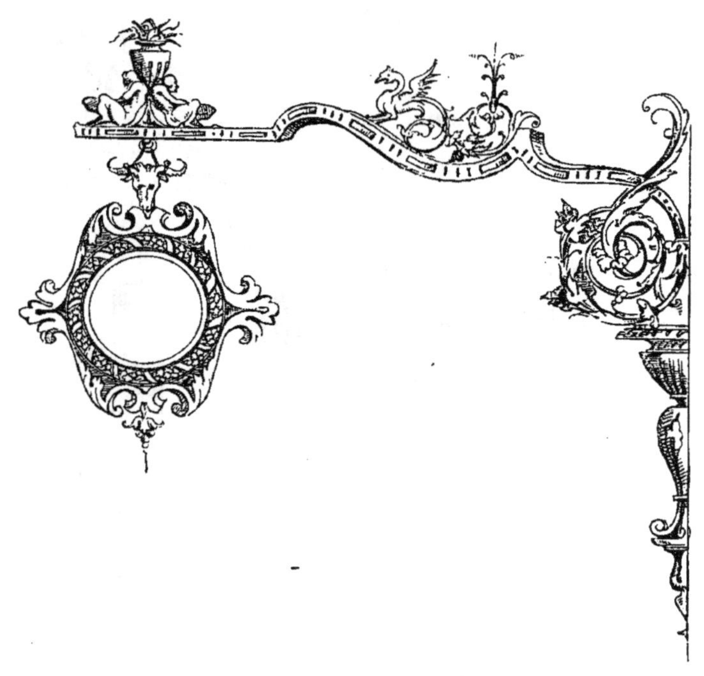

ENSEIGNE D'HOTEL, EN FER FORGÉ,

D'après un modèle d'Androuet Du Cerceau.

Jacques Androuet Du Cerceau, qui fut, au seizième siècle, dessinateur et graveur autant qu'architecte, nous a laissé des suites complètes de modèles pour la serrurerie. C'est à son œuvre que nous avons emprunté cette enseigne. On sait que jusqu'au moment où le numérotage des maisons fut adopté dans les grandes villes, il était d'usage de désigner les hôtels mêmes des seigneurs et les

[1] Théophile Gautier, *la Comédie de la Mort*, 1838.

maisons de la bonne bourgoisie à l'aide de qualifications tirées de quelque emblème exposé à l'extérieur. Ainsi, dans les environs du Louvre, ce qui fut depuis l'hôtel de Nevers avait pour enseigne « le Lion couronné ; » « la maison de la Colombe » aboutissait à l'hôtel d'Alençon ; il y avait encore « la Croix-Rouge » et « l'Épée royale » et « la Tour de bois, » etc. Nous signalons ces recueils de Du Cerceau comme très-précieux à feuilleter pour les amateurs qui veulent faire réparer de vieux meubles ou en composer dans le genre de la Renaissance. On y trouvera des heurtoirs et des ratissoirs de porte : le heurtoir était extérieur, le ratissoir s'adaptait aux portes d'appartements : il était figuré par exemple par un satyre courbé en arrière et dont un anneau libre caressait bruyamment l'épine dorsale. Puis encore des clefs de chefs-d'œuvre et des écussons de clefs dont la souple chimère, bipède ailé, lion-femme-oiseau, fait d'ordinaire les frais par ses torsions complaisantes; des targettes à verroux et des poignées de tiroirs.

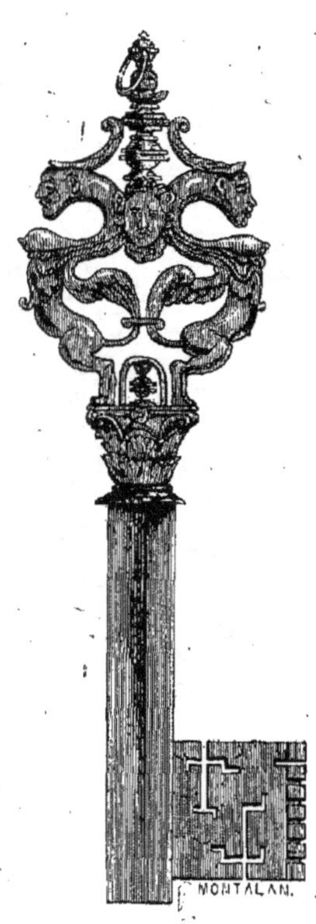

CLEF DU XVIe SIÈCLE EN FER FORGÉ ET CISELÉ.
Collection Sauvageot.

C'est un de ces heurtoirs, qui ont disparu avec les grandes portes cochères et dont la sonnerie électrique a remplacé le pompeux fracas, qui se voit à la page qui suit ces lignes. Il a orné la porte d'un château soit royal, soit appartenant à quelque familier de la maison de Henri II, les emblèmes qui l'ornent en font foi. Mais le verrou porte plus clairs encore ses titres généalogiques : en haut les armes de France, au milieu du collier de l'ordre de Saint-Michel ; au bas, la devise assez énigmatique du roi : *Donec totum impleat orbem.* Pauvre sire qui n'a guère « empli le monde » que du talent des artistes qu'il avait autour de son trône et de la beauté de la Diane qu'il leur avait fait diviniser.

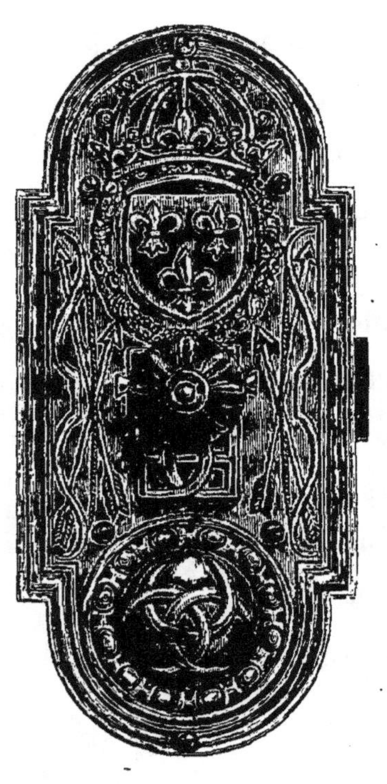

VERROU EN FER FORGÉ
Provenant du château d'Anet.

Pendant le dix-septième et le dix-huitième siècles, l'art du forgeron — que nous ne distinguons point, dans ces pages rapides, de celui du serrurier, — se montre encore plein de force et de séve. On connaît la grille du Palais de Justice et celles de cent châteaux à la campagne. On sait les mille balcons et les milles rampes plus ingénieux, plus robustes, plus variés que je ne saurais dire, qui font saillie aux flancs des façades, qui servent d'appui dans les escaliers des hôtels, les plaques monumentales qui ornent le fond des foyers et les buissons d'artichauts qui défendent contre l'escalade l'angle des sauts de loup et la crête des murs.

La ville où nous avons vu les plus surprenants ouvrages en fer est Bâle. On nous a dit que plusieurs familles de forgeurs de fer français s'y étaient réfugiées à la suite de la révocation de l'édit de Nantes et avaient créé à profusion toute cette végétation rigide et hérissée. A vrai dire, cela sent l'œuvre d'artistes désœuvrés et qui

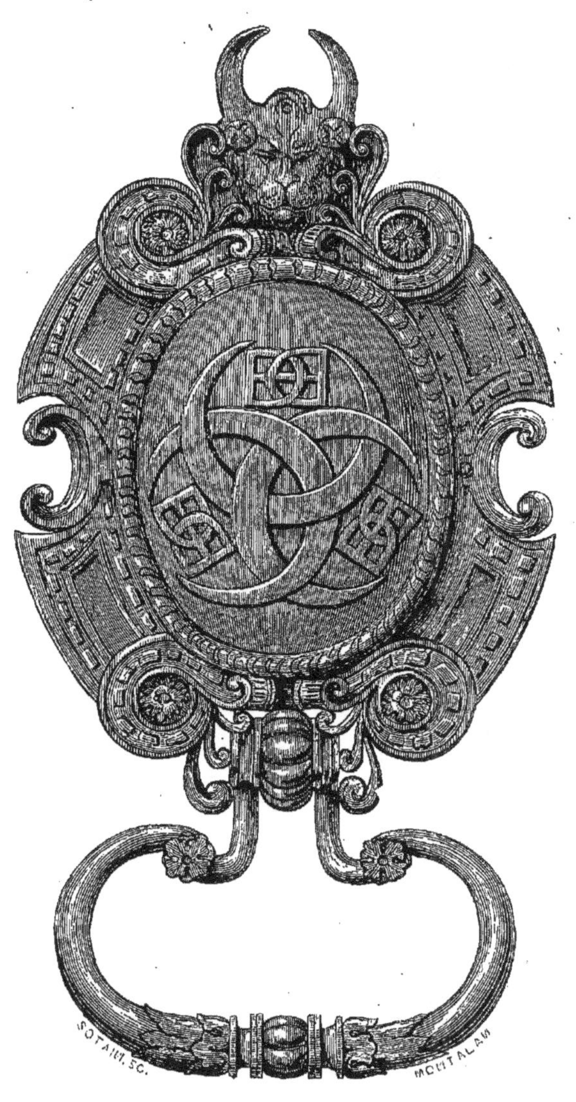

HEURTOIR AUX ARMES DE HENRI II, EN FER FORGÉ.

Collection Sauvageot au Louvre.

se plaisent à créer des difficultés : les baguettes s'y enroulent comme si elles étaient des ceps de vigne, et s'écartent, et se fuient, et s'enlacent, et se rejoignent pour servir de support à des corbeilles d'où jaillissent des feuillages, des fleurs et des fruits, imités avec un art qui confond, mais qui est l'exagération du bien faire.

Avec les premières années de ce siècle commença la décadence radicale de la serrurerie. A la grille monumentale et capricieuse succéda un alignement monotone et niais de barreaux pointus. Des lances, encore des lances, toujours des lances, rien que des lances!... et pour changer, de distance en distance un paquet de lances noué par des rubans, ou les faisceaux de verges du licteur ! Le symbole d'une prison ou d'une caserne contre lequel on se heurte, en entrant dans un jardin ou en pénétrant dans une cour !... Vous souvient-il qu'un jour un maréchal de France passant dans la cour du Carrousel la revue d'une compagnie de voltigeurs de la garde nationale, s'écria : « Fermez les grilles, ces serins vont s'envoler ! » Il avait raison, le brave maréchal, rien ne ressemble mieux que ces grilles aux barreaux d'une cage.

Les principes, en fait d'art industriel, de la Restauration et du règne qui lui succéda, n'étaient point faits pour relever cette industrie; aussi le mal ne fit-il que s'augmenter et, il y a quelques années, un architecte qui possède un des plus riches cabinets de dessins d'ornements, M. H. Destailleurs, pouvait formuler ce sévère jugement : « En général, le chef d'un grand établissement de serrurerie à notre époque, surveille la marche de son usine, se préoccupe d'obtenir de grandes commandes afin d'entretenir son nombreux personnel, mais n'entre pas dans le détail du travail.

S'il entreprend quelque ouvrage plus délicat où le concours d'un artiste soit jugé nécessaire, un sculpteur d'ornements est appelé ; malheureusement cette collaboration ne réussit pas toujours et il est facile de se l'expliquer. L'artiste qui ne connaît pas par expérience le travail du fer donne souvent des modèles inexécutables, et qui, après de grandes difficultés surmontées, sont loin de produire l'effet qu'il en attendait. Les ouvriers, de leur côté, mutilent souvent, par défaut de savoir ou de goût, des détails qu'ils ne comprennent point. »

Mais de nos jours, au contraire, et cela sous l'influence directe de jeunes architectes — qui, lors même qu'ils n'en conviendraient pas, se rattachent de près ou de loin à l'école profondément nationale des Lassus et des Viollet-le-Duc, — de jeunes architectes donc ont formé des chefs d'établissements et ceux-ci ont formé des ouvriers. Il fallait rompre carrément avec cette fonte qui, si bien à sa place en certaines circonstances et si insuffisante lorsqu'il s'agit de souplesse et de grâce dans les détails, a doté la façade de nos maisons d'affreux balcons à têtes de chérubins et de Méphistophélès, de châtelaines et de troubadours, plus démodés et plus grimaçants que les Maleck-Adel des pendules en zinc. Ils y sont parvenus sans peine. La grille du parc Monceaux, que nous avons choisie pour exemple, est un des plus beaux produits de cette Renaissance contemporaine.

Il est cependant regrettable que l'Édilité ait eu des arrière-pensées d'économie, là où la somptuosité municipale devait seule triompher. Autrefois les ornements rapportés tels que les fleurons, les armes, les feuilles d'acanthe, les épis, étaient exécutés à part en estampage, c'est-à-dire en fer forgé à part ou en tôle, ou en

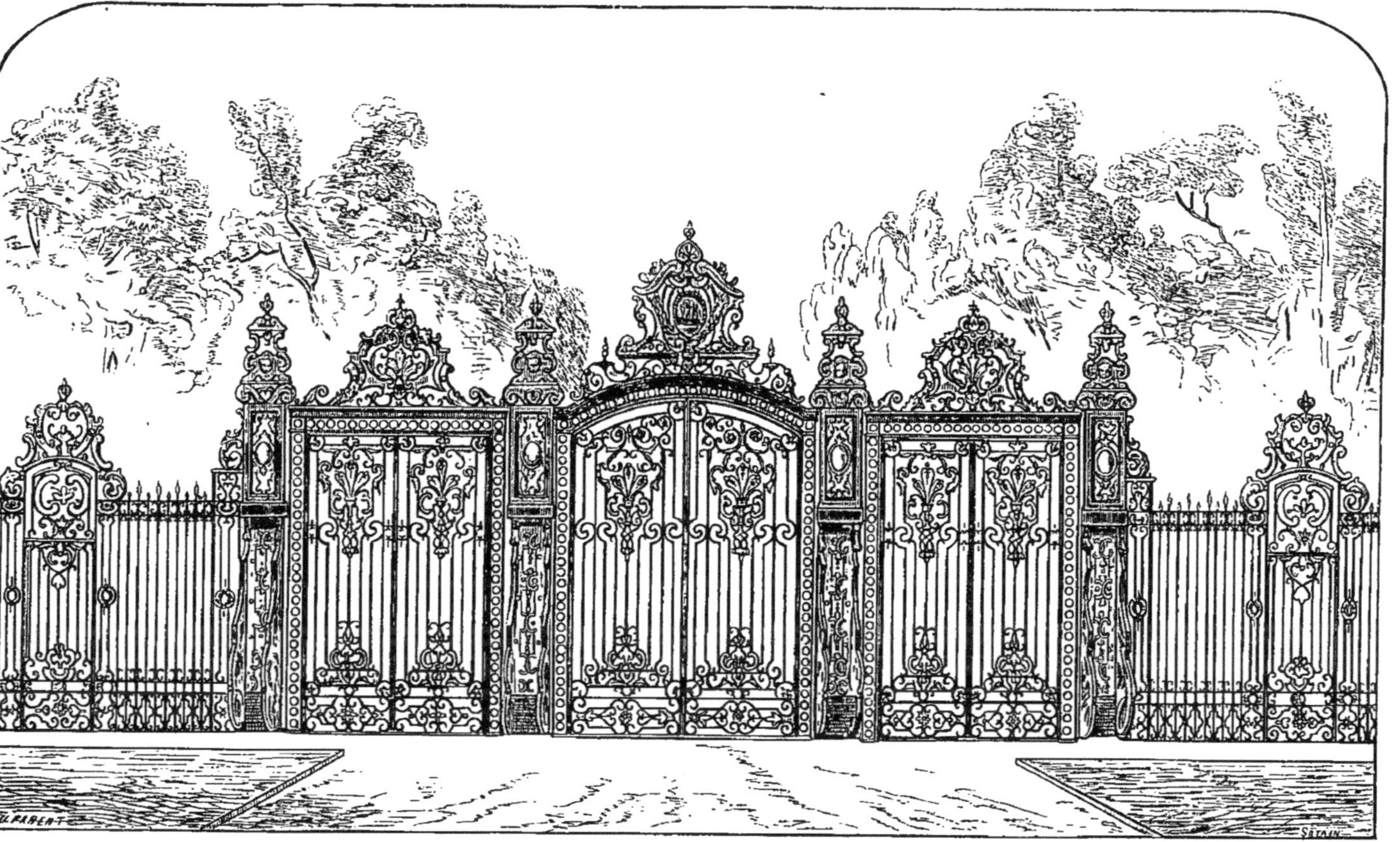

GRILLE DU NOUVEAU PARC MONCEAUX.

Exécutée en fer par M. Ducros sur les dessins de M. G. Davioud.

fonte — le fer forgé marchant toujours en tête. Mais ils étaient toujours soudés sur les barreaux à la « chaude suante,» c'est-à-dire pendant qu'on les a amenés à cet état d'incandescence où les molécules du fer se marient indissolublement. A ce procédé long et coûteux, on en a substitué un autre qui consiste à fixer ces feuilles à l'aide de goupilles ou de vis. Mais on conçoit ce qu'y perd la solidité dans l'avenir et dans le présent.

Le bien faire reste donc toujours une question de prix. Nous savons, près des Champs-Élysées, un petit hôtel dans lequel la rampe qui monte du rez-de-chaussée au premier étage, a coûté une douzaine de mille francs. Elle est en fer poli, brillant de cet éclat particulier à l'acier, si riche et si loyal. Elle est tellement harmonieuse dans ses enlacements et si caressée qu'une géante jeune et coquette la pourrait détacher de ses marches de marbre, la tordre autour de son poignet et qu'elle aurait là un bracelet magnifique.

Ce n'est point là le seul symptôme du luxe intérieur suivi, comme aux belles époques, dans tous ses détails, que nous pourrions citer. A la dernière exposition de l'*Union centrale* — que nous citons avec complaisance parce qu'elle a montré, dans la limite des forces d'une association privée et dans un pays où tout se fait par l'État, où en étaient à ce moment-ci les industries d'art, — un tout jeune serrurier, M. Huby fils, reçut une médaille de première classe pour les clefs merveilleuses qu'il avait exposées. Quel luxe aimable pour un homme riche d'avoir par exemple toutes les clefs des meubles de son cabinet de travail à sa devise ou à ses armes.

A cette Exposition encore on pouvait suivre les modifications profondes que les découvertes modernes apportent à l'expression des arts appliqués à l'industrie. Ce ne sont plus seulement les métaux anciens, le cuivre par exemple, qu'un fabricant de goût cherchera à remettre à la mode, en utilisant pour des bassins à laver, des buires style flamand, des encriers monumentaux, son ton plus franc que celui de l'or appliqué en dorure et ses reflets verdâtres

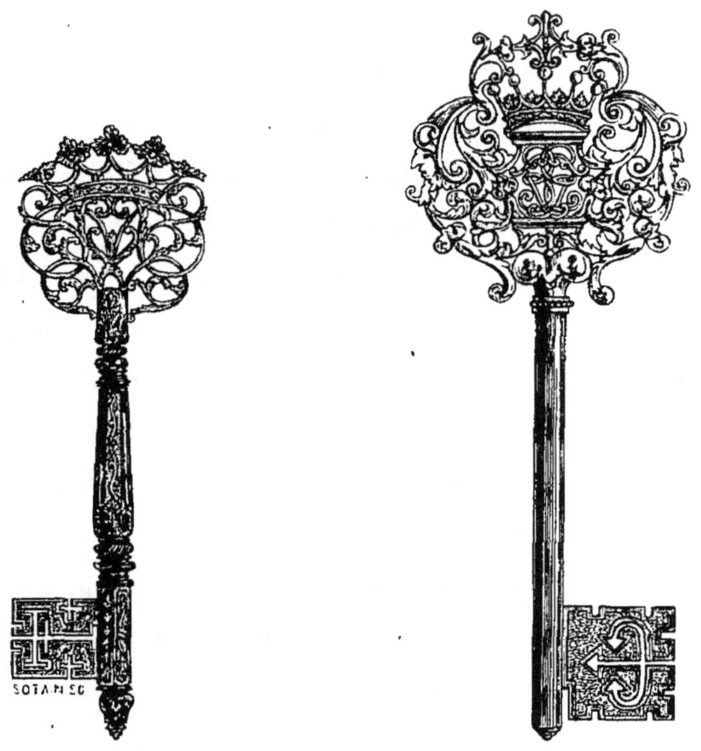

CLEFS EN FER FORGÉ, MODÈLES DES DIX-SEPTIÈME ET DIX-HUITIÈME SIÈCLES.
Exécutées par M. Huby fils.

et sobres : ce même fabricant voudra encore employer un métal nouveau, l'aluminium, et étudier l'emploi, dans la grande symphonie du mobilier, de ce nouveau venu habillé de gris-deuil et léger comme le verre.

Le zinc, — encore un métal relativement tout moderne, — s'est venu offrir et s'est imposé. Il promettait plus qu'il n'a tenu, assure-t-on. Cependant sur le faîtage des châteaux, il se profile avec une tournure élégante et de bonne noblesse campagnarde. Je l'admets même dans les grandes figures de décoration courante ou religieuse, pour les anges qui soutiennent la base des clochetons ou pour l'entrée d'une serre ou d'une écurie, quoique l'on m'affirme que, lorsque arrivent les pluies et les gelées, les lions courent le danger de perdre une ou plusieurs pattes et les saints leurs bras et leur bréviaire. Cela est affaire au fabricant. Je ne hais le zinc que dans les statuettes ou les coupes, où il a la prétention de remplacer le bronze. C'est une insupportable infatuation, et je demande qu'on renvoie à coups de canne à l'office ce maraud qui endosse les habits de son maître, mais « sans en avoir l'âme. »

Une des plus originales et des plus surprenantes inventions de notre temps, c'est la galvanoplastie. C'est à Charles Christofle qu'il faut rendre l'honneur sinon de la découverte de l'électro-chimie, au moins de ses applications industrielles les plus importantes, surtout dans le domaine des beaux-arts. Les conséquences en ont été considérables : l'électro-métallurgie a permis de doter les places de nos plus humbles villes de monuments en métal. Je veux bien qu'ils soient, la plupart du temps, d'un goût détestable, mais le principe n'en demeure pas moins, et quelque jour, écartant cette recherche fatale du bon marché quand même, qui a fait commettre tant d'erreurs, le goût deviendra plus sûr, et on se passionnera pour des modèles mieux conçus, mieux exécutés, mieux appropriés au centre qu'ils doivent occuper et orner. A tout prendre, l'effet de ces morceaux en galvanoplastique en est encore généralement meilleur que celui de la fonte de fer quoique, dans ces dernières années, on ait mieux compris ce que l'on pouvait demander à la fonte et lui imposer.

C'est l'électro-chimie qui a permis de vulgariser ces services de table qui offrent tous les avantages de l'argenterie réelle sans en exiger la dépense. C'est l'électro-typie qui, aujourd'hui, sert pour reproduire à l'infini les types et les caractères pour l'imprimerie, permettant ainsi d'abaisser le prix de revient et de donner, au prix courant, des caractères dont la gravure est plus exquise et plus recherchée, telle, par exemple, que celle des lettres augustales qui était autrefois très-coûteuse; enfin elle permet de reproduire aussi les clichés de gravures.

Une de ses applications les plus singulières a été l'aciérage des gravures. On sait que les gravures sont entaillées soit dans de l'acier, soit dans du cuivre. En passant sous le rouleau de la presse pour donner l'impression sur le papier blanc, la planche subit naturellement une pression assez considérable, qui, après un certain nombre de répétitions, finit par endommager l'intégrité des tailles. C'est ce qui fait que les premières épreuves sont les plus recherchées, et ce qui a donné lieu, chez les amateurs, à la passion des « états : » on appelle « état » les phases successives que traverse une planche sous le burin ou la pointe du graveur ou de l'aqua-fortiste, et dans la boutique du marchand : premier état, avant la lettre, par exemple; deuxième état, avec la lettre, déjà moins recherché puisqu'il suppose un tirage plus ou moins considérable; troisième état, avec des retouches pour réparer l'effacement des parties tendres, ainsi de suite. Aujourd'hui, plus rien de semblable. L'électricité dépose sur la planche de cuivre un

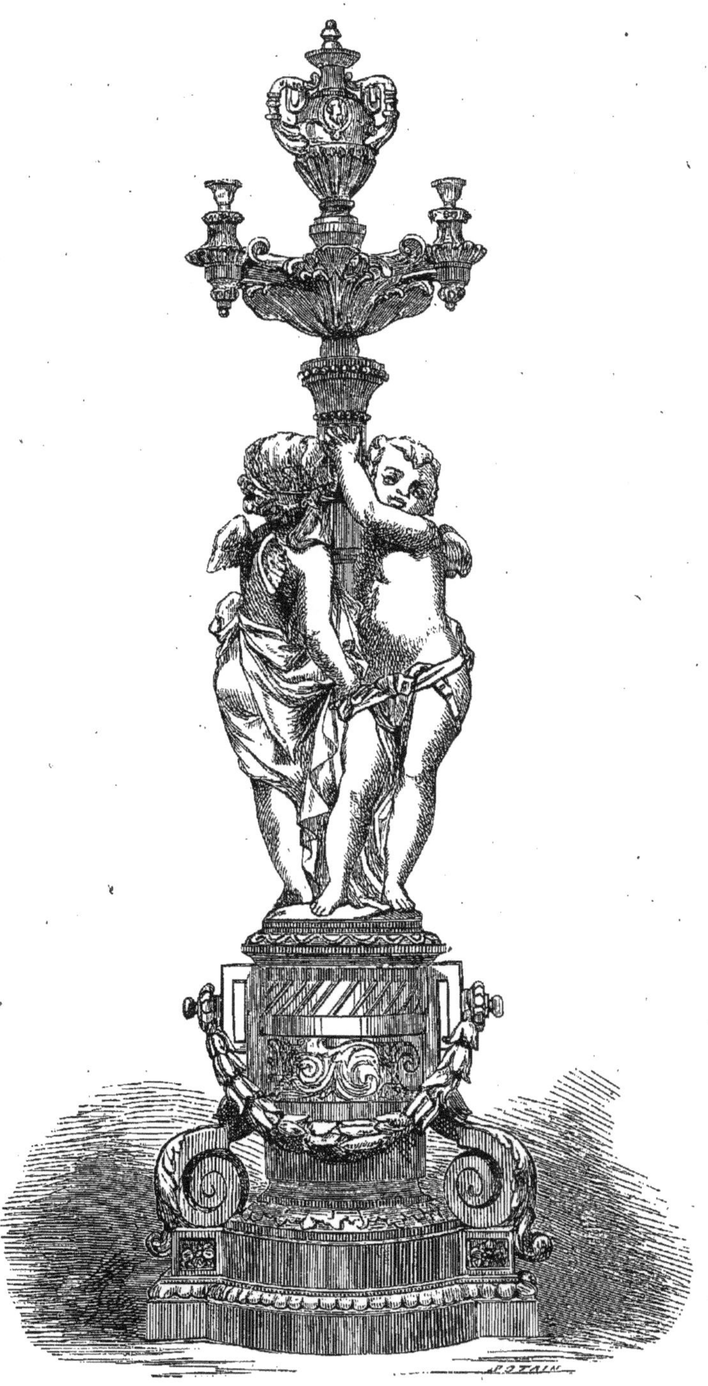

CANDÉLABRE EN FONTE DE FER,

Exécuté en Angleterre sur un modèle de M. Carrier-Belleuse.

voile impondérable, inappréciable d'acier, qui durcit ce cuivre et assure ainsi un nombre décuple de bonnes épreuves. Quand on s'aperçoit que l'acier cède à son tour, on réacière de nouveau. C'est donc à peu près la multiplicité des bonnes épreuves assurée. Et c'est un résultat auquel l'art est étroitement intéressé; car il est presque impossible de juger sainement un maître si l'on n'a sous les yeux une épreuve parfaitement homogène, veloutée dans les noirs, légère dans les finesses. Une belle épreuve de la *Pièce aux cent florins*, de Rembrandt, un miracle incomparable de couleur, d'effet, de nuances, à part son sentiment prodigieux et sa mise en scène grandiose et naïve, une belle épreuve de premier ou même de second état de ce chef-d'œuvre peut atteindre cinq ou six mille francs; une épreuve de la même planche, grise, usée, pâlie vaudrait cinq ou six francs. Si Rembrandt avait connu l'aciérage, tout son œuvre serait de la qualité de ces merles roses que les grands cabinets chassent à poignées d'or.

La galvanoplastie est l'application en grand de ce procédé. La description est du ressort de la science pure ; nous ne tenterons point de la donner. Comme toujours, le hasard — mais ce hasard dont les hommes intelligents profitent seuls — a sa part dans la découverte. Dans une conférence faite cet hiver sur ce sujet, après avoir rappelé les noms et les efforts de Volta, de Nicholson et de Carlisle en 1800, de M. Ruhmkorff en 1864, M. Henri Bouilhet citait aussi les tentatives simultanées de Jacobi et de Spencer en 1838 et 1839. Puis il racontait ces deux curieuses anecdotes :

« Professeur à l'observatoire de Vilna, l'illustre chimiste s'occupait de recherches sur la construction de la pile de Daniell ; il avait recommandé à l'ouvrier qu'il employait à la confection des cylindres de cuivre qui entraient dans la construction de son appareil, de ne prendre que d'excellent cuivre parfaitement malléable. Les expériences faites, le préparateur de M. Jacobi vient le trouver et le prévenir que son ouvrier l'a trompé; le cuivre fourni par lui est cassant, friable et de mauvaise qualité. M. Jacobi, se rendant à son laboratoire pour vérifier le fait, rencontre le prétendu coupable. Ce dernier l'assure de la bonne qualité du métal employé, et, comme M. Jacobi n'a aucune raison pour se défier de cet homme, il se promet d'examiner le fait de plus près. Soulevant alors, avec la pointe d'un outil, la couche de métal qui se dépose au pôle négatif de la pile de Daniell, il est très-étonné de la voir reproduire avec fidélité les éraillures, les traits de lime, les coups de marteau que portent les cylindres de cuivre. Son attention éveillée, il répète l'expérience, réussit à la reproduire dans les cas les plus variés, et peu de temps après il peut annoncer à l'Académie de Saint-Pétersbourg qu'il est parvenu à obtenir des planches de cuivre qui offrent en relief tous les traits gravés en creux sur l'original.

M. Spencer fut conduit au même résultat par une autre observation; une gouttelette de cire était tombée par hasard sur la lame de cuivre qui formait le pôle négatif d'une pile au sulfate de cuivre; le métal en se déposant, vint s'arrêter aux bords de la gouttelette. « Je compris aussitôt, dit M. Spencer, qu'il était en mon pouvoir de « guider à mon gré le dépôt de cuivre, et de le couler en quelque sorte dans les sillons creusés avec une pointe sur une plaque de « cuivre uni. » Ce fut là, en effet, la première application de Spencer, et il eut immédiatement l'idée de faire servir le dépôt galvanique à produire de véritables caractères typographiques.

Les gravures sur bois sont aujourd'hui, presque sans exception, tirées à l'aide des clichés galvaniques; outre l'incontestable avantage de conserver à l'abri de toute chance d'accident le premier type gravé, ces clichés offrent la possibilité de tirer jusqu'à quatre-vingt mille épreuves, tandis que le bois primitif en eût à peine fourni dix mille sans accident, et cet avantage incalculable pour les actualités de tirer sur plusieurs presses en même temps.

« Voici comment on procède pour obtenir ces clichés métalliques, qui offrent tous les avantages du bois original : le bois gravé étant donné, on le frotte de plombagine, on en prend une empreinte en gutta au moyen de la presse, puis le moule porté au bain y est laissé vingt-quatre heures seulement, le temps nécessaire pour le couvrir d'une légère couche de cuivre, qu'on peut évaluer à un vingtième de millimètre au plus d'épaisseur ; cela fait, on coule, au revers de cette reproduction, du métal fondant à une température très-basse, de l'alliage des caractères d'imprimerie, et la surface est portée sur un tour qui sert à la dresser et à en égaliser l'épaisseur.

« Le cliché arrive donc très-rapidement, par ce moyen, à deux ou trois millimètres ; c'est l'épaisseur nécessaire pour qu'il résiste à la pression des machines. Il eût fallu le laisser trois semaines dans un bain pour obtenir directement ce résultat. Il est ensuite cloué sur des planches de bois ayant la hauteur des formes qui servent à imprimer, et, quarante-huit heures après, on peut avoir la reproduction parfaite d'une gravure sur bois qui a coûté deux ou trois mois de travail. »

Un autre application fort importante de la galvanoplastie, c'est de substituer le courant électrique au graveur lui-même, et après avoir livré au chimiste un dessin tracé sur une surface quelconque, de recevoir de lui une gravure soit en creux, soit en relief. C'est ce qui est le plus digne de préoccuper les chimistes. Déjà M. Dulos, M. Comte, M. Gillot, M. Coblence, pour ne citer que ces noms, ont approché plus ou moins près de la perfection. Ainsi les têtes de chapitres que M. Edmond Morin a bien voulu composer et dessiner pour ce livre sont exécutés par des « procédés » et non pas gravées sur bois comme toutes les autres illustrations.

On voit que ces procédés sont aussi près que possible de la perfection, bien qu'ils n'aient point encore toute la netteté, le mordant, et le beau noir d'un bois bien gravé. Ils offrent cependant cet avantage très-grand de supprimer un intermédiaire, le graveur (quels orages grands dieux ! nous allons amasser sur notre tête !) lequel graveur, plus il aura de talent, plus il substituera sa propre personnalité à celle du dessinateur, et se montrera pour ainsi dire savamment infidèle. Mais ces détails seraient mieux à leur place dans un chapitre sur la typographie. Si nous nous y arrêtons, c'est pour expliquer à nos lecteurs comment ils voient éclore tant de journaux illustrés et comment ces feuilles peuvent donner parfois jusqu'à des actualités de la veille.

Le dépôt galvanoplastique du cuivre a trouvé aussi un large débouché dans les embellissements du Paris moderne ; les fontaines qui décorent nos grandes places et nos squares, les fontaines de la place Louis XV, par exemple, les candélabres qui éclairent nos boulevards et nos rues, sont aujourd'hui recouverts de cuivre par un procédé spécial dû à l'initiative de M. Oudry et qui les préserve de l'oxydation.

Mais où sont les chefs-d'œuvre, nous demande le lecteur? Ne sont-ce point là plutôt d'ingénieuses applications de la science, et l'art a-t-il quelque chose à y voir? Oui, assurément, l'art y est profondément intéressé, mais un art nouveau et dont il faudra que l'avenir s'accommode. Un art qui n'a plus en vue les jouissances isolées de l'amateur, mais les exigences complexes de la foule. Un art qui laisse une part toute aussi grande à l'artiste et au praticien, et n'empiète en rien sur les droits de l'imagination, mais qui permet de tirer à cent mille épreuves un chef-d'œuvre autrefois unique. L'art pour tous, en un mot, qui attend pour trouver sa formule parfaite des temps plus tranquilles et une répartition égale de l'instruction.

Déjà la galvanoplastie a multiplié des chefs-d'œuvre des temps passés. On a pu voir chez M. Barbedienne une répétition des portes du baptistère de Florence, par Lorenzo Ghiberti. On a vu dans la vitrine de tous les marchands de bronze des répétitions de coupes attribuées à Cellini, de statuettes antiques, de médailles de la Renaissance, etc. C'est un excellent résultat, et cependant nous n'y applaudissons qu'à demi. Il faut laisser au passé son apparence absolue : si un artiste a rêvé un buste en bronze clair, il ne faut point le répéter en bronze foncé ; s'il a prémédité l'inachevé vivant et savoureux de l'épiderme de la cire perdue, il ne faut point substituer à la fonte un dépôt cuivreux dont les molécules ne sauraient atteindre à la compacité et à l'adhérence parfaite ; il ne faut ni diminuer ni augmenter ce qui a été voulu dans une certaine proportion : la Vénus de Milo réduite en statuette ne se distingue presque plus des statuettes de Pradier, et c'est une impiété que de faire courir autour d'un encrier de bureau les jeunes cavaliers

Grecs de marbre qui caracolent dans les métopes du Parthénon. A chacun son vêtement, à chacun son sang et son âme.

Ce qu'il faut, c'est chercher des applications nouvelles d'un moyen nouveau. La galvanoplastie vous permet de multiplier à bas prix une œuvre, profitez-en pour commander aux artistes contemporains des œuvres qui soient l'expression sincère de leur temps. Mettez au concours les modèles, si vous n'avez pas foi dans la haute honnêteté des artistes de génie que vos grands encouragements feraient naître, s'ils ne sont pas déjà nés et si vous n'avez les yeux assez sains pour les discerner.

Mais il est tout un domaine nouveau où la galvanoplastie est certaine de triompher des anciens procédés de la fonte. Le temps n'est plus du colosse de Rhodes, entre les jambes duquel les vaisseaux passaient voiles au vent et pavillons déployés. Le temps n'est plus à ces statues colossales telles que celles dont on a retrouvé des fragments près de Lyon, et dont une main mesure près d'un demi mètre de long. A peine ose-t-on fondre des statues équestres, mais des colonnes, il n'en est plus même question. La galvanoplastie est là, qui permet de donner à un bas-relief creux, par un revêtement plus ou moins épais de métal, les apparences d'une masse pleine : déjà, on peut citer quelques-uns de ces tours de force de l'art industriel : c'est le revêtement du wagon du Pape exécuté en 1859 sous la direction de M. Trélat ; ce sont les travaux de serrurerie pour les appartements de l'Impératrice, aux Tuileries ; et encore les portes de l'église Saint-Augustin, commencées au moment où nous écrivons ces lignes, sur les dessins de M. Victor Baltard. Déjà il y a là de quoi arrêter le critique et lui offrir des sujets de travail. Qui sait si demain nous n'inscrirons pas à leur tour, parmi les chefs-d'œuvre de l'art décoratif, ces chapiteaux des colonnes du nouvel Opéra, que M. Garnier demande à ces mystérieux et habiles ouvrier que la science appelle les courants galvaniques, et qui ne sont peut-être que la partie subtile de l'âme des Cyclopes et des forgerons des temps passés traversant un état d'être à nous inconnu avant d'arriver à l'épuration suprême ?

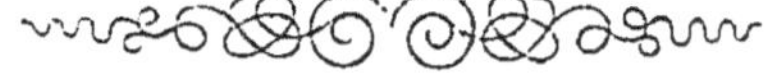

ORFÉVRERIE ET BIJOUTERIE

Invention simultanée de l'Orfévrerie et de la Bijouterie. — L'or dans le monde antique. — Voyages de Chardin en Perse. — Les bijoutiers ambulants de l'Inde. — Le doreur de cornes de génisses, dans l'*Odyssée*. — Les Momies égyptiennes. — Pendants d'oreilles phéniciens du huitième siècle avant notre ère. — Essais de M. A. Castellani pour retrouver les secrets des joailliers étrusques et romains. — Les bijoux funéraires de la collection Campana.

Les bijoux byzantins; les reliquaires. — Le moyen âge. — Les orfévres lorrains de la chapelle de Suger. — Le treizième et le quatorzième siècle français. — Le quinzième siècle italien. — Ce qui ornait une table d'apparat au commencement du seizième siècle.

Les *Mémoires* de Benvenuto Cellini. — Sa naissance, son éducation, son premier duel, ses premiers travaux, ses périgrinations en Italie. — Le siége de Rome et les tiares du trésor papal. — Nouveaux voyages, nouveaux travaux, nouvelles aventures de sac et d'épée. — Ses médailles et ses monnaies. — Son premier voyage en France. — Son retour en Italie et son emprisonnement romanesque à Rome. — Il est élargi et se consacre au cardinal de Ferrare. — Description de la salière du Musée de Vienne, l'Océan et la Terre. — Second voyage en France; accueil de François Ier; faveurs et commandes qui lui sont accordées. — La Nymphe de Fontainebleau; les Gemmes du Louvre. — Ses mésaventures pour avoir encouru la disgrâce de madame d'Étampes; ses coquineries. — Il se sauve à Florence. — Il se réhabilite avec le Persée. — Histoire dramatique de la fonte de cette statue. — Mort de Benvenuto Cellini.

L'Orfévrerie en France depuis le milieu du seizième siècle. Une buire allemande. — L'atelier d'Étienne Delaulne. — Les bijoux de Gilles Légaré. — Claude Ballin, orfévre de Louis XIV. — Les misères du grand règne. — Une nef royale et une lampe d'église sous Louis XV. — La pendule de Marie-Antoinette. — Quelques œuvres et quelques noms d'orfévres et de bijoutiers sous l'Empire, la Restauration et le dernier règne. — Un pot à bière de MM. Fannière frères. — Conclusion.

ORFÉVRERIE ET BIJOUTERIE

Nous n'avons point, dans ce travail, séparé l'Orfévrerie de la Bijouterie, car l'orfévre et le bijoutier fondent, repoussent, cisèlent les mêmes métaux, l'or, l'argent, l'acier, le cuivre ; ils montent les mêmes pierres précieuses, le diamant ou la perle, manient les mêmes outils, le marteau ou le burin. L'orfévre est le bijoutier du dressoir et le bijoutier est l'orfévre de l'écrin.

Leur histoire commence au même moment : le jour où l'homme à peine humain éprouvait un vague plaisir à ébaucher un profil de cerf sur le silex de sa hache ou une ligne sinueuse sur le vase qu'il modelait en argile ; ce jour-là la femme recueillait des pierres de couleurs variées, arrondis par le flux et le reflux des déluges, les perçait et s'en composait des colliers et des pendants d'oreilles.

Ainsi que nous l'avons écrit plus haut, c'est l'or que les premiers habitants de l'Inde durent ramasser sur les versants des vallées de l'Himalaya ou dans le lit des fleuves qui s'en précipitent. Ils durent le récolter par quantités inimaginables : ce qui s'en est répandu sur la surface du globe est incalculable, et l'on sait par ce qui, à la Renaissance, en a été importé du Pérou et du Mexique, et, de nos jours, de la Californie, que c'est peu relativement à ce qui existait déjà. Il n'est pas douteux qu'il ait existé même à Rome et dans le Bas-Empire des statues en or massif. Le fameux veau d'or des Hébreux n'était qu'un vulgaire bibelot au milieu des splendeurs du temple de Salomon.

Où sont ces mines dont les flancs étaient si prodigues? Partout. Il semblerait que les filons d'or renferment le résidu solidifié de l'aveuglante lumière des premiers jours. La Gaule en possédait certainement. Nos ancêtres portaient des colliers et des bracelets d'or énormes. Il y a quelques mois le musée de l'Hôtel Cluny s'est enrichi de deux bracelets de chefs gaulois, en or plein, et d'un travail sommaire, mais robuste : l'un des deux pèse plus de quatre mille francs. L'or fut l'idéal de la richesse dans le monde antique, et de bien longtemps, la nouvelle forme de l'échange, le papier, ne pourra triompher dans l'imagination populaire de son brillant et incorruptible ancêtre.

Dans le voyage que fit en Perse Chardin, dans la fin du dix-septième siècle, il constata des accumulations de richesses qui dépassent toute croyance. Nous ne savons quelle citation choisir au milieu de toutes celles que l'on pourrait faire. En voici deux, prises comme au hasard et parmi les plus modestes. Chardin décrit une tente qu'on appelait « la Maison d'or. » Il fallait 250 chameaux pour la transporter. Plus loin il parle des tombeaux des deux derniers rois de la Perse, qui sont à Com, dans des chapelles : « le tombeau de Sefy a comme celui d'Abas un poesle de ce riche brocard de Perse, le plus riche qu'on fasse en aucun lieu du monde, et un autre par dessus de fine écarlate avec une crépine d'or autour. Cette seconde couverture est attachée au tapis de pied par un lacet qui passe en des anneaux d'or, comme au tombeau d'Abas. Il y a tout proche, en des niches, quantité de livres de la Loi, enfermés en des sacs de brocard d'or. En vérité il ne se peut rien voir de plus beau et de plus magnifique. Toute la vaisselle appartenant à ces chapelles est d'or et d'argent. Elle consiste en de grands flambeaux de cinquante à soixante marcs la pièce, en plats, en bassins où l'on donne à manger aux pauvres, en crachoirs, en réchauts, en pelles à feu, en cassolettes, en boëtes à suif et à parfum. »

Dans la Perse, chez cette race fine et singulière, dans laquelle l'imagination et le mysticisme dominent, les ouvriers qui manient l'or sont soumis à de bizarres contrôles. L'anneau qui enchâsse le sceau ou le talisman ne se distrait qu'à demi du talisman lui-même, et comme ce sceau est la marque visible de la puissance terrestre, le graveur du sceau et le joaillier sont responsables vis-à-vis du gouvernement du mauvais emploi qui en peut être fait.

L'art de travailler l'or est pratiqué aujourd'hui encore dans les possessions anglaises par les plus humbles ouvriers. Nous avons vu, au cou et aux bras d'une jeune femme qui avait été élevée dans les Indes, des colliers et des bracelets d'une ténuité et d'une souplesse qui défiaient toute comparaison avec nos œuvres européennes. C'était littéralement aussi souple et aussi fort qu'un fil de soie, et pas un de ces maillons, qu'on distinguait à peine à l'œil nu, n'avait cédé depuis les quelques vingt ans qu'elle les possédait.

Elle nous racontait que chaque année, à une certaine époque, quatre pauvres ouvriers venaient tendre, sur le bord de la route, en face de l'habitation de son père, une petite tente : ils entraient ; on leur pesait quelques onces d'or ; ils enfonçaient en terre une petite enclume, s'accroupissaient sur leur tapis, et du matin au soir martelaient, tenaillaient, ciselaient, avec une patience, une sûreté, un goût infinis. On leur donnait chaque matin quelques poignées de riz et quinze jours après, ils venaient rapporter le poids équivalent de l'or qu'ils avaient reçu, transformé en bijoux ou en chaînettes si légères que la reine Mab eût pu les prendre pour atteler à son char ses papillons. Puis, indifférents et stoïques, ils repliaient leur tente, et allaient s'établir à quelques lieues plus loin à la porte de quelque autre nabab.

Ne croiriez-vous pas voir le doreur de cornes de génisses dont parle l'*Odyssée*. Quand Télémaque arrive à Pylos, Nestor veut offrir un sacrifice à Minerve ; il ordonne à l'un de ses enfants d'aller chercher aux champs une génisse ; à un autre d'aller dire au doreur Laercée de venir pour dorer les cornes de la génisse. « L'ouvrier vint, tenant dans ses mains ses outils d'airain, instruments de son art, l'enclume, le marteau, les tenailles faites avec soin avec lesquelles il travaillait l'or. » Le vieux Nestor donne l'or à l'ouvrier, qui le façonne et l'applique sur les cornes de la génisse afin que la déesse prenne plaisir à voir cette offrande.

Les Égyptiens, que nous rencontrons en Europe au début de nos civilisations indo-européennes, paraissent avoir poussé au plus loin l'art de l'orfévrerie et de la bijouterie. Le scarabée divin, emblème de l'éternelle régénération des forces universelles, se rencontre souvent en or, et si les scarabées en pierre ou en pâte dominent, c'est qu'ils ont été méprisés par les Arabes, qui ont violé les tombes avant nous. Chacun de nos lecteurs a vu ces momies qui dorment, une feuille d'or battue au marteau appliquée sur le visage ou au moins sur la dernière couche extérieure des bandelettes. Elles révèlent un art consommé. Quand on les regarde avec quelque application et qu'on les compare entre elles, on y distingue vite des portraits d'une ressemblance certaine. Ces yeux pour être fendus en amande, ces bouches pour avoir de larges lèvres, ces pommettes pour être relevées, ne sont point semblables chez toutes les momies de reines ou de prêtresses, de pharaons ou de chefs du palais ; ces masques d'or mince traduisent au contraire des types fort différents, difficulté d'autant plus grande que toutes les figures doivent paraître endormies dans la quiétude d'un sommeil heureux, et avoir laissé au seuil du tombeau jusqu'au souvenir des passions qui les avaient traversées.

Nous prions nos lecteurs de se reporter à la page 324 de ce livre pour y retrouver le beau bracelet égyptien qui est décoré soit d'émaux cloisonnés soit de pâtes colorées. Rien n'est plus frappant que cette figure de divinité qui se dresse et ouvre ses quatre ailes, comme une sorte d'oiseau ou d'insecte divin. Les bijoux des égyptiens ne sont pas très-rares, leurs nécropoles immenses nous en ont livré beaucoup.

Mais voici une curiosité d'un goût tout aussi savoureux. Ce sont des bijoux, des pendants d'oreilles phéniciens que le Louvre a acquis de M. Salzmann, qui les avait découverts dans les ruines de Camyros, dans l'île de Rhodes. Ils proviennent de la partie la plus ancienne de la nécropole, de la zone la plus rapprochée de la colline sur laquelle était située la ville. D'autres objets furent recueillis dans la même chambre sépulcrale, mais gravement endommagés par la chute du plafond. « Je crois être dans le vrai, écrivait M. Salzmann à la *Revue archéologique*, et rester dans les limites du probable, en faisant remonter au huitième siècle avant

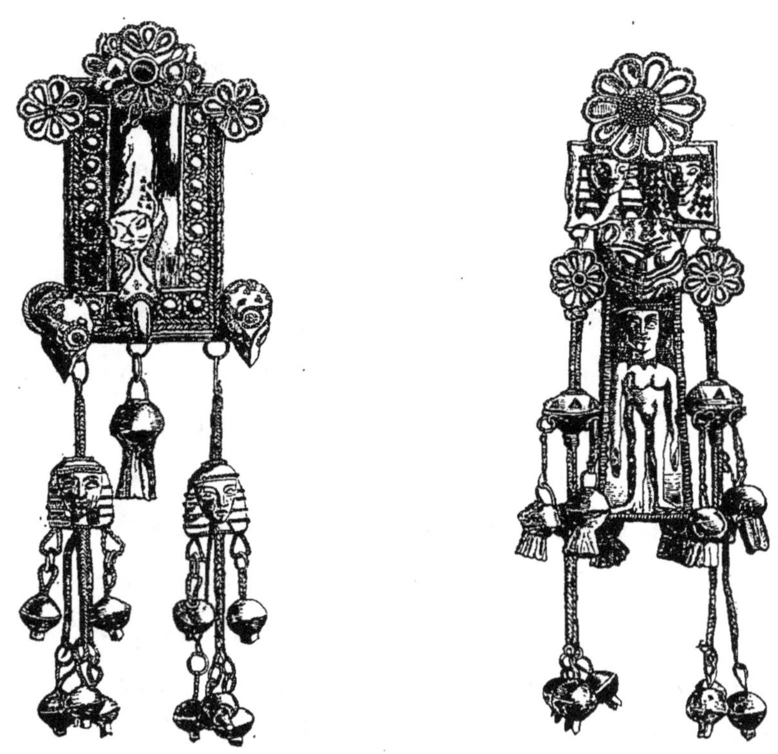

PENDANTS D'OREILLES TROUVÉS DANS L'ILE DE RHODES.
Musée du Louvre.

notre ère, les divers objets trouvés dans cette partie de la nécropole. »

Ces pendants d'oreilles ne sont pas des bijoux funéraires, tels que ceux de la collection Campana, faits en or extrêmement aminci. Ils ont été portés, retenus aux vêtements par un crochet qui se voit à la partie supérieure. Ils sont en or fin; les parties planes sont formées de deux plaques battues au marteau et soudées l'une à l'autre par les bords; certains ornements de la plaque supérieure font corps avec elle et sont exécutées au repoussé; d'autres y sont soudés après avoir été travaillés isolément; de plus, les surfaces unies sont couvertes d'ornements en filigranes et en granules. Toutes les soudures sont faites à l'or fin. Pour consolider cet ensemble, on a soudé derrière les plaques inférieures des fragments et des fils d'or d'une épaisseur ou d'un diamètre suffisant pour les soutenir et les empêcher de ployer. Le lion accroupi au centre d'une de ces plaques est de style assyrien : les flocons de crinière sont naïvement indiqués par des réunions de granules, et des granules posées en lignes précisent la gueule, les oreilles, le poitrail. Devant ce lion et presque entre ses pattes, une hirondelle, et à chacun des angles inférieurs une tête d'aigle. A la base, trois anneaux auxquels pendent une fleur de grenadier fixée à une chaînette aussi fine que les chaînettes indiennes que je citais à l'instant. Ces chaînettes se subdivisent en trois branches, — tiges menues et branlantes des grenades, — après avoir passé à travers une tête de style égyptien. Dans l'autre pendeloque, que l'excellent bois joint à ces lignes nous dispense de décrire, on distingue une figure de femme, une éthiopienne, selon M. Salzmann.

On ne sait à peu près rien des procédés à l'aide desquels les anciens Égyptiens, Phéniciens, Grecs ou Romains, ont exécuté ces granules, qui jouent un grand rôle dans leurs bijoux, et on ignore comment ils les soudaient. M. A. Castellani, fils d'un orfévre romain qui dès 1814 avait déjà fait des expériences, a voulu vider à fond cette question. Un mémoire qu'il a adressé, il y a quelques années, à « Messieurs les membres de l'Académie des Inscriptions et Belles-lettres, sur la joaillerie chez les Anciens, » renferme les documents les plus précis et les plus pratiques qui aient encore été publiés sur cette matière.

M. A. Castellani est en même temps qu'un orfévre et un joaillier des plus habiles de Rome, un antiquaire qui a réuni à grands frais plusieurs collections et en a fait profiter les principaux musées de l'Europe. Ses jugements sont donc basés sur des observations précises, et nous devons le croire lorsqu'il affirme que même dans les beaux temps de la Rome impériale, l'art de la joaillerie grecque et étrusque déclinait sensiblement. Après la chute du monde romain, ce fut une nuit profonde, et les bijoux chrétiens sont souvent plus que barbares, car la décadence sénile donne toujours des produits infiniment inférieurs aux naïves ébauches de l'enfance. Ces pendants d'oreilles byzantins que l'on rencontre quelques pages après celle-ci ne sont-ils point une pâle contrefaçon, une copie infidèle et sans âme des bijoux que nous avons empruntés à la collection Campana? Les célèbres couronnes du trésor de Guarrazar, offertes selon toute vraisemblance par des rois Goths, et qui sont trois des plus hautes curiosités historiques que possède le musée de Cluny, semblent, au point de vue du métier et en faisant toute réserve pour la tournure robuste et colorée de l'ensemble, avec leurs feuilles d'or rustiquement battu et leurs cabochons bruts, l'ouvrage de véritables ferblantiers.

La Renaissance elle-même ne connut point ou ne se préoccupa point des bijoux antiques. C'est de nos jours dans les fouilles de Kertsch, de Vulci, de Cervetri, de Chiusi, de Toscanella, que cette joaillerie antique se montre radieuse et digne de la statuaire et de la céramique des belles époques. Les fouilles dans les nécropoles de l'Étrurie vers 1827, révélèrent des trésors. La violation à Cervetri, de la tombe, dite de Regulini Talassi, mit entre les mains de M. Castellani et de son père, des objets d'or qu'ils purent étudier à loisir avant de les céder au gouvernement pontifical.

Les belles pièces de la collection du marquis Campana, celles surtout qu'il avait recueillies à Cœre, sont aujourd'hui au Louvre. Mais il faut bien remarquer que ce sont des bijoux funéraires, c'est-à-dire des pendeloques, des fibules, des plaques, des couronnes faites pour orner — économiquement — les oreilles, l'épaule, le sein, le front des êtres chéris qu'on avait perdus. Il y avait déjà en France, des séries de bijoux bien curieuses et particulièrement l'écrin d'une dame romaine trouvé, à Lyon, dans un mur, et qui appartient en partie au musée de cette ville. Malheureusement là, ainsi que dans presque toutes nos collections nationales, il n'existe point de catalogue historique et descriptif de ces objets, et nous ne pouvons, en ce moment, que les signaler à la curiosité de nos lecteurs de passage dans l'ancienne capitale d'une des plus vastes et des plus riches régions de la Gaule.

Aux bijoux de la collection Campana que nous groupons sur cette page, il faut joindre les pendeloques représentant un cygne et un coq, que nous avons données au chapitre des Émaux[1], pour montrer avec quelle habileté les Étrusques se servaient de l'émail des peintres. Le Cabinet des Antiques et Médailles est aussi très-riche en spécimens de cette sorte. Outre des morceaux d'orfèvrerie romaine

[1] Page 525.

en or massif, fabriqués au marteau et enserrant toute une série de médailles, comme la « patène de Rennes, » ou encore, le calice de saint Remi, il y a aussi le monument sassanide appelé la coupe de Chosroës Ier.

Les bijoux antiques, que l'on a fort adroitement imités de nos jours et que nos parisiennes ont pris en faveur pendant au moins tout un hiver, sont les fragiles et véridiques témoignages de ce luxe féminin qui n'a guère varié et ne variera guère : des colliers formés d'une chaîne à laquelle pendent des camées, des anneaux, des têtes de lion, des boutons d'asphodèle, la Victoire les ailes ouvertes et la couronne à la main, ou Vénus assise sur une panthère ayant en croupe son divin fils qui agite des crotales, des pièces de monnaies comme les dames valaques en suspendent encore dans leurs cheveux. Puis, des pendants d'oreilles, des fibules, des rosaces, des bagues, des diadèmes formés de mille fleurettes émaillées. Rien n'est vivant et touchant comme le bijou antique. Il a été le caprice habilement caressé d'un artiste et il dit, dans son petit format, tout un côté des arts d'une époque. Il a été la joie d'une enfant, d'une femme. Il a tiédi sur une poitrine que la terre oppresse depuis deux mille ans. Il est comme un des génies familiers du foyer que les dieux nouveaux n'ont pu exorciser et qui revient, souriant et frais, nous dire ce qu'il y a d'éternel dans la jeunesse et la beauté de l'art.

La plus singulière et la plus riche peut-être de toutes les découvertes fut celle du Koul-Oba, en Crimée, en 1831. C'était vraisemblablement le tombeau d'un roi et d'une reine. Ce que nous en possédons à Paris — neuf plaques seulement — semble, ainsi que ce qui est au musée de Saint-Pétersbourg, avoir orné des

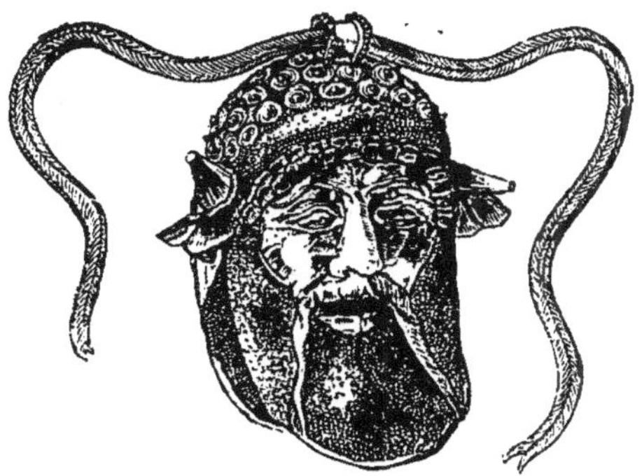

ORNEMENT DE COLLIER.

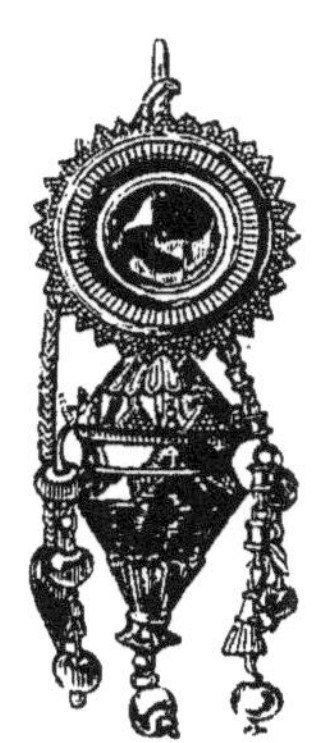

PENDANT D'OREILLE

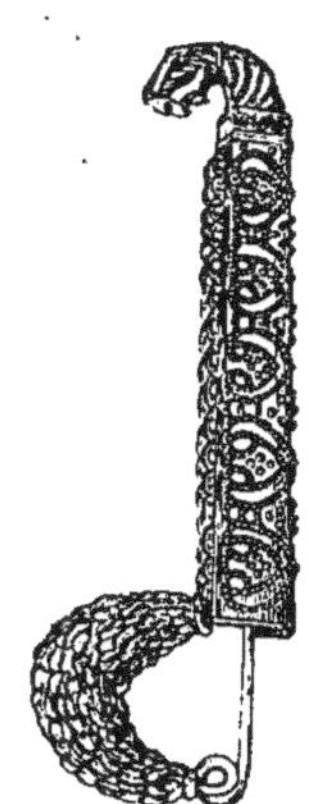

FIBULE.

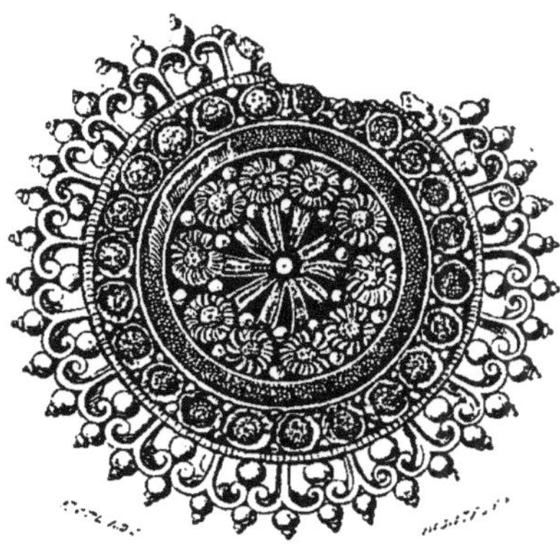

BROCHE.

Bijoux étrusques en or, Collection Campana, au Louvre.

vêtements royaux. Mais presque tout fut honteusement volé, dispersé et fondu.

La plupart des chambres sépulcrales des nécropoles de la Campanie avaient été violées du temps même des Romains, de même que les nécropoles égyptiennes avaient été fouillées par les premiers chrétiens et les Arabes. Les tremblements de terre, qui ont brisé les vases en tassant les terres et en provoquant des infiltrations, n'ont point altéré l'or là où il avait échappé à la pioche des premiers voleurs. Mais l'antiquaire et le curieux voyageur ont parfaitement rempli le reste de la tâche.

Heureux si tous ceux qui ont profané ces tombes en avaient tiré des enseignements pratiques comme M. A. Castellani. « La recherche des procédés de travail employés par les anciens fut, dit-il, le but de nos efforts. Nous vîmes que tous les joyaux de l'antiquité, moins ceux destinés à des cérémonies funèbres, se trouvaient fabriqués par pièces rapportées et superposition de parties, au lieu de ne devoir leurs saillies qu'à la ciselure et au burin. C'est là ce qui constitue la cause pour laquelle les bijoux des anciens ont un caractère tout particulier, empruntant son cachet bien plutôt à l'idée spontanée et à l'inspiration de l'artiste qu'à la froide et régulière exécution de l'ouvrier. Les imperfections mêmes et les oublis volontaires de quelques parties donnent au travail de la joaillerie antique cette physionomie artistique que l'on chercherait en vain dans la plus grande partie des travaux modernes : ceux-ci, reproduits avec une uniformité fatigante par le poinçon et le moulage, prennent une apparence de banalité qui ôte à notre art ce caractère intime dont le charme s'observe constamment dans la bijouterie antique.

« Le premier problème qui s'offrait à nous était donc de trouver un moyen de souder ensemble, avec netteté et délicatesse, tant de pièces rapportées d'une ténuité incomparable. Les granules, entre autres, ces petites perles presque invisibles qui jouent un rôle si important dans l'ornementation des bijoux antiques, nous offraient des difficultés presque insurmontables. Nous fîmes d'innombrables essais, employant tous les agents possibles et les fondants les plus puissants pour composer une soudure adaptée à de tels travaux. Les écrits de Pline, du moine Théophile, de Benvenuto Cellini, furent consultés par nous. Nous étudiâmes le travail des joailliers de l'Inde, celui des Maltais et des Génois : mais ce fut seulement dans un coin reculé des Marches, à Sant'Angelo in Vado, petite localité cachée au fonds des Apennins loin de tout centre de la civilisation moderne, que nous trouvâmes encore en usage quelques-uns des procédés employés par les Étrusques.

« En effet on conserve dans cette région de l'Italie une école spéciale de bijouterie traditionnelle assez semblable à l'art ancien, non certainement pour le goût ou l'élégance du dessin, mais du moins pour la méthode et l'exécution matérielle. Les belles paysannes de ces contrées, lorsqu'elles vont assister aux fêtes de mariage, portent des colliers, et de longues boucles d'oreilles appelées *Navicelli*, assez semblables pour le travail aux produits de la joaillerie antique. »

M. A. Castellani fit venir de Sant'Angelo in Vado à Rome quelques ouvriers auxquels il donna pour modèles des bijoux étrusques. Héritiers de la patiente modestie de leurs pères, nullement préoccupés de ces moyens mécaniques à l'aide desquels l'industrie moderne obtient des résultats géométriquement exacts, ils donnèrent à leurs copies cette sorte de libre désinvolture qui signe et date les œuvres. Les arséniates furent substitués au borax comme fondants et la soudure réduite en limaille impalpable. L'usage du poinçon et du jet fut rejeté autant que possible. Jugeant par la délicatesse de certaines parties qu'elles avaient dû être confiées à des mains de femmes, M. Castellani forma des ouvrières et se félicita d'avoir eu cette pensée, surtout pour la pose et la soudure de cette petite granulation qui court en cordonnets sur la surface et le profil des bijoux. «Toutefois, ajoute-t-il comme conclusion,— et nous le répétons, cette conclusion est celle d'un artiste, d'un praticien et d'un antiquaire. — toutefois nous sommes convaincus que les anciens ont eu quelque procédé chimique pour fixer ces méandres, procédé que nous ignorons, puisque, malgré tous nos efforts, nous ne sommes pas arrivés à la reproduction de certaines œuvres d'une exquise finesse auxquelles nous désespérons d'atteindre, à moins de nouvelles découvertes dans la science. »

En passant de Rome à Byzance, le cœur de l'empire romain se faisait à demi asiatique. L'influence orientale est donc très-sensible dans les arts byzantins, et nous n'en voulons pour exemple que cette croix reliquaire à deux branches, en cuivre doré, semée de pierres fines en cabochon. Cette substitution du cuivre doré à l'or en feuille est déjà l'aube des économies du monde nouveau. Mais il y a encore un singulier symptôme, c'est l'introduction de l'imitation à meilleur marché de ce qu'on ne sait plus ou ne veut plus faire. Ainsi, par exemple, toute question de silhouette et de détails mise à part, il est certain que dans un bijou antique les méandres décrits par les rinceaux qui circonscrivent les pierres eussent été en granulé ; ici ils sont en fils de cuivre ou de laiton creusé par derrière au poinçon.

Ces pendants d'oreille qui sont également de travail byzantin, indiquent aussi les progrès dans la société riche de la religion chrétienne. Ce n'est point dans des temps troublés qu'une femme aurait ostensiblement porté un bijou marqué d'une croix. En effet l'an-

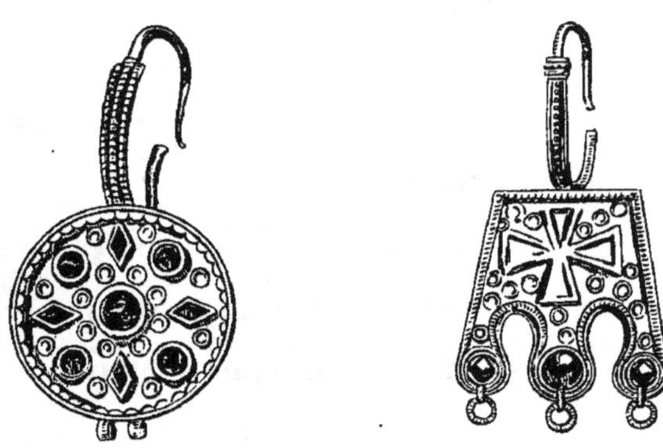

PENDANTS D'OREILLES EN OR, TRAVAIL BYZANTIN.
Collection de M. Charvet.

cien monde s'est écroulé. Il faut lire, dans Constantin Porphyrogénète, la description des merveilles d'orfévrerie entassées, dans l'église Sainte-Sophie et le palais dont elle n'était qu'une dépendance, par Justinien et ses successeurs. D'autres mœurs, d'autres vêtements, d'autres ornements ont succédé. Les arts, la littérature s'endorment dans une nuit sombre. Bientôt l'Europe ne saura plus écrire, ne saura plus lire. Le luxe des empereurs d'Orient prend une splendeur toute barbare. Leur trône est gardé par des animaux automates en or, luisants d'émaux et de pierreries et qui miaulent, hurlent, jappent en faisant des contorsions. A la noble harmonie grecque, qui vivait de symboles et d'abstractions, a succédé une école de rhéteurs pour qui la parole n'est qu'un jeu stérile.

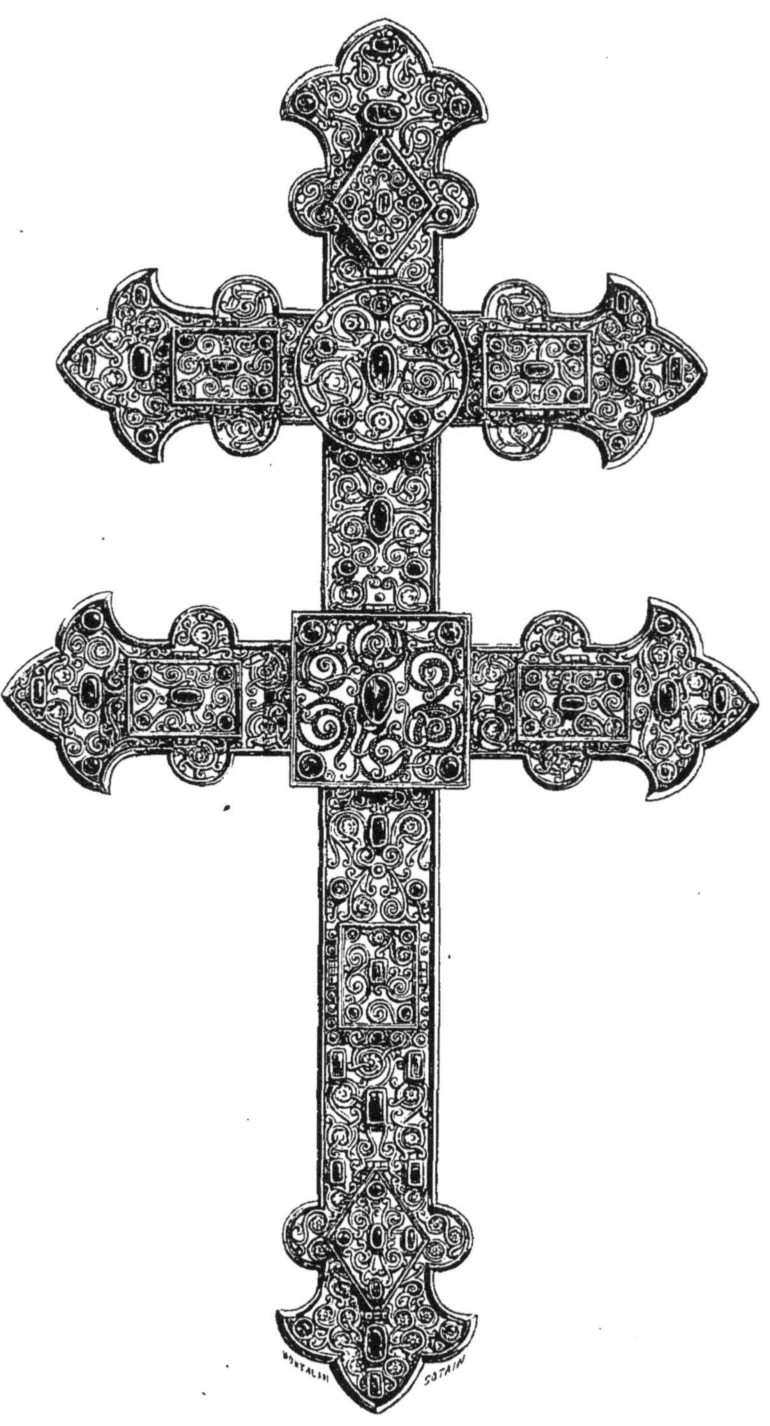

CROIX-RELIQUAIRE EN CUIVRE DORÉ, TRAVAIL BYZANTIN.

Musée des Thermes et de l'hôtel de Cluny.

Ce qui nous est resté de cette période a une apparence fauve et immobilisée : les empereurs assis sur leur trône ressemblent à des momies ressuscitées dont les yeux brilleraient comme des yeux de faucons. Les évangéliaires, les châsses, les dyptiques, les fermails, les crosses, les médailles, les ivoires, ont un caractère de rudesse que la caresse de l'outil ne vient jamais adoucir. Sauf les cas où les flammes de l'art grec y jettent encore d'incertains reflets, toute cette période du Bas-Empire rappelle l'art mexicain et ses dieux férocement bizarres.

Puis l'an mil, cette date fatale que la Chrétienté, lassée du silence qui suivit l'écroulement définitif du monde antique, s'était assignée pour mourir, l'an mil où le paysan ne voulut plus ouvrir le sillon, où la société éprouva la plus violente angoisse qui se puisse ressentir, celle de la mort à échéance prévue, l'an mil vint énerver tous les courages et tous les bras, et ce n'est qu'au milieu du onzième siècle que l'on voit poindre et boutonner cette fleur de l'art qui exige des saisons paisibles ou largement expansives. L'Allemagne, l'école rhénane, à laquelle, nous l'avons dit dans le chapitre des Émaux, on attribue les premiers symptômes de réveil, montre qu'elle avait accepté la tradition byzantine. Elle l'assouplit cependant. Ainsi en reprenant le système du monument réduit aux proportions du meuble, une châsse par exemple simulant une église ou une chapelle, elle ne craignit point de rompre l'austérité des lignes par une ornementation feuillue et de substituer l'arcade trilobée, en forme de feuille de trèfle, au plein cintre dont l'effet est si simple et si puissant. Les châsses byzantines rappellaient au principe, le cénotaphe, le cercueil.

Cette imitation en métal de la construction en pierre — qui sous la Renaissance déborde et engloutit toute logique dans l'idée première du meuble — éclata dans le moyen âge dans des spécimens il est vrai charmants, tels que ce reliquaire du trésor de Bâle qui est aujourd'hui dans la collection du comte Basilewski et dont notre lecteur rencontrera plus loin l'image. Là le mysticisme catholique domine et n'est point encore troublé par le paganisme de la Renaissance. L'inspiration est exquise : le corps du reliquaire, destiné à recevoir le bois de la Sainte-Croix ou les os du martyr, imite l'abside de l'église, ou au moins le chœur ; il part de la terre ; les deux saints qui ont pour piédestal ce qu'on pourrait comparer aux bas-côtés ou aux chapelles reposent sur les bras de deux anges à demi engagés dans un nuage. Mais, — et M. A. Darcel l'a fait remarquer dans son savant travail sur le calice de la Renaissance de l'Église Saint-Jean-du-Doigt, — les objets dus au moyen âge sont toujours d'un usage commode ou possible.

Demandons à la France ce qu'elle savait faire en ce moment ? Ses enfants, des orfévres lorrains, exécutaient sous les yeux et sur les ordres de l'abbé Suger des merveilles que, bénéficiant de son long passé dynastique, la France possède intactes dans la collection des Gemmes et Joyaux de la Couronne.

Nous y arrivons après avoir simplement fait remarquer au passage avec quelle persistance certaines formes s'implantent dans un pays. Cette boucle d'oreille, dont l'origine franque et mérovingienne n'est point douteuse, ne la diriez-vous pas détachée, il y a dix ans, de l'oreille d'une de nos paysannes de l'Ile-de-France ou de la Picardie ? Malheureusement l'énorme production du centre parisien l'emportant aujourd'hui en bon marché et en attrait de nouveauté, les petits bijoutiers de la province ont renoncé à travailler, et dans quelques années toute originalité de création ou de tradition sera abolie. Les variations de la mode n'ont jamais été plus brusques, plus définitives qu'à présent. Bientôt les bijoux, les vêtements des femmes changeront après avoir vécu à peu près « ce que vivent les roses. »

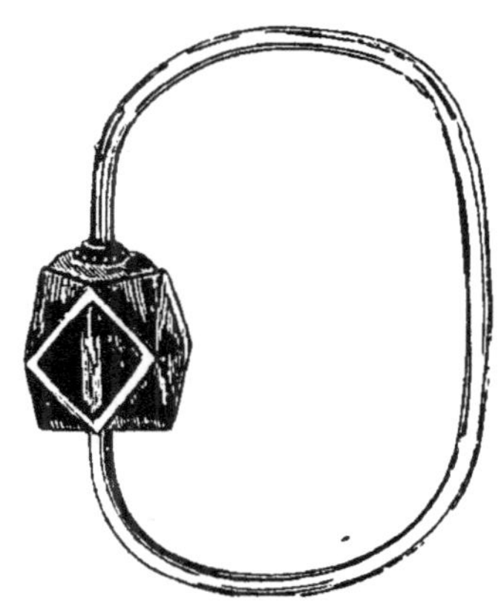

BOUCLE D'OREILLE MÉROVINGIENNE.
Collection de M. Charvet.

Sans y prendre garde, nous tendons à imiter ces peuplades des côtes de l'Afrique qui sont la terreur des capitaines marchands : vous partez avec une cargaison de verroteries assorties. Vous débarquez sur les côtes d'un de ces petits royaumes où l'élève du nègre remplace pour le souverain l'élève du bétail. La dame négresse qui donne le ton a, un beau matin, décidé que le rouge était du plus mauvais goût et que le bleu était séant. Aussitôt, avec cette rapidité de décision, cet emportement dans la conviction qui est le propre des singes, des enfants, des femmes de tous les pays et des nègres, toute la peuplade court au fleuve, arrache, casse, déchire, jette à l'eau tout ce qui n'est pas bleu, et si le malheureux vaisseau qui a relâché n'a pas du bleu à revendre, il peut compter que la denrée humaine, poudre d'or et les dents d'éléphants ne seront pas pour lui.

Mais, à part la tyrannie de la mode dont ils furent les victimes comme les nègres et comme nous, nos aïeux ont de plus graves excuses à faire valoir ; ce sont les rudes tempêtes qu'ils ont traversées, les guerres civiles, l'occupation anglaise, les guerres de religion, les révolutions politiques, les famines. Il faut tenir compte de ceci, — et nous y revenons plus loin en nous appuyant d'une citation empruntée à M. Léon de Laborde — que l'art de faire fructifier l'argent par un intérêt fictif n'était encore qu'à l'état d'ébauche, ou au moins que la richesse devait être représentée, non par du papier, mais par des propriétés ou des métaux, ainsi du reste qu'une fraction du capital de la Banque de France est garantie dans ses caves par une encaisse métallique. L'orfévrerie, les pierres précieuses, les bijoux, constituaient presque toute la fortune réelle des rois, des seigneurs et des particuliers. Mais le douzième siècle, au moment où Suger fit exécuter les chefs-d'œuvre dont nous allons parler, était dominé par la question religieuse, par la richesse inimaginable de l'Église.

Suger, né dans une famille pauvre, devint en 1123 abbé de cette abbaye de Saint-Denis, qui l'avait accueilli enfant et sans appui. Ministre et conseiller des rois Louis VI et Louis VII, il fut pendant la deuxième croisade investi de la régence du royaume. Il mourut en 1152, avec ce titre touchant de « Père de la Patrie » que Louis VII lui avait donné, malgré qu'il ait été, ce que les rois pardonnent rarement, un conseiller indépendant et ferme. Il avait affermi la puissance royale, à l'extérieur en prêchant et préparant une croisade dont sa mort entrava le départ, à l'intérieur en décrétant des lois sages et en rendant bonne justice. Il avait protégé ce peuple des rangs duquel il était parti. Il avait bien géré les finances, rassuré le commerce qui les rend fécondes. Enfin il aimait et goûtait les arts, et il s'était appliqué à orner magnifiquement la

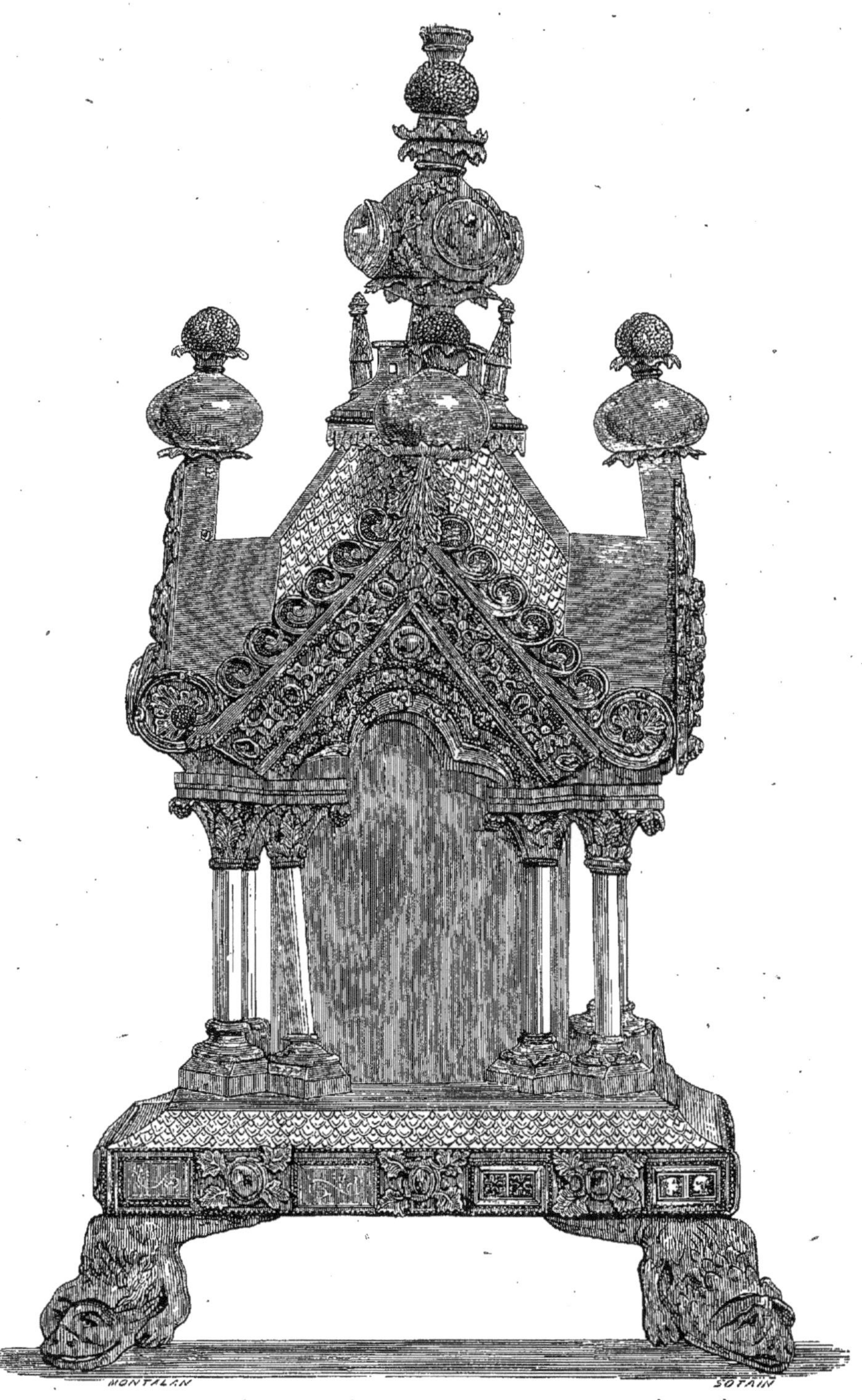

RELIQUAIRE EN CUIVRE DORÉ, TRAVAIL ALLEMAND DU DOUZIÈME SIÈCLE.

Collection de M. Basilewski.

maison du Seigneur à l'aide des immenses richesses dont sa stricte piété lui laissait l'emploi libre. Esprit sensé autant que vaste intelligence, il avait compris le rôle d'adoucissement et de propagande de liberté que les arts jouent dans l'histoire des sociétés. Lorsque l'austère saint Bernard tonnait contre le luxe de l'Église, Suger répondait doucement dans le *Livre de son administration* : « que chacun pense sur ce point ce que bon lui semblera. Si dans l'ancienne loi, les commandements de Dieu et les ordres des prophètes prescrivaient l'emploi de coupes et de bassins d'or pour faire des libations et recevoir le sang des boucs, des veaux et des génisses offertes en sacrifice, à plus forte raison devons-nous consacrer l'or, les pierres précieuses et les matières les plus rares aux vases destinés à recevoir le sang de Jésus-Christ. »

Son premier soin, après avoir réédifié l'église de Saint-Denis, fut d'en commander le mobilier. Le musée du Louvre possède plusieurs pièces de ce précieux mobilier. C'est d'abord une patène de calice : une sorte de soucoupe en serpentine vert olivâtre sertie d'un cercle d'or décoré de cabochons et dans lequel — travail persan selon toute vraisemblance — sont gravés de petits poissons d'or nageant sur deux rangs. Puis un vase de cristal de roche, probablement antique et doublement précieux à ce nouveau titre, monté en argent doré ; des filigranes d'un dessin très-pur lient entre elles les perles et les pierres fines qui enrichissent le col et le pied ; le corps du vase a été fêlé, mais non altéré dans sa forme. Il avait été donné à son fiancé, le roi Louis le Jeune, par la reine Aliénor d'Aquitaine.

Il y a encore un vase antique de sardonyx, monté en forme de burette. Un quatrième objet est ce vase que nous avons fait reproduire. C'est un vase antique en porphyre rouge, que le trésor de l'Abbaye conservait dans un écrin. D'où venait-il? De Rome, peut-être, et des trésors des empereurs pillés aux dernières invasions des Barbares. Eginhard, l'historien de Charlemagne, fait observer « que les Francs enlevèrent avec justice aux Huns ce que les Huns avaient injustement ravi aux autres peuples. » Ce vase avait la forme d'une urne droite, et peut-être avait-il été taillé et poli par des lapidaires égyptiens. Suger, pour le transformer en reliquaire, le fit « muer en aigle. » La tête est admirable d'énergie et de noblesse; les ailes, qui forment des anses, sont du plus beau fini; les pattes sont presque vraisemblables, et la queue, étalée et touchant terre, assure par derrière l'aplomb. Autour du col, à l'attache des ailes, règne l'inscription dédicatoire en latin. Je ne crois pas qu'aucune école d'orfévres ait jamais mieux approprié, à une modification nécessitée par la destination nouvelle, un objet d'un jet rigide.

C'est dans ces interprétations aussi audacieuses qu'intelligentes qu'éclate le génie français, — et, en effet, les orfévres qui travaillaient sous l'œil de Suger étaient des Lorrains.

Nous avons cité tout ce qui reste des commandes dont Suger nous a complaisamment laissé la liste et les détails. Que de trésors ont été détruits! Il avait fait élever au fond de l'abside de son église, après 1144, un tombeau pour y déposer les restes de saint Denis et de ses deux compagnons, qui reposaient dans des coffres en argent du temps de Dagobert. Rois, évêques, abbés ou populaire, chacun voulut contribuer à l'embellissement de ce monument; le devant d'autel, seul, enrichi de pierreries sans nombre, avait absorbé quarante-deux marcs d'or. La description de la châsse, qui renfermait les trois sarcophages, occupe douze folios dans l'inventaire du Trésor de Saint-Denis.

Les deux abbayes de l'ordre de Cîteaux et celle de Fontevrault offrirent spontanément à Suger de lui céder, à un prix infiniment au-dessous de la valeur réelle, une grande quantité de saphirs, d'hyacinthes, de rubis, d'émeraudes et de topazes que ces abbayes tenaient de la munificence du comte Thibaud, neveu du roi Henri d'Angleterre. Suger regarda ce désintéressement comme un véritable miracle.

Il semblait en remercier Dieu dans la figure agenouillée qu'il fit faire d'après lui-même en haut relief au repoussé, et qu'il fit placer au pied d'un crucifix reposant sur une colonne d'or. Ce crucifix et cette colonne, dont la magnificence éblouit les yeux de l'imagination à la lecture du livre, furent consacrés, aux fêtes de Pâques, par le pape Eugène III. La sentence d'anathème prononcée contre ceux qui y porteraient une main sacrilége les sauva une première fois lorsque Philippe de Valois, épuisé par la guerre contre les Anglais, demanda le crucifix d'or, dont la valeur intrinsèque devait être énorme. Le hasard, à son tour, les protégea lorsque les huguenots pillèrent l'abbaye. Mais les chefs de la Ligue, en 1590, c'est-à-dire le légat du pape, le duc de Nemours et le prévôt des marchands de Paris, se crurent munis d'immunités suffisantes pour s'en emparer et les transformer en lingots poinçonnés. Cependant l'effet de la sentence d'anathème subsistait : « Et c'est grandement à remarquer, écrit Jacques Doublet dans son *Histoire de l'abbaye de Saint-Denis*, que celuy qui fit prendre le crucifix, quelque grand qu'il fust, ressentit, auparavant l'an expiré, l'effect de cette censure et anathème fulminé, non en vain, par le vicaire de Jésus-Christ sur la terre. D'autant qu'il mourut violemment, plein de rage et de fureur, en la grande fleur de son âge et au plus fort de ses desseins et entreprises, sans mettre en compte les afflictions dont il a été visité de la part de Dieu. »

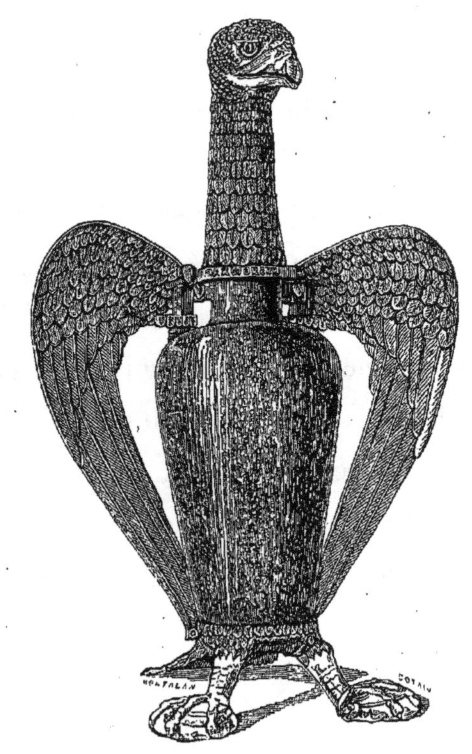

VASE ANTIQUE DU TRÉSOR DE L'ABBAYE DE SAINT-DENIS,
MONTÉ PAR LES ORFÈVRES DE SUGER.
Collection des Gemmes et Joyaux de la Couronne, au Louvre.

L'influence de l'abbé Suger sur les arts décoratifs fut décisive et bienfaisante. C'est une des figures les plus calmes qui nous apparaissent au sortir des périodes obscures du premier moyen âge. Tout est fait pour nous donner du respect pour ce prêtre qui soutient la cause de l'idéal sous les coups de foudre de l'éloquence de saint

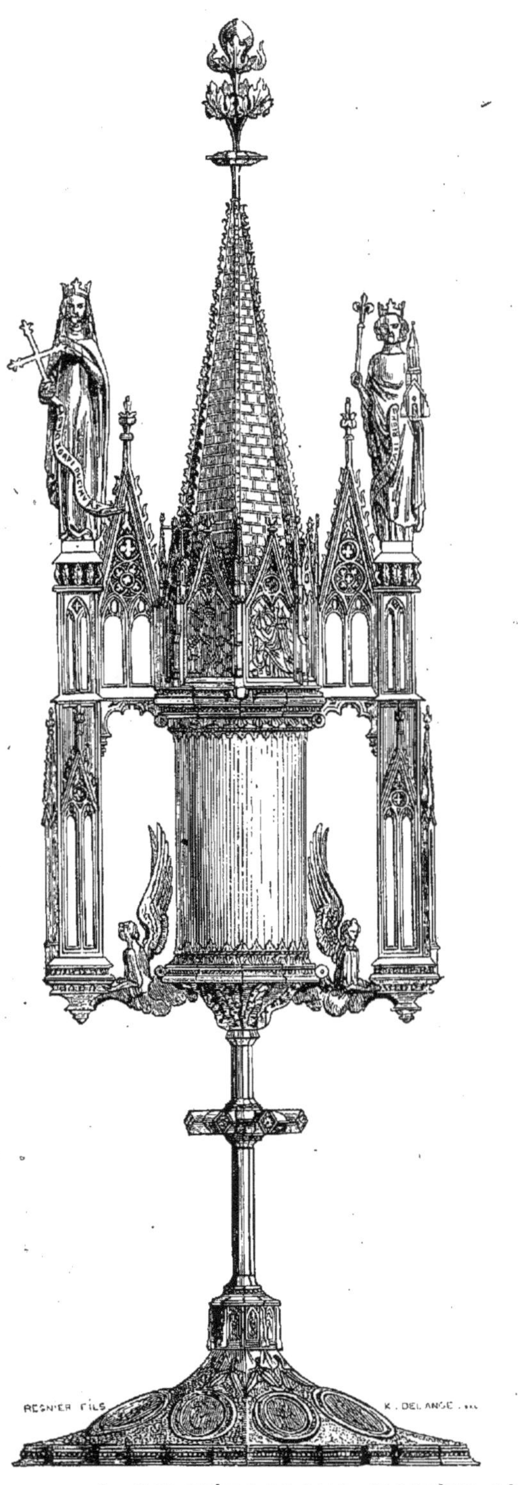

RELIQUAIRE DE L'ANCIEN TRÉSOR DE BALE, TREIZIÈME SIÈCLE.

Collection du comte Basilewski.

Bernard; pour cet administrateur à larges vues qui comprend combien les commandes doivent être larges et redoublées; pour ce génie essentiellement national qui aurait pu appeler des artistes et des ouvriers de Byzance et qui favorise l'éclosion des arts purement français. C'est le nom du grand politique et de l'habile financier qui est généralement connu, mais lorsque nos académies, lasses de poser d'inutiles programmes d'esthétique étrangère, mettront au concours, avec un intérêt sincère, l'histoire des gloires de notre pays, Suger méritera, à plus juste titre que bien d'autres, la qualification de restaurateur des beaux-arts en France.

Son exemple fut souverain : non-seulement les évêques, ses contemporains ou ses successeurs, l'imitèrent dans la mesure de leur richesse, mais ils ne dédaignèrent point d'imiter ce que leur avait enseigné déjà un saint, saint Éloi : vers la fin du douzième siècle, un abbé du monastère d'Audernès, dans le diocèse de Boulogne, Guillaume, est cité comme exerçant avec succès l'art de l'orfévrerie. L'Angleterre participa largement à ce mouvement. Le musée de Kensington a recueilli un étrange chandelier de bronze, fondu à cire perdue, provenant de l'abbaye de Glocester : dans l'ornementation de la tige et de la cuvette, c'est un enchevêtrement de monstres et de figures humaines qui symbolisent la promiscuité des vices par des actes d'une évidence repoussante.

Au treizième siècle français, la religion trônait encore victorieuse. Les châsses cessèrent de figurer des sarcophages oblongs et devinrent de petites réductions d'églises d'or ou d'argent. Les bas-reliefs et les figures se multiplièrent. C'est le *summum* de l'orfévrerie religieuse, et les moyens d'exécution furent à la hauteur de la révolution provoquée par la liberté plus complète des esprits. Nos orfévres n'ont pas dépassé ceux de ce siècle-là.

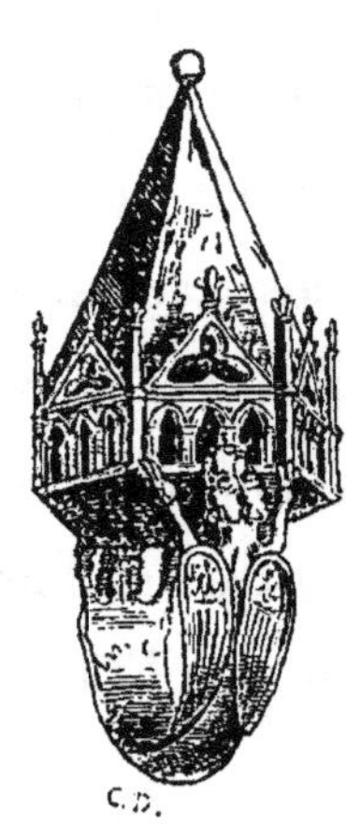

BAGUE EN OR, TRAVAIL DU TREIZIÈME SIÈCLE.
Collection Basilewski.

Alors s'affirme aussi le luxe de l'orfévrerie de table. D'ordinaire on imite des objets naturels : le bouton du couvercle d'un biberon appartenant au duc d'Anjou est une tour basse crénelée, et, sur la tour, un homme, comme un vilain assis en chaire, joue de la cornemuse. M. Jules Labarte, dont les travaux sur cette période de nos beaux-arts industriels sont définitifs, rappelle que Rubruquis, envoyé par saint Louis auprès du khan des Tartares, trouva en Tartarie un orfévre parisien, du nom de Guillaume Boucher; il s'était fixé auprès de ce prince, et lui avait fabriqué une fontaine à la mode française qui pesait trois mille marcs d'argent : c'était un grand arbre autour duquel quatre lions vomissaient des liqueurs; un ange posé au sommet de l'arbre tenait une trompette et, lorsqu'on touchait un ressort, l'approchait de ses lèvres. Les sultans et les pachas modernes héritèrent du khan Rubruquis cette passion enfantine pour les automates. A Constantinople, quand Abd-ul-Medjid mourut, tous les meubles de toutes les pièces de tous les palais qui composent le Sérail étaient envahis par ces tableaux-horloges où un vaisseau lutte contre des flots en baudruche, par les buissons où chantent des oiseaux-mouches et par les magiciens-escamoteurs.

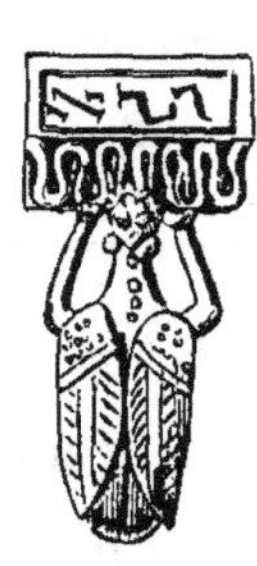

BAGUE JUIVE, TRAVAIL DU QUATORZIÈME SIÈCLE.

C'est du quatorzième siècle que date la construction, dans les châteaux royaux ou princiers, de la « Chambre des joyaux. » Celle de Charles V, dont le trésor, après sa mort, fut prisé dix-neuf millions, était au Louvre et comptait neuf toises de longueur sur quatre et demi de largeur. On nous a montré à Bourges, dans la maison de Jacques Cœur, la chambre du trésor du célèbre et trop malheureux argentier du plus ingrat des rois.

Les entrées des souverains provoquaient un déploiement de luxe incroyable. Il faut lire dans Froissart la description des fêtes données à Paris à l'occasion de l'entrée et du sacre de la reine Isabeau de Bavière (1389). A la seconde porte Saint-Denis (laquelle n'existe plus) « deux anges qui tenaient en leurs mains une très-riche couronne d'or garnie de pierres précieuses, l'assirent moult doucement sur le chef de la Reyne. » Puis, « le mardy, sur le point de douze heures.... dans une litière, que portoient deux forts hommes ordonnez et habillez très-proprement comme hommes sauvages, il y avoit quatre pots d'or, quatre trempoirs d'or et six plats d'or,» qu'offraient les bourgeois de Paris au roi, en son hôtel Saint-Paul. Les présents pour la reine, nef, flacons, drageoirs, salières, pots, trempoirs d'or, lampes, escuelles, plats, bassins d'argent, etc., étaient portés, également en litière « par deux hommes, lesquels estoient figurez l'un en la forme d'un ours et l'autre en la forme d'une licorne. » Le troisième présent offert à la duchesse de Touraine, Valentine de Milan, qui venait d'épouser le frère du roi, Louis d'Orléans, « fut apporté semblablement en la chambre de la duchesse par deux hommes figurez en la forme de Mores, noircis par le visage. » Ces présents avaient coûté aux Parisiens plus de soixante mille couronnes d'or. La France a toujours su payer sa galanterie.

« L'Orfévrerie, a écrit M. Léon de Laborde — dans la préface de sa Notice des Émaux du Louvre qui a donné le ton à tous les catalogues modernes, — l'orfévrerie joua aux quatorzième et quinzième siècles un rôle dont on ne peut se faire une idée dans la lecture des historiens, dans l'étude des statuts du métier, dans la série des ordonnances qui règlent sa fabrication, mais qui frappe et étonne quand on l'étudie dans les comptes des rois de France et des princes du sang, dans leurs inventaires, dans ceux des églises, dans les contrats de mariage et dans les testaments. On voit, par ces documents, la place dominante que prit dans les mœurs, dans les préoccupations, dans les goûts, l'orfévrerie appliquée comme elle l'était aux vêtements, aux meubles, aux armes, que sais-je? à l'embellissement de la vie entière. Les sommes immenses qu'elle représentait faisaient le luxe des temps de prospérité; elles faisaient aussi la ressource des temps de guerre et de misère. A vrai dire, c'était tout l'avoir des rois, des princes, des seigneurs... Quand venaient les temps de crise, une guerre à soutenir, une rançon à payer, on appelait à soi le changeur, on fondait les chaudrons d'or ou d'argent et on empruntait sur ses joyaux. S'agissait-il d'établir ses enfants, c'était la « Chambre des joyaux » qui faisait les frais de la dot. Mieux encore, dans l'habitude de la vie, il ne se passait pas de jour que l'on ne puisât dans son trésor pour donner quelque bijoux de prix, un hanap d'or ou une simple écuelle dorée, à un favori, à un parent, à un ambassadeur étranger, à un messager chargé d'annoncer une victoire ou une défaite, au plus modeste des chevaucheurs enfin, venant, à toute bride, donner la nouvelle de la naissance d'un fils ou d'un neveu. » Ce tableau est d'une exactitude d'autant plus certaine que M. Léon de Laborde en a puisé tous les traits dans les dépouillements, sans prix pour l'histoire de nos arts, qu'il a publiés des Comptes de la cour des ducs de Bourgogne et de la cour des Valois.

L'excès de ces splendeurs et de ces magnificences tomba à peu près avec la haute féodalité. Louis XI fit surtout des largesses aux saints, dans les circonstances précaires. Il prêtait au ciel à gros intérêts, demandant comme dividendes des indulgences pour lui et l'anéantissement de ses ennemis. « Monsieur saint Martin de Tours » était un des banquiers du paradis dans lequel il avait le plus confiance et il fit placer sur son tombeau une grille d'argent d'une valeur énorme.

Le pillage en mai et juin 1562 — par les Huguenots qui vraisemblablement n'étaient pas seuls dans cette expédition — des reliques et joyaux de l'église métropolitaine des Gaules, saint Martin de Tours, produisit environ cinq millions de notre monnaie. Encore n'est-ce là que l'évaluation de la valeur intrinsèque de l'or, de l'argent et peut-être des pierreries. La valeur d'art, la main d'œuvre n'y figurent pour rien.

Avant de traverser le seizième siècle en compagnie de ce Benvenuto qui feraille à l'angle de tous les carrefours et qui voyage de ville en ville comme un compagnon du devoir, expliquons rapidement quelques-unes des dénominations des objets somptueux qui chargeaient les tables. Nous nous aiderons des notes lucides répandues par M. Henri Barbet de Jouy, dans sa précieuse publication, les *Gemmes et Joyaux de la Couronne*, sorte d'album illustré des vitrines de la galerie d'Apollon au Louvre. « Le Drageoir » était la coupe ou le bassin dans lequel on servait les sucreries sèches ou liquides, les bonbons ou les confitures. Il était placé sur les dressoirs, présenté sur les tables et souvent garni de cuillers. Il en existe en jaspe oriental, en cristal de roche, en or, en argent, en émail, etc. — « L'Aiguière, » vase destiné à contenir l'eau qui était versée dans le hanap pour apaiser la soif, affectait souvent

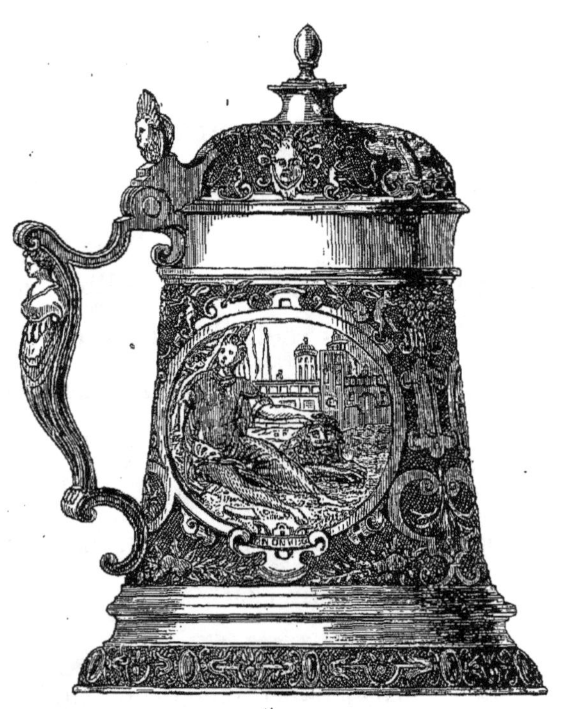

AIGUIÈRE EN ÉTAIN, EXÉCUTÉE PAR FRANÇOIS BRIOT.
Collection de M. Dutuit.

les formes les plus bizarres : un homme assis sur un serpent ailé, un coq, un lion, une sirène, un oiseau ; le duc d'Anjou en possédait un ainsi fait : « la queue de ce griffon retournait entre les deux oreilles ; au bout de ladite queue était comme une rose et au milieu de cette rose un pertuis pour jeter l'eau dedans, et du bec du griffon sortait le biberon. » Il y en eut même en étain et comme nous n'avons pas l'intention, quel que soit l'intérêt qu'elle offrirait, de toucher aujourd'hui à la poterie d'étain, c'est ici que nous placerons cette solide aiguière de François Briot, qui travailla sous Henri II. — « Le Hanap » était le verre à boire. M. Jules Jacquemart en a gravé un que possède le Louvre : il est en cristal de roche, et c'est un gros poisson, une carpe, soutenu par un pied posé sous le ventre. — « La Bouteille » en forme de carafe est une innovation du seizième siècle. — « La Nef, » qui s'appelait aussi « Cadenas, » parce qu'elle fermait ordinairement à clef, était primitivement en forme de navire. On la plaçait sur la table en face du souverain ou du seigneur, et, par crainte du poison qui jouait alors un rôle si actif, elle servait à renfermer les épices, les vases à boire, les cuillers, tous les objets d'usage personnel, en un mot. Lorsqu'elle était petite, elle s'appelait « Navette. » L'usage en a persisté, avec d'infinies variantes, jusqu'à la fin de la monarchie, et nous la retrouverons sur la table de Louis XV, dans la fin de ce chapitre. — « Les Fontaines » qui renfermaient plusieurs sortes de vins et de liqueurs, étaient, ainsi que nous l'avons vu à propos du khan de Tartarie, des pièces de dimensions considérables. — « Les Salières » affectaient également toutes sortes de formes. Nous en avons cité, en faïence d'Oiron, au chapitre Céramique. Benvenuto nous a fourni l'occasion d'en graver une que l'on va trouver quelques pages plus loin. Le sel inspirait de particulières méfiances : et les langues de serpents jouissant de la réputation d'avertir de la présence du poison, on en suspendait par exemple qui effleuraient le sel, aux branches d'un arbre figuré en relief.

La Renaissance italienne rappelle l'éclosion d'une fleur au printemps : comme elle, elle eut la grâce, l'éclat, le parfum vainqueur et persistant. La France en fut comme affolée.

Nicolas et Jean de Pise ferment le treizième siècle et rompent avec la tradition byzantine. Deux écoles, à Sienne et à Florence se partagent l'Italie. L'orfévre ne se distingue point du sculpteur et c'est ce qui donne aux premières belles statues du quatorzième siècle un tel accent de fini et de préciosité superbe. Cione, le père du fameux peintre-sculpteur et architecte Orcagna, travailla à Florence pour ce baptistère de Saint-Jean, auquel tant d'autres maîtres illustres mirent aussi la main. La liste de ses élèves et de ses successeurs finit à peu près par Philippo Brunelleschi.

Au quinzième siècle, c'est Lorenzo Ghiberti, qui, à peine âgé de vingt ans, sort vainqueur d'un concours ouvert par la corporation des marchands de Florence pour l'exécution des deux dernières portes du Baptistère, et il avait pour concurrents Brunelleschi, Donatello et Jacopo della Quercia ! Andrea del Verrocchio, mort en 1488, ne cessa point, même pendant qu'il fondait ses admirables statues du *David* ou du *Colleone*, de s'asseoir à l'étau de l'orfévre, et c'est de son atelier que sortit Léonard de Vinci, le plus beau peut-être, mais à coup sûr le plus universel des génies de l'Art.

Antonio del Pollajuolo, fut orfévre, peintre, sculpteur, graveur. Il avait pour contemporain, pour émule ce Maso Finiguerra dont les nielles servent de point de départ aux iconographes pour préciser les origines de la gravure sur métal.

C'est sous le gonfalonat de Cosme de Médicis qu'un orfévre de Florence, Thomaso Bigordi, accepta pour son nom définitif le sobriquet de Ghirlandajo, «fabricant de guirlandes,» que lui valurent son habileté et son succès. Il façonnait, pour ces sveltes Florentines que son fils à jamais illustre, Domenico Ghirlandajo, devait transformer en saintes ou en messagers célestes, ces légers bijoux d'or ou d'argent dont le cercle retient les cheveux et qui forment sur le front un nœud délicat. Michel-Ange, qui fut l'élève de Domenico Ghirlandajo, n'eut garde de mépriser cette fine et suave couronne qui, chez les femmes blondes, disparaissait au milieu des tresses et ne se faisait sentir que par ses fauves reflets. On en retrouve même une vague indication sur le front incliné de ses Vierges, qui ne pressent leur divin Fils que d'un geste distrait.

Francesco Raibolini, dit le Francia, fut aussi un orfévre, — en même temps qu'un peintre de premier ordre, si c'est réellement lui qui a peint ce chef-d'œuvre du Salon carré, au Louvre, qui représente un jeune homme vêtu de noir, accoudé à une balustrade et plongé dans une rêverie profonde. — L'Académie des Beaux-Arts de Bologne conserve deux paix niellées, sur lesquelles, à la place où le fidèle doit déposer son baiser, Francesco a représenté la Crucifixion et la Résurrection. Il était maître de la Monnaie de sa ville natale.

A ce moment, l'activité de l'âme italienne, dans le Nord surtout, était dans toute son ardeur. Et quelle flamme dévorait ces puissants artistes! Point de fatigue, point de repos. Mais aussi quel public de savants, de lettrés, de poëtes, de papes, de princes, de courtisans, de raffinés, de femmes instruites et séduisantes. Nous trouverons dans les *Mémoires* de Benvenuto Cellini, dont l'œuvre d'orfévre ouvre le seizième siècle et l'emplit, au moins par sa jactance bruyante, les noms de maîtres orfévres dont la liste ne serait point ici à sa place, et qui furent ses prédécesseurs, ses maîtres, ses rivaux ou ses élèves.

Ces *Mémoires*[1] forment le roman le plus amusant et le plus mouvementé, ils offrent le tableau le plus vivant des mœurs italiennes au moment où le grand sentiment de l'art commençait à décroître. Benvenuto Cellini les écrivit dans la retraite, à la veille de la vieillesse. C'est à l'âge de cinquante-huit ans, lorsque sa main fiévreuse se sentait déjà fatiguée pour avoir abusé du maillet et du burin, de l'épée et du poignard, qu'il prit la plume et qu'il passa en revue son existence avec une verve de vantardise et de cynisme qu'il serait injuste, assure-t-on, de mesurer au jugement de nos froides époques et de nos civilisations assagies. Certes, ce n'est point une figure sympathique qui se dégage de ces pages violentes, extatiques ou amères, pas plus que nous ne trouverons un vrai chef-d'œuvre dans le peu qui a survécu de ses travaux; mais il faut faire la part des défauts inhérents à la race italienne, et ne point séparer l'homme de l'atmosphère corrompue dans laquelle il vivait. C'est des plus hauts siéges que partait le signal de l'empoisonnement et de l'assassinat, c'est dans les plus saintes demeures qu'habitaient le parjure et la violence. Cellini voyait l'impunité presque garantie à ses crimes les plus audacieux. L'homme va donc nous arrêter presque autant que l'artiste.

[1] Les *Mémoires de Benvenuto Cellini* ont été traduits par M. Léopold Leclanché, déjà traducteur des *Vies des Peintres* de Vasari. La deuxième édition (Paris, Paulin éditeur, 1847, 2 vol. in-12) contient en outre les deux *Traités d'Orfévrerie et de la Sculpture* et les deux *Discours sur le Dessin et l'Architecture*. Cette édition est épuisée et ne se rencontre plus que difficilement dans les ventes. Il serait bien désirable qu'on la réimprimât en y joignant les notes précieuses qui accompagnent l'édition de Vasari, qui se publie en Italie, à Florence.

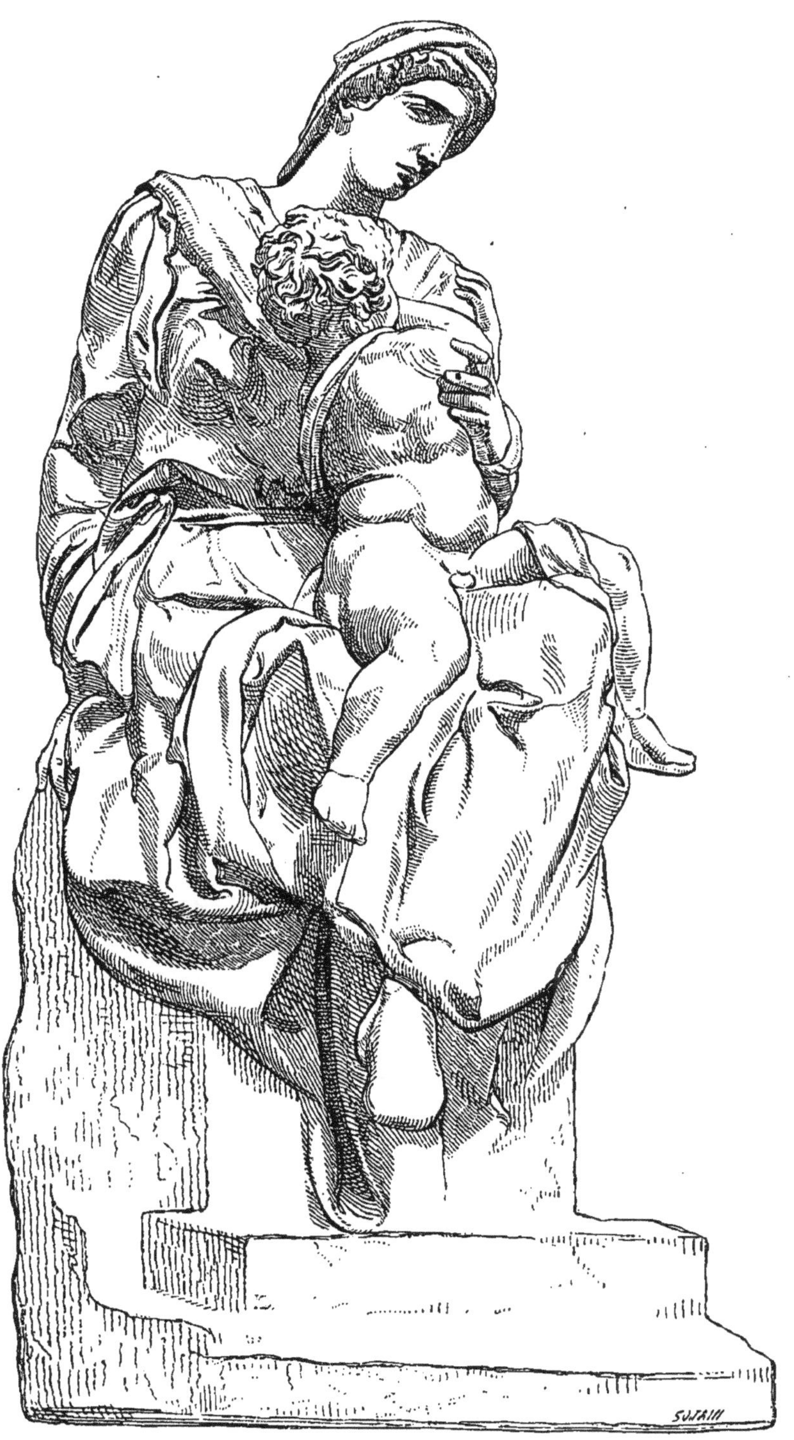

LA VIERGE ET L'ENFANT JÉSUS,
RÉDUCTION EN BRONZE DU MARBRE DE MICHEL-ANGE.
Collection de M. A. Thiers.

Benvenuto Cellini naquit à Florence, l'an 1500, dans la nuit qui suivit le jour de la Toussaint. Sa mère se nommait Élisabetta Granacci, et son père Giovanni Cellini. Ses ancêtres vivaient en petits seigneurs dans le val d'Ambre, et suivaient la carrière des armes; son grand-père était architecte. Son père étudia le dessin et l'art de l'ingénieur ou du mécanicien; il paraît avoir été particulièrement bon flûtiste, et fut un instant fifre de Laurent de Médicis; il faisait d'admirables orgues en bois, les clavecins les meilleurs et les plus beaux qu'on ait jamais vus, des violes, des luths et des harpes d'une beauté et d'une perfection rares. Au dire de son fils, il fut le premier Italien qui travailla bien l'ivoire. « Il a fait, dit celui-ci, en os et en ivoire, un miroir d'une brasse de diamètre environ, orné de figures et de feuillages d'un fini et d'un dessin vraiment admirables. Ce miroir représentait une roue : au milieu était la glace; à l'entour, sept encadrements circulaires contenaient les sept Vertus, sculptées en ivoire et en os teint en noir. Le miroir et les Vertus étaient disposés de façon qu'en tournant la roue les Vertus se trouvaient toujours droites, grâce à un contre-poids placé sous leurs pieds. »

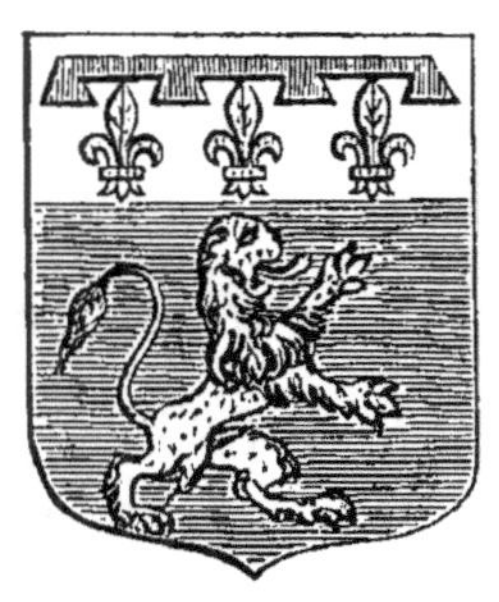

ARMES DE LA FAMILLE DES CELLINI.

Aussi loin que se reportent les souvenirs de notre héros, — qui fut appelé *Benvenuto*, *Bienvenu*, parce que sa naissance était ardemment attendue par ses parents, — ils lui retracent son père lui lançant un rude soufflet pour lui fixer dans la mémoire le singulier spectacle d'une salamandre se jouant au milieu des flammes et voulant faire de lui un musicien.

Pourtant, assez jeune encore et à force de supplications, il entra chez le père du sculpteur Bandinelli, lequel se nommait de son prénom Michel-Ange et était le premier orfévre florentin de son temps. Il n'y resta que peu, et, à son grand chagrin, se remit à souffler dans sa flûte.

« A l'âge de quinze ans, dit-il, j'entrai, contre la volonté de mon père, dans l'atelier d'un orfévre appelé Antonio di Sandro, et surnommé Marcone. C'était un très-bon praticien. Mon père ne voulut pas qu'il me donnât un salaire comme aux autres apprentis, puisque j'apprenais cet art de ma propre volonté : il voulait que je pusse dessiner tout à mon gré. Je le faisais bien volontiers, et mon digne maître en était vraiment charmé. Il avait un fils unique naturel, auquel il ordonnait souvent de me venir en aide. Grâce à mon désir d'avancer et à mes dispositions, j'arrivai en peu de mois à rivaliser avec les bons et même les meilleurs ouvriers, et je commençai à recueillir le fruit de mes travaux. Je ne laissais pas, cependant, pour complaire à mon père, de jouer parfois de la flûte ou de sonner du cor, et jamais il ne m'entendait sans répandre des larmes accompagnées de profonds soupirs. Afin de le rendre heureux, souvent j'allais jusqu'à essayer de lui persuader que moi-même je me livrais avec grand plaisir à ces études. »

Mais voilà le sang qui commence à jeter ses premiers bouillons. Benvenuto a seize ans : un jour son frère se bat en duel, Benvenuto accourt l'épée à la main, le sauve, et est exilé pour six mois à dix milles de la ville. Il part avec ce frère, emportant pour tout bagage la bénédiction du vieux Giovanni, et se réfugie à Sienne, chez un honnête orfévre nommé Francesco Castoro. Il va ensuite à Bologne et entre chez maestro Ercole del Piffero, puis chez un miniaturiste, Scipion Cavaletti. Là il dessine et commence, exploité par un juif, à gagner de l'argent.

Il revient à Florence et repart pour Pise, car c'est du vif-argent qui court dans ses veines. Il travaille chez un orfévre, maestro Ulivieri della Chiostra. «Pendant l'année que je passai à Pise, dit-il, je profitai beaucoup, et j'exécutai quelques belles pièces d'orfévrerie qui m'inspirèrent un ardent désir d'aller encore plus loin.» Naturellement, il visita le Campo Santo : « J'y trouvai, dit-il, une foule d'antiquités d'une rare beauté, telles que des sarcophages de marbre; en maints endroits de la même ville, je rencontrai beaucoup d'autres ornements antiques auxquels je consacrai assidûment toutes les journées que le travail de la boutique me laissait libres.» Admirable gymnastique que ces études en plein air, en plein soleil, là où vous poussaient vos libres préférences ! C'est à ces croquis indépendants, d'après des fragments de chefs-d'œuvre qui avaient servi de moellons pour bâtir des maisons ou de bornes comme le *Pasquino* de Rome, que la Renaissance dut son originalité, sa force et sa souplesse. Plus tard les élèves copièrent leurs professeurs et l'École sévit.

Après une violente maladie, dont il est guéri pour avoir joué un bel air de flûte, Benvenuto rentre dans la boutique de son vieux maître, Marcone.

A ce moment (1518) vivait à Florence un sculpteur, nommé Pietro Torregiano. C'est lui qui d'un terrible coup de poing avait brisé les os du nez de Michel-Ange et lui avait comme changé le visage en face de lion. Il arrivait d'Angleterre et « parlait sans cesse de ses hauts faits avec ces animaux d'Anglais.» Cellini, le trouvant plus rodomont que lui, s'écarta de ce maître dont la réputation était déjà faite et qui lui offrait de le patronner. Il se lia au contraire d'amitié étroite avec un camarade d'atelier qui était le petit-fils de l'illustre Frà Filippo et le propre fils de Filippino Lippi. Ils conçurent l'un pour l'autre une si vive affection qu'ils ne se quittaient ni le jour ni la nuit. « Sa maison, dit-il, était pleine de livres renfermant les précieuses études que son vaillant père avait dessinées d'après les antiquités de Rome. Je fus vraiment enthousiaste pendant les deux années environ que je vécus avec Francesco. »

A cette époque pareillement, il exécuta, aux grands applaudissements de ses camarades, dans la boutique de Francesco Salimbene, un bas-relief en argent de la grandeur d'une main enfantine. On portait alors des fermoirs de ceinture d'homme de cette dimension. Il y avait ciselé des feuillages à l'antique entremêlés d'enfants et de grotesques. La ceinture elle-même, large de trois doigts, ornée de figurines, s'appelait un *chiavacore*.

Mais ces succès précoces ne suffisaient point pour fixer une nature aussi capricieuse. Il rencontre une après-dînée Augustin Tasso, un sculpteur en bois, comme lui peu chargé d'années et de ressources, et les voilà qui se portent un défi mutuel d'aller à Rome, aussitôt mis à exécution. A peine débarqué, il se met en boutique chez Giovanni de Firenzuola, orfévre d'origine lombarde qui excellait dans les gros ouvrages d'orfévrerie. Celui-ci l'accueillit bien et tout aussitôt le chargea d'exécuter une magnifique pièce d'argenterie destinée à un cardinal. C'était un petit coffre copié d'après celui de porphyre qui était devant la porte de la Rotonda. « Je l'enrichis, dit Cellini, de si beaux petits masques de mon invention, que mon maître allait le montrer à tous ses confrères, en se vantant de ce qu'un si admirable morceau était sorti de sa boutique. »

Le Firenzuola agissait imprudemment. Un de ses confrères, nommé Paolo Arsago, conçut le dessein de lui souffler son brillant élève, et le fantasque jeune homme se laissa faire, toujours enclin au changement.

Deux ans après, nous le retrouvons de nouveau, gagnant force argent, chez François Salimbene. Il pense à s'établir pour son propre compte et loue une moitié de la boutique de Jean-Baptiste Sagliani. Mais le poignard s'agite encore, et va se planter comme de lui-même dans le pourpoint d'un jeune rival, et voilà notre matamore réduit à fuir. Il part pour Rome, qui venait de recevoir Clément VII pour nouveau pape et souverain. Lucagnolo de Jesi, orfévre dont Benvenuto fait grand cas, le reçoit dans son atelier, et il fait aussi la connaissance d'un des élèves de Raphaël, il Fattore. C'est par ce dernier qu'il est présenté à l'évêque de Salamanque, généreux protecteur des arts, mais espagnol et emporté au possible. Ce prélat lui commande, ainsi qu'à Luca Agnolo, sur les dessins de Francesco Penni, le Fattore, une de ces grandes aiguières qui ne servaient, pensons-nous, qu'à l'ornement des crédences, mais il n'en est payé que par un coup d'audace.

Il travailla pour les cardinaux Cibo, Cornaro, Ridolfi, Salviati. Pour le gonfalonier Gabrielo Ceserino, il cisela sur une de ces « enseignes » ou médailles d'or que l'on portait au chapeau, la fable païenne de Léda avec Jupiter. Le Cabinet des antiques de Vienne croit posséder encore aujourd'hui ce bijou : c'est un médaillon en or émaillé ; les figures — il y a aussi celle de l'Amour debout et souriant — sont de haut relief, coloriées en émail et se détachant presque entièrement du fond.

Il avait fait à Rome de sérieuses études d'après les antiques, d'après Raphaël et Michel-Ange. Son amour-propre, légitime cette fois, s'en accrut d'autant; mais il enfla prodigieusement vite, et il semble qu'à ce moment commencèrent les premiers accès de la fièvre de vanité. Il veut entrer en lutte avec un vaillant orfévre à Pérouse, nommé Lautizio, et voici pourquoi : « chaque cardinal à Rome a un cachet où sont gravées ses armes, accompagnées de nombreuses figures ; ces cachets sont à peu près de la dimension de la main d'un enfant de douze ans ; lorsqu'ils sont bien faits, ils se payent cent écus et même plus. » Lautizio les exécutait de façon supérieure, mais ne savait faire que cela ; Benvenuto espère le faire oublier, mais avoue qu'il rencontra d'énormes difficultés dans l'étude de cette spécialité. Puis c'est l'émaillerie qu'il prétend aussi bien faire que Amerigo de Florence. Enfin, c'est un rival, dont lui, si sobre d'éloges, constate la grande valeur, le Milanais Caradosso, dont « les petites médailles ciselées, les paix en demi-relief, les christs de la dimension d'une palme, en plaques d'or très-minces » l'empêchent de dormir.

Mais la peste éclate dans toute l'Italie et descend jusqu'à Rome. Les commandes s'arrêtent, et Benvenuto pour se distraire abat des pigeons dans la campagne, à coups d'escopette, avec une sûreté de tir dont, de nos jours, un romancier fameux qui a plus d'un trait de ressemblance avec notre hâbleur, a seul conservé la tradition. « C'est en me livrant à cet amusement, raconte-t-il, que je fis connaissance avec certains chercheurs d'antiquités, dont le métier consistait à épier les paysans lombards qui, à une certaine époque de l'année, venaient à Rome pour travailler aux vignes. Ces paysans, en piochant la terre, ne manquaient jamais de trouver des médailles, des agates, des camées, etc. Ils les cédaient à vil prix à mes chercheurs, à qui souvent j'en donnais plus d'écus d'or qu'ils ne leur avaient coûté de jules. J'en faisais ensuite un trafic qui, tout en me rapportant un bénéfice d'au moins mille pour cent, avait l'avantage de me concilier l'amitié de tous les cardinaux de Rome. » Entre autres curiosités, Benvenuto recueillit une tête de dauphin grosse comme une fève, en émeraude ; une topaze de la dimension d'une énorme noisette représentant la tête de Minerve ; un camée, Hercule enchaînant Cerbère « d'une exécution si parfaite que notre divin Michel-Ange dit qu'il n'avait jamais rencontré de sa vie une pareille merveille, » enfin des médailles en bronze, entre autres un profil de Jupiter.

« A cette époque, dit notre homme, il me tomba entre les mains certains petits poignards turcs, dont la poignée, la lame et la gaîne étaient en acier, et ornées de beaux feuillages orientaux gravés au burin et incrustés d'or. Ce genre de travail appartient à un art qui diffère beaucoup de ceux que j'avais jusqu'alors pratiqués ; néanmoins, j'éprouvai un vif désir de m'y essayer, et j'y réussis si bien que j'exécutai quelques ouvrages infiniment plus beaux et plus solides que ceux des Turcs. Il y avait à cela plusieurs raisons. L'une était que je fouillais mes aciers plus profondément, l'autre que les feuillages turcs ne sont composés que de feuilles de colocassie et de petites fleurs de corona solis, qui, tout en n'étant pas dépourvues d'élégance, ne plaisent cependant pas autant que les nôtres.

« En Italie nous imitons différentes sortes de feuillages. — Les

Lombards en font de très-beaux, en représentant des feuilles de lierre et de couleuvrée, avec leurs élégants enroulements qui sont d'un effet si heureux. Les Toscans et les Romains ont été encore mieux inspirés dans leur choix, en reproduisant la feuille d'acanthe, ou branche-ursine, avec ses festons et ses fleurs contournés de mille façons et gracieusement entremêlés d'oiseaux et d'animaux. C'est là où l'on voit qui à bon goût. Ils ont aussi recours aux plantes sauvages, telles que celles que l'on appelle mufle de lion. Nos vaillants artistes accompagnent ces fleurs d'une foules de ces beaux et capricieux ornements que les ignorants appellent « grotesques. » Ils ont été ainsi nommés par les modernes, parce que des curieux découvrirent à Rome les premiers modèles de décorations de ce genre dans des cavernes qui autrefois étaient des chambres, des étuves, des cabinets d'étude ou des salles de même nature et qui alors se trouvaient enfouies, grâce à l'exhaussement du sol, qui s'était opéré pendant des siècles. Comme ces constructions souterraines sont appelées à Rome « grottes, » les décorations qu'elles renferment prirent le nom de « grotesques. » Nous n'avons point à montrer au lecteur les ouvrages que Cellini prétend avoir faits infiniment plus beaux et plus solides que ceux de Turquie, mais voici un coffret décoré de cette façon, exécuté à Venise par des ouvriers qu'on appelait « des azziministes » et qui est exquis.

Le siége de Rome par le connétable de Bourbon, forme un des épisodes les plus dramatico-comiques du livre. Cellini artilleur, c'est le capitan de la comédie espagnole. C'est l'arquebuse qu'il épaule qui tue le connétable ; c'est le fauconneau qu'il pointe qui blesse le prince d'Orange. Et le pape « l'absout de tous les homicides

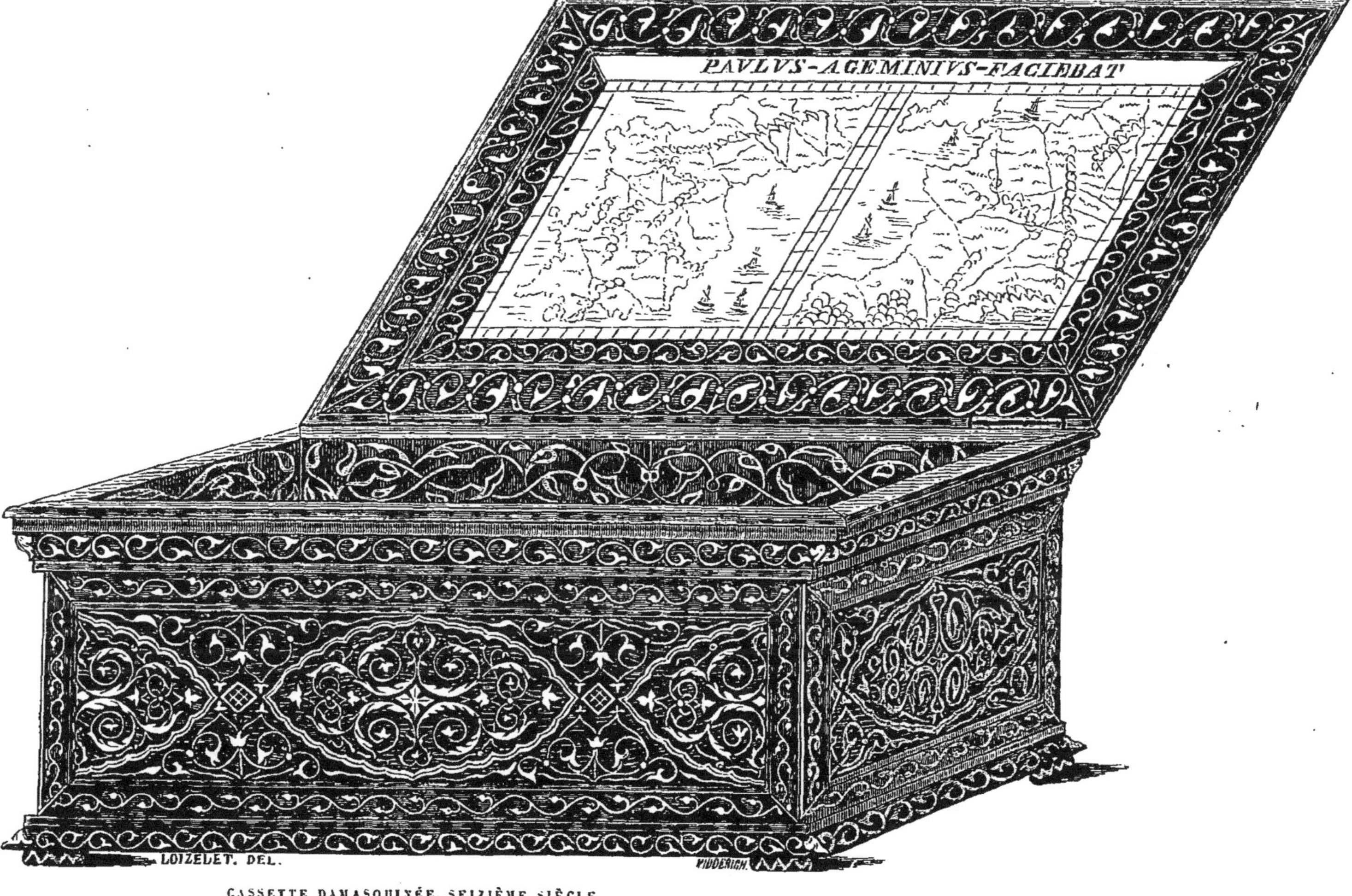

CASSETTE DAMASQUINÉE. SEIZIÈME SIÈCLE.

Travail vénitien des Azziministes.

qu'il a commis et de tous ceux qu'il commettra pour le service de l'Église apostolique.» Mais, hélas ! le même pape Clément a besoin d'argent, et voici la scène lamentable qui se passe : « Lorsque nous fûmes tous trois enfermés (dans une chambrette du château San Agnolo), sa Sainteté et son favori le Cavalierino placèrent devant moi les tiares et toutes les pierres de la chambre apostolique. Le pape m'ordonna de les démonter, ce que je fis. J'enveloppai ensuite chaque pierre dans un petit morceau de papier, puis nous les cousîmes dans la doublure des vêtements du pape et du Cavalierino. Tout l'or, qui pesait environ deux cents livres, me fut laissé avec l'ordre de le fondre le plus secrètement possible. »

Quelles merveilles de ciselure et d'ornementation il dut alors jeter au creuset! cela ne lui arrache pas le moindre soupir de regret, le moindre mot de respect pour le génie de ses devanciers. C'est un intraitable orgueil. Mais une sorte de destin devait le punir du sacrilége, dont il n'était du reste que l'instrument passif: à tort ou à raison, il fut plus tard accusé d'avoir dérobé une bonne partie des lingots de ce trésor. Il était bien homme à faire flèche de tout bois. Il confesse tout doucement avoir lavé, à son profit, des cendres dans lesquelles il restait une livre et demie d'or.

Mais le siége est fini. Voilà Benvenuto qui repart pour Florence: « J'étais vivant, dit-il, et j'avais une bourse bien garnie, un valet et un bon cheval. » De plus, il était capitaine et il avait ordre de lever une compagnie. « Mais, dit-il encore, j'ai toujours aimé à voir le monde, et jamais je n'étais allé à Mantoue. » C'est ce qui explique comment on le retrouve bientôt dans cette ville, cherchant de l'ouvrage et en trouvant chez un certain maestro Niccolo de Milan, orfévre du duc. Il comptait sur les bons offices de Jules

Romain qui en effet le présenta au duc. Là il resta quatre mois pendant lesquels il fit le sceau ducal, ainsi qu'un reliquaire pour le Saint-Sang apporté par saint Longin. Il exécuta de plus un petit modèle en cire représentant le Christ assis, tenant de la main gauche sa croix, sur laquelle il semblait s'appuyer, et entr'ouvrant de la main droite la plaie de sa poitrine.

Derechef il revint à Florence, mais il n'y trouva plus son père mort de la peste. Il s'établit dans le Vieux-Marché et gagna quelque argent à monter des joyaux. Ce fut alors aussi qu'il fit la médaille d'or d'Hercule déchirant la gueule du lion, dont il donne une description détaillée dans son *Traité d'orfèvrerie*. Ces médailles ou enseignes se portaient, comme nous l'avons déjà dit, au chapeau. Celle-ci obtint, d'après Cellini, et ce n'est point invraisemblable, les grands éloges de Michel-Ange. On a une lettre de Michel-Ange à Cellini dans laquelle le grand et austère génie semble presque s'humilier devant cet ouvrier beau parleur. Peut-être Michel-Ange fut-il aussi moins farouche que Vasari ne l'a représenté. Ses sonnets, où il revient sans cesse sur la lutte de la pensée avec l'idéal, montrent un cœur adouci et souffrant. Mais on voit surtout un Michel-Ange singulièrement rêveur et accessible dans le buste modelé par quelqu'un de ses élèves et que possède M. Beurdeley. Si l'expression de la bouche a conservé quelque amertume, le regard est du moins bienvaillant et doux.

Benvenuto fit aussi pour Federico Ginori la médaille d'Atlas ; « C'était dit-il, une figure ciselée en métal ; sur son dos était le ciel représenté par une boule de cristal, où j'avais gravé le zodiaque. Elle se détachait sur un fond de lapis-lazuli. » Bartsch, célèbre iconographe, a noté, dans la collection du prince de Ligne, un dessin de Cellini que l'on croit avoir été une étude pour cet Atlas.

Tout à coup, au moment où Clément VII venait de déclarer la guerre à Florence, nous voyons Cellini, mauvais citoyen, quitter

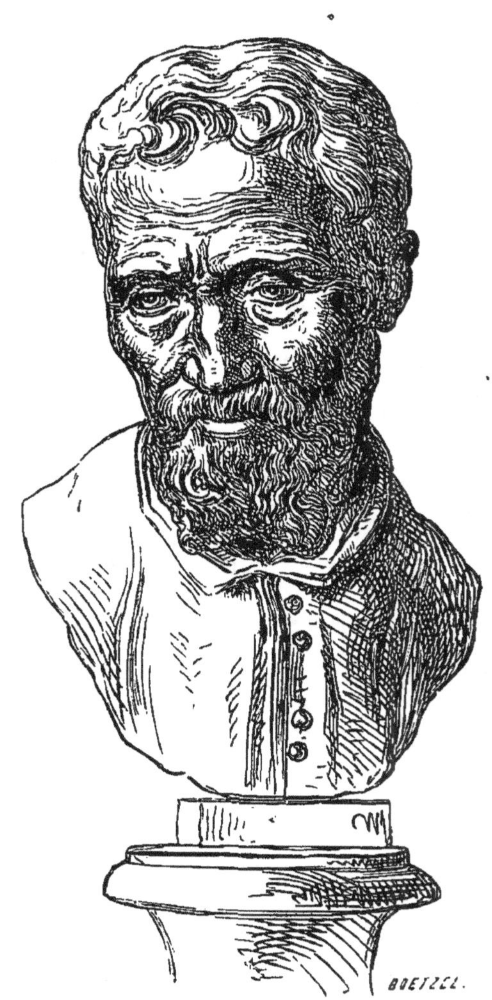

BUSTE DE MICHEL-ANGE, BRONZE FLORENTIN PAR UN MAITRE INCONNU.
Appartient à M. Beurdeley.

sa patrie et partir pour Rome. Est-ce, ainsi qu'il l'écrit, pour obéir aux instances pressantes du pape? On peut croire qu'il ne se sentait pas la conscience bien nette, car il resta en quelque sorte caché pendant quinze jours chez un vieil orfévre nommé Rafael del Moro. Cependant le pape ne manifestait encore aucun soupçon : il l'accueillit avec affabilité, il lui pardonna le larcin avoué des cendres gorgées de l'or des tiares ; dans une seconde entrevue, impatienté de ce que Caradosso, qui travaillait très-lentement, tardait à lui livrer un bouton de chape, il commanda à Cellini un second bouton et lui fit voir des pierreries. Voici la description du modèle du bouton qui lui valut mille compliments : « Sur le diamant, que j'avais placé exactement au milieu de ma composition était assis Dieu le Père, dans une attitude dégagée en harmonie avec l'ensemble du morceau. De sa main droite il donnait sa bénédiction. Le diamant était soutenu par les bras de trois petits anges ; j'avais modelé celui du milieu en ronde bosse, et les deux autres en demi-relief. A l'entour, une foule de petits enfants se jouaient parmi d'autres petites pierreries. Dieu était couvert d'un manteau qui voltigeait, d'où sortaient quantité de petits anges et divers ornements. Cet ouvrage était en cire blanche et se détachait sur une pierre noire. »

Ce pontife n'en demeura pas là. Il proposa à Benvenuto, pour qui c'était là un travail nouveau, la gravure du coin de ses monnaies. Il s'agissait d'un doublon d'or qui devait porter sur la face un *Ecce homo* et sur le revers la tête du pape. Une autre pièce représentant sur la face le pape et l'empereur soutenant une croix, et sur le revers saint Pierre et saint Paul, appartient aussi au travail de Cellini. Ces pièces sont d'un burin très-délicat.

Il fit encore pour Clément VII, dessin et modèle en bois et en cire, un calice monumental ; à la place du bouton, il avait mis trois figurines en ronde bosse de bonne grandeur, la Foi, l'Espérance et la Charité, correspondant à trois bas-reliefs circulaires qui représentaient sur le pied du calice la Nativité et la Résurec-

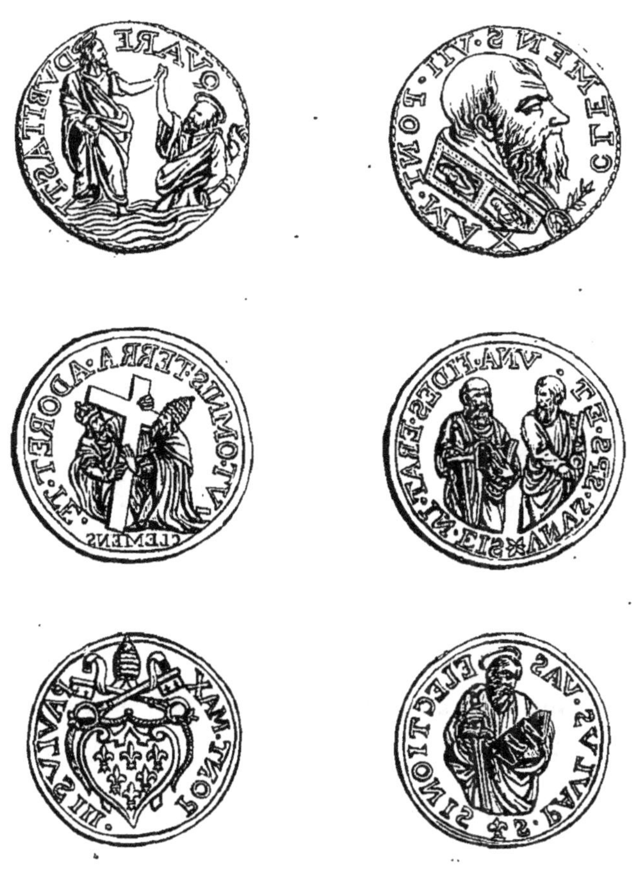

MONNAIES PAPALES DE CLÉMENT VII ET PAUL III.

Par Benvenuto Cellini.

tion du Christ et la Crucifixion de saint Pierre. Ce calice, qu'il ne voulait livrer que contre payement, lui attira mille avanies.

Nous élaguons de ces *Mémoires* tout ce qui est trop personnel ou trop ridicule : les duels, la mort de son frère, le voyage à Naples, les évocations d'ombres dans le Colysée. Un trait peint son esprit brouillon et échauffé : on lui demande sur une monnaie d'or la figure de la Paix, et il l'exprime par une jeune femme qui tient une torche et incendie les portes du temple de la Guerre !

Mais le pape mourut pendant que Benvenuto achevait deux médailles, dont l'une porte au revers un Moïse. Il le laissa en butte aux poursuites de ses ennemis. Jugez par ce seul trait s'il méritait en avoir d'acharnés : « L'arquebusier (celui qui avait tué son frère et qu'il lorgnait comme une maîtresse) venait de souper et se tenait sur le seuil de sa porte, l'épée à la main. Je m'approchai adroitement de lui, avec un grand poignard semblable à un couteau de chasse. J'espérais d'un revers lui abattre net la tête ; mais il se retourna si vivement que mon arme l'atteignit seulement à la pointe de l'épaule gauche et lui fracassa l'os. Il se leva, laissa tomber son épée, et, troublé par la douleur, se mit à courir. Je le poursuivis, le rejoignis en quatre pas et levai mon poignard au-dessus de sa tête qu'il inclinait très-bas, de sorte que mon arme s'engagea entre l'os du cou et la nuque si profondément que, malgré tous mes efforts, je ne pus la retirer. Je partis en abandonnant le poignard. » Sa réputation devait être de toutes façons bien véreuse, car on le soupçonna un instant d'être le fabricant des coins à l'aide desquels de faux monnayeurs empestaient Rome de mauvais argent. Enfin le récit du coup de poignard, net et rapide, duquel il foudroie son rival l'orfévre Pompeo, qu'il attend en embuscade, fait frissonner et inspire un dégoût profond. Les mœurs de ce temps sont certainement cruelles et exaspérées, mais d'honnêtes et sages figures d'artistes, celles de Léonard de Vinci, de Michel-Ange, de Raphael, les traversent et n'ont point les mains teintes du sang de leurs rivaux. Benvenuto Cellini est un bravo qui a eu la chance de pratiquer un métier d'honnête homme et la chance plus grande encore de savoir tenir une plume.

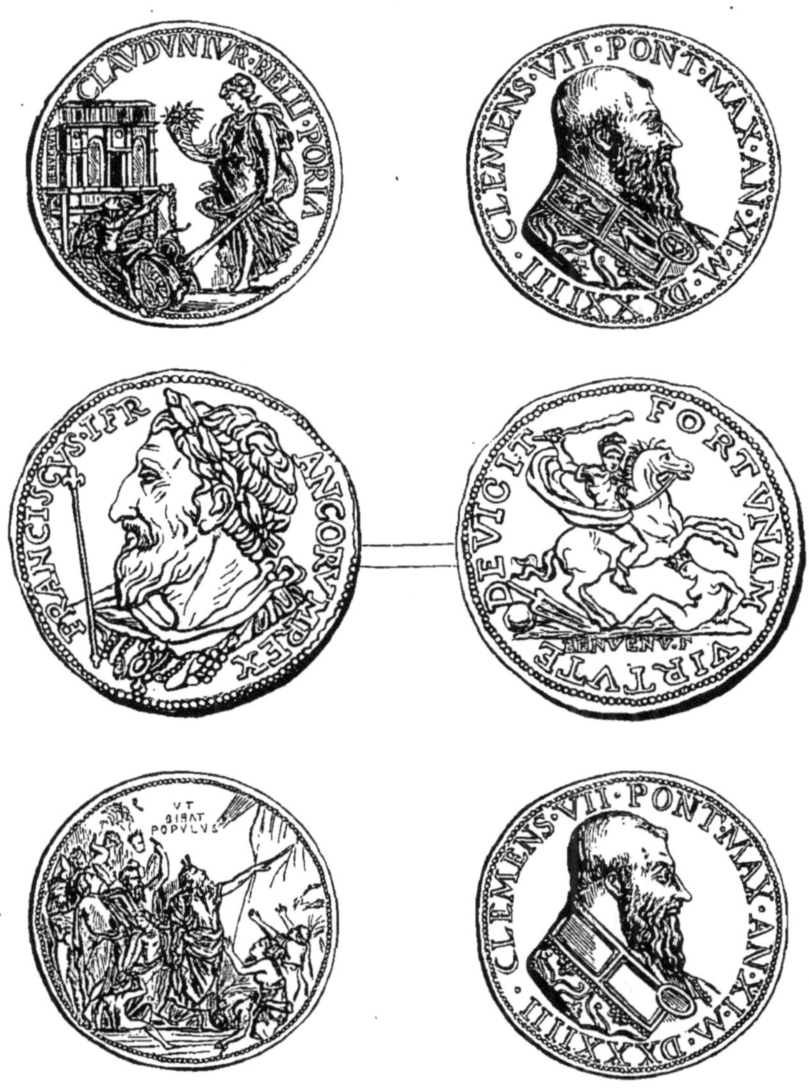

MÉDAILLES DE FRANÇOIS Ier ET DE CLÉMENT VII, PAR BENVENUTO CELLINI.

Cabinet des Médailles et Antiques.

Paul Farnèse ceignit donc la tiare sous le nom de Paul III. C'était un vieillard grave, ferme et sagace. Il appréciait dans

Benvenuto l'orfévre, et il lui commanda des monnaies, entr'autres un écu, représentant saint Paul et cette légende allégorique, *Vas electionis*. Mais Benvenuto paraît s'être mis fort mal avec le prince Pierre-Paul Farnèse, auquel le pape portait une affection toute paternelle, et il l'accuse de l'avoir voulu empoisonner.

Bref, il partit pour Venise, et ensuite reçut, à Florence, du duc Alexandre de Médicis, la commande des coins de sa monnaie. Il débuta par une pièce d'argent de quarante sous, représentant à la face la tête du duc Alexandre et au revers les figures de saint Côme et de saint Damien. « Je fis, dit-il, de nouveau des coins pour les jules. D'un côté je gravai un saint Jean de profil, assis, et tenant un livre à la main. Selon moi, je n'avais rien produit d'aussi beau. Sur le revers étaient les armes du duc Alexandre. Je gravai ensuite pour les demi-jules une tête de saint Jean. Ce fut la première tête de face que l'on frappa sur une pièce d'argent si peu épaisse. »

Pendant ce temps, le 15 août, date à laquelle Cellini devait recevoir l'absolution de ses crimes et de ses larcins, arrivait. Il reçut au nom du pape l'invitation de venir purger son dernier homicide. Il partit, laissant à son élève Pierre-Paul, romain, les instructions nécessaires pour la frappe des monnaies; il suivit la procession de la madone en manteau et pourpoint de taffetas bleu-céleste, et se trouva gracié.

Il travaillait depuis quelque temps à ciseler sur acier le médaillon d'Alexandre de Médicis, dont il avait fait en deux heures le modèle en cire. C'était le moment où ce tyran fut tué par son compagnon de débauches Lorenzo, et précisément aussi celui où Charles-Quint revenait victorieux de son expédition contre Tunis. On dressa à celui-ci de nombreux et magnifiques arcs de triomphe, et il entra dans Rome avec une pompe merveilleuse. Le pape avait en sa possession un office de la Vierge rempli de précieuses miniatures; il comptait l'offrir en présent au monarque espagnol, et il avait chargé Benvenuto d'exécuter pour ce livre une couverture d'or massif, richement ciselée et ornée de pierres précieuses de la valeur de six mille écus.

Le pape Paul III Farnèse n'était pas aussi généreux que Clément VII, et d'un autre côté l'orfévre florentin tenait à se faire bien venir. N'ayant retiré que peu de bénéfice du grand travail qu'on venait de lui confier, il résolut d'aller offrir ses services à François Ier. Le roi de France le tenait en grande estime depuis que la médaille d'Atlas lui avait été présentée, après la mort de ce Frédérico Ginori qui l'avait commandée. Benvenuto partit donc de Rome. En passant à Padoue, l'idée lui vint de baiser les mains de messer Bembo, qui n'était pas encore cardinal, et il modela en cire sa tête, avec un revers représentant Pégase au milieu d'une guirlande de myrte. Il traversa la Suisse, s'arrêta à Lyon, et au bout de quatre jours repartit pour Paris avec son élève Ascanio.

Il alla tout droit frapper chez le Rosso. Il lui avait autrefois, prétend-il, prêté quelques dizaines d'écus pour vivre et l'avait sauvé de la fureur des élèves de Raphaël dont il décriait les ouvrages. Mais le Rosso le reçut froidement, lui fit entendre qu'on ne songeait en France qu'à la guerre. Vraie ou fausse, cette assertion brouilla le Rosso avec son terrible compatriote, qui la prit en fort mauvaise part, le quitta brusquement et s'en alla loger chez un élève d'Andrea del Sarte, le Squazella.

Le Rosso n'avait dit que la vérité. Cellini arrivait au plus mauvais moment. Les finances du royaume, fort obérées par le luxe de ce roi de piaffe, étaient absorbées par les apprêts de la guerre qui allait éclater. François Ier lui donna quelques minutes d'audience à Fontainebleau, et le ramena dans sa suite jusqu'à Lyon. Là Cellini tomba malade, ainsi qu'Ascanio, et à peine remis, pris d'une nostalgie noire et d'un dépit rentré, il repartit pour Florence, en traversant le Simplon.

Chemin faisant, il eut avec le cardinal de Ferrare, qui semble avoir formé dès lors le projet de l'accaparer, de longues conversations. Il reçut de ce prélat, qui n'était à ce moment que muni d'une abbaye à Lyon, l'argent nécessaire pour confectionner une aiguière et un bassin d'argent que plus tard, à son second voyage, il fit agréer à François Ier.

Il salue au passage le duc Hercule d'Este. A Rome, il ouvre boutique et emploie huit ouvriers. Le cardinal de Ferrare, qui a sans doute parlé de lui à François Ier, lui écrit de revenir en France, lorsque brusquement il se trouve arrêté, interrogé et renfermé dans le château Saint-Ange. Il avait alors trente-sept ans. Des ouvriers venaient, à tort ou à raison, de le dénoncer comme l'auteur du détournement d'une portion de l'or des tiares de Clément VII plus sérieuse qu'il ne l'avait avouée.

Alors commence une épopée d'un romanesque incroyable. Il est, à ce qu'il prétend du moins, réclamé par l'ambassadeur du roi, M. de Montluc, mais vainement. Il tente, à l'aide des draps de son lit coupés en bandes et noués en corde, une évasion dans laquelle il se brise une jambe. Il se réfugie chez le cardinal Cornaro. Il est bientôt repris et enfermé dans un cachot où il voit juste assez clair, pendant une heure dans la journée, pour lire quelques feuillets de la Bible et des chroniques de Giovanni Villani. Il prétend qu'on veut l'empoisonner. En réalité, sa santé s'étiole; la fièvre s'empare de ce cerveau ardent, l'exalte et le fait converser avec le Christ dans des visions miraculeuses. Imaginez-vous ce qui dut se passer dans l'esprit de ce jaguar en cage? Toute cette partie de ses *Mémoires* atteint souvent à la plus singulière éloquence et vous émeut malgré qu'on en ait contre l'individu.

Enfin le cardinal de Ferrare saisit un moment favorable, obtient sa grâce du pape et le fait élargir au moment où il touchait peut-être à la folie. Ceci se passe en 1539.

Une fois sorti de prison, l'artiste se remit à la besogne, et tout d'abord il acheva l'aiguière et le bassin d'argent commencés pour le cardinal de Ferrare. Puis il grava encore pour le cardinal, sur un cachet en creux, deux petits sujets : saint Jean prêchant dans le désert, et saint Ambroise à cheval, chassant à coups de fouet les Ariens. Ce fut une nouvelle occasion de lutter contre cet illustre Lautizio dont il était si jaloux.

Ce fut alors qu'il fit pour le même cardinal le modèle de la célèbre salière représentant la Terre et l'Océan, la seule pièce importante authentique qui nous soit parvenue de lui. Voici la description, inexacte en quelques points, qu'il en avait laissée : « Je plaçai sur une base ovale, longue de près de deux tiers de brasse, deux figures de la dimension de plus d'une palme représentant la Terre et l'Océan, assis et les jambes entrelacées par allusion à ces longs bras de mer qui entrent dans les terres. Dans la main gauche de l'Océan je mis un navire splendidement travaillé et propre à contenir le sel. Le dieu était assis sur quatre chevaux marins et de la main droite tenait son trident. La Terre, sous la forme d'une femme aussi gracieuse et aussi belle que j'avais su l'imaginer, avait une main appuyée sur un temple richement décoré, destiné à recevoir le poivre. De l'autre main elle tenait une longue corne d'abondance où j'avais rassemblé tout ce que je connaissais de plus magnifique au monde. Au-dessous de la déesse on voyait tous les beaux animaux que produit la terre, et au-dessous de l'Océan tous les poissons et tous les coquillages que je pus introduire dans un si petit espace. Enfin l'ovale dans son épaisseur était couvert de riches et nombreux ornements. » La description qu'il en donne dans son *Traité d'orfévrerie* est moins juste encore. Ce qu'il a négligé de dire, c'est que cet ouvrage de ciselure est en grande partie émaillé : Neptune est assis sur une coquille recouverte d'une draperie bleue semée de fleurs de lis d'or ; la housse de l'éléphant sur lequel repose Cybèle est fleurdelisée aussi et verte ; aux deux côtés du temple qu'on voit sur notre gravure — exécutée d'après une photographie. — Hercule et l'Abondance sont debout dans des niches surmontées de cartouches aux armes de France et à l'F, initiale de François Ier. La salière est fortement vissée sur un socle en ébène où les quatre Heures du jour alternent avec les quatre Vents. L'ensemble roule sur de petites roulettes en ivoire à demi engagées sous le socle.

Lorsque après son retour en France avec ses élèves Ascanio et Paolo, et son installation à coups d'escopette dans l'hôtel du Petit-Nesle, Benvenuto, en 1543, eut terminé cet objet dont l'ensemble est aussi disgracieux et mal combiné que les détails sont ingénieux et précieusement exécutés, le roi ravi lui fit donner mille écus d'or vieux et de bon poids. Vingt-sept ans après, Charles IX, à l'occasion de son mariage avec Élisabeth d'Autriche, fille de Maximilien II, distribuant à ses hôtes des présents, l'archiduc Ferdi-

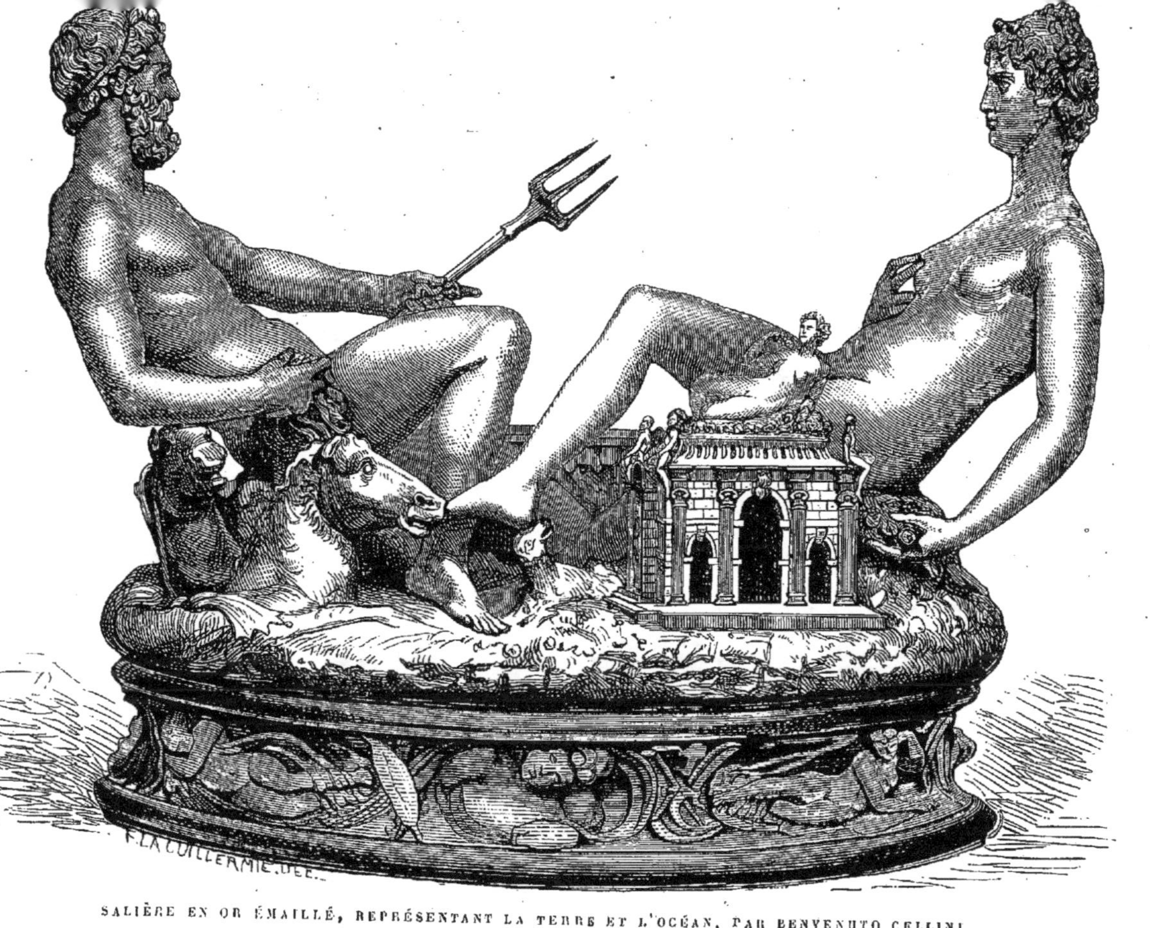

SALIÈRE EN OR ÉMAILLÉ, REPRÉSENTANT LA TERRE ET L'OCÉAN, PAR BENVENUTO CELLINI.

Musée des Antiques de Vienne; Collection d'Ambaraz.

nand, oncle de la fiancée, reçut entre autres une aiguière en onyx, une coupe d'or et la salière de Cellini. Elle demeura comme enfouie dans le château d'Ambaraz, à Vienne; on la croyait volée ou misérablement fondue, lorsqu'elle y fut découverte et cataloguée pour la première fois en 1819.

Dès son arrivée à Fontainebleau, Benvenuto avait été présenté au roi, qui l'accueillit fort bien, mais cependant ne lui assura pas les avantages qu'il avait rêvés. Aussi, profondément blessé dans son orgueil, tenta-t-il une sorte de fuite précipitée qui faillit lui coûter cher. Le cardinal de Ferrare lui promet enfin des appointements semblables à ceux qu'on avait donnés au peintre Léonard de Vinci, c'est-à-dire sept cents écus par an, de plus le payement de tous ses ouvrages et cinq cents écus d'or de bienvenue. Il accepte de faire et entreprend « les modèles de douze statues d'argent destinées à être employées en guise de candélabres autour de la table du roi. François Ier voulait qu'elles représentassent six dieux et six déesses, et qu'elles fussent exactement de sa taille qui était à peu près de quatre brasses. » Il commença par les modèles de Jupiter et Junon, Apollon et Vulcain.

Le roi accorda cent écus d'or de pension à ses deux élèves et lui donna l'hôtel du Petit-Nesle. Mais cet hôtel appartenait au prévôt de Paris qui l'avait sous-loué, de sorte que ce ne fut qu'après un véritable siége et en menaçant les locataires de les faire sauter, qu'il put entrer en jouissance. Il s'y installa donc et fit ses premiers arrangements pour ses fontes.

Ce fut à ce moment qu'il commença un buste de Jules César, beaucoup plus grand que nature, d'après une petite copie d'un admirable antique qu'il avait rapporté de Rome. Il attaqua encore un autre buste de même dimension, d'après une jeune fille d'une extrême beauté : il appela cette tête « Fontainebleau », du nom de la résidence favorite du roi.

C'est sa plus grande période d'activité, en France. Il ne nous a pas laissé le détail de ses menus travaux, la vanité ne le poussant qu'à parler des plus grands. Mais il cite en gros une foule de joyaux pour maints seigneurs, entre autres Pierre Strozzi, le comte dell'Anguil'ara, qui était déjà aussi un des patrons du Rosso, le comte de Pitigliano et le comte de la Mirandole. Le roi, quand il revint le voir, accompagné de la duchesse d'Étampes, fut émerveillé de la quantité d'ouvrages qu'il avait entrepris. Il avait monté chez lui un véritable atelier avec des ouvriers allemands ou français qu'il changeait à mesure qu'il en rencontrait de plus habiles.

Ascanio avait sans doute la direction de la partie commerciale. Il se créa une clientèle personnelle et se fixa complétement en France : on trouve encore son nom dans un compte de dépenses du cardinal Hippolyte d'Este, pendant le séjour de D. Alphonse, cousin du duc de Ferrare, en 1558 et 1559. Il habitait ce château du Petit-Nesle que Benvenuto lui avait cédé en partant et on l'appelait Ascanio di Nello; enfin, certains documents prouvent qu'il était encore à Paris en 1563.

C'est encore à ces années que nous reportons cette médaille en or de François Ier, que possède le Cabinet des Antiques. Elle est signée et, chose bien particulière, Benvenuto n'en a pas parlé dans ses œuvres. Elle ne soutient certes pas la comparaison avec les médailles en bronze de Pisanello ou d'autres maîtres italiens, mais c'est un morceau grassement touché, et le profil du roi a de l'aristocratie. C'est encore à cette période que doivent se ratta-

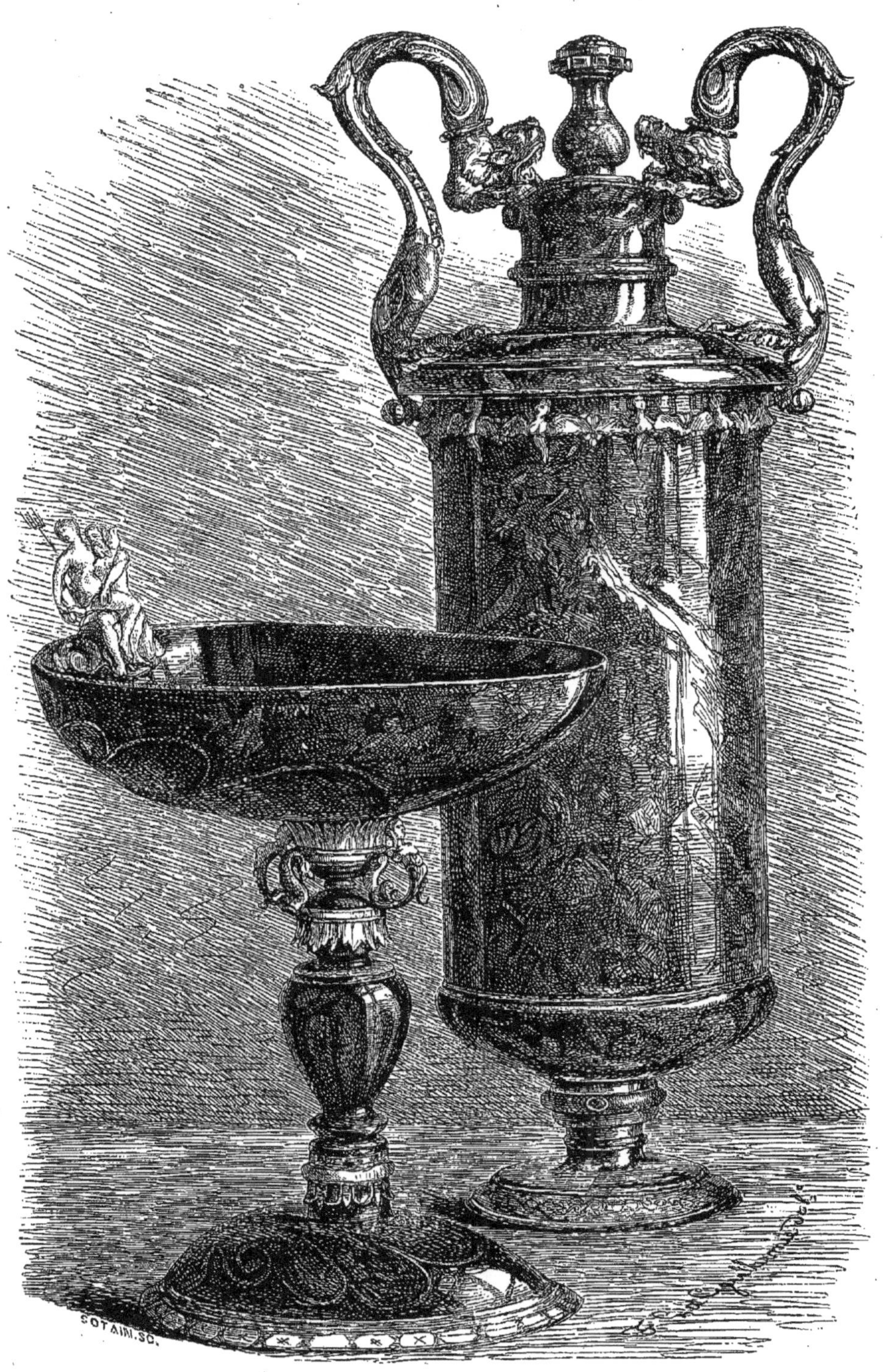

VASE ET COUPE EN JASPE ORIENTAL,
MONTURES EN ORFÉVRERIE ATTRIBUÉES A BENVENUTO CELLINI.
Collection des Gemmes et Joyaux de la Couronne, au Louvre.

cher la monture de camée qui est aussi au Cabinet des médailles, et celles des vases et des coupes en matières dures exposés dans la galerie d'Apollon, au Louvre. Rien n'en établit rigoureusement l'authenticité, mais nous ferons remarquer ce groupe de Neptune et Amphitrite, portant à faux sur le bord de la coupe et sortant de l'aplomb comme dans la salière. Des figures, analogues pour le choix discutable de la place, se retrouvent encore dans une coupe en corne de rhinocéros, montée en or émaillé, et qui est au musée royal de Munich. Mais, ce qui nous paraît signer cette suite précieuse, c'est que les détails révèlent la plus merveilleuse habileté d'outil, et qu'ils sont d'autant plus parfaits qu'ils sont plus réduits. Les petits dauphins, les sirènes qui se rengorgent, les dragons qui se tordent et se gonflent, sont des chefs-d'œuvre de délicatesse suffisant à expliquer l'engouement d'une cour galante pour un si habile orfèvre et la vogue de son atelier.

Dans une troisième visite du roi, Benvenuto lui soumit un projet compliqué de fontaine, et le modèle de la Nymphe de Fontainebleau qui fut ensuite appliquée à cette porte du château donnant sur les jardins et qui s'appelle encore aujourd'hui la porte Dorée. C'est dans cette séance mémorable que le roi, qui, du reste, avouait ne rien comprendre à l'ithos et au pathos de ses projets à l'italienne, le traita par deux fois de « son ami. » Le bas-relief en bronze de la Nymphe de Fontainebleau est au Louvre dans les salles de la Sculpture de la Renaissance. C'est un morceau d'apparat qui semble bien commun et bien froid auprès des élégances raffinées et des souplesses aristocratiques de la Diane de notre Jean Goujon. Cette grande virago, couchée auprès d'une source, n'a rien de chaste, ni de puissant. Une fillette parisienne dont il était très-épris et qu'il traita avec une révoltante brutalité lui servit de modèle. La tête de cerf en relief est d'une bien pauvre invention; quant aux chiens de chasse et aux fauves qui se groupent aux pieds de la Nymphe ou derrière son épaule, ils sont touchés avec plus de crânerie et de chic que de science. C'est de la sculpture de pacotille, et François Ier eût trouvé mieux dans l'école française s'il eût daigné s'en servir.

Par malheur pour lui, Benvenuto avait oublié, ou, ce qui est plus vraisemblable, sottement vaniteux, avait négligé de se mettre dans les bonnes grâces de la duchesse d'Étampes, et de lui faire part des projets qu'il soumettait au roi...

Rien que l'exil n'était capable
D'expier ce forfait...!

Il eut beau plus tard s'incliner et se raviser, le coup était porté, et il n'y avait plus de rémission. Il s'achemina un jour vers Saint-Germain, où se trouvait alors la cour, armé d'un charmant petit vase qu'il destinait à la duchesse pour reconquérir ses bonnes grâces. On lui fit faire antichambre une journée toute entière. Il dut enfin se retirer aux trois-quarts mort de faim, et comme il le dit « envoyant dévotement madame à tous les diables. » Puis il alla trouver le cardinal de Lorraine auquel il fit cadeau du vase, le priant seulement de vouloir bien le maintenir dans les bonnes grâces du roi. Le bon cardinal le reçut d'une façon admirable, et le força d'accepter une très-grosse somme. Mais c'était jouer une dangereuse partie, et la haine de madame d'Étampes s'en accrut d'autant plus. Une des plus adroites vengeances de la favorite fut d'opposer à Benvenuto le Primatice, dont les services contentaient si fort le roi qu'il lui avait donné l'abbaye de Saint-Martin.

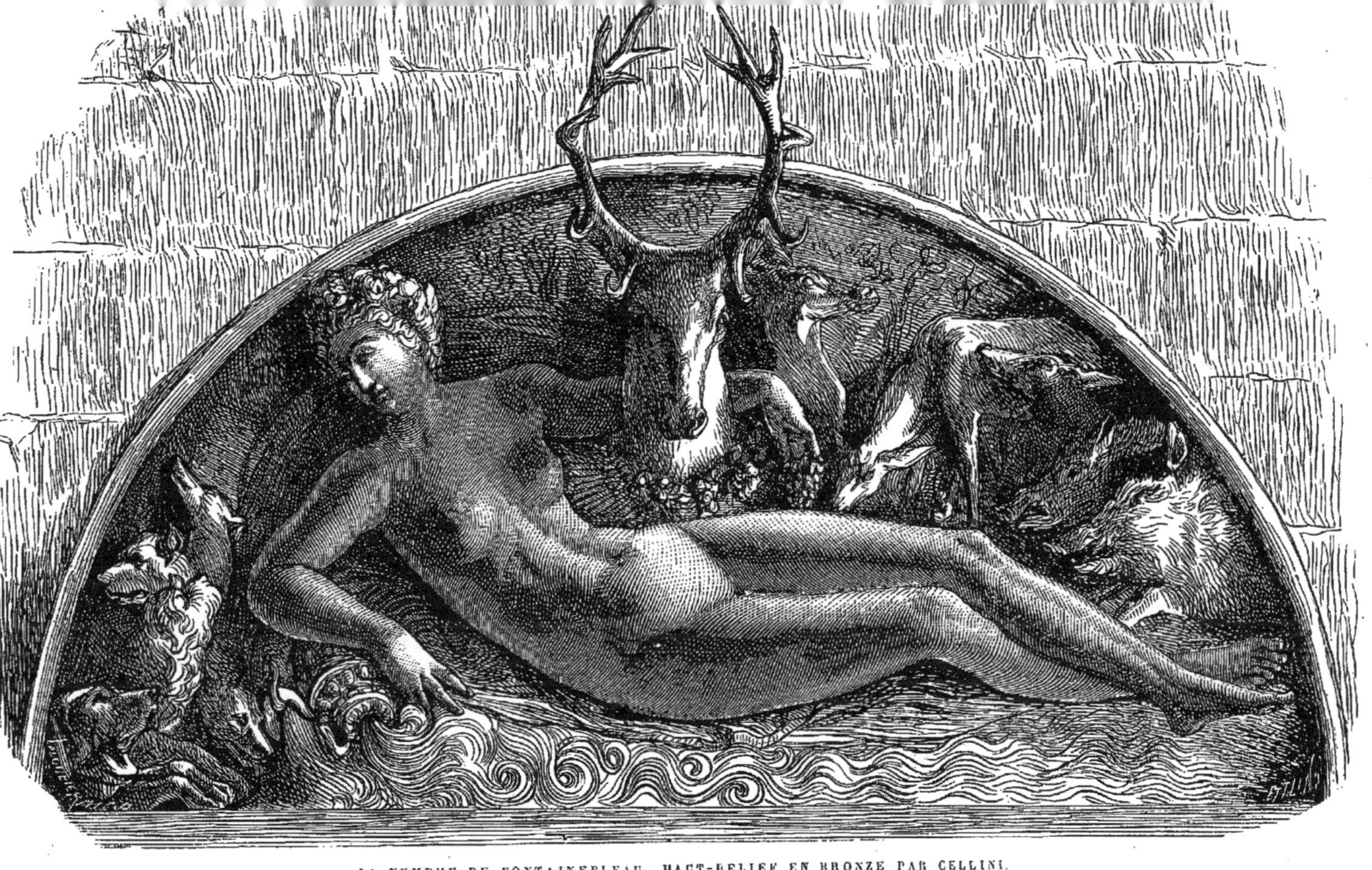

LA NYMPHE DE FONTAINEBLEAU, HAUT-RELIEF EN BRONZE PAR CELLINI.

Musée de la Sculpture de la Renaissance, au Louvre.

Quand le Jupiter — dont il n'est pas resté de traces — fut terminé, Benvenuto le fit transporter au palais de Fontainebleau, où était alors la cour. Le Primatice, après avoir rapporté de Rome les moulages précieux dont il s'était chargé, venait précisément de les faire jeter en bronze avec un grand succès. Le Jupiter, comme on sait, était d'argent, monté sur un piédestal, lequel était lui-même placé sur un socle de bois. Il fut exposé dans la salle où se trouvaient les antiques modernes du Primatice, et qui était en outre ornée de peintures du Rosso de l'effet le plus riche. En présence de toute la cour, Ascanio poussa devant le roi la statue, dont le socle était à roulettes, « en lui imprimant un mouvement qui la fit paraître vivante, » et Cellini, qui soignait ses effets de mise en scène, avait allumé dans la foudre du dieu un bout de torche en cire blanche. Naturellement, la duchesse d'Étampes ne pouvait laisser échapper cette occasion de montrer son mauvais vouloir, et d'admirer les antiques de préférence au Jupiter tonnant. Cellini à son tour ne put comprimer son impatience naturelle ; tant et si bien, que le silence lui fut imposé, non sans qu'il ne s'en dédommageât par une agitation extrême et jusqu'à arracher violemment un bout de draperie qu'il avait jeté sur les cuisses de son dieu. Notons au passage, que cinq de ces fontes de Primatice existent encore aujourd'hui, et ornent le jardin des Tuileries : ce sont le groupe du Laocoon, l'Ariane, l'Apollon, la Vénus pudique et le Commode. Elles sont, au point de vue du métier, d'une incomparable réussite.

Tout à coup, sans que l'on comprenne bien pourquoi, si ce n'est parce que le roi était tombé malade, et sans avoir achevé une statue colossale de Mars, notre Cellini part un beau soir pour l'Italie. On lui dépêcha ce « traître d'Ascanio, » qui le rejoignit à minuit, qui lui représenta de son mieux que ces « scélérats de trésoriers criaient tellement au voleur, » qu'il y avait urgence à rendre les trois grands vases d'argent qu'il emportait par mégarde. Il fallut bien les retirer de ses bagages !

Cellini arriva à Florence au mois d'août 1545. Il alla sur-le-champ trouver le duc de Côme à sa villa de Poggio. Dans cette première entrevue fut arrêté le projet du *Persée*, destiné à la grande place déjà célèbre par la statue de Donatello et par le David de Michel-Ange. Le modèle en cire qui fut agréé est conservé au musée de Florence. Peut-être la statuette qui accompagne ces lignes est-elle aussi un des premiers projets de Cellini pour le *Persée*.

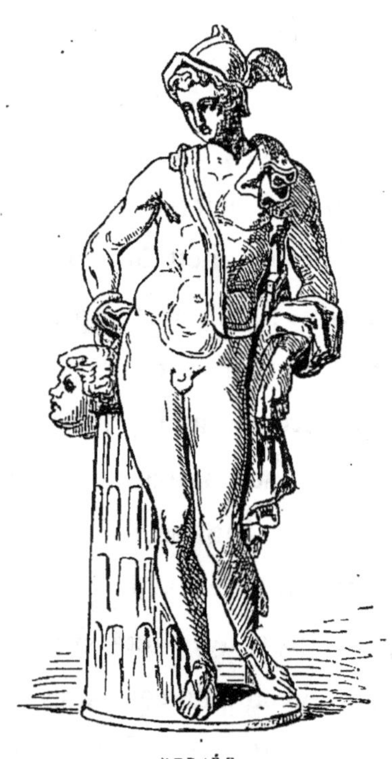

PERSÉE,
STATUETTE EN BRONZE, ATTRIBUÉE A CELLINI.
Collection de M. Ch. Davillier.

Il était à Florence depuis un an à peine, quand l'infamie de sa conduite amena un éclat nouveau qui le fit fuir à Venise. Il appelle cela « la prodigieuse variété de moyens que sa cruelle fortune employait pour le persécuter. » Le voilà donc pour un instant à Venise, où il visite Titien, Lorenzo de Médicis qu'il avait beaucoup connu à Paris, Sansovino qu'il avait connu à Rome et à Florence. Peut-être y avait-il aussi de l'espion dans tout cela, si l'on s'en rapporte aux regards furieux que le prieur Strozzi et Lorenzino lui lancèrent. On le croirait bien plus encore, quand on le voit retourner en secret à Florence au bout de quelques jours.

Il se réintégra vite dans les bonnes grâces du palais que lui avaient aliénées sa fugue. Trois choses l'occupaient à ce moment : le *Persée* auquel il travaillait avec ardeur ; l'exécution de menus objets de toilette et de joaillerie, auxquels la duchesse, en femme qu'elle était, donnait le pas sur tout, et sa lutte ardente soutenue par lui contre Baccio Bandinelli, qui l'appelait « le nouveau sculpteur. » Il fit pour la duchesse quelques petits vases d'argent ornés de beaux et précieux masques à l'antique et un bijou qu'elle envoya à Philippe II, un anneau pour le petit doigt. C'est le moment de sa plus sauvage violence : sa jalousie contre Baccio Bandinelli, qui l'a touché à l'endroit sensible, le rend fou furieux. Certaines des pages de ses *Mémoires* suent la bile et le sang.

Il ébauche en marbre un Apollon et Hyacinthe, et aussi un Narcisse. Cette dernière statue, dans un débordement de l'Arno qui inonda son atelier, fut renversée et rompue au milieu de la poitrine; mais il la rajusta et dissimula le raccord sous une guirlande de fleurs.

L'année 1548 doit être notée dans la vie de Benvenuto Cellini. Je l'appellerais volontiers l'année de sa purification. C'est elle qui vit l'achèvement et la fonte du Persée. Le Persée n'est pas seulement le chef-d'œuvre de Cellini, c'est une œuvre dans laquelle il jeta, sans y regarder, tout son talent, tous ses soins, toute son énergie, tout son orgueil, toutes ses ressources même. Il en sortit transfiguré. Plus de désordres, plus de violences, plus de vols : il semble que pendant que le creuset s'allumait, le cœur de Cellini bouillonnait à l'unisson du fourneau et qu'il rejeta toutes ses scories.

Il fondit d'abord la Méduse que le jeune héros foule de son pied vainqueur, et dont le bras, débordant le piédestal, est, à mon sens, une faute d'harmonie. Puis il travailla à terminer le modèle en cire de la statue, recevant des visites du duc Cosme et relevant avec hauteur les observations bourgeoises que se permet Son Excellence. Dans l'intervalle, il avait fait du duc un buste colossal, qui est encore à Florence et qu'un de nos amis, au jugement duquel nous avons toute confiance, nous dit être savamment modelé et d'un beau dessin.

Cependant, le jour de la fonte est arrivé : Cellini a vaincu mille mauvaises volontés, mille ladreries de la cour, et englouti dans les préparatifs tout l'argent que lui procurent les bijoux qu'il monte pour la duchesse. Nous allons donc laisser parler le sculpteur lui-même en rappelant simplement au lecteur combien ces pages ont de rapports étroits avec les tragiques mésaventures des premières tournées de notre Bernard Palissy.

« Animé d'une nouvelle ardeur, je rassemblai toutes mes forces, et, avec le peu d'argent qui restait dans ma bourse, j'achetai quelques piles de bois de pin de la forêt de Serristori, près de Montelupo. En les attendant, je couvris mon Persée avec des terres que j'avais préparées plusieurs mois à l'avance, afin qu'elles fussent convenablement à point. Dès que j'eus achevé ma chape de terre (chape est le terme technique), que je l'eus soigneusement garnie d'une bonne armature de fer, je commençai, à l'aide d'un petit feu, à la dépouiller de la cire, qui sortait par une foule d'évents ; car, plus il y en a, mieux s'emplit le moule. Après avoir extrait la cire, je construisis autour de mon Persée, c'est-à-dire autour du moule, un fourneau à corpules en briques disposées les unes sur les autres de manière à laisser entre elles une foule d'espaces vides, propres à faciliter la circulation du feu ; puis, durant deux jours et deux nuits, je le chauffai continuellement jusqu'à ce que toute la cire fût sortie et le moule parfaitement cuit.

« Alors, je commençai à creuser une fosse pour y enterrer mon moule, suivant les règles de l'art. Quand ma fosse fut prête, je pris mon moule, et, à l'aide de cabestans et de solides cordages, je le redressai avec soin et le suspendis à une brasse au-dessus du plan de mon fourneau, en le dirigeant de façon qu'il gravitât précisément vers le centre de la fosse. Je le fis alors descendre tout doucement au fond du fourneau, où on le déposa avec toutes les précautions imaginables. J'avais fait emplir ce fourneau d'un nombre considérable de lingots de cuivre et de bronze amoncelés les uns sur les autres, en ayant soin de ménager entre eux un passage aux flammes, afin que le métal s'échauffât et se liquéfiât plus promptement.

« Alors, j'ordonnai résolûment à mes ouvriers d'allumer le fourneau et d'y jeter des bûches de pin. Grâce à la résine qui découlait de ce bois et à l'admirable construction de mon fourneau, le feu fonctionna si vigoureusement, que je fus forcé de porter secours tantôt d'un côté, tantôt de l'autre, ce qui me fatiguait à un point intolérable. Cependant, je redoublai d'efforts. Pour combler la mesure, le feu prit à l'atelier et nous donna lieu de craindre que le toit ne s'abîmât sur nous. En outre, il me venait du côté du jardin un si grand vent et une pluie si furieuse, que mon fourneau se refroidissait. Après avoir lutté pendant quelques heures contre ces déplorables accidents, je me harassai tellement, que, malgré la vigueur de ma constitution, je ne pus y résister. Une fièvre éphémère, la plus violente que j'aie jamais ressentie, s'empara de moi. Je fus donc forcé de me jeter sur mon lit.

« Dès que je fus au lit, j'ordonnai à mes servantes de porter à boire et à manger à tous ceux qui étaient dans mon atelier, et je leur disais : « Hélas! demain, je ne serai plus en vie! » La fièvre alla toujours en augmentant de violence durant deux heures consécutives, pendant lesquelles je ne cessai de répéter que je me sentais mourir. Ma servante, qui gouvernait toute la maison et qui se nommait Marie Fiore de Castel del Rio, la femme la plus vaillante et la plus dévouée qui ait jamais existé, me prodiguait les soins les plus empressés et me criait que j'étais fou de me décourager ainsi. Cependant, mes souffrances et mon accablement brisaient son brave cœur, et elle ne pouvait empêcher que ses yeux ne laissassent tomber des larmes qu'elle essayait de me cacher.

« Tandis que j'étais en proie à ces affreuses tribulations, je vis entrer dans ma chambre un homme tortu comme un S majuscule, qui se mit à me dire, d'une voix aussi piteuse et aussi lamentable que celle des gens qui annoncent aux condamnés leur dernière heure : « Hélas! Benvenuto, votre travail est perdu, et « il n'y a plus de remède au monde! » Aux paroles de ce malheureux, je poussai un cri si terrible, qu'on l'aurait entendu du septième ciel. Je me jetai à bas du lit, je pris mes habits et commençai à me vêtir, en distribuant une grêle de coups de pieds et de coups de poings à mes servantes, à mes garçons et à tous ceux qui s'empressaient pour m'aider. « Ah! traîtres, ah! envieux, leur

« criais-je en me lamentant, c'est une trahison préméditée ! Mais « je jure Dieu que je saurai à quoi m'en tenir, et qu'avant de « mourir, je prouverai qui je suis, et de telle façon, que plus d'un « en sera épouvanté ! »

« Lorsque j'eus fini de m'habiller, je me rendis, l'esprit bouleversé, dans mon atelier, où je trouvai stupéfaits et comme abrutis tous ces gens que j'avais laissés si joyeux et si pleins de courage. « Or çà, leur criai-je, écoutez-moi ! et puisque vous n'avez pas su « ou voulu suivre les instructions que je vous avais données, « obéissez-moi, maintenant que me voilà pour présider à mon « œuvre. Que personne ne raisonne, car, dans de telles circon- « stances, il faut des bras, et non des conseils !.. »

« Je courus sur-le-champ à mon fourneau, et je vis que le métal s'était tout coagulé, et, pour me servir d'un terme de fonderie, avait formé un gâteau. J'envoyai deux manœuvres chercher, en face, dans la maison du boucher Capretta, une pile de bois de jeune chêne qui était scié depuis plus d'un an, et que madame Ginevra, femme dudit Capretta, m'avait offerte. Aussitôt que les premières brassées m'eurent été apportées, j'en remplis la fournaise. Comme le chêne produit un feu plus violent que toute autre espèce de bois (on emploie le peuplier et le pin pour couler l'artillerie, qui réclame une chaleur plus douce), il arriva que mon gâteau commença à se liquéfier et à étinceler dès qu'il eut senti ce feu infernal. En même temps, je fis ouvrir les carreaux et j'envoyai sur le toit quelques-uns de mes gens pour éteindre le feu, que les flammes du fourneau avaient allumé de plus belle. Du côté du jardin, j'avais fait placer des planches et tendre des toiles qui nous garantissaient de la pluie. J'eus bientôt remédié à tous ces accidents. De ma plus grosse voix, je criais à mes hommes: « Apportez-moi ceci ! ôtez-moi cela ! » Et toute cette brigade, voyant que le gâteau commençait à se liquéfier, m'obéissait de si bon cœur, que chaque ouvrier faisait la besogne de trois.

« Alors, je fis prendre un demi-pain d'étain qui pesait environ soixante livres, et je le jetai dans le fourneau, sur le gâteau, qui, grâce au chêne qui le chauffait en dessous et aux leviers à l'aide desquels nous l'attaquions en dessus, ne tarda pas à devenir liquide. Quand je vis que, contre l'attente de tous ces ignorants, j'avais ressuscité un mort, je repris tant de forces qu'il me semblait n'avoir plus ni fièvre, ni crainte de la mort.

« Tout à coup, une détonation frappe nos oreilles, et une flamme, semblable à un éclair, brille à nos yeux ! Une indicible terreur s'empare de chacun, et de moi plus que des autres. Dès que ce fracas fut passé et cette clarté éteinte, nous nous regardâmes les uns les autres. Bientôt nous nous aperçûmes que le couvercle de la fournaise avait éclaté et que le bronze débordait. J'ordonnai d'ouvrir de suite la bouche de mon moule, et en même temps de frapper sur les deux tampons.

« Ayant remarqué que le métal ne coulait pas avec la rapidité qui lui est habituelle, je pensai qu'il fallait peut-être attribuer sa lenteur à ce que la violence du feu auquel je l'avais soumis avait consumé l'alliage.

« Je fis alors prendre tous mes plats, mes écuelles et mes assiettes d'étain, qui étaient au nombre d'environ deux cents. J'en mis une partie dans mes canaux et je jetai l'autre dans le fourneau. Mes ouvriers, voyant que le bronze était devenu parfaitement liquide et que le moule s'emplissait, m'aidaient et m'obéis-

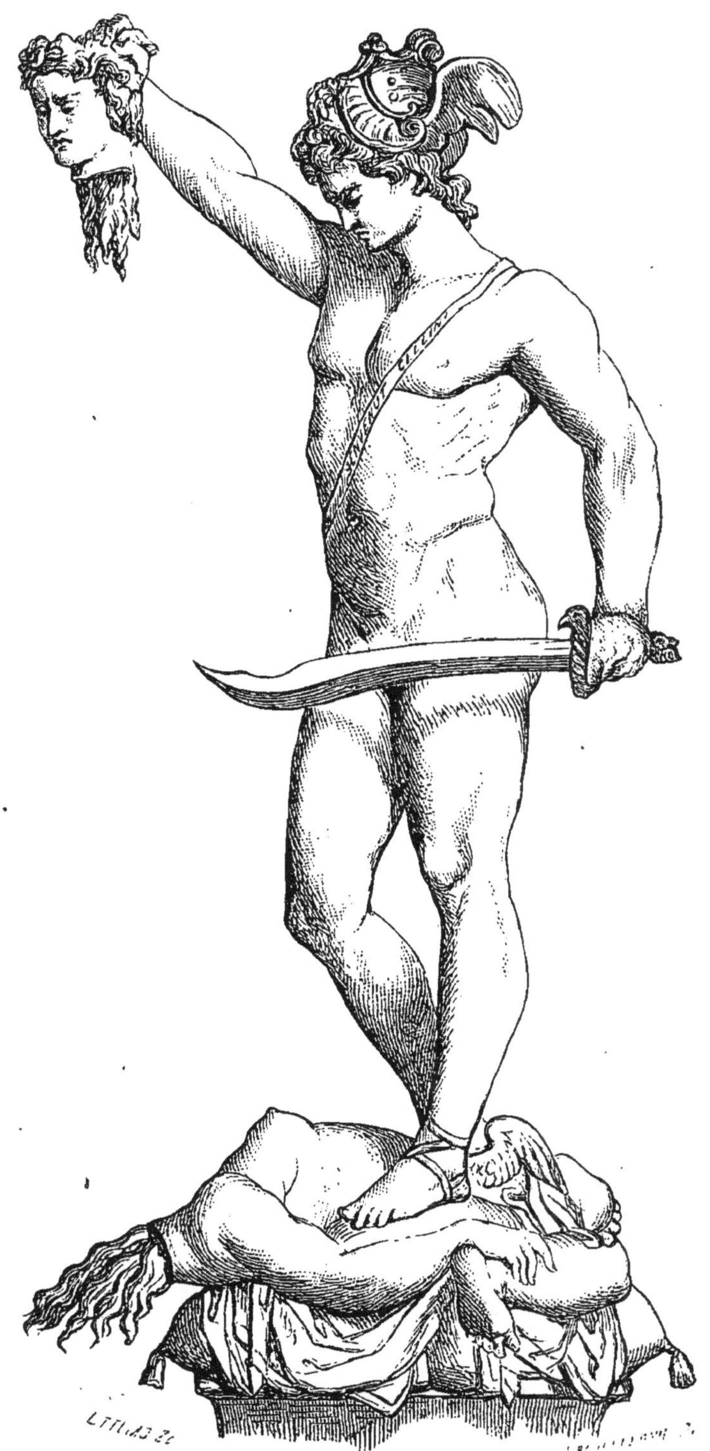

PERSÉE, STATUE EN BRONZE, PAR BENVENUTO CELLINI A FLORENCE

saient avec autant de joie que de courage. Tout en leur recommandant tantôt une chose, tantôt une autre, je disais : « Béni « sois-tu, ô mon Dieu, qui, par ta toute-puissance, ressuscitas « d'entre les morts et montas glorieusement au ciel ! » A l'instant, mon moule s'emplit. Je tombai à genoux et je remerciai le Seigneur de toute mon âme.... Puis, ayant aperçu un plat de salade qui était là sur un mauvais petit banc, j'en mangeai de grand appétit et je bus avec tous mes hommes. Ensuite, comme il était deux heures avant le jour, j'allai, joyeux et bien mieux portant, me fourrer dans mon lit, où je reposai aussi tranquillement que si je n'eusse jamais le moins du monde été indisposé. Pendant ce temps, ma bonne servante, sans que je lui eusse rien dit, m'avait préparé un petit chapon bien gras ; de sorte que, quand je me levai, vers l'heure du dîner, elle accourut gaiement près de moi en disant : « Est-ce donc là cet homme qui se sentait mourir ? » Tous mes braves gens, qui s'étaient remis de leur frayeur et de leurs fatigues, coururent alors acheter, en remplacement de ma vaisselle d'étain, des plats et des assiettes de terre dans lesquels nous dînâmes joyeusement. Je ne me souviens pas d'avoir, de ma vie, mangé avec plus d'appétit et de gaieté. »

Quand Benvenuto découvrit sa statue, la fonte en était parfaite, sauf les doigts et la moitié du pied droit. Lorsqu'elle fut placée sur le piédestal, qui est d'un maniérisme exquis, et découverte, elle lui valut mille éloges, et, selon les usages du temps, au moins autant de sonnets. Ce Persée n'est pas une œuvre de force ; il tomberait en avant, si un miracle le changeait brusquement en corps de chair et d'os ; ses jambes sont communes et ses mains mal dessinées ; les membres de la Méduse sont pliés en quatre comme ceux d'un poulet qu'on « pare » avant de l'embrocher. Mais l'ensemble est svelte, la silhouette imprévue, le mouvement fier et modeste : c'est le geste d'un jeune garçon, nerveux et courageux, qui vient d'accomplir un exploit extraordinaire ; son front plissé, ses narines frémissantes, sa main qui serre la poignée du glaive en le maintenant menaçant, tout cela est bien trouvé, bien exprimé. Quant aux détails, au casque surtout, et aux statuettes qui forment les angles du piédestal, c'est là que l'orfévre habile se révèle tout entier.

Benvenuto avait fait de fortes études. M. Paul de Saint-Victor, avec son sens exquis de la Renaissance italienne, n'a eu garde de l'oublier, et, après avoir cité un beau passage du *Discours de Cellini sur les principes de l'art du dessin*, il ajoute : « Cet enthousiasme pour la beauté du corps humain est partagé par toute son époque. On sait avec quelle ferveur Michel-Ange anatomisait les cadavres, plantant une chandelle dans leur nombril, pour les étudier jusque dans la nuit. Le squelette n'est plus, comme au moyen âge, la hideuse guenille d'une chair méprisable, mais l'admirable armature de la vigueur et de la beauté. L'homme se penche sur la tête de mort avec ravissement : il n'y cherche plus le dégoût, mais le secret de la vie ; il mesure sur les trous du crâne l'orbite des yeux d'Apollon ; de son rictus grimaçant il tire le gracieux sourire de Vénus. Les dieux, les nymphes, les héros, les anges, les déesses qui peuplent de leurs beaux corps les palais et les temples, sortent du charnier fécondé, comme des fleurs de la pourriture. Le seizième siècle inaugure le triomphe plastique de la Mort. »

Le reste de l'œuvre ou de la vie de Benvenuto Cellini n'a plus rien qui doive nous arrêter. Il pourrait murmurer, comme le poëte latin : « Exegi monumentum... » Il fit encore des bustes, des bijoux, un Neptune. Mais son Persée est sa statue capitale, et ce qui, en dehors de son œuvre d'orfévre, irréparablement détruit, lui assure la longue vie de l'histoire. Le 16 mai 1563, il fut choisi, avec le Bronzino, Georges Vasari et l'Ammanati, pour représenter les artistes de Florence aux funérailles de Michel-Ange. Nous ne nous trompions donc pas en disant que sa statue l'avait réhabilité. Puis le lion se fit mouton, un mouton rageur, cependant; il perdit une à une ses griffes, ses dents, qu'il montrait encore, de temps à autre, à Baccio Bandinelli; il changea son antre en une bergerie : les dernières pages de ses *Mémoires* sont pleines du récit de ses démêlés avec ses voisins de campagne. Benvenuto Cellini mourut le 15 février 1571.

On ne peut douter, au milieu de ses vantardises, qu'il n'ait joué un rôle important parmi les artistes de son temps que les rois ne l'aient disputé aux papes et les grands seigneurs aux cardinaux. Le goût des bijoux était la folie de ces époques, et l'homme en était atteint au moins autant que la femme, en Italie plus que nulle part. Le goût du précieux, du raffiné éclate aussi bien dans la poésie que dans l'art qui l'abâtardit et se manière. C'est de l'Italie et de leurs coûteuses conquêtes que Louis XII, que François Ier rapportèrent en France cette passion pour les œuvres italiennes, passion légitime seulement lorsqu'elle s'adresse à des personnalités supérieures.

Toute l'Europe imita cet amoncellement de figurines que Cellini avait collées contre la panse ou fait grimper le long du pied des aiguières. L'orfévrerie ne se donna plus pour thème qu'un bas-relief en ronde bosse. La pesante Allemagne elle-même en fut affolée, et l'on jugera par l'aiguière qui appartient au musée du Louvre et que nous avons détachée de son plateau, du parti qu'elle tira des figures casquées, engagées dans une urne comme un poulet qui brise sa coquille, et des triomphes qui se déroulent en frise au milieu des trophées d'armes et d'instruments de musique. Je ne sais rien, pour ma part, de plus faux que le point de départ de cette ornementation; et ces satyres assis, tant bien que mal, comme des singes grimpés sur des meubles, et ces anses qui font tout ce qu'elles peuvent pour dissimuler leur extrait de naissance, qui se masquent en cordes, en rubans, qui s'attachent où elles peuvent et invitent formellement, par leur gracilité, à ne les point toucher. Ici encore l'Orient nous donne de grandes leçons de goût. Mais l'Orient a sagement repoussé de l'ornementation l'emploi de la figure humaine. Les races sémitiques, qui se sont aimées jusqu'à faire les dieux à leur image, ont, sans y réfléchir, diminué la dignité humaine en l'associant à ce qui ne doit être que secondaire, l'animal réel ou fantastique, la plante ou la fleur.

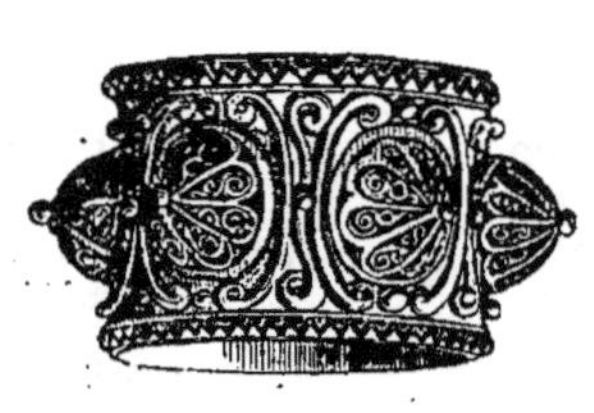

BAGUE VÉNITIENNE,
SEIZIÈME SIÈCLE.

Benvenuto avait rencontré à Paris des fondeurs dont lui-même constate l'habileté, bien qu'il avance aussi que « ces vieux maîtres bénissaient l'heure et le jour où ils l'avaient connu. » La sculpture française n'avait rien à gagner à l'arrivée du matamore, et Michel Colombe, Ligier Richier, Pierre Bontemps, Germain Pilon, Jean Cousin, Jean Goujon avaient fait ou firent mieux que la Nymphe de Fontainebleau.

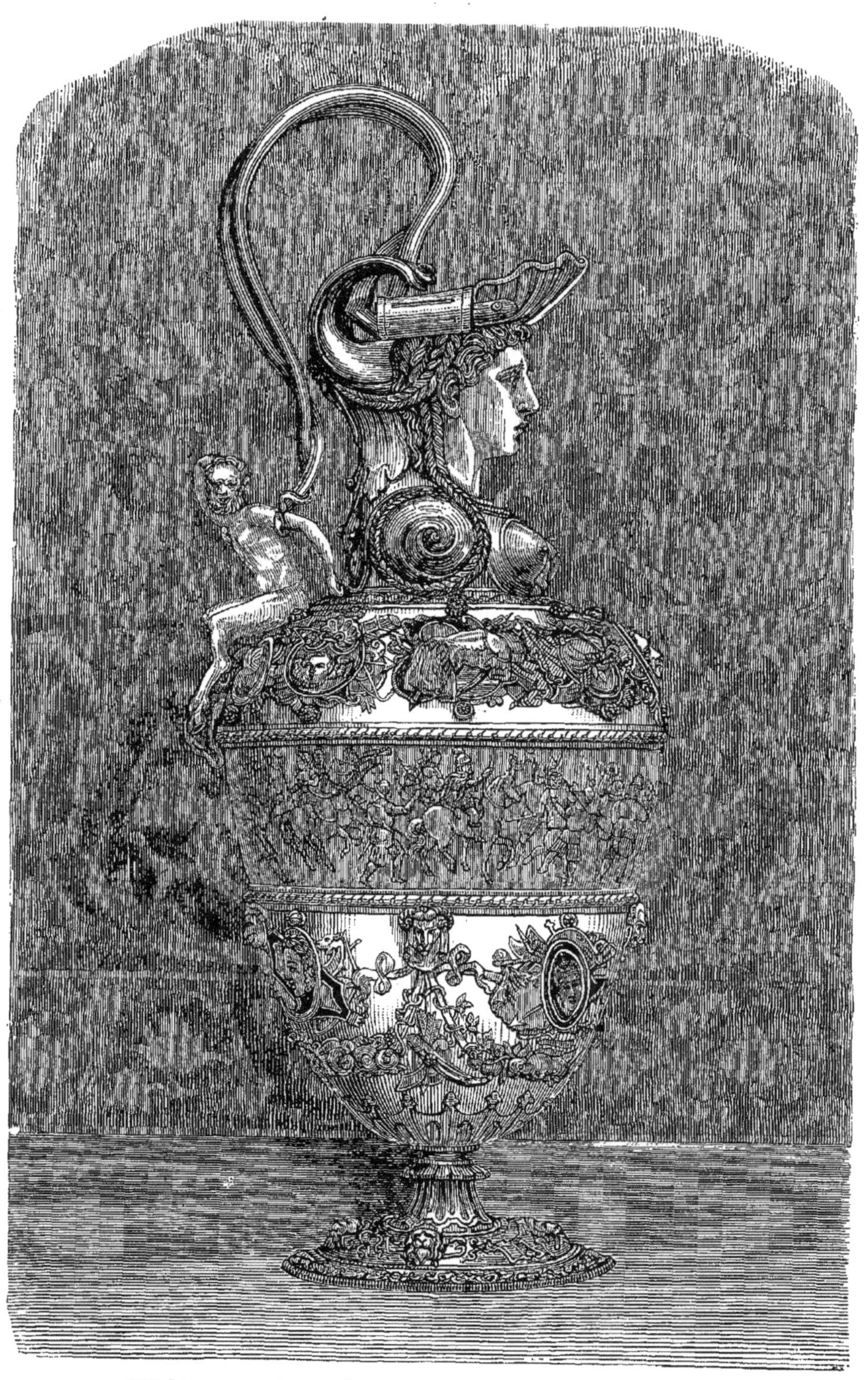

AIGUIÈRE EN OR ÉMAILLÉ, TRAVAIL ALLEMAND DU SEIZIÈME SIÈCLE.
Musée du Louvre.

Parmi les orfévres parisiens, il y avait aussi, à ce moment, des maîtres capables de maintenir la tradition française, qui est la clarté unie à la grâce. Telle s'offre cette bague, qui a pour devise « ryen sans amour ! » Un de ces orfévres, postérieur à Benvenuto, — il était né en 1518, — fut maître Estienne Delaulne. Il existe de lui une médaille de Henri II au Cabinet des antiques; tout le reste de son œuvre a péri; mais on retrouve l'abondance toute française de son imagination, de son goût, de son esprit, dans les précieuses estampes qu'il a gravées lui-même, et dans ses dessins à la plume sur vélin. Il paraît avoir quitté la France pour cause de religion, et lorsqu'il grava cette précieuse vue intérieure de son atelier et de sa boutique, car c'est évidemment un de ses clients qui se penche et cause par la fenêtre ouverte, tandis que ses ouvriers ébauchent ou achèvent au repoussé un plat et un vase et émaillent quelque bijou. Delaulne habitait à ce moment Augsbourg et touchait au terme de ses ans. Il prit à son tour, par l'abondance et le choix des matériaux de travail que ses gravures au burin offraient aux orfévres, aux émailleurs, aux bijoutiers, aux potiers d'étain, aux ciseleurs sur fer, aux tailleurs de panneaux ou de figurines en bois, une très-notable et très-persistante influence, et il est regrettable que le nom de maître Estienne Delaulne ne soit pas plus familier à la foule. Il mérite à tous les égards une réhabilitation.

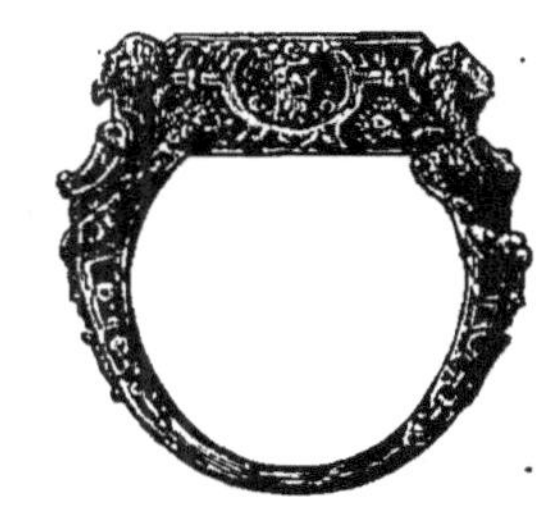

BAGUE EN FER CISELÉ, SEIZIÈME SIÈCLE FRANÇAIS
Collection Sauvageot.

Les bijoux du règne de Louis XIII rompent franchement avec la tradition des figures allégoriques de la Renaissance : alors aux vertus émaillées, aux combats de cavaliers circonscrits dans un ovale grand comme la coquille d'une noix, aux divinités de l'Olympe debout dans des niches succède le goût des pierreries. Pour notre part, nous y applaudissons. Il faut laisser la statue et le bas-relief au statuaire : ce n'est pas au point de vue du personnage qu'il

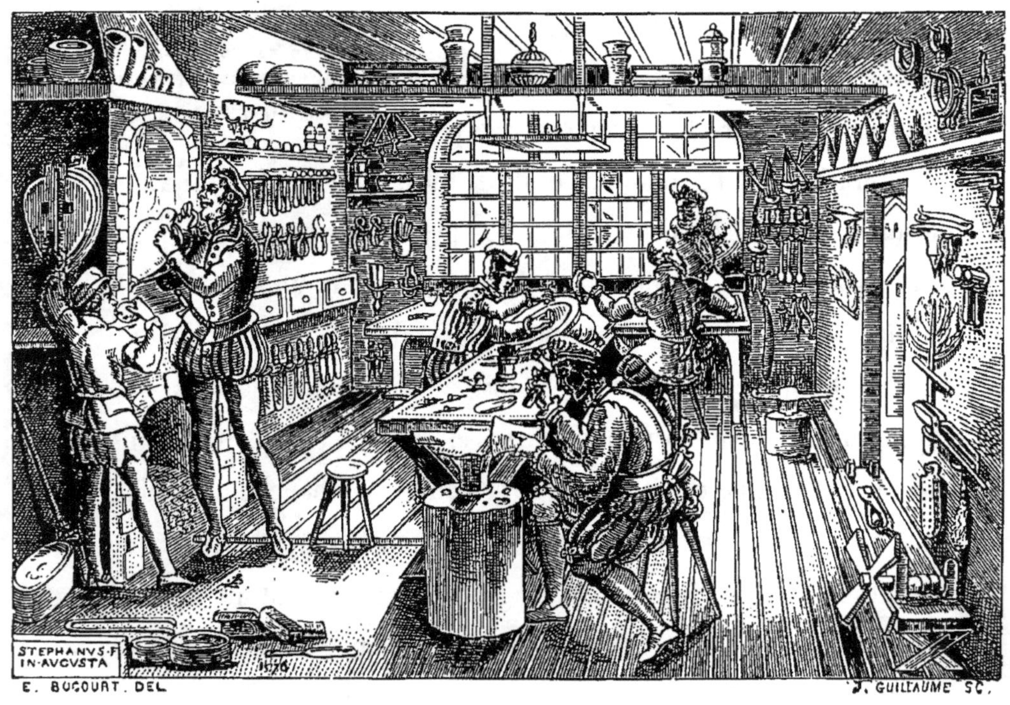

E. BOCOURT. DEL. J. GUILLAUME SC.

ATELIER DE MAITRE ÉTIENNE DELAULNE, ORFÈVRE FRANÇAIS, EN 1576.

faut juger d'un bijou, et, à quelque distance, toute l'admirable précision du travail des bijoux italiens disparaît pour donner une tache indécise. Rien ne nous ravit comme les feux que projette un diamant bien taillé, bien monté. C'est assurément ce qui reporte le mieux à ce qu'il y a de plus mystérieux, de plus vivant et de plus attrayant au monde, le scintillement d'une étoile. La pendeloque que nous reproduisons a été composée par Gilles Légaré.

M. Paul Mantz, dans sa série d'articles publiés sur l'orfévrerie française dans la *Gazette des beaux-arts* et qui n'ont d'autres torts que de n'avoir pas été réunis en volume, a dit de cette pendeloque : « C'est le bijou raisonnable, solide, sagement français, que portèrent les Montespan et les Fontange. »

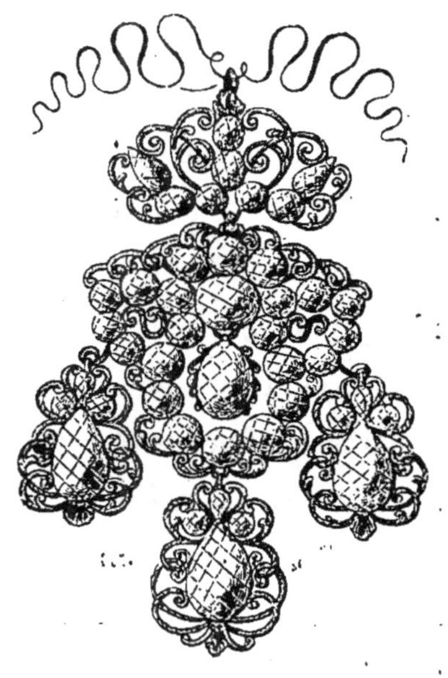

PENDELOQUE EN DIAMANTS, D'APRÈS GILLES LÉGARÉ.
Dix-septième siècle français.

Avec plus de mouvement dans la silhouette, de caprice dans la monture, le bijou du dix-huitième siècle a moins de sérénité et d'élégance. De plus il fit de l'émail et de l'or un usage qui compromit souvent l'éclat de la pierre. Il se servit aussi de l'acier poli et des imitations de pierre, non sans succès, et là on pressent la part que la bourgeoisie va revendiquer dans les affaires de la France.

L'Empire a laissé le nom de bijoutiers célèbres, Thomire, Odiot et d'autres encore. Mais une lourde interprétation de l'antique prévalut. Qui n'a regardé les couronnes hautes, les peignes dressés sur la tête de Joséphine, de la reine Hortense, des dames de la cour impériale dans les tableaux de David, les portraits de Prudhon, de Gérard ? Tout sied à une jolie femme, même l'absurde. Mais quand on tient dans sa main un de ces bijoux, on n'est guère tenté de se rappeler que Prudhon lui-même dessina des modèles d'orfévrerie pour les bijoutiers de son temps.

De nos jours, notre bijouterie fait encore des merveilles. Les Anglais, qui nous enlèvent à prix d'or nos meilleurs ouvriers, les Anglais seuls luttent avec nos bijoutiers parisiens : ils ont même la supériorité pour la fraîcheur du poli et l'éclat de la couleur du métal ; mais les nôtres ont la sobriété dans la monture, la légèreté, et la force, et ils obtiennent moitié plus d'effet avec moitié moins de pierres. On exécute, de nos jours, mieux qu'on n'a jamais exécuté. L'acquisition par le Louvre des bijoux de la collection Campana semble même avoir eu sur l'invention la plus heureuse influence. Nos artistes ont vu plus large, et ils ont mieux saisi les rapports entre la pensée et l'exécution. Ainsi, par exemple, s'ils imitent des objets naturels ou artificiels, des animaux ou des fleurs, ils simplifient les détails et s'attachent à mettre en relief ce qui est caractéristique et distinguent nettement les races ou les espèces.

La bijouterie, qui tient du plus près à la femme, est infiniment plus difficile à caractériser que l'orfévrerie qui tient à la famille : elle suit la femme dans tous ses caprices de coiffure, de vêtement et d'habitudes extérieures. Le style de la bijouterie peut varier jusqu'à deux fois en une saison. Allez donc chercher à déterminer exactement l'année où tel collier, tel bracelet, telle boucle de ceinture, tel épi de coiffure, tel bouton de corsage, sont sortis de l'atelier! L'orfévrerie est moins mobile. Ainsi on peut assurer, sans risquer de s'y tromper, que ce vase en argent, de Claude Ballin, appartient au siècle de Louis XIV, parce que l'on y trouve des analogies frappantes avec les vases fondus sur les modèles des

Lepautre pour le parc de Versailles. Cette pendule aussi, qui est du commencément du dix-huitième siècle, ne se peut distraire d'un ameublement dans le style du grand règne : ces pleins-cintres, ces

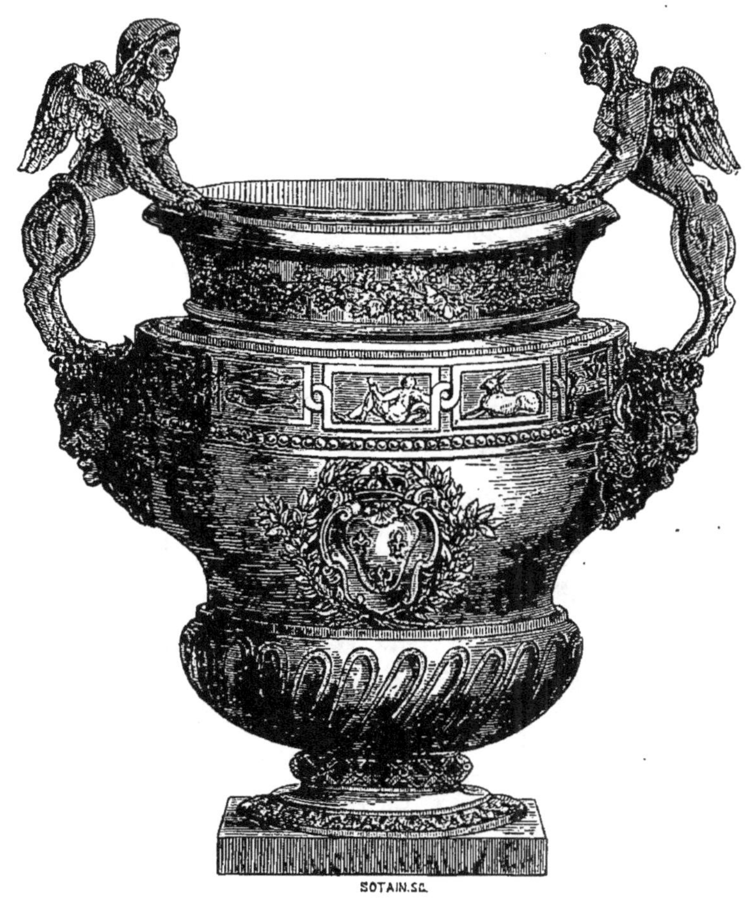

VASE EN ARGENT MASSIF,

Par Claude Ballin, orfèvre de Louis XIV.

dômes à sommet rompu, ces volutes en manche de violon se retrouvent dans le salon des Glaces à Versailles, au Louvre dans les encadrements du plafond de la galerie d'Apollon. De même, la pendule de Marie-Antoinette, que possède M. L. Double, n'a pu sonner que dans un boudoir du dix-huitième siècle. Cette urne, dont la partie médiane glisse sur elle-même et vient marquer l'heure sous le dard du serpent, emblème de l'éternité; cette profusion

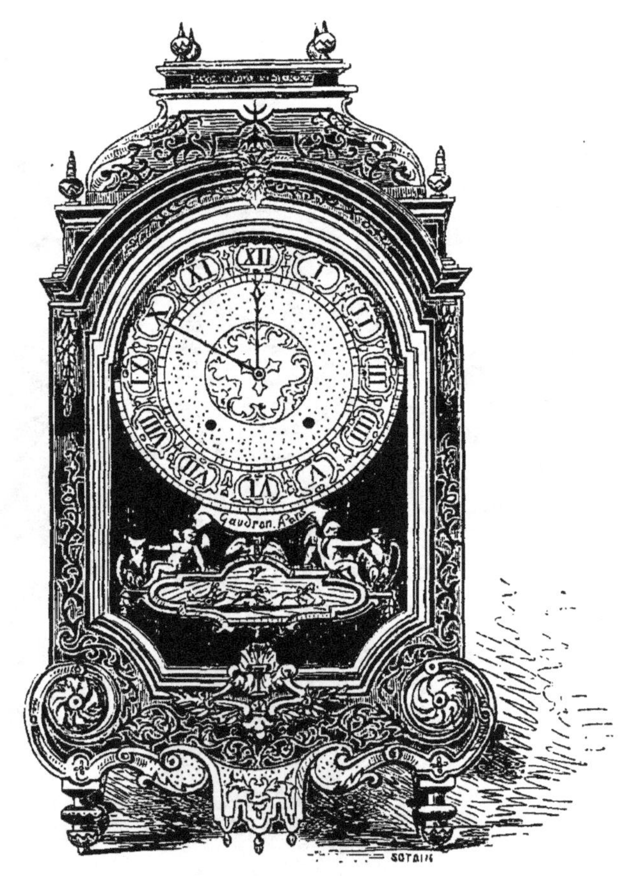

PENDULE PAR GAUDRON.

Commencement du dix-huitième siècle. — Collection de M. A. Tainturier.

de pierreries semées sur le carquois et la torche suspendus en bandoulière par un nœud d'amour; ce monument galant et commode, bien conçu et merveilleusement fondu, réparé, ciselé, doré, émaillé, c'est un chef-d'œuvre qui ne peut être distrait de cette époque où l'esprit français fut le mieux en possession de toutes ses qualités et de ses défauts et les imposa avec le plus de charmes.

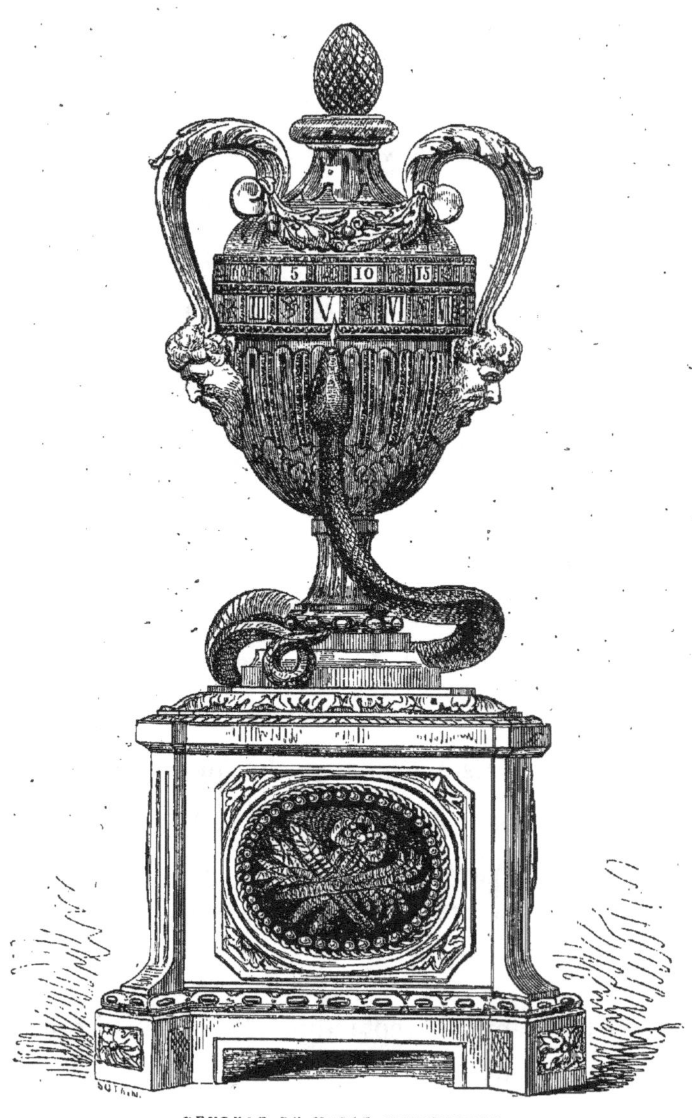

PENDULE DE MARIE-ANTOINETTE.
Collection de M. L. Double.

Donc, nous pourrions presque retrouver tout un côté de la physionomie fastueuse du grand règne, sans les irréparables désastres qui forcèrent Louis XIV vaincu, ruiné, mais toujours fier et noble, d'envoyer à la Monnaie toute son orfévrerie, toute sa bijouterie, tous les meubles en argent massif de Versailles. Nous connaissons quelques-unes de ces somptuosités par les estampes de Lepautre et de Bérain : il y avait jusqu'à des caisses à orangers et des canapés en métal plein ! Il fallait sauver la France; mais ce fut un sacrifice aussi complet que lorsque le capitaine fait jeter la cargaison entière à la mer ! Toute la cour imita le roi : Saint-Simon, le relate en gentilhomme, madame de Sévigné en pleure toutes les larmes de son coffre-fort. Ce qui fut réduit en lingots est incalculable. C'est à ce moment que, selon toute vraisemblance, disparut tout l'œuvre de Cellini, puisque Louis XIV poussa l'indifférence jusqu'à faire jeter au creuset une petite statuette équestre du roi Louis XIII, son père, laquelle valait sans doute à peine quelques centaines d'écus. Mais n'est-il pas singulier, pour en revenir à ce Cellini dont on n'avait pas oublié le nom, que tous ses travaux, dont la valeur intrinsèque était minime, aient disparu, alors par exemple qu'il nous reste des flambeaux du règne de Louis XV en argent massif. On peut dire qu'il ne subsista que le trésor des églises. Et encore, par une singulière fatalité, ce trésor devait à son tour s'engloutir dans le naufrage définitif de l'ancienne monarchie.

Louis XVI lui-même, 21 septembre 1789, donna à son tour à son garde-vaisselle l'ordre d'envoyer à la Monnaie « toute la vaisselle plate des petits cabinets, tous les plats, les assiettes et les couvercles. » Quant à l'anéantissement du trésor de Saint-Denis, c'est pour l'histoire de notre orfévrerie nationale le pendant de ce que fut pour le monde antique l'incendie de la bibliothèque d'Alexan-

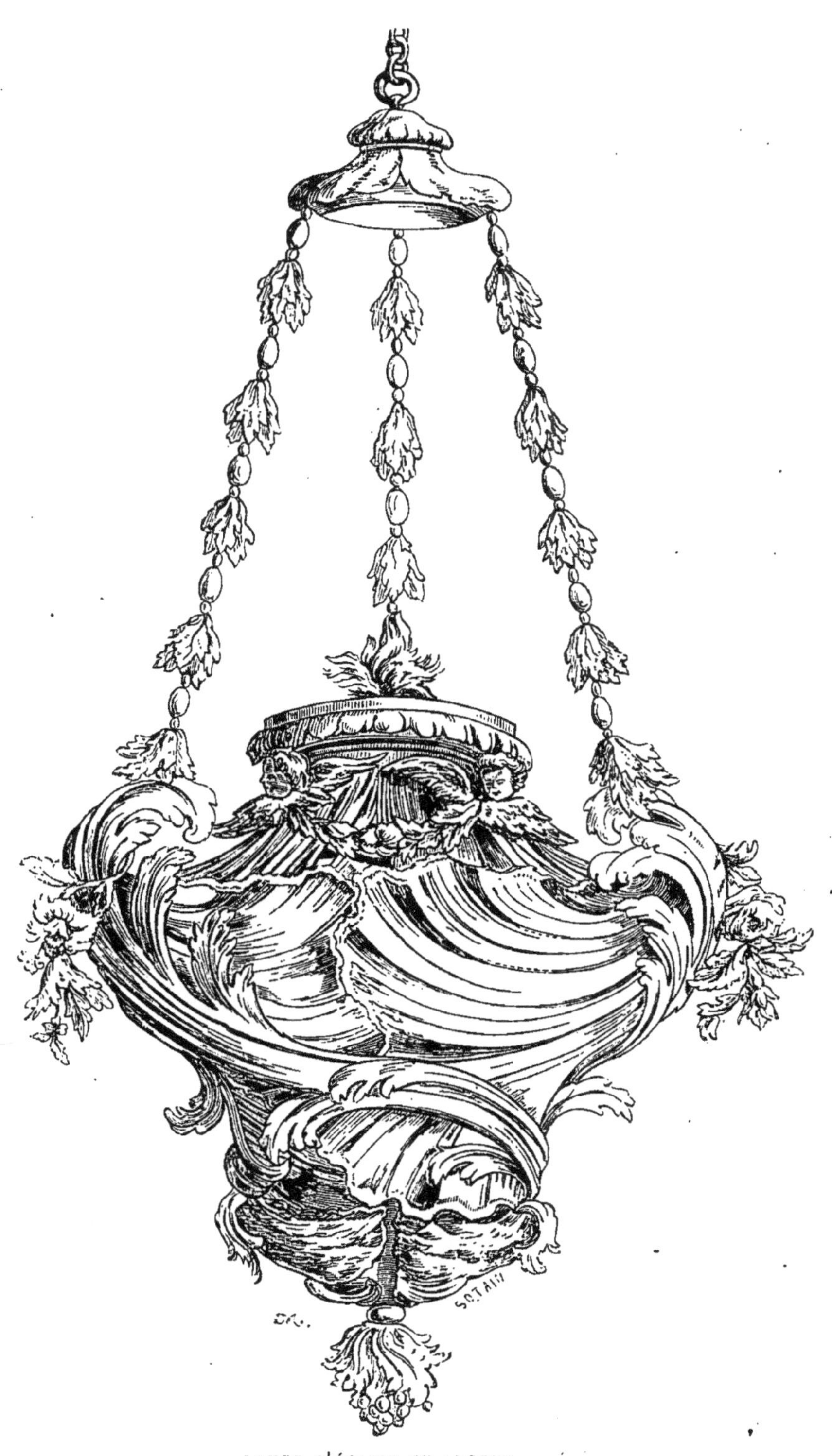

LAMPE D'ÉGLISE EN ARGENT,

Par Thomas Germain, vers 1750.

drie. C'étaient les titres de noblesse de ses arts industriels que la France jetait au feu en cette terrible conjoncture.

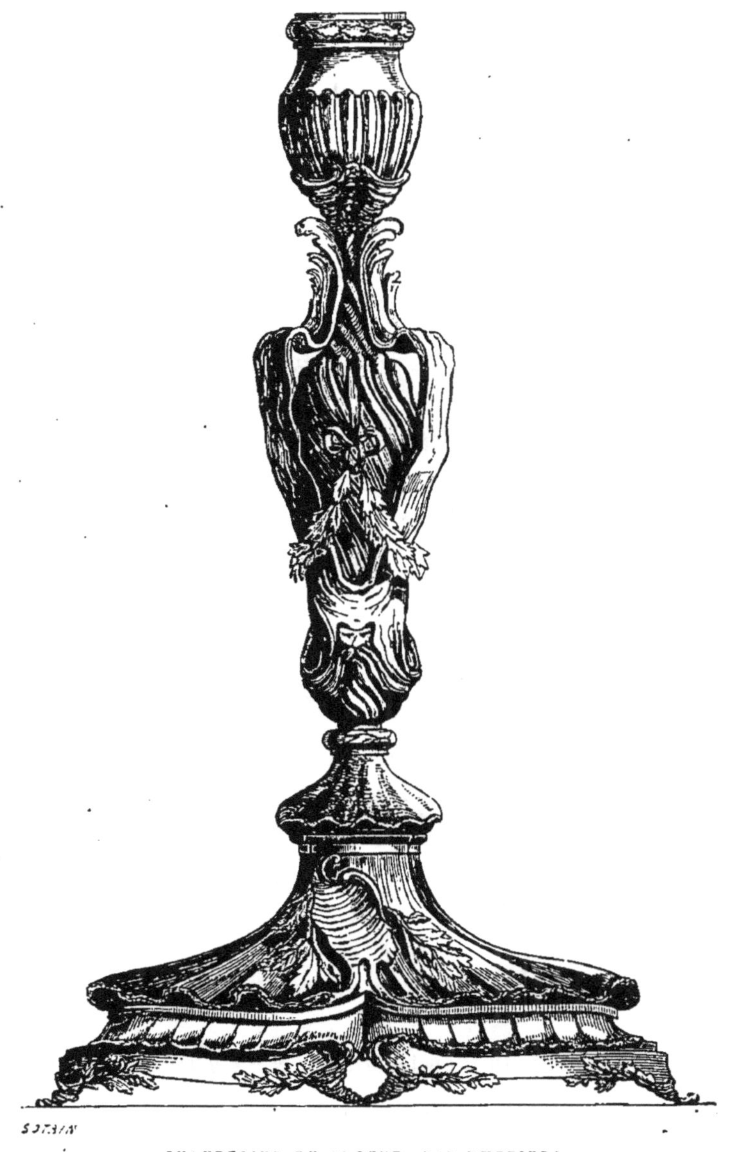

CHANDELIER EN ARGENT, PAR RŒTTIERS.

Dix-huitième siècle.

Nous n'avons plus que quelques lignes à écrire. Chacun de nos lecteurs reconnaîtra pour du style Louis XV cette nef dont nous avons plus haut expliqué l'usage. Meissonnier la fit, vers 1745, exécuter pour le roi. Nous n'en connaissons, du reste, que le dessin. Elle est sœur, pour le style tourmenté, les coquillages à arêtes saillantes, les longs jets de feuilles d'acanthe de cette lampe d'é-

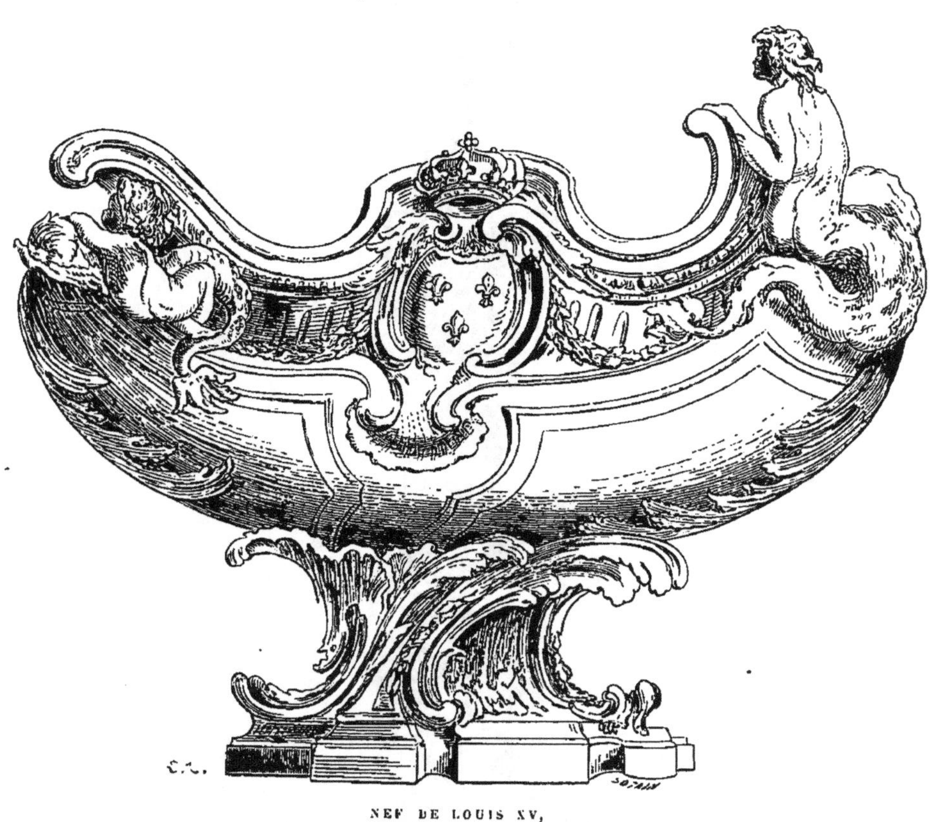

NEF DE LOUIS XV,
Exécutée par Meissonnier en 1745.

glise dessinée par Thomas Germain, vers 1750. A vrai dire, ces végétations en métal ne nous agréent qu'à demi. Si nous aimons beaucoup l'esprit des arts industriels du dix-huitième siècle, ce n'est point dans son orfévrerie d'apparat.

Sous Louis XVI, on fit une application délicieuse des ors de divers tons. Ce cachet, fait d'après Moreau, est aussi séduisant par la variété des tons que par l'agrément du burin. Il semble que l'orfèvre ait appelé le peintre à son aide. M. L. Double possède une boîte à priser qui, dans ce genre, est un chef-d'œuvre; M. Édouard Lièvre l'a reproduite dans son intelligente publication des *Collections célèbres :* l'or jaune, l'or vert, l'or rouge, s'y marient et s'y juxtaposent avec une entente de l'effet qui décuplent l'éclat du métal.

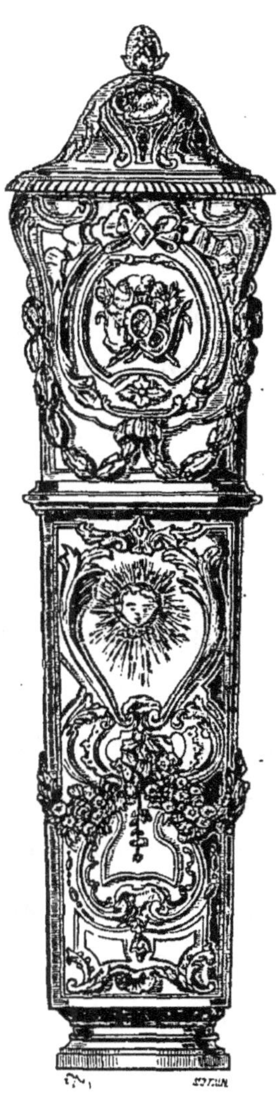

CACHET EN OR DE PLUSIEURS TONS, PAR MOREAU.

Règne de Louis XVI.

De nos jours, la galvanoplastie est venue faire une rude concurrence à l'orfèvrerie en métal plein. Comment, alors que la fortune ne repose presque plus que sur l'intérêt de l'argent, immobiliser plusieurs centaines de mille francs? Vous avez le même résultat pour les yeux avec quelques dizaines de mille francs? Le bon-sens est ici d'accord avec la vanité. Nous ne reverrons donc plus guère de grandes commandes comme celles du surtout de table du duc d'Orléans, ciselé en partie par Barye, ou celle du surtout de table du duc de Luynes. La Ville de Paris donnant le signal des économies officielles, n'a-t-elle pas demandé à la galvanoplastie son grand service pour les jours de gala. Nous sommes loin de nous en plaindre, du reste. L'effet est absolument le même, et il faut espérer qu'elle n'aura jamais à l'envoyer à la Monnaie.

Il est sorti plus d'un morceau de choix de l'atelier des orfèvres dans ces dernières années, inventés et modelés par Feuchères, par exemple, ou par M. Klagman, ou par M. Vechte. On sait la fameuse histoire des boucliers de Feuchères qui furent vendus au roi de Prusse pour des œuvres de Cellini, et qui, exposés dans son Musée jusqu'à ce que la fraude ait été découverte, donnèrent naissance à plus d'un dithyrambe en l'honneur du seizième siècle! Nous pourrions citer parmi les œuvres contemporaines des vases et des coupes pour des concours et pour des courses. Mais, malheureusement, ces chefs-d'œuvre sont, la plupart du temps, signés, non pas par l'artiste qui les a créés, mais par le fabricant qui les a fait exécuter. Et nous ne voulons pas consacrer, une fois de plus, des injustices à propos desquelles l'avenir n'aurait pas le temps d'ouvrir des enquêtes. Que l'on dise donc : Tel bijou, telle figurine, telle bague, telle coupe vient de chez un tel; c'est fort bien. Mais qu'on ne dise plus : Il est d'un tel, parce que c'est absolument comme si l'on répétait que tel livre est de l'éditeur ou du libraire chez lequel on l'achète.

On ne saurait trop réagir contre cette violente injustice faite pour dérouter la critique, amoindrir la force productrice des artistes et supprimer l'orgueil et la dignité du nom. Aussi, dans ses expositions d'un intérêt toujours croissant, l'*Union centrale* a-t-elle tenu sévèrement à ce que chacun fût responsable de son œuvre. Le public, averti, s'est montré, comme toujours, intelligent et sensé. Les applaudissements les plus vifs ont été pour la vitrine

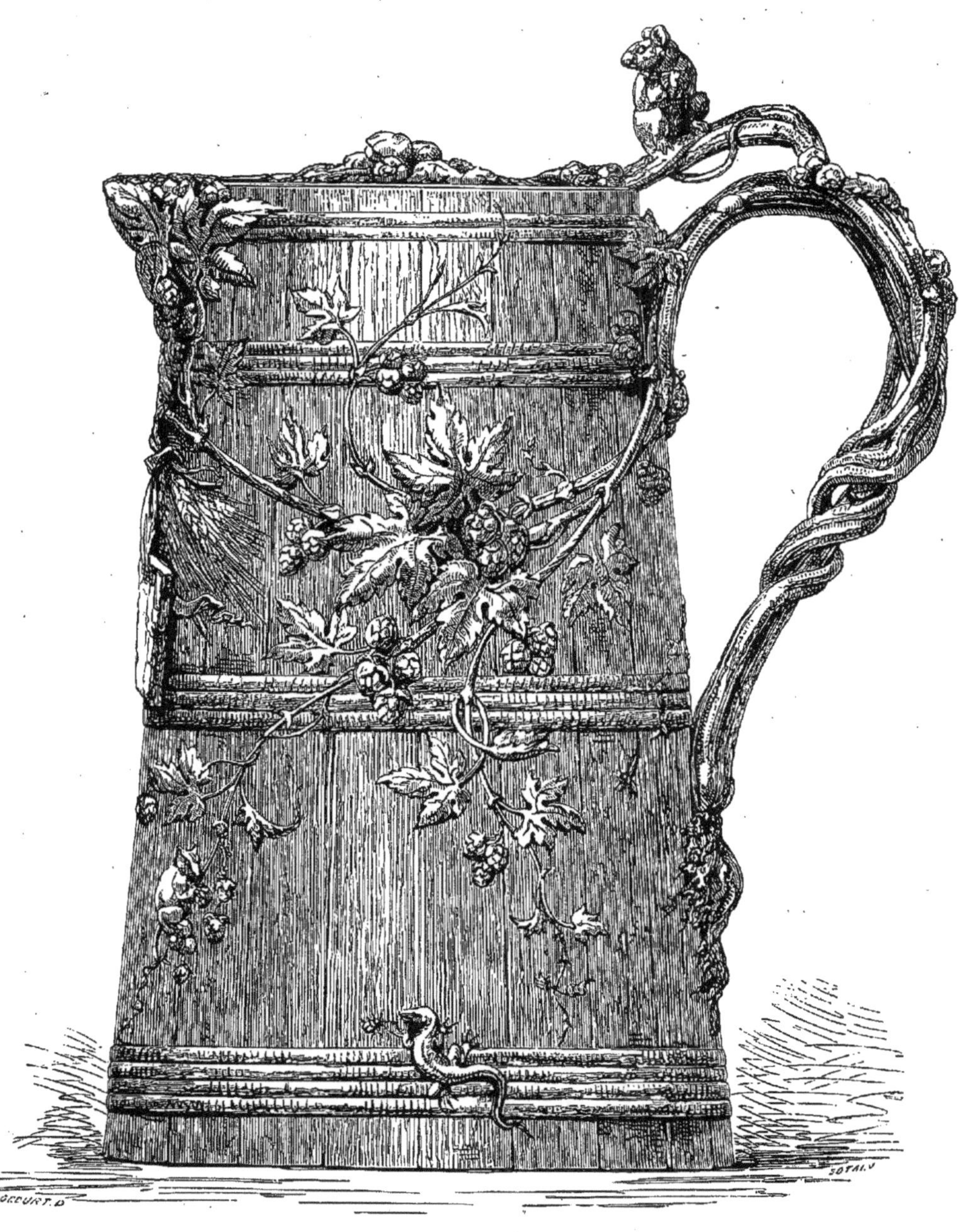

POT A BIÈRE EN ARGENT REPOUSSÉ, PAR MM. FANNIÈRE FRÈRES.

Appartient à l'Empereur.

de deux jeunes artistes qui, avant de pouvoir travailler pour leur compte, avaient jeté des chefs-d'œuvre anonymes dans les boutiques les plus en renom : ce sont MM. Fannière frères. Nous leur avons emprunté ce pot à bière en argent repoussé qui fut acheté, à une première visite, par l'Empereur. Les houblons qui l'ornent et le caressent en expliquent l'usage ; la forme, sans avoir rien d'extraordinaire, est simple, pratique ; l'ensemble est bien proportionné. L'exécution au repoussé est excellente. MM. Fannière frères, dans d'autres objets d'orfévrerie et de bijouterie, avaient prouvé que la réussite de ce joli objet n'était point exceptionnelle pour eux. En 1867, ils soutiendront dignement, avec le déploiement modeste d'une maison qui lutte contre la mauvaise volonté de ses aînées, le drapeau de l'art de l'orfévrerie française et du principe de l'initiative personnelle.

Mais c'est là une tentative presque isolée. Le vrai artiste au repoussé, le vrai ciseleur dans l'esprit du temps, c'est aujourd'hui cet agent électrique qui réunit les molécules de cuivre, d'argent et d'or éparses dans une solution galvanique, et qui les pose avec une imperturbable patience et une effrayante adresse là où le lui indique le courant lancé par la pile. C'est la galvanoplastie. Le poëte l'a dit à propos du livre qui s'est substitué au manuscrit, et il faut le répéter pour presque tous nos arts industriels : « Ceci tuera Cela. » L'invention peut n'y rien perdre et saura trouver des formules nouvelles, mais que deviendra le maniement de l'outil et qu'est-ce que l'artiste sans l'ouvrier, l'âme sans la main ?

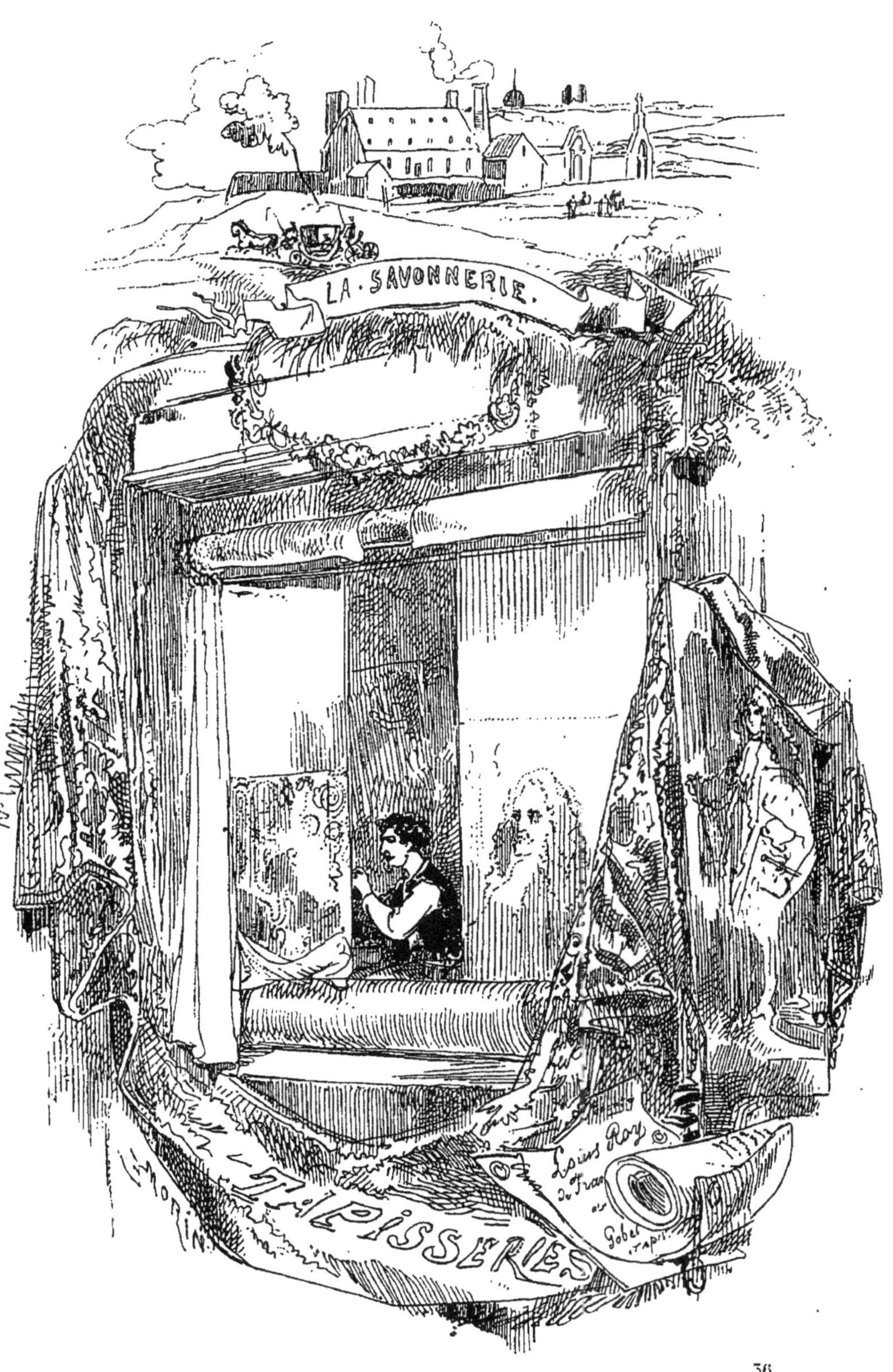
LA·SAVONNERIE.
TAPISSERIES
MORIN

TAPISSERIE

L'art de la Tapisserie est né vraisemblablement dans les Indes. — Le voile consacré à Minerve par la mère d'Hector. — Lutte de Pallas et d'Arachné. — Les tapis de Smyrne et de Caraman tissés par des jeunes filles.

La Tapisserie pénètre en Europe et d'abord en France. — Les métiers de haute-lisse au neuvième siècle. — La *Condamnacion de Souper et de Banquet* au Musée ducal de Nancy. — L'*Histoire de David et Bethsabé* au Musée de Cluny. — L'*Adoration de la Vierge*, d'après van Eyck, à Rome.

L'École italienne trouble l'ordre. — Les *Cartons* de Raphaël, à Hampton-Court. — *L'Histoire de Scipion* et des *Fruits de la Guerre*, par Jules Romain, dans les dessins du Louvre. C'est un peintre anglais qui en a gratifié la France. — Correspondances échangées, à propos de tentures entre le nonce G. Bentivoglio et le cardinal Borghèse. — Les Verdures de M. Guillaume dans *l'Amour médecin*.

Histoire sommaire de la Manufacture des Gobelins. — François Ier et ses maisons royales. — Henri II, Henri IV et Louis XIV. — Le Brun et Desportes. — Boucher et ses élèves. — Les tapisseries signées par les entrepreneurs. — Les Gobelins de nos jours; M. Chabal Dussurgey. — Le tapis persan de M. de Saint-Seine. — Détails sur la fabrication des tapisseries de haute-lisse et des tapis de basse-lisse, dite de la Savonnerie. — Avenir de la Manufacture des Gobelins. — Emploi, par l'industrie privée, du métier à la Jacquart. — Conclusion.

Les Tapisseries à la main et les broderies vénitiennes du seizième siècle. — Rosalba Carriera. — Fin.

TAPIS ET TAPISSERIE

C'est dans l'Inde, berceau de l'humanité et jardin des arts décoratifs, qu'a pris naissance l'art de la Tapisserie. C'est sous les tentes, c'est dans les palais de cette immense agglomération d'antiques royaumes que nous appelons l'Orient, que, pendant les longs repos d'une vie presque végétative, l'aiguille de la femme a tracé pour les premières fois sur la toile des fleurs, des oiseaux ou des rêves. C'est autant pour obéir à un besoin que pour satisfaire à un luxe que la navette de l'ouvrier s'est apprise à tisser des tapis, doux pour les pieds nus du maître comme la fourrure des bêtes fauves. Aujourd'hui encore les tapis sont, avec les armes, le dernier signe des splendeurs fabuleuses des radjahs. Un voyageur russe raconte que lorsque ces radjahs traversent la ville, dans les cérémonies, on étend sous le pied de leurs chevaux des shalls de cachemire d'une beauté et d'une antiquité singulières. Un tapis, grossier comme une natte de jonc, est l'unique meuble de ces bijoutiers nomades qui travaillent l'or avec des mains et des outils de fées. C'est les jambes repliées sur un tapis que le fakir, dans une farouche immobilité, converse nuit et jour avec la nature clémente. C'est agenouillé sur un tapis dont la valeur est, selon sa fortune, ou bien humble ou considérable, que le musulman s'oriente vers la Mecque pour réciter ses prières.

Par le prix que les riches Asiatiques y attachaient dans des périodes pour nous anté-historiques, on ne peut douter de la perfection des produits de la tapisserie à la main ou au métier. Homère y revient à maintes reprises. Lorsque Troie semble déjà en danger, Hector dit à sa mère : « Le voile le plus élégant, le plus grand que tu possèdes dans ton palais, celui que tu aimes le mieux, dépose-le sur les genoux de Minerve à la belle chevelure... Il dit, et la reine descendit elle-même dans la chambre odoriférante où étaient des voiles travaillés avec art, ouvrage des femmes sidoniennes que Pâris, semblable aux dieux, avait amenées de Sidon. » Celui qu'elle choisit était le plus beau par la variété des broderies, « il brillait comme un astre. »

Dans les vitrines du Musée égyptien, au Louvre, on peut voir, parmi les objets de la collection Clot-Bey, des fragments de tissus qui marquent, selon les spécialistes, le premier emploi du métier à basse-lisse.

Dans ses *Métamorphoses*, Ovide raconte, sans paraître en pénétrer le sens caché, la lutte de Pallas et d'Arachné : c'est une fable que la Grèce avait certainement empruntée à l'Asie, et qui symbolise la mauvaise humeur traditionnelle de l'artiste contre l'artisan trop habile. Arachné était lydienne ; son père était un ouvrier de Colophon, célèbre pour ses teintures de laine en pourpre. Quand Pallas, provoquée par Arachné, s'est fait reconnaître, « aussitôt toutes deux s'assoient et tendent les fils de la double chaîne sur un métier léger ; elles les fixent ; un roseau les sépare ; lancée par leurs doigts, la fine navette glisse et forme la trame ; puis elles consolident le travail en le frappant d'un peigne dont elles font glisser les dents entre les fils de la trame. » C'est exactement ainsi que travaillent aujourd'hui les tapissiers des Gobelins. Comme ceux-ci encore, les deux rivales procèdent par teintes fondues et mêlent « à la laine préparée à Tyr des fils d'or ». Ce sont également des scènes à personnages qu'elles traduisent : l'austère Pallas, le destin déplorable des humains qui veulent lutter contre les dieux, l'imprudente Arachné, les galanteries de l'Olympe. L'une et l'autre, enfin, circonscrivent leur tableau d'une bordure : celle-ci d'une guirlande de fleurs et de feuilles de lierre enlacées, celle-là de rameaux d'olivier.

« Les tapis de Smyrne et de Caraman, a écrit un spirituel voyageur, M. Léon Lagrange, sont tissés par des mains féminines. Quand une enfant est arrivée à l'âge de tenir une navette, on lui donne des laines de toutes les couleurs ; on tend entre deux arbres les cordes qui doivent former la chaîne et on lui dit « C'est à toi de faire ta dot ». Le sentiment inné de l'association des nuances et du charme de la ligne, la tradition et l'exemple de ses compagnes, voilà ses guides. L'œuvre se poursuit lentement. Chaque semaine, chaque mois, chaque année voit grandir l'œuvre et l'ouvrière. Lorsque l'enfance est passée, le tapis est d'ordinaire terminé aussi : deux maîtres, deux acheteurs se présentent, et l'un emporte le tapis, l'autre la femme. »

L'art de la Tapisserie semble être demeuré, dans l'antiquité, le monopole des villes du centre de l'Asie et du littoral. Ses produits entraient en Europe dans les flancs des vaisseaux marchands de Tyr et ils la séduisaient, comme cette Cléopâtre qui pénétra dans le camp de César roulée dans un tapis, sur l'épaule d'un esclave. Le cataclysme de l'empire romain dut lui porter un coup fatal. De fortes armes, des chevaux, des milliers d'esclaves, tel était surtout le luxe des conquérants nomades, et lorsque la grande désolation qui suivit leurs invasions successives se fut apaisée, le monde occidental se releva barbare lui-même et façonné aux mœurs rudes de ses vainqueurs.

Comment et à quelle époque l'art du tapissier pénétra-t-il en France? C'est ce que la critique historique n'a point encore établi. C'est sans aucun doute par les Sarrazins qui, après avoir franchi les Pyrénées, arrivèrent jusqu'au cœur de la France, et vraisemblablement aussi par des ouvriers de Byzance qui avaient accompagné les mosaïstes sous les prédécesseurs de Charlemagne.

Les annales de nos villes du centre, du nord-est et du nord constatent au moins, depuis le milieu du neuvième siècle, l'établissement de métiers de haute-lisse. Une charte montre un évêque d'Auxerre, dont la mort eut lieu en 840, commandant des tapis pour son église; vers 890, on voit que les religieux d'une abbaye de Saumur en fabriquaient eux-mêmes. Ainsi pour Poitiers, pour Reims, pour Troyes, Beauvais, Aubusson, Valenciennes, Tours, Arras. Mais dès le quinzième siècle, les tapis d'Arras l'emportent sur tous les autres. Les Italiens eux-mêmes, qui les admirent, adoptent le terme « Arrazzi » pour désigner les « Tapis

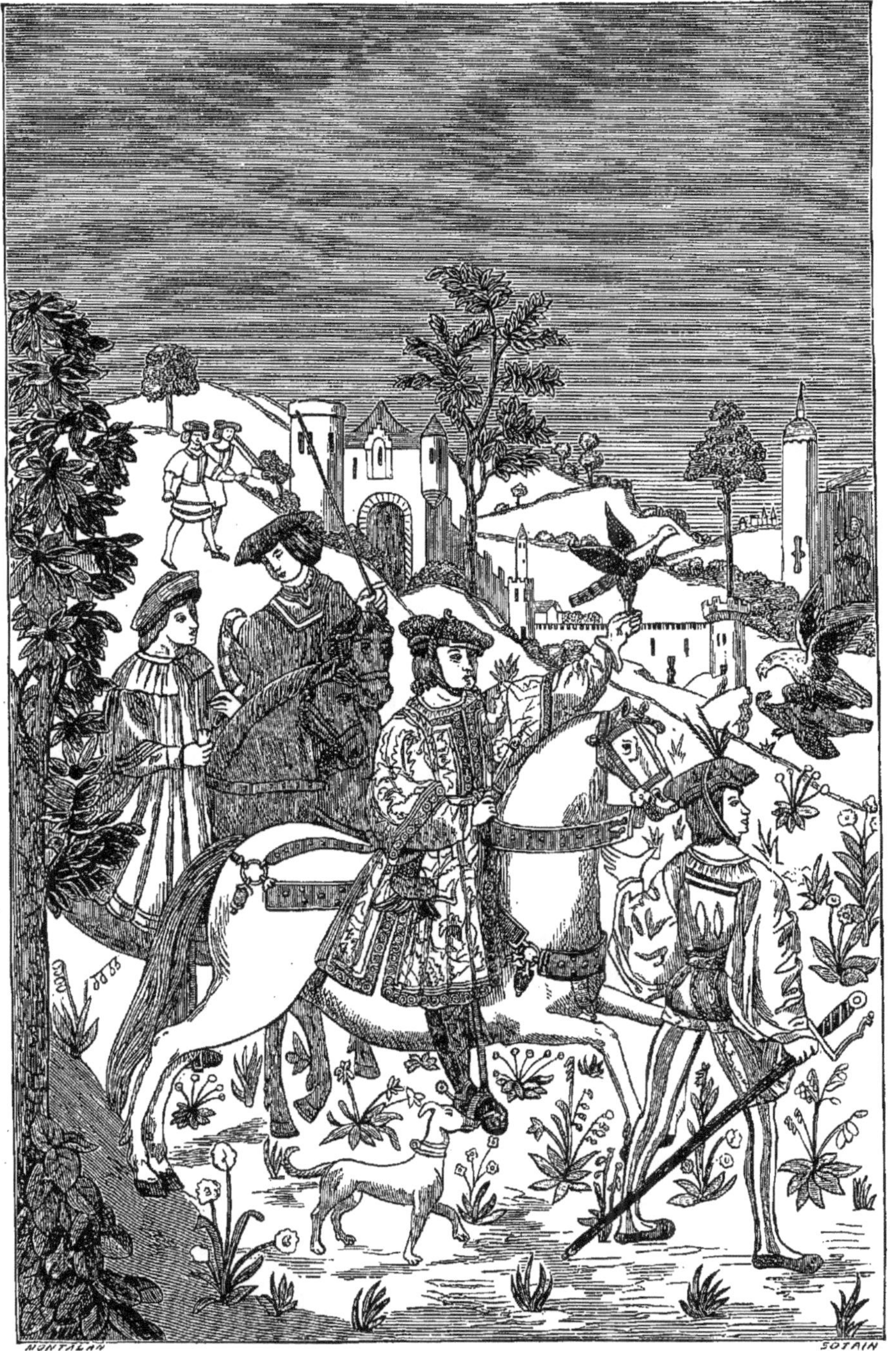

LA CHASSE AU FAUCON.

Tapisserie d'Arras, au château d'Aroné.

à histoires ». Cependant, cette supériorité de l'industrie française avait été lente à se manifester, car, en 1260 encore, les produits du métier des « tapissiers de tapis sarrazinois » n'appartiennent qu'aux églises et aux gentilshommes et au roi. Au contraire ces « tapis nostrez, » qui étaient probablement, purement nationaux de faire et d'aspect, sont abandonnés au petit monde.

Peu importe comment le métier, les secrets de la teinture de la laine furent importés et enseignés. Ce qui est frappant, c'est le sentiment de l'harmonie générale avec lequel ce moyen âge français, si calomnié au profit de la Renaissance italienne, se servit de la tapisserie comme élément décoratif. Dans l'église, elle fut l'écho adouci du vitrail. Suspendue aux murs et aux colonnes, pendant les fêtes solennelles, elle parait d'un éclat nouveau leurs peintures fatiguées par le temps. Elle enseignait aux humbles les épisodes de la Bible et du Nouveau Testament. René d'Anjou (1461) léguait « à l'églize de Monsieur Saint-Maurice d'Angers » sa tapisserie de l'Apocalypse, en soixante-quinze tableaux, sur fond alternativement rouge et bleu, et aujourd'hui elle est encore l'ornement de cette cathédrale. — Dans le château féodal, la tapisserie fut comme une page nouvelle du livre miniaturé, traduisant pour ceux qui ne savaient pas lire, les « histoyres, » des romans en vogue, rappelant les fêtes ou les chasses, racontant le récit des tournois célèbres ou des batailles fameuses, et faisant aussi d'un ton grave de belles moralités. Les tapisseries de Valenciennes décrivent en trois chapitres clairs et naïfs une chasse au faucon. Au musée de Cluny, on peut voir la Bataille de Jarnac et la Bataille de Saint-Denis « pourtraictes au naturel, » à Orléans, l'entrée de Jeanne d'Arc.

A Nancy, dans la salle des cerfs du palais ducal, on conserve une tapisserie de haute-lisse composée de sept pièces d'œuvre, en laine et en soie, prise, selon la tradition, dans la tente de Charles le Téméraire, à la bataille de Nancy (5 janvier 1477). Outre l'intérêt d'orgueil national qui s'y rattache, elle est curieuse par son sujet : la *Condamnacion de Souper et de Banquet*. C'est tout une histoire dont le fond allégorique a pour but d'exposer les inconvénients de la bonne chère. Des inscriptions en lettres gothiques « déclarent les noms des personnages et les beaux mystères à ce pertinents. » Ces personnages sont : *Dîner*, *Souper*, *Banquet*, et aussi *Bonne-Compagnie*, *Passe-Temps*, *Gourmandise*, *Friandise*, *Je-Boy-à-Vous*, etc. ; puis un Fol avec sa marotte, et les acolytes de Banquet : *Apoplexie*, *Pleurésie*, *Colique* et dame *Expérience*, qui, après un combat terrible, accourt suivie de *Remède*, *Diète*, *Pilhule*, etc. C'est comme ce que nous nommons aujourd'hui en assez mauvais français « un livre illustré », et ces piquantes illustrations nous font nous asseoir à la table d'un riche gourmet de 1450 : on y voit deux paons portant chacun au cou une espèce d'écusson destiné à recevoir les armes de l'amphitryon ; une truie tatouée, un vaisseau rempli d'oiseaux, voguant dans une mer pleine de poissons, poussé par une voile de soie et d'hermine et portant en guise de pavillon une Vénus pudique ; des cires colorées éclairent la nappe et font vibrer un magnifique dressoir pliant sous les orfévreries ; des musiciens égayent l'assemblée. Rappelons, comme un trait qui n'est peut-être point indifférent dans la moralité définitive de ces tableaux, que le duc Charles le Téméraire étant, au milieu de sa cour sensuelle, noté pour sa sobriété, cette tapisserie de *Condamnacion, de Souper et de Ban-*

quet renfermait sans doute une mordante et discrète épigramme.

La Tapisserie, jusqu'à la fin du quinzième siècle, répondait aux principes les plus sages de la décoration : elle procédait par tons plats juxtaposés ; elle imposait à ses personnages des gestes sobres, des étoffes à plis nets, des expressions bien déterminées ; elle les groupait, les échelonnait et plaçait le point de perspective très-haut de façon à ce que l'œil pût embrasser facilement l'ensemble de la scène; elle simplifiait le plus possible les dégradations de tons amenées par la perspective aérienne. Elle évitait, en un mot, de « faire tableau » et de s'isoler, soit par la multiplicité des couleurs, soit par la disposition des lignes, de la muraille qu'elle cachait sans prétendre la percer, et du mobilier qu'elle complétait sans prétendre l'écraser. Aussi, si mordues qu'elles aient été par le temps, les tapisseries de cette époque ont-elles conservé une singulière harmonie, et alors que le sujet ne se pourrait plus distinguer, il restera encore je ne sais quelle combinaison de méandres et de colorations qui sont comme le canevas même de toute décoration. Renvoyons le lecteur qui voudra s'en convaincre à cette magnifique tenture flamande du règne de Louis XII, l'*Histoire de David et Bethsabé*, que possède le Musée de l'hôtel Cluny et qui garnissent les parois du grand salon carré, au rez-de-chaussée. Exécutée, croit-on, pour la cour de France, elle a appartenu au duc d'York, aux marquis de Spinola, et ensuite à la famille des Serra, de Gênes.

Ces principes étaient, à vrai dire, à cette époque dans une large mesure, ceux des peintres français et surtout des peintres allemands et flamands. Les compositions religieuses de Lucas, de Leyde, pouvaient, par exemple, sans danger subir la transposition du panneau au métier. On a retrouvé récemment à Rome et fait réparer avec soin, dans une famille particulière, une tapisserie d'après van Eyck : M. Alfred Michiels la décrit avec les plus grands détails dans son *Histoire* si consciencieuse *de la Peinture flamande*. La soie et l'argent y ont été prodigués ; on y voit Marie avec son divin fils sur les genoux, neuf anges qui l'adorent et qui lui font fête, quatre pasteurs, le donateur, sa ville natale, etc.

. . . .

L'art italien, et non pas encore celui des premières années, vint changer tout cela. Il ne faut pas moins que tout le génie de Raphaël et tout le respect qui s'est attaché à ses œuvres pour que nous acceptions sans protester la révolution qu'il introduisit dans les modèles de tapisseries. Les arabesques qu'il composait avec un suave ressouvenir de l'antiquité ne suffisaient-elles pas ? et quel besoin y avait-il de transformer la tapisserie en une sorte de fresque sans profondeur? On sait que Raphaël avait été chargé, par Léon X, de compléter, par une suite de dix tapisseries, cette chapelle Sixtine dont la voûte avait été décorée par Michel-Ange. Ces tapisseries au nombre de dix furent exécutées à Arras en tissus de soie, de laine et d'or. Elles arrivèrent à Rome en 1519, peu de mois avant la mort du maître. Elles excitèrent un enthousiasme universel, et Vasari déclare « qu'elles paraissent plutôt créées par un miracle que par la main des hommes. » Raphaël avait emprunté ses sujets aux Actes des apôtres et ajouté, pour l'autel, qui occupe le fond de la chapelle, le Couronnement de la Vierge.

L'Angleterre possède aujourd'hui sept de ces cartons originaux : ils ont été mouillés, flétris et piqués par l'aiguille du décalqueur, collés sans soin sur un épais papier commun, retouchés surtout

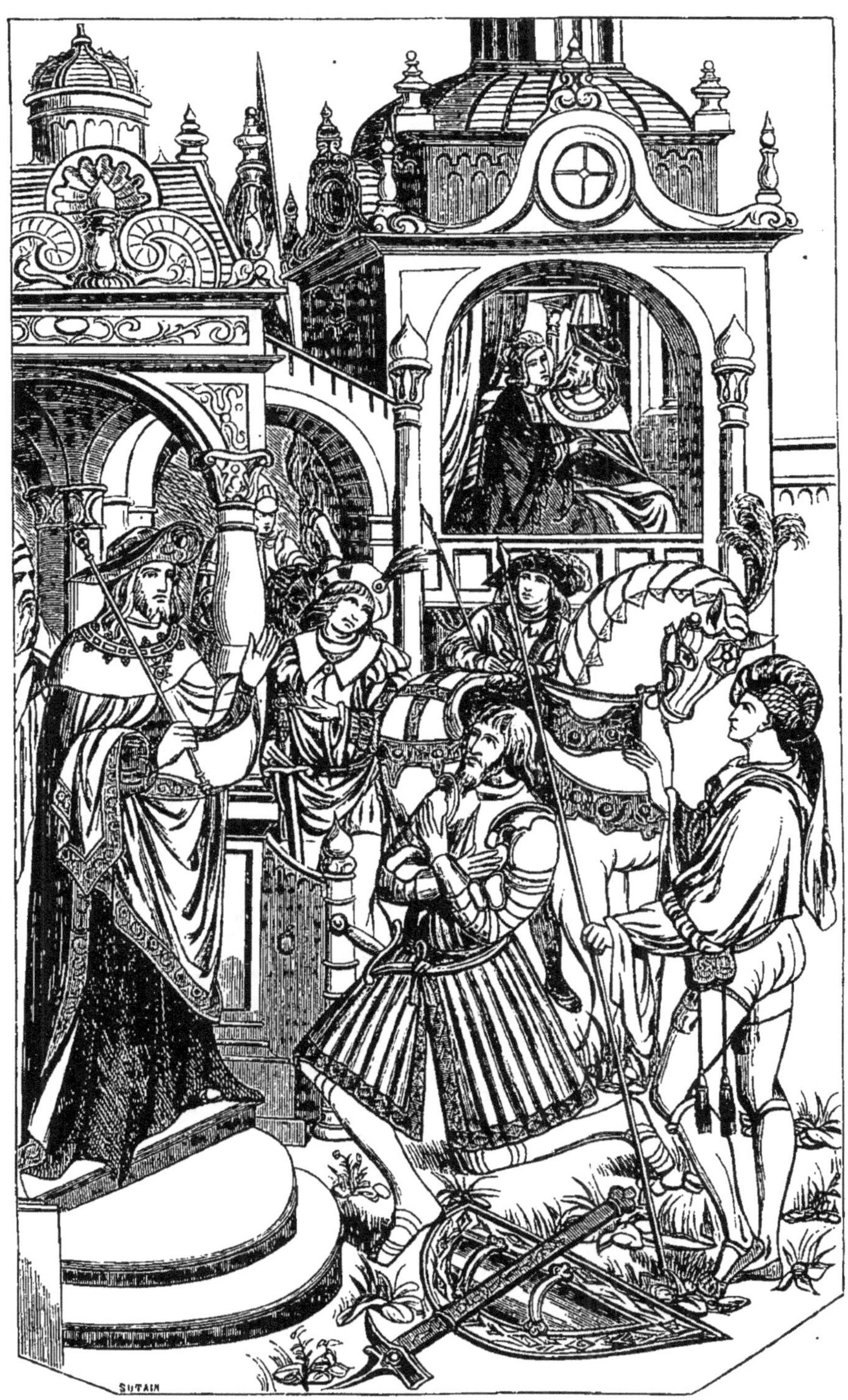

HISTOIRE DE DAVID ET BETHSABÉ, TAPISSERIE FLAMANDE DU RÈGNE DE LOUIS XII.

Musée des Thermes et de l'Hôtel de Cluny.

avec une indifférence ou une prétention navrantes, mais cependant ils montrent encore, comme ces fragments de torse antique que le temps n'a point rongés partout, la touche savante d'un grand maître et décorateur. Rubens les retrouva gisants dans un coffre, et coupés en morceaux étroits pour le besoin des tapissiers; en 1630, il les fit acheter au roi Charles Ier, qui les plaça à Whitehall. Cromwell obtint que l'État les acquît pour trois cents livres sterling, et, après d'autres mésaventures trop longues à rapporter, ils furent installés dans une salle du palais d'Hampton-Court. On peut aujourd'hui les étudier, à Londres, dans le Musée de South-Kensington auquel la reine Victoria les a gracieusement prêtés. De belles photographies en ont été faites il y a quelques années par ordre du prince Albert.

Des tapisseries, fabriquées d'après ces cartons, furent exposées en l'an VIII — ce détail est bien peu connu — à Paris, dans la cour du Palais National des sciences et arts, c'est-à-dire dans la Cour du Louvre, conformément à l'article premier de la fête anniversaire de la fondation de la république. Elles arrivaient d'Italie. Les commissaires du gouvernement à Rome les avaient acquises pour la France à la vente du mobilier du pape. On y avait joint les plus beaux produits des Gobelins d'après Jouvenet, Restout, Le Brun, Coypel. Nous ignorons si elles existent dans les magasins du Mobilier de la couronne, ou si, malgré qu'elles aient été achetées, elles furent rendues aux alliés à la chute du premier empire.

Nous avons à Paris même, dans les salles consacrées aux dessins de l'école italienne, quatre grands cartons de Jules Romain pour des tapisseries. S'ils le cèdent à ceux d'Hampton-Court sous le rapport de la conception et de l'exécution, ils serviront du moins à offrir un point de comparaison. Ils sont peints à la détrempe; l'un d'eux, la *Marche triomphale*, est détaché d'une *Histoire de Scipion* qui appartient à la famille de Chavagnac, et qui a été récemment exposée dans la galerie privée du cercle de la rue de Choiseul. Les trois autres, les *Prisonniers*, la *Ville forcée* et le *Triomphe*, font partie des *Fruits de la guerre*, fruits amers, dont l'humanité n'est point encore dégoûtée.... La « grande tenture de Scipion, » exécutée en France, vers 1534, en laine et soie relevée d'or, par les ordres et sur les instructions de Primatice, fit longtemps l'admiration des étrangers, et existait encore sur les inventaires de la Couronne au milieu du dix-septième siècle. Elle a disparu. Heureusement la « petite tenture de Scipion » s'y trouve encore. Elle se compose de dix pièces de cinquante-sept aunes de cours. La tenture des *Fruits de la guerre* fut copiée aux Gobelins sous Louis XIV.

M. A. Cunningham, dans son *Histoire des Peintres anglais*, raconte comment ces quatre superbes cartons de Jules Romain rentrèrent en France, après avoir été sans doute vendus comme rebuts par les tapissiers qui s'en étaient servis. Un jour le miniaturiste Richard Cosway, grand amateur de dessins et de curiosités, visitait le Louvre en compagnie de sa femme. Il fut surpris de la nudité des murs, et dit : « Maria, mes cartons feraient bien ici, et, pour dire la vérité, ils y seraient nécessaires. » Il les estimait fort, et en avait refusé de la Russie un prix considérable. Il les offrit, en 1785, au roi, qui les accepta, et lui envoya en gracieux échange un exemplaire complet des estampes de la Chalcographie et quatre belles pièces de tapisseries des Gobelins, les *Aventures de Don Quichotte de la Manche*, d'après Coypel et qui valaient 14,210 livres. Richard Cosway, toujours généreux, fit hommage de ces tapisseries au prince de Galles.

Au commencement du dix-septième siècle, les tapisseries de Flandres dans le goût italien étaient encore en grande faveur. Un érudit fort épris des notes d'art, M. Armand Baschet, a publié la correspondance échangée entre Guido Bentivoglio, mandé nonce aux pays de Flandres en 1607, et le cardinal Borghèse, à propos d'une acquisition de tapisseries qui ne s'achevait pas assez vite, au gré de ces deux amateurs. Il se fût agi d'annexer une province au saint-siége ou de conquérir pour le ciel des âmes de mécréants, que les missives n'eussent point été plus redoublées, plus pressantes, plus inquiètes ! Bentivoglio vient d'acquérir pour le cardinal Montalto une tapisserie exécutée pour le roi Philippe II, sur les dessins « d'un vaillant peintre, » lorsque lui arrive la lettre de son illustrissime seigneurie, le requérant de s'occuper sans relâche de ces mêmes matières. Il découvre « le projet » d'une autre tenture chez son même fabricant : ce projet représente l'*Histoire de Samson*. « Il fut fait, écrit-il, aux instances du roi de France Henri II ; mais par suite de la mort du roi et des troubles du royaume, l'ouvrage ne fut pas entrepris. Le peintre était de Malines. Bien que né en France, il vécut cependant de longues années en Italie, où, imitant les vaillants artistes de ce temps, il s'acquit là aussi une grande réputation. Ce projet est de la plus grande beauté ; on y remarque beaucoup d'invention ; il est rempli de très-grandes figures respirant une extraordinaire majesté. » Le dessin de cette *Histoire de Samson* était en douze pièces, toutes d'une hauteur de cinq aunes sans la bordure. Quel grand air devaient avoir « ces histoires » sur les murs de ces palais italiens du dix-septième siècle, si pompeux et d'une richesse si grave!

Plus tard, pour en revenir à nos prélats, Bentivoglio offre au cardinal, en Italie, « une tenture en six morceaux qui convient pour toute une chambre. Ce sont différents jardins en perspective du plus gracieux effet et aspect. » C'est à peu près ce que l'on appelle encore aujourd'hui « des verdures » et cela était fabriqué à Beauvais. Plus tard encore, en 1617, mandé nonce en France, il en trouve de nouvelles. « ... Les couleurs de celle-ci sont des plus vives, elle est enrichie de beaucoup d'or; la bordure surtout est très-belle, tant en singularité qu'en munificence, étant presque toute d'or. Toutes les figures sont de grandeur naturelle et représentent les *Fables de Diane*. Le possesseur actuel en demande seize mille écus, et il prétend en avoir trouvé douze mille.» Qu'est devenue encore cette suite de « fables de Diane » ? Nul ne le sait. Mais cette bordure, « presque toute d'or », me donne l'espoir qu'elles furent brûlées pour en recueillir les cendres. Mieux vaut, pour ce qui appartient à l'aristocratie de la curiosité, le feu des bûchers que la dent du rat ou la hotte du chiffonnier!

A vrai dire, ce sont les derniers beaux jours de la tapisserie. Dans les appartements qui se faisaient déjà moins vastes, elle commence à céder le pas aux cuirs frappés plus économiques. La mode passait du grand monde à la petite bourgeoisie. «Et moy, dit M. Guillaume dans *l'Amour médecin*, lorsque Sganarelle demande à ses voisins, compères et amis, un remède pour égayer Lucinde, sa fille, et moy, si j'estois en votre place, j'achèterois une belle tenture de tapisserie de verdure ou à personnages, que je ferois mettre à sa chambre, pour lui resjouir l'esprit et la veuë. » On sait que Molière affectionnait ce genre de décor, car plusieurs verdures figurent dans les inventaires qui suivirent sa mort.

Un rapide résumé de l'histoire de la manufacture des Gobelins va nous amener jusqu'à nos jours.

Le premier des Gobelins qui s'établit à Paris s'appelait Jean et venait, dit-on, de Reims. C'était vers la fin du quinzième siècle. Il prospéra rapidement, et son fils Philibert acquit de vastes terrains sur les rives étroites de la Bièvre, cette petite rivière, alors abondante et limpide, à laquelle Rabelais, dans son *Pantagruel*, assigne une si plaisante origine et qui est devenue aujourd'hui un ruisseau à demi desséché et infect. Ses eaux passaient pour posséder des vertus toutes particulières pour la teinture des laines : probablement tout le secret était dans l'habileté des ouvriers ; en tout cas, les laines sont aujourd'hui aussi brillantes et aussi solides que jamais, quoique n'ayant baigné que dans l'eau de la Seine ou dans celle d'un puits profond.

La famille des Gobelins avait fait une fortune énorme : l'un d'eux, Antoine, devint marquis de Brinvilliers et sa femme fut la fameuse empoisonneuse qui décima la cour et la ville. Ils cédèrent leur établissement aux frères Cannaye qui occupaient le bord opposé de la rivière. Ils appelèrent des Flandres des ouvriers de haute-lisse dirigés par un nommé Jans. Lorsque plus tard Colbert acquit pour le compte du roi l'hôtel proprement dit des Gobelins, il appartenait à un conseiller au parlement, Deleu ; mais les bâtiments adjacents continuaient, sous la direction du Hollandais Gluck, à former la manufacture de teinturerie et de tapisserie.

C'est François Ier qui, pour subvenir au prodigieux embellissement de ses maisons royales, pensa à centraliser la fabrication des tapisseries exécutées d'après les décorateurs qu'il avait appelés ou ramenés d'Italie. Il établit la manufacture à Fontainebleau, sous la direction de Philibert Rabou, surintendant de ses bâtiments, et de l'architecte Sébastien Serlio.

Sous Henri II, Philibert Delorme prit la direction de la manufacture royale. Une autre fut créée, rue Saint-Dénis, à Paris, dans l'hôpital de la Trinité. Henri Lerambert lui fournit des cartons, ainsi qu'à la manufacture de Tours.

Henri IV, malgré la persistante opposition de Sully, qui voulait que toutes les forces de la France se concentrassent sur l'agriculture et l'industrie, protégea royalement l'art du tapissier. Il fit appel aux plus habiles ouvriers flamands. La manufacture royale fut transférée de l'hôpital de la Trinité à la maison du faubourg Saint-Antoine laissée libre par l'expulsion des jésuites ; de là au palais des Tournelles, puis à la place Royale et dans les galeries du Louvre ; elle fut définitivement installée aux Gobelins, en 1630, sous la direction des sieurs Raphaël de la Planche et Charles de Comans.

Enfin, en 1662, Louis XIV et Colbert réunirent dans cet établissement, qui, depuis, n'a guère changé de physionomie, tous les corps de métiers d'art travaillant pour le souverain : les tapissiers, les teinturiers, les brodeurs, les orfévres, les fondeurs, les graveurs, les lapidaires, les ébénistes, etc. Charles Le Brun fut, en 1663, nommé directeur, et donna à la production une vigoureuse impulsion. On connaît les belles tapisseries qui furent exécutées, soit d'après son *Histoire d'Alexandre le Grand*, soit d'après les *Batailles et les Siéges* de Van der Meulen, et les riches encadrements de fleurs et de fruits qu'y ajoutait Baptiste Monnoyer. Les appartements de Versailles et de Fontainebleau ont conservé les spécimens superbes de la magnificence du Roi-Soleil. Il y a dans l'Élysée la plus étrange copie *du Jugement de Paris* de Raphaël : Les déesses sont drapées à la Montespan et Pâris porte un perruque à la Louis XIV. Mais c'étaient toujours là des tableaux imités aussi littéralement que possible, et, pour ainsi dire, des fresques en laine. La plus belle série est celle des *Quatre parties du Monde* d'après les modèles d'animaux, de plantes, de fruits par Desportes.

Jean Berain, l'habile dessinateur, et, plus tard, Claude Gillot, le maître de Watteau, ramenèrent pour un moment la tapisserie à des principes plus sûrs. Ces compositions, dans lesquelles des singes gambadent au milieu des rinceaux, où les Saisons s'assoient sur un trône chimérique et président à des combats grotesques, ont plus d'une fois donné satisfaction au goût français, qui exige toujours un sujet déterminé, et à une intelligente appropriation de la tradition orientale, qui est d'occuper l'œil par d'agréables enlacements de lignes.

Boucher qui fut directeur des Gobelins et ses élèves peignirent à leur tour, pour cette manufacture ainsi que pour la Savonnerie et Beauvais, des pastorales dont l'éclat et la fraîcheur n'ont point été dépassés. Mais, par une erreur de goût manifeste, ils firent descendre de la muraille les bergers entreprenants et les moutons à faveurs lilas, et les posèrent sur le siége horizontal des canapés et des fauteuils. De sorte que — la donnée n'ayant été que trop suivie de nos jours, — on s'assied sur un pigeonnier ou l'on pose les pieds sur un port de mer. Certes, c'était déjà une grande erreur que d'imiter trop littéralement des personnages ou des arbres sur une surface qu'un souffle de vent peut déranger ou

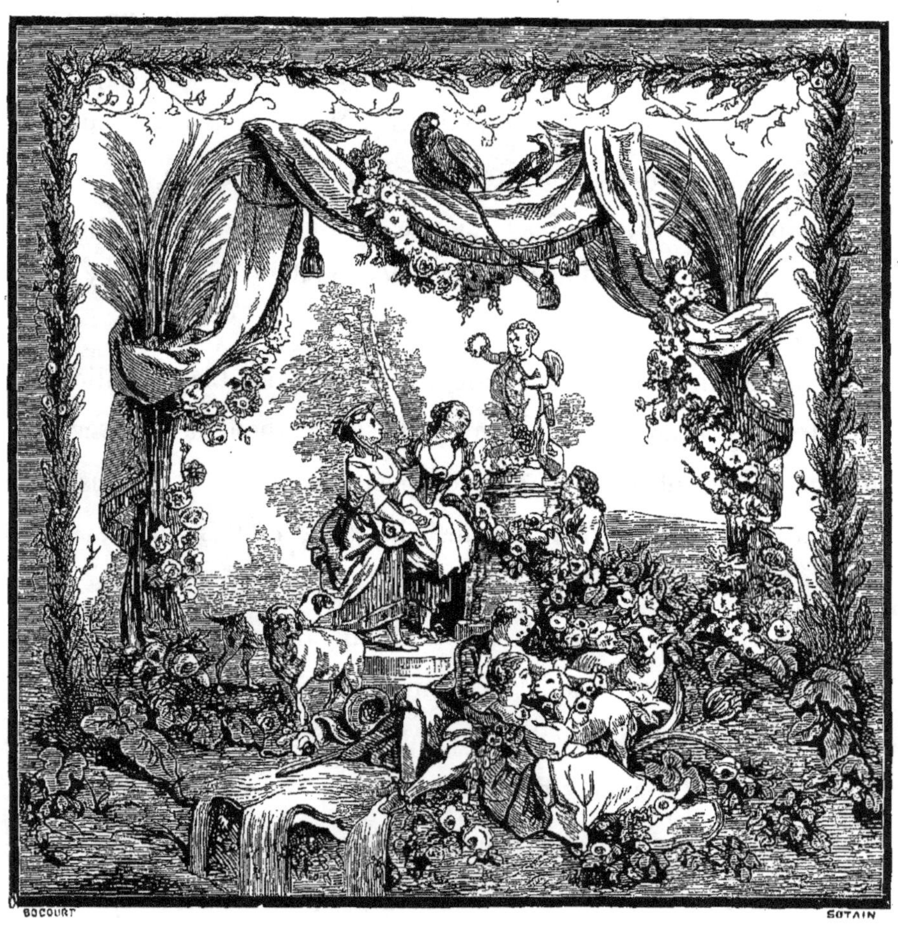

LES BERGERS, TAPISSERIE DES GOBELINS, D'APRÈS BOUCHER.

Collection de M. L. Double.

qu'un pli coupe par la moitié, mais il y avait encore là une certaine convention à laquelle l'esprit peut se prêter. Mais quelle aberration que de semer à terre des bouquets de fleurs naturelles et des panoplies ! Ne craint-on pas à chaque instant, en foulant ces grands tapis de la Savonnerie ou d'Aubusson, de se heurter à un cuir enroulé, ou d'écraser une corbeille de cerises?

La signature, Andran par exemple ou Cozette, qu'on lit sur les belles pièces des Gobelins, marquent non pas l'ouvrier mais l'entrepreneur. Cozette fut entrepreneur de 1736 à 1792. Je trouve dans le catalogue d'une vente très-mystérieuse faite en 1777 et qui fut peut-être une vente faite par madame Dubarry, ce détail qui prouve le prix qu'on attachait à la conservation des belles tapisseries : « Deux morceaux, sujet pastoral, exécuté en tapisserie, par Cozette des Gobelins, d'après François Boucher. Ils sont *sous glace* de chacune 70 pouces de large sur 48 pouces de haut. »

Aujourd'hui, les manufactures des Gobelins et de Beauvais, qui, après avoir été divisées, sont rentrées sous une direction commune, ont renoncé à copier des tableaux faits uniquement en vue du tableau, comme, par exemple, le *Massacre des Mamelucks* d'Horace Vernet ou les *Saintes Familles* de Raphaël. On demande à des artistes spéciaux des modèles dans lesquels la composition est simple et la touche franche. On obtient ainsi une grande économie de temps et, par conséquent, d'argent, et un résultat définitif beaucoup plus satisfaisant. L'effet ne réside pas du tout dans la multiplicité des tons, mais bien dans leur bonne qualité intrinsèque et surtout dans leur juxtaposition. Le décorateur le plus distingué qui ait été attaché à la manufacture est M. Chabal-Dussurgey, de Lyon : c'est un grand artiste et une belle intelligence. Il ne peint que la fleur et l'ornement, mais avec une simplicité et une justesse incomparables.

Le tapis persan dont la délicate gravure commente ces lignes et qui appartient à M. de Saint-Seine, est le plus incomparable exemple de la splendeur de la fabrication orientale dans une période qui correspond à notre Renaissance française. Il provient, pense-t-on, du harem de Constantinople. C'est comme une page, tissue en soie, de ces manuscrits persans dont les caractères eux-mêmes offrent le dessin le plus subtil et le plus ingénieux. Il est aussi harmonieux et aussi chaud qu'une peinture vénitienne : le jaune, une sorte de jaune intense comme la pulpe d'un abricot, est ce qui domine. Quand la lumière le frise, il étincelle comme un lac au soleil couchant ; dans les plans qu'elle n'atteint pas, il prend une force, une profondeur qui n'a d'égale que l'ombre d'une pépite d'or. Les tons qui le composent ne sont qu'au nombre de vingt environ et d'une telle franchise qu'il est facile de les noter : du jaune, du blanc, du noir, deux ou trois bleus, deux ou trois rouges, des gris et des verdâtres.

C'est sur cette donnée que l'on aurait dû, de nos jours, commander des modèles aux premiers peintres de notre génération, aux coloristes surtout. Le prix d'exécution n'atteindrait certainement pas celui des tableaux sans effet et sans charme qui sont sortis de cette manufacture célèbre, et ce serait donner aux fabricants un exemple qu'ils ne manqueraient pas d'imiter. Imagine-t-on ce qu'aurait inventé de dispositions capricieuses et brillantes un maître comme Eugène Delacroix ?

. . .

Les tapisseries des Gobelins et les tapis de la Savonnerie sont faites au métier de haute-lisse. La chaîne est généralement en laine. Elle est tendue verticalement sur deux cylindres appelés « ensouples ; » les fils, parallèles les uns aux autres et dans un même

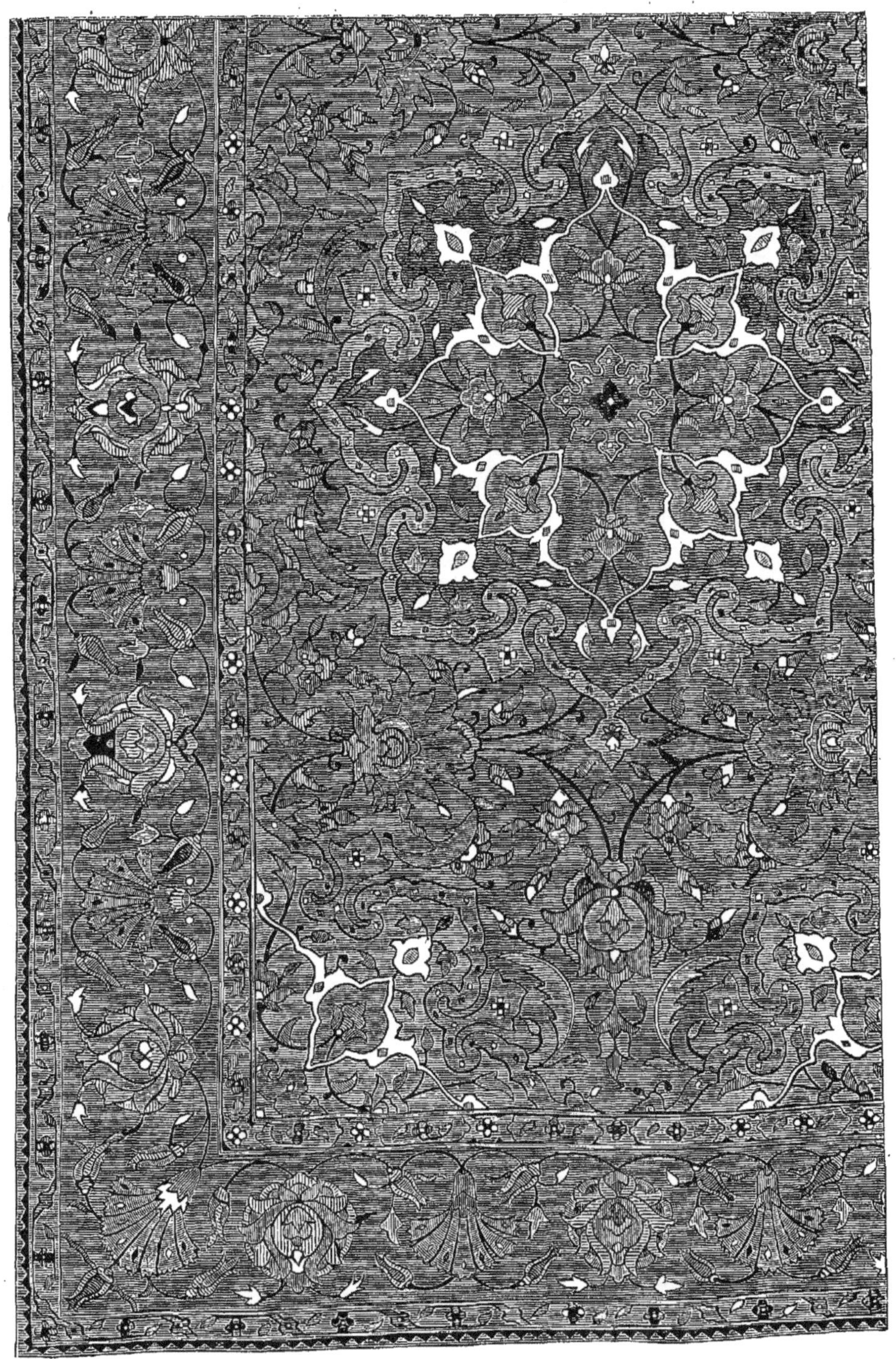

TAPIS PERSAN DU SEIZIÈME SIÈCLE, EN SOIE.
Collection du marquis de Saint-Seine.

plan, sont passés alternativement sur un tube de verre de deux ou trois centimètres de diamètre, dit « bâton d'entre-deux » ou le bâton dit de croisure, de sorte qu'une moitié des fils est, relativement au tapissier, en avant et l'autre moitié en arrière. La trame est enroulée sur une sorte de navette en bois, terminée à un bout en pointe. On l'appelle « broche. »

« Pour former le tissu, a écrit le précédent directeur des Gobelins, M. Lacordaire, dans son excellente Notice sur cet établissement, le tapissier prend une broche chargée de laine ou de soie, teinte de la couleur convenable ; il arrête l'extrémité du fil de la trame sur le fil de chaîne, à gauche de l'espace où doit être placée la nuance, puis, passant la main gauche entre les fils d'avant et d'arrière, il écarte ceux que va recouvrir cette nuance ; sa main droite, passant entre les mêmes fils, va chercher à gauche la broche pour la ramener à droite ; sa main gauche saisissant alors les lisses fait revenir en avant les fils d'arrière, et la droite lance la broche au point d'où elle était partie. Cette allée et venue de la broche en deux sens opposés forme ce qu'on appelle deux « passées » ou une « duite. »

Pour une nouvelle nuance, le tapissier prend une nouvelle broche. Il coupe, arrête et fait pendre à l'envers de la tapisserie, — c'est-à-dire du côté où il travaille — le fil de la broche précédente. A chaque duite, il rapproche avec le bout aigu de la broche, les fils de trame de la portion de tissu déjà faite. Mais cette première compression est insuffisante et seulement provisoire : après avoir juxtaposé quelques duites les unes au-dessus des autres, on complète l'opération en frappant la trame de haut en bas avec un gros peigne d'ivoire dont les dents s'insèrent entre les fils de la chaîne, qui se trouvent alors complétement dissimulés et ramenés à une même place.

« Le tapissier, pour le trait des objets à représenter, pour le passage d'une nuance à une autre, est guidé par un trait noir tracé sur la chaîne, par l'intermédiaire d'un papier transparent sur lequel il a préalablement calqué le dessin du modèle. Ce trait existe à l'arrière comme à l'avant de la chaîne, et par conséquent l'artiste ne cesse de le voir dans son travail, soit qu'il occupe sa place, soit qu'il sorte de son métier pour juger de l'effet d'ensemble. » Ceci est pour le contour. Le tableau est toujours posé derrière lui.

Les tons ne sont pas juxtaposés crûment. Les intervalles qui séparent irrégulièrement les duites, pour éviter un effet de mosaïque ou de marqueterie, s'appellent « hachures.» Malheureusement — c'est uniquement au point de vue de l'art que nous parlons — les lumières de la chimie, au lieu de se porter sur l'éclat et la fixité des tons, ont été appliquées particulièrement à la multiplicité de ces tons. On est parvenu à composer un cercle chromatique qui comprend plusieurs milliers de demi-tons, c'est-à-dire toutes les gradations imaginables qui, par exemple, séparent le jaune du bleu, en passant par le vert. C'était pour répondre aux exigences de la palette du peintre qui, en exécutant son tableau, n'a nullement à se préoccuper des embarras qu'il va créer aux tapissiers chargés de le traduire en laine. Vers 1812, cependant, un chef d'atelier avait eu l'heureuse inspiration de remplacer les hachures à une nuance par des hachures composées de deux nuances mêlées ensemble, c'est-à-dire d'un double fil de laine rose et vert pour exprimer un gris, ou rouge et bleu pour rendre un violet. Ce système est aujourd'hui à peu près seul appliqué. Il n'assure nullement la durée du ton : il n'a guère servi qu'à fournir une sorte d'harmonie générale, grise et terne, chère à l'école de David, mais bien faite pour porter à la mélancolie. Les Orientaux ne procèdent pas ainsi : ils savent trop bien que l'harmonie naît au contraire du contraste apparent des tons les plus francs. M. Chevreul l'a clairement expliqué dans un livre sur la théorie des couleurs, dont un résumé devrait être regardé comme classique dans toutes les maisons d'éducation de garçons et de jeunes filles.

Les tapis de la Savonnerie diffèrent essentiellement, et par le procédé et par le résultat, des tapisseries exclusivement dites des Gobelins. Le tapissier voit l'endroit du tapis et non plus l'envers. C'est un véritable velours et non une surface plane. Le métier est de même forme, mais de dimension beaucoup plus considérable. Les fils de laine sont en quelque sorte noués autour d'un tranche-fil, tige de fer de quatre à cinq millimètres de diamètre, terminée en lame de couteau tranchante, qui occupe sur le tissu une position horizontale et se charge successivement d'une suite de mêmes anneaux de laine produite par la répétition du point : lorsque toute la partie cylindroïde du tranche-fil est couverte d'anneaux de laine, on le tire pour les couper, et former ainsi une double rangée pressée et semée de brins courts. On les consolide par des fils de chanvre qui se superposent à ces duites, et on les tasse avec un peigne de fer. On les tond avec de grands ciseaux, à branches deux fois recourbées, pour qu'ils offrent une surface parfaitement uniforme. Dans les grands tapis, cette épaisseur qu'on pourrait, pour prendre une image sensible, comparer à un chaume, est d'environ un centimètre; pour les tapis courants, tels que les descentes de lit, elle n'est guère que de sept à huit millimètres. On comprend combien cette dernière opération est délicate! Les tapis de Smyrne offrent en ce point une régularité et une souplesse auxquelles, même aux Gobelins, on est loin d'atteindre.

Les vrais tapis de la Savonnerie sont devenus extrêmement rares. Car, malgré l'excessive solidité de la fabrication et de la laine, ils sont destinés à être foulés aux pieds. Le Mobilier de la couronne en possède encore qui datent des premières années de la Savonnerie.

. . . .

La manufacture impériale des Gobelins est une de ces institutions qui représentent une si belle période du passé, que les générations présentes lui doivent, malgré son inutilité relative, respect et honneur. Ses produits sont des produits d'État. Louis XIV envoyait au roi de Siam, à Sa Majesté czarienne, au roi de Prusse, des tapis et des tentures d'un prix énorme. En 1855, la France offrit à la reine d'Angleterre le *Massacre des Mamelucks*, qui avait coûté environ quarante mille francs. Mais, sous l'ancienne monarchie, les grands seigneurs pouvaient aussi faire de commandes que l'état présent des fortunes interdit. L'État, pour occuper ces artistes hors ligne, ces ateliers de peinture qui produisent des chefs-d'œuvre, absorbe toute la production pour les palais en meubles ou en décorations apposées au mur. Une seule chance reste à cette manufacture de se mettre en rapport avec le public, c'est de renoncer aux reproductions littérales des tableaux, et, à l'exemple de Beauvais, qui du reste est aujourd'hui sous la même direction, de s'adonner aux sujets largement décoratifs. Il serait bon aussi que ses produits figurassent aux Salons de peinture, comme cela eut lieu jusqu'à ces dernières années. En 1835, en 1838, le public admira à juste titre à l'Exposition des tableaux, les copies des Gobelins, d'après Rubens, que Louis-Philippe fit plus tard disposer dans la grande galerie du Palais de Saint-Cloud.

Subissant à son tour ces lois de perfectionnement mécanique qui ont transformé presque toutes les industries modernes, la manufacture impériale des Gobelins sera forcée d'entrer dans une voie de simplification de métier. Assurément, tapis et tapisseries appendus au mur, foulés au pied ou tendus sur des meubles, répondent à des besoins de luxe et de confortable indiscutables. Ce ton mat qui étouffe les reflets et absorbe la lumière, sert de repoussoir aux carnations et aux étoffes. On rencontre des tapisseries, éteintes, il est vrai, par le travail de la lumière et des années, dans les ateliers de tous les peintres, dont l'œil est si sensible. Le papier peint n'en est qu'un grossier fac-simile.

Le prix de revient, aux Gobelins, est vraiment inabordable. Récemment la Ville de Paris vient de commander à une manufacture privée, celle de Sallandrouze, à Aubusson, toute une décoration pour la Salle du Trône dans l'Hôtel de Ville.

Il reste donc à trouver «la tapisserie de l'avenir.» On a fait en France et en Angleterre mille essais infructueux pour arriver à l'extrême bon marché ; on n'est arrivé qu'à l'extrême ridicule, par exemple, de coller du feutre sur de la toile ! La solution sera probablement dans la substitution du métier à la Jacquart, ou de quelque combinaison analogue, aux métiers de haute et basse lisse. C'est, à vrai dire, plutôt une étoffe, un reps, que l'on obtient par cet ingénieux moyen. Mais l'apparence est à peu près la même, et la solidité beaucoup plus grande. On tisse un tapis de laine comme on tisse une pièce de soie. Une manufacture, établie à Neuilly depuis plusieurs années, a été très-remarquée aux expositions. La principale économie réside en ce qu'un même dessin, une fois monté, peut être reproduit à l'infini, tandis qu'aux Gobelins chaque morceau est une œuvre indépendante, et à un certain point de vue originale. Dans la tapisserie dite de Neuilly, qui, nous le répétons, est une application littérale du métier à la Jacquart, le dessin, monté comme pour un schall français ou pour une étoffe à ramages, vient en quelque sorte s'écrire de lui-même sous la main de l'ouvrier, après avoir traversé les trous cylindriques de plusieurs milliers de cartons, combinaison à la fois très-simple et très-compliquée. La dépense pour le fabricant est surtout dans l'organisation première de ces cartons, et, pour un dessin compliqué, peut atteindre et dépasser dix mille francs. Mais cette mise de fonds première s'atténue par la production. A la dixième reproduction elle n'est plus que de mille francs; ainsi de suite. C'est un métier démocratique et social.

Aujourd'hui, ce grand seigneur qu'on appelle tout le monde peut donc commander un meuble tout entier pour le prix que devait coûter dans le dix-septième siècle, un canapé ou six fauteuils au prince de Condé ou au duc de Northumberland. Aussi, déjà en 1862, la France produisait-elle pour quinze millions de francs de tapis. Smyrne en exporte pour le double, et l'Angleterre, où l'habitation est si confortable, en fait aussi pour quinze millions et en importe pour une somme égale.

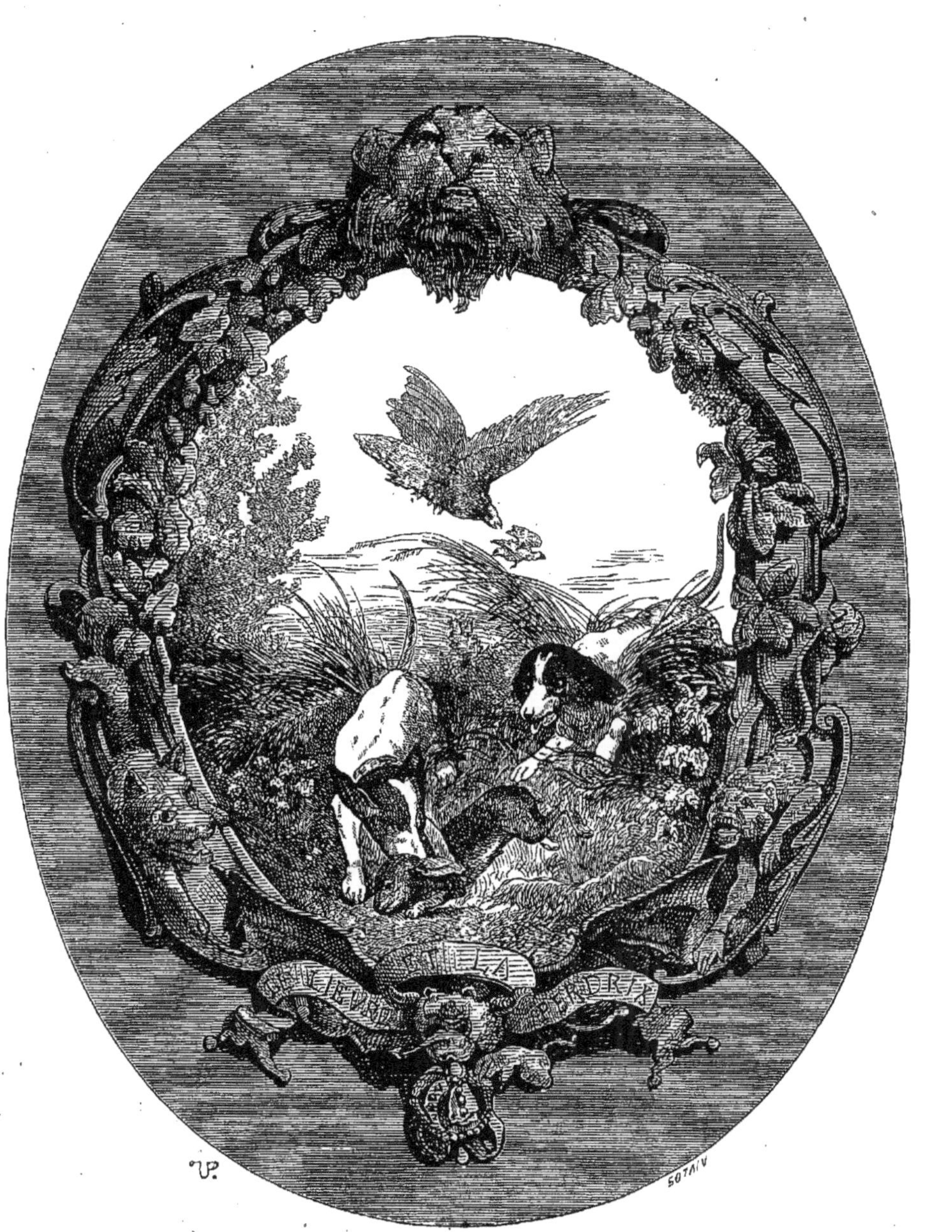

LE LIÈVRE ET LA PERDRIX.

Modèle de tapisserie, exécuté dans la fabrique de Neuilly.

Ici s'arrêtent nos notes sur la tapisserie. Elle a subi le sort de toutes les choses humaines : elle a succombé sous la loi fatale des substitutions successives. Elle avait remplacé la peinture murale, puis la mosaïque ; à son tour, elle fut remplacée par le cuir doré, puis par les boiseries peintes, enfin par le papier peint. L'homme depuis qu'il a perdu la liberté de l'état de nature cherche incessamment à déguiser les murs de sa prison sous des représentations simulant la splendeur des palais ou la fraîcheur des paysages.

Encore quelques lignes sur la tapisserie à l'aiguille et pour citer ces livres italiens, imprimés pour la plupart à Venise dans le cours du seizième siècle, qui renfermaient des modèles de broderie, de dentelle, d'application, de guipure, de tapisserie à la main, etc. Les combinaisons nombreuses qu'ils offrent sont du goût le plus vif, et sont toujours faciles à exécuter. Ces recueils, que se disputent les grands amateurs, sont devenus rarissimes, comme tout ce qui a passé par la main des enfants, des femmes et des artistes. Ils portaient ces titres galants et maniérés en vogue dans la littérature italienne de ce moment : La *Fontaine des exemples*, la *Gloire de Minerve*, le *Jardin des modèles*, le *Triomphe de vertu*, le *Festin des belles dames*, etc. C'est le désir d'être utile à quelqu'une de nos lectrices qui nous a fait reproduire les jolis modèles ci-contre ; si nous touchions à la tapisserie à la main, il nous faudrait au moins parler de la tapisserie de Bayeux dite « Tapisserie de la reine Mathilde » et tel n'est point notre projet. La tapisserie au point ou par application rentre dans le chapitre des étoffes brodées et non tissées. Les meilleurs peintres italiens ou allemands ne dédaignèrent point de lui fournir des modèles. On en a de Léonard de Vinci et d'Albert Dürer. Le Florentin Raffaelino del Garbo (1466-1524), élève, ami et collaborateur du suave Filippino Lippi traça un grand nombre de dessins pour les *Ricamatori*, ces habiles brodeurs, qui, mélangeant la soie aux fils d'or, faisaient des parements d'autel et des vêtements sacerdotaux.

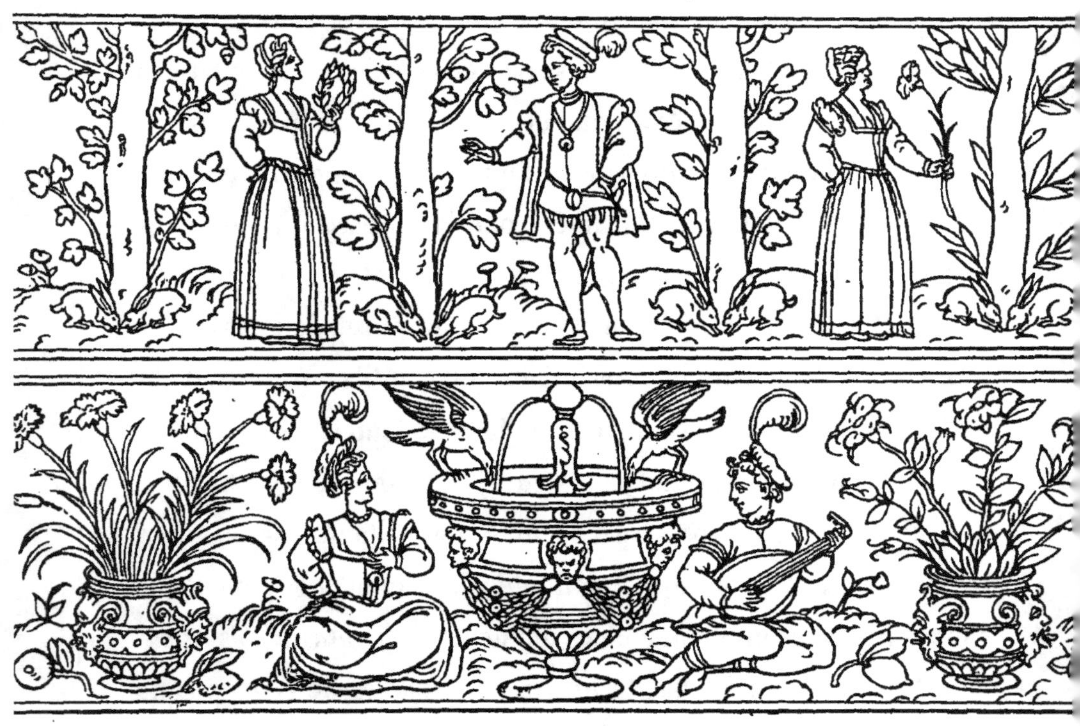

MODÈLES DE TAPISSERIE A LA MAIN

Extraits du livre vénitien de Giovanni Ortani. 1567.

Enfin nous rencontrons une figure douce et séduisante pour clore ces lignes : c'est celle de la Rosalba Carriera qui avant de devenir une célèbre pastelliste, était brodeuse à l'aiguille, à Venise, avec ses sœurs. Cela est encourageant pour nos lectrices.

FIN

TABLE

Page 67, ligne 16, *lisez* quinzième siècle.
Page 298, ligne 19, *lisez* 1245.
Page 341, ligne 3, *lisez* seizième siècle.
Page 425, au bas de la gravure, *lisez* Douzième siècle.

PARIS. — IMP. SIMON RAÇON ET COMP., RUE D'ERFURTH, 1.

www.ingramcontent.com/pod-product-compliance
Lightning Source LLC
LaVergne TN
LVHW011248110826
845149LV00001B/71

9782011892089